AF606816

Wahre Wirtschaft

Christoph Quarch

Wahre Wirtschaft

Für eine Disruption des ökonomischen Denkens

J.B. METZLER

Christoph Quarch
Center of Natural and Cultural Human History
Danube Private University
Krems, Österreich

ISBN 978-3-662-72741-6 ISBN 978-3-662-72742-3 (eBook)
https://doi.org/10.1007/978-3-662-72742-3

Die Deutsche Nationalbibliothek verzeichnet diese Publikation in der Deutschen Nationalbibliografie; detaillierte bibliografische Daten sind im Internet über https://portal.dnb.de abrufbar.

Planung/Lektorat: Franziska Remeika
J.B. Metzler ist ein Imprint der eingetragenen Gesellschaft Springer-Verlag GmbH, DE und ist ein Teil von Springer Nature.
Die Anschrift der Gesellschaft ist: Heidelberger Platz 3, 14197 Berlin, Germany

Vorwort

Alles Wirtschaften ist Menschenwerk. Es basiert auf menschlichen Entscheidungen und ist jederzeit veränderbar. Immer gründet es auf geistigen Voraussetzungen, die Menschen erdacht und verwirklicht haben, die zu generieren ihnen selbst aber nicht möglich ist – ja, die von den Agenten der Wirtschaft zumeist noch nicht einmal reflektiert, sondern unhinterfragt übernommen werden. So entsteht der Eindruck, das aktuell in Geltung stehende wirtschaftliche Paradigma sei unabdingbar wahr und deshalb unbedingt maßgeblich für alles ökonomische Handeln. Doch dieser Eindruck ist falsch. Er ist nicht nur falsch, sondern verhängnisvoll, weil er eine notwendige Transformation verhindert und ein überholtes – vormals vielleicht segensreiches doch inzwischen längst veraltetes – Denken und Handeln perpetuiert.

So geschieht es derzeit in der Weltwirtschaft. Sie hat sich verstrickt in Konzepten, Ideen und Paradigmen des 18. Jahrhunderts, die unreflektiert in die digitale Wirtschaft der Zukunft zu übersetzen nicht nur ideenlos, sondern gefährlich ist. Denn wie im ersten Viertel des 21. Jahrhunderts sichtbar wurde: Der ökonomische Liberalismus bzw. der Neoliberalismus und sein Narrativ des kollektiven Wohlstands durch Deregulierung und Globalisierung haben sich überlebt. Der *Homo Oeconomicus* versagt bei der Bewältigung globaler Krisen, was sich im desaströsen Krisenmanagement von Ländern wie den USA oder Brasilien zeigte; nicht zufällig Ländern, die sich gänzlich seiner Doktrinen und Dogmen verschrieben haben. Die Notwendigkeit – im tiefsten Sinne des Wortes – eines disruptiven Paradigmenwechsel des Wirtschaftens im 21. Jahrhundert ist unübersehbar geworden.

Veränderung tut Not. Und sie beginnt im Kopf, genauer: in der Sphäre des Geistes. Die Implementierung neuer Management-Methoden oder innovativer Organisationsformen des sogenannten *New Work* allein reichen nicht aus, solange sie nicht von einem grundlegend anderen, neuen Geist beseelt werden. Be*geist*erung für ein neues Wirtschaften ist das, was echten *Change* in Gang setzt – was freilich etwas ganz anderes ist als eine artifiziell und manipulativ generierte und von Marketing-Abteilungen exekutierte als „begeisternd" deklarierte Transformations-Rhetorik. Nein, Veränderung beginnt im Kopf und Begeisterung erwächst aus gediegener geistiger Inspiration. Sie zu bieten ist das Anliegen dieses Essays.

In einer historischen Situation, die gerne als VUCA-Zeit beschrieben wird – gekennzeichnet durch *Volatility*, *Uncertainty*, *Complexity* und *Ambiguity* – versichert sie sich der Historizität und Kontingenz des herrschenden neoliberal-kapitalistischen ökonomischen Paradigmas, reflektiert zugleich die Faktizität der gänzlich anderen, gleichwohl für Jahrhunderte kultur- und gesellschaftsprägenden antiken Ökonomik und entwirft vor diesem Hintergrund die Vision einer grundlegend neuen *erotischen Ökonomie*, die sich in den Dienst des Lebens von Welt und Mensch stellt. Gewiss ist dies eine Vision – aber sie ist unterfüttert durch ein wissenschaftlich solides, zeitgemäßes Welt- und Menschenbild, und sie ist vorbereitet durch die systematische Dekonstruktion des herrschenden neoklassischen Paradigmas. Nun braucht es Köpfe, Herzen und Hände, die an ihrer Verwirklichung mitzuwirken gesonnen sind.

Veränderung ist nicht nur möglich, sondern dem Wesen von Mensch und Wirtschaft angemessen. Gewiss wird sie nicht von oben *per l'ordre de Mufti* erfolgen. Sie hat vielmehr schon schleichend begonnen in vielen kleinen Unternehmen und Start-Ups, die intuitiv einen neuen Weg des Wirtschaftens einzuschlagen versuchen. Oft aber scheitern sie dabei, weil ihnen ein tragfähiges Narrativ fehlt, das ihrer vagen Sehnsucht einen orientierenden Kontext zu verleihen und ihre eigentlichen Ziele zur Sprache zu bringen vermöchte. Diesbezüglich Vorschläge zu unterbreiten und Anregungen zu geben, ist ein zweites Anliegen dieses Essays. Er will zu einer Disruption des wirtschaftlichen Denkens und Handelns ermutigen, indem er mit Stichworten wie *Homo Conversans*, *Erotische Ökonomie* oder *Horticultural Entrepreneurship* die Samen zu einem neuen Denkens pflanzt – in der Hoffnung, auf diesem Wege Start-Ups einer neuen Ökonomie auf den Weg zu bringen, künftige Unternehmerinnen und Unternehmer für eine lebensdienliche Ökonomie zu begeistern, die neue Wege gehen und den offensichtlich gewordenen Aporien des Neoliberalismus entkommen wird.

Der Geist weht, so sagt man, wo er will. Man kann ihn nicht zwingen. Aber man kann ihm Sprache und Ausdrucksformen anbieten, in denen er sich manifestieren kann. Darum ist es hier zu tun. Und wenn er denn einmal in den Köpfen und Herzen von Unternehmerinnen und Unternehmern, Führungskräften, Managern etc. genistet hat, mag er sich Schritt für Schritt in der Businesswelt ausbereiten und diese von innen heraus sanieren, ja heilen – bis das Wirtschaften seinen eigentlichen und wesentlich Zauber neuerlich gewinnt, zum Erhalt freier Gesellschaften und einer ökologisch gesunden Welt beiträgt sowie Menschen milliardenfach in der Entfaltung ihrer individuellen Lebendigkeit unterstützt. Mag sein, dass der Weg dorthin noch weit ist. Doch wird an sein Ziel nur kommen, wer einen ersten Schritt zu unternehmen wagt. Solch ein erster Schritt soll dieses Buch sein – der erste Schritt hin zu einem Wirtschaften im Dienst des Lebens.

* * *

Viele Anregungen und Ideen zu diesem Buch sind entstanden in zahlreichen Diskursen und Dialogen mit meinen Studierenden im Rahmen des Masterstudiengangs „Digitale Transformation und Nachhaltigkeit“ an der Hamburg School of Business Administration (HSBA) in Hamburg. Ihnen sei bei dieser Gelegenheit Dank gesagt. Mein Dank gilt ferner meiner Ehefrau Christine Teufel, die mich mit liebevoller Hartnäckigkeit dazu gebracht hat, meine philosophischen Überlegungen zum Thema Wirtschaft in diesem Essay zu verschriftlichen.

Fulda, Deutschland Christoph Quarch
September 2025

Interessenkonflikt

Der/die Autor*in hat keine für den Inhalt dieses Manuskripts relevanten Interessenkonflikte.

Inhaltsverzeichnis

1

Einleitung: Von der Notwendigkeit der Wirtschaftsphilosophie

Alles Wirtschaften ist Menschenwerk. Es folgt nicht unwandelbaren, zeitlos gültigen Naturgesetzen. Es ergibt sich nicht aus einer unverrückbaren Mechanik, die dem Leben aufgezwungen wäre. Wie wir wirtschaften, ist nicht von einem Gott vorherbestimmt – auch nicht von einem blinden Schicksal vorgegeben. Wirtschaft ist nicht herleitbar aus den Programmen der Genetik. Sie ist nicht die blinde Exekution eines evolutionären Algorithmus, der dem Menschen biologisch eingezeichnet wäre. Wirtschaften ist nicht prädestiniert und auch nicht determiniert.

Alles Wirtschaften ist Menschenwerk. Es entsteht in einem Freiraum, der sich dem verdankt, was wir ‚Bewusstsein' nennen. Menschen ist gegeben und auch aufgegeben, sich zu sich selbst und zu der Welt, in der sie leben, verhalten zu können, ja zu müssen. Nicht nur entspricht dem die biologische Ausstattung des menschlichen Gehirns, es erklärt auch das menschliche Vermögen zu Entwicklung, Lernen und Kultur.

Menschen ist gegeben und aufgeben, sich zu sich selbst und zu der Welt, in der sie leben, zu verhalten. Das ist unser Fluch und unser Segen: Wir sind Wesen, denen die Freiheit eignet, sich und ihre Welt zu deuten, zu entwerfen, einzurichten. Unser Leben ist ein Spielraum der Gestaltung

C. Quarch, *Wahre Wirtschaft*, https://doi.org/10.1007/978-3-662-72742-3_1

unserer selbst. Wir sind Wesen der Kultur: Wir bebauen – von lat. *cultura,* Ackerbau – uns und unseren Lebensraum, den die Natur gewährt hat.

Alles Wirtschaften ist Menschenwerk, aber es bleibt ein- und rückgebunden in bzw. an dasjenige, was wir ‚Natur' nennen. Wirtschaften geschieht niemals allein in abstrakten, virtuellen Räumen, sondern immer auch (und größtenteils) in einer physischen Welt: in einer Welt aus Fleisch und Blut, einer Welt der Mineralien und der Elemente. Wirtschaften ist eingebettet in den Kosmos: Es bezieht von ihm seine Ressourcen, und es hinterlässt in ihm die Spuren seines Handelns. Wirtschaften ist dabei rückgebunden an die Regeln und Gesetze der Natur, und ist ihnen doch niemals blindlings unterworfen. Denn es wurzelt in dem Freiraum des Bewusstseins, der es Menschen möglich macht, nicht nur zu leben, sondern dieses Leben gleichzeitig zu führen. Wirtschaften ist Ausdruck einer Lebensführung – eines schöpferischen, gestaltenden, kreativen und manchmal destruktiven Verhaltens des Menschen zu sich selbst und zur Natur. Wirtschaften ist ein Vollzug menschlicher Kultur.

Alles Wirtschaften ist Menschenwerk. Das heißt: Es könnte immer auch anders sein – anders als so, wie es sich im Zuge der Geschichte entwickelt hat. Es entsteht im Freiraum des Bewusstseins, ist Produkt und Resultat der Weise, wie sich Menschen selbst und wie sie ihre Welt zu deuten wagten und wagen. Wirtschaft wurzelt deshalb stets in der Geschichte von Kulturen und Zivilisationen, die im Laufe von Jahrhunderten gekommen und gegangen sind. Deshalb gibt es Wirtschaft immer nur im Plural. Auch wenn heute *eine* bestimmte Form von Wirtschaft zur globalen Macht geworden ist, heißt das nicht, dass nicht auch andere Spielarten von Wirtschaft existierten. Manche Ethnien unseres Planeten wirtschaften noch immer gänzlich anders als es die globale Wirtschaftsordnung vorsieht. Und ein Blick in die Geschichte lehrt, dass die Menschen auch in vergangenen Zeiten wirtschafteten, dabei aber offenbar von anderen Parametern und Werten angetrieben wurden als der Mensch der Gegenwart.

Wirtschaften ist Menschenwerk, und es gibt nicht nur die *eine*, einzigwahre Wirtschaft, die wir heute singularisch als *die* Wirtschaft kennen. Alle, die so tun, als sei unsere moderne Wirtschaftsordnung alternativlos unter oder über die Menschheit gekommen, belügen sich selbst und ihre Mitmenschen.

Wirtschaften ist Menschwerk und deshalb ist die Frage, die man an konkretes Wirtschaften heranzutragen hat, nicht die, ob eine Wirtschaftsform den Grundgesetzen einer idealen, einzigwahren „Ur-Idee“ der Wirtschaft folgt. Das konkrete Wirtschaften bemisst sich *nicht* danach, ob es den ökonomischen Gesetzen entspricht, die heutige Ökonomen ermittelt zu haben behaupten und als gültig deklarieren. Konkretes Wirtschaften ist nicht dann richtig oder wahr, wenn es den Regeln der gegenwärtigen Ökonomie entspricht – oder wenn es fehlerlos den ökonomischen Algorithmen folgt, die angeblich unserem Menschenleben eingeschrieben sind. Wenn die Wirtschaftswissenschaft so tut, als sei sie eine Schwester der Physik oder der Lebenswissenschaften, täuscht sie sich darüber, dass sie es mit einem menschlichen Konstrukt zu tun hat.

Wirtschaften ist richtig, wenn es den Regeln und Gesetzen folgt, die Ökonomen ihm gegeben haben. Wirtschaften ist wahr jedoch nur dann, wenn es *wesentlich* ist – wenn es in all seinen Vollzügen dem entspricht, was es seinem Wesen nach tatsächlich ist: eine Weise, wie Menschen sich zu sich selbst, zueinander und zu ihrer Welt verhalten. Es bemisst sich danach, ob es seiner Herkunft aus dem freien Spielraum des Bewusstseins entspricht – ob es so organisiert und praktiziert wird, dass es dieser Signatur des Menschseins genügt; ihr und dem Ganzen der Natur, in die es eingebunden ist.

Man könnte auch sagen: Wirtschaften bemisst sich danach, in welchem Maße es dem Leben angemessen und ihm zu Diensten ist. Denn Leben ist es, was den Spiel- und Freiraum menschlichen Verhaltens allererst öffnet. Leben ist der Grund unseres Bewusstseins. Leben ist mithin zugleich der Grund des Wirtschaftens. Eine Wirtschaft, die sich vom Grund des Lebens löst, kann niemals eine *wahre* Wirtschaft sein – sollte sie auch noch so treu den Regeln und Gesetzen, den Kriterien und Parametern folgen, die die ökonomische Wissenschaft ihr vorschreiben zu können meint. Sie ist keine wahre Wirtschaft, weil sie, anstatt im Leben selbst zu wurzeln, einer unzureichenden, unwahren Deutung des Lebens folgt.

Wenn wir heute, zu Beginn des 21. Jahrhunderts, beobachten müssen, dass die globale Wirtschaft eine Schneise der Verwüstung und Zerrüttung in der Welt hinterlässt, zwingt die blanke Empirie dazu, die Frage aufzuwerfen, ob die Wirtschaftsordnung, der wir folgen, sich nicht längst dem

Leben abgewandt – ja, sich gegen das Leben zu wenden begonnen – hat. Damit ist nicht gesagt, dass sie nicht über Jahrhunderte hinweg für die Menschheit – oder zumindest für Teile von ihr – segensreich gewesen wäre. Zwar kann auch dies mit gutem Grund bezweifelt werden, es sollte aber doch als eine mögliche Sichtweise gelten dürfen, denn niemand wird leugnen, dass die exponentielle Steigerung der Wirtschaftskraft seit Beginn der Industrialisierung im 18. Jahrhundert der Menschheit in Summe mehr Wohlstand und Komfort beschert hat als je zuvor. Ungeachtet dessen ist aber nicht mehr zu übersehen, dass sich die neuzeitliche Wirtschaftsordnung seit dem 20. Jahrhundert mehr und mehr zu einem Fluch gewandelt hat: Klimawandel, Verschmutzung der Meere, Flüchtlingsströme, kultureller Niedergang, Kriege, psychische und physische Erkrankungen im großen Maßstab. Was mehr als zwei Jahrhunderte lang zur Blüte – wenigstens für einen keinen Teil der Menschheit – führte, lässt die Menschheit heute schneller welken als uns allen lieb sein kann.

Wirtschaften ist Menschenwerk. Das ist eine gute Nachricht. Denn sie sagt zugleich: Die Wirtschaftsordnung, die sich heute zunehmend als verhängnisvoll erweist, ist mitnichten gleichzusetzen mit *dem Wirtschaften* oder mit *der Wirtschaft*. Wirtschaften ist Menschenwerk – das heißt: Immer kann es anders sein. Und zwar dann, wenn sich die geistige Matrix des Wirtschaftens ändert – die Matrix, die sich stets einer bestimmten, historisch identifizierbaren und in ihrer Genese rekonstruierbaren Auslegung des Seins im Ganzen verdankt. Ein Blick in die Geschichte lehrt: Andere Auslegungen des Seins hat es immer gegeben, und sie haben je eine andere Matrix des Denkens erzeugt. Und das heißt auch: Andere Auslegungen des Seins sind immer möglich. Das heutige Denken ist nicht alternativlos. Wir können anders denken lernen – und wenn wir eben das wagen, wird eine andere Matrix unseres Denkens zugleich ein anderes Wirtschaften gebären.

Eine andere Matrix des Denkens wird eine andere Welt begründen. Eine andere Auslegung des Seins im Ganzen wird eine andere Ökonomie ermöglichen. Und sollte eine solche, andere Auslegung des Seins im Ganzen dem entsprechen, was wir wirklich sind – Leben inmitten von Leben, Individuen inmitten der Natur –, dann hätten wir allen Grund zur Hoffnung, dass die auf ihr gebaute Wirtschaftsordnung weniger verhängnisvoll sein wird als jene, die die Welt der Gegenwart dem Untergang entgegentreibt; ja, dass sie im Gegenteil ein Wirtschaften beflügeln wird, das dem Leben dient und Menschen darin unterstützt, den Freiraum des Bewusstseins so zu nutzen, dass sie sich darin zu einer neuen, schöpferischen Blüte der Kultur entfalten können.

Alles Wirtschaften ist Menschenwerk. Deshalb ist es möglich und auch notwendig, das Wirtschaften im Denken zu ergründen. Die Wissenschaft, die solches tut, heißt Wirtschaftsphilosophie. Ihre Aufgabe besteht darin, die geistige Matrix der faktischen Ökonomie zu durchleuchten und vor deren Hintergrund die Genealogie der globalen Wirtschaft der Gegenwart zu rekonstruieren. Nur wenn wir verstehen, *warum* Wirtschaft heute so getrieben wird, *wie* wir es jeden Tag erleben, kann es gelingen, die Macht der bestehenden Wirtschaftsordnung zu brechen, die sich vornehmlich ihrer scheinbaren Alternativlosigkeit und trügerischen Selbstverständlichkeit verdankt. Wenn es zutrifft, dass sich diese vormals (für einige) segensreiche Wirtschaftsordnung mehr und mehr als Fluch erweist und deshalb zu einer besseren, weil *wahren* oder wenigstens doch *wahreren* Spielart des Ökonomischen transformiert werden muss, dann ist Wirtschaftsphilosophie das Gebot der Stunde. Denn nur auf ihrem Wege wird ein Horizont erkennbar, vor dem eine lebensdienliche und lebensfördernde Wirtschaft denkbar ist.

Der Fisch der Wirtschaft stinkt vom Kopf her – und genau dort beginnt auch seine Heilung: im Denken, in einem tiefen Denken, das sich nicht darauf beschränkt, das bekannte Haus der Wirtschaft zu sanieren, zu optimieren oder zu reformieren; sondern das den Mut aufbringt, es disruptiv einzureißen, um ein neues Fundament für ein neues Gebäude zu legen. Dekonstruktion *und* Konstruktion sind vonnöten. Darum soll es hier gehen.

Wo aber kann das Denken ansetzen? Diese Frage ist gravierender, als man beim ersten Lesen glauben möchte. Denn über eines dürfen wir uns nicht täuschen: Nicht nur unser Wirtschaften, sondern auch unser Denken, Fragen, Sprechen, Handeln – alles spielt auf einer Bühne, die wir nicht selbst eingerichtet haben und die unserem ganzen Sein die Richtung gibt; alles findet statt auf dem Boden einer Matrix, die wir geerbt haben und die gleichsam als Betriebssystem unser Selbst- und Weltverständnis präfiguriert; die in unserer Sprache kondensiert ist; die wir in der Gestaltung unserer Welt, in unserer Kultur und Technik verobjektiviert und in unseren Werten, Idealen und Denkgewohnheiten verinnerlicht haben. Das spezifische Betriebssystem der abendländisch-westlichen Kultur arbeitet im Hintergrund sowohl der Wirtschaft, die wir hier bedenken wollen, als auch unseres Geistes, Denkens, Fragens. Wir sind die Bewohner eben jenes Hauses, das wir abzureißen und neu zu bauen haben. Wie kann das gelingen?

Es gibt einen aussichtsreichen Weg: einen vorübergehenden Umzug. Es steht uns frei, das Haus, in dem wir wie selbstverständlich leben, zwischenzeitlich zu verlassen, um ein anderes Gebäude zu erkunden – eines, das benachbart ist und das in Aussicht stellt, uns in ihm nicht sogleich zu verirren und zu verlaufen. Anders gesagt: Wir haben die Möglichkeit, uns mit einer anderen Auslegung des Seins im Ganzen zu befassen; eine andere Deutung des Menschseins und der Welt zu erforschen; und eine daraus hervorgegangene andere Art des Wirtschaftens zu studieren – mit anderen Werten, Treibern und Instrumenten. Kurz: Wir können eine Alternative zum Bekannten betrachten und uns dadurch einen weiteren, vielleicht auch besseren Horizont verschaffen, vor dem wir dann bedenken können, ob und wie sich ein Neubau jenes Hauses – griechisch: οἶκος (*oikos*) – denken lässt, dessen *oikonomía* – dessen Einrichtung – dem Leben von Natur und Menschen dienen wird.

Dies wird umso eher möglich sein, wenn das Haus, in das wir probeweise umziehen, dem unseren nicht gar zu unähnlich ist. Da ist es eine gute Nachricht, dass uns ein solches Haus tatsächlich offensteht. Es ist das Haus der griechischen Antike – ein Gebäude, dessen Fundamente auch nach mehr als 2500 Jahren noch erkennbar sind und von dem so manches Bauteil in das Haus des heutigen Europa eingegangen ist. Welche Matrix jenem Haus zugrunde lag, welcher Geist seine Architektur prägte und wie seine Bewohner dachten, fühlten, handelten und wirtschafteten, ist uns dank der Texte ihrer großen Denker wohlbekannt. Ihre Sprache zu erlernen, fällt einem Europäer bei weitem nicht so schwer wie die der großen östlichen Kulturen, deren Häuser ebenfalls aufzusuchen lohnen würde. Weil aber so viele griechische Grundgedanken – zwar oft abgeändert, verwandelt oder entstellt – in das Denken der modernen Europäer eingeflossen sind, können wir uns vergleichsweise leicht einen Weg zur Matrix dieses Denkens bahnen; wenn uns dabei auch ein hohes Maß an Sorgfalt aufgetragen ist, da die Nähe zwischen uns und den Hellenen auch zu Missverständnissen und trügerischen Anachronismen verleitet.

Aber all das ändert nichts daran, dass uns die Überlieferung der griechischen Antike in die komfortable Lage versetzt, mit ein bisschen geistiger Archäologie ein geistiges Fundament freizulegen, das auf eine erfrischende Weise anders ist als das, was wir heute kennen. Denn die Auslegung des Seins im Ganzen, die die Hellenen in ihrer Mythologie, in ihrer Philosophie, in ihrer Kunst, in ihrer Politik, in ihrer Ethik und in ihrer Ökonomie erprobten, atmet einen Geist frischer Ursprünglichkeit, der uns Bürgerinnen und Bürger einer welken Welt begeistern kann – der uns neue Horizonte öffnet, neuen Mut zuspricht, neue Lust entfacht, die Welt und ihre Wirtschaft gründlich zu sanieren.

Es geht also nicht darum, in bildungsbürgerlicher Nostalgie zu schwelgen. Es geht nicht darum, ein lendenlahmes Philhellenentum zu neuem Leben zu erwecken. Nein, es geht darum, aus der Erinnerung – im eigentlichen, tiefen Sinn des Wortes – einer anderen, besseren und lebensdienlicheren Auslegung des Menschseins und der Welt inne zu werden und auf deren Fundament ein anderes und besseres Gebäude des Wirtschaftens zu errichten. Es geht darum, in der Begegnung mit einer ursprünglichen, lebensnahen Matrix des Geistes die Matrix des eigenen Denkens dahingehend zu transformieren, dass wir eine Sprache und ein Handeln lernen, die es uns erlauben, einer weniger problematischen Ökonomie zu frönen als derjenigen, die uns an den Rand des Abgrunds und womöglich darüber hinaus führt.

Es geht also nicht um ein Zurück zu den Griechen, sondern darum, Schwung zu holen für den nächsten Schritt. Es geht darum, die bislang ungenutzten Ressourcen, die in der Vergangenheit unserer abendländischen Kultur schlummern, neu zu erschließen, um die geistige Energie und Kraft zu gewinnen, die wir brauchen, um das Ruder herumzureißen und eine neue Renaissance unserer Zivilisation zu wagen. Es geht darum, in der Begegnung mit dem Denken der Hellenen einen neuen Horizont dafür zu öffnen, wie wir künftig sinnvoll, gut und lebensdienlich Wirtschaft treiben wollen – einen Horizont, der nicht von Wünschen und Ideologien, Theorien oder Träumereien definiert ist, sondern vom Leben selbst umrissen wird; und der uns Menschen einen Raum öffnet, in dem wir uns zur Blüte einer erfüllten Humanität entfalten können.

Aus dem Gesagten ergibt sich der Aufriss dieses Essays. Im ersten Hauptkapitel soll es darum gehen, der zeitgenössischen Ökonomie auf den Zahn zu fühlen und die geistige Matrix, auf der sie errichtet ist, zu dechiffrieren. Wir werden dafür die wichtigsten Signaturen des neuzeitlichen Welt- und Menschenbildes rekonstruieren und uns klarmachen, wie daraus das entstehen konnte, was uns als *die* Ökonomie zur Selbstverständlichkeit geworden ist. Dabei werden wir unser Augenmerk auf die Faktoren lenken, die in ihrem Zusammenwirken dem Wirtschaften der Gegenwart die Richtung weisen: auf die Werte des modernen Menschen, auf die Kräfte, die sein wirtschaftliches Handeln lenken, auf das Medium, dem er sich dabei anvertraut.

Das zweite Hauptkapitel führt uns nach Griechenland. Wie gesagt, sieht das Gebäude des antiken griechischen Denkens dem der westlichen Neuzeit ähnlich; und so können wir bei der Erkundung dieses Mindsets den gleichen Weg wählen, den wir im ersten Hauptkapitel einschlagen: Wieder werden wir zunächst das Welt- und Menschenbild rekonstruieren, um die Matrix freizulegen, die das Denken der Hellenen trägt. Und wir werden auch an sie die Frage richten, welche Werte sie bestimmen, welche Kräfte sie bewegen und in welchem Medium sie Wirtschaft trieben. Dabei werden wir uns auf die Unterschiede zwischen antiker Ökonomik und neuzeitlicher Ökonomie konzentrieren, da genau sie es sind, die es uns zuletzt ermöglichen, einen visionären Blick nach vorn zu wagen und im dritten Hauptkapitel des Essays in groben Strichen die Vision einer neuen, in der Geschichte unserer Kultur verwurzelten Form des Wirtschaftens zu entwerfen.

2

Maschine. Die geistige Matrix der neuzeitlichen Wirtschaft

Die Ökonomie der Gegenwart ist alles anderes als jugendfrisch. Ihr forscher Jargon, ihre Zukunftsrhetorik, ihr Innovationswahn und ihr pubertäres Selbstbewusstsein können nicht vertuschen, dass der Geist, der in ihr mächtig ist, längst nicht so jung ist, wie er tut. Ihre Werte und Axiome, ihre Grundideen und Verheißungen stammen allesamt aus dem 18. Jahrhundert. Und daran haben weder die Globalisierung noch die heute so geschätzte Digitalisierung irgendetwas ändern können. Aber das ist noch nicht alles, denn die Vorgeschichte unserer Ökonomie reicht noch sehr viel weiter zurück in den Schacht der Zeit. Ihr Menschenbild gründet in der Zeit der großen Konfessionskriege des 17. Jahrhunderts und verdankt sich einer noch viel älteren geistigen Formation: der Morallehre des spätantiken Christentums. Ähnlich steht es um das Weltbild, das der Wirtschaft unserer Tage eingezeichnet ist. Seine wichtigsten Konturen haben ihren Ursprung in der Philosophie des Aristoteles. Die Weise, wie wir Wirtschaft treiben, kommt von weit, weit her.

Bevor wir ihre Genealogie freilegen, sollten wir sie in ihrem faktischen und aktuellen Sein durchleuchten – nicht, indem wir ihre komplexen Mechanismen beschreiben und die ihnen zugrunde liegenden Theorien und Ideologien der ökonomischen Wissenschaften referieren, sondern

C. Quarch, *Wahre Wirtschaft*, https://doi.org/10.1007/978-3-662-72742-3_2

indem wir danach fragen, wessen Geistes Kind sie sind; oder, wenn es denn erlaubt ist, so zu reden, indem wir nach dem *Wesen* der heutigen Wirtschaft fragen.

Bevor wir uns der Frage nach dem Wesen der neuzeitlichen Wirtschaft zuwenden, bedarf es jedoch einer Klärung und einer Rechtfertigung. Zunächst die Klärung: Wenn wir mit dem Begriff *Wesen* arbeiten, dann verwenden wir das Wort nicht in dem Sinne, der sich infolge der Aristotelischen *Metaphysik* und neuzeitlichen Substanzphilosophie herausgebildet hat (s. Abschn. 2.1.2): nicht in einem irgendwie substanziellen, verdinglichenden Sinne. Vielmehr halten wir uns an das griechische Verständnis von *Wesen* im Sinne dessen, was die Hellenen *phýsis* nannten (s. Abschn. 3.1.2), ein Wort, das ein dynamisches Geschehen zur Sprache bringt: *Wesen* ist damit nachgerade gleichbedeutend mit *Sein*, aber doch so, dass es das *Wie* des Seins benennt – etwa als Anwesen oder Abwesen. Das *Wesen* der Wirtschaft verweist mithin auf die spezifische Art und Weise, in der sich Wirtschaft ereignet oder zuträgt – und nicht auf den Kern, das Prinzip oder die Idee der Wirtschaft. Es ist die Weise, wie die Wirtschaft *west*.

Sodann bedarf es einer Rechtfertigung, denn nach dem *Wesen* von was auch immer zu fragen, ist nach dem Selbstverständnis der heutigen akademischen Philosophie tabu. Man fragt nicht nach dem Wesen – und wenn man es gleichwohl tut, macht man sich der Unwissenschaftlichkeit schuldig. Und wenn man nicht nur nach dem Wesen fragt, sondern sich dabei auch noch an einen Denker hält, der wie kein zweiter die Wesensfrage stellte – nämlich Martin Heidegger –, dann macht man sich doppelt angreifbar und sieht sich gezwungen, sich dafür zu rechtfertigen, einen Denker ernst zu nehmen, der ob seiner nationalsozialistischen Gesinnung zur *persona non grata* großer Teile der *Scientific Community* geworden ist.

Dass man also nicht die Wesensfrage stellt und dass man Heidegger zu ignorieren hat: Das beides ist mir wohlbewusst, und dennoch werde ich mich hier über die Tabus der etablierten Zunft hinwegsetzen. Denn hier geht es nicht darum, einem Kodex der *Correctness* zu genügen, sondern in das Ungedachte vorzudenken und sich dabei auch von denen inspirieren zu lassen, die sonst nicht wohlgelitten sind.

2.1 Sein. Die Ontologie im Hintergrund der neuzeitlichen Ökonomie

Letztlich ist es so: Wenn wir verstehen wollen, wie die Wirtschaft, die wir kennen, wirklich tickt; wenn wir uns die Matrix, die sie prägt, zu Bewusstsein bringen wollen; wenn wir das Betriebssystem kennenlernen wollen, das sie aus dem Hintergrund bestimmt und treibt – dann gibt es keinen besseren Wegbegleiter dafür als den vielgescholtenen Martin Heidegger. Denn ihm ist es gelungen, diese Matrix zu einem einzigen Wort zu verdichten. Es lautet: *Ge-Stell.*[1] Auch wenn es ausdrücklich (nach meinem Kenntnisstand) bei Heidegger so nirgends geschrieben steht – im Anschluss an ihn kann man sagen: Das Wesen der modernen Wirtschaft – die Matrix, die sie trägt – ist das Gestell.

2.1.1 Gestell. Das Wesen des Wirtschaftens

Was ist das Gestell? Heidegger verwendet dieses Wort nicht, um das Wesen der Wirtschaft zu versprachlichen, sondern um das Wesen der *Technik* zur Sprache zu bringen. Technik ist in seiner Sicht die prägende Kraft der neuzeitlichen Denk- und Daseinsform des Menschen. Unser ganzes Tun und Denken folgt einer Grammatik, die sich aus der Logik des Gestells ergibt. Also gibt es guten Grund, mit Heidegger auch unsere Wirtschaft als Erscheinungsform der technisch formatierten Matrix der Moderne auszulegen. Fragen wir deshalb, wie sich die Matrix des Gestells genau beschreiben lässt.

Heidegger notiert in seinem Vortrag „Die Frage nach der Technik" von 1953:

[1] „Ge-Stell" ist die von Heidegger selbst eingeführte Schreibweise. Um der besseren Lesart willen und um zum Ausdruck zu bringen, dass ich den Terminus nicht in exakt derselben Bedeutung verwende wie Heidegger, schreibe ich ihn – sofern es sich nicht um ein Originalzitat Heideggers handelt, als „Gestell".

> „*Ge-stell* heißt das Versammelnde jenes Stellens, das den Menschen stellt, d.h. herausfordert, das Wirkliche in der Weise des Bestellens als Bestand zu entbergen."[2]

Wo die Matrix des Gestells das Denken und Handeln von uns Menschen formatiert, gilt nur dasjenige als *wahr*, was wir uns vor*stellen,* was wir fest*stellen,* was wir her*stellen* bzw. er*stellen* und was wir be*stellen* können. Eben davon zeugt die neuzeitliche Wissenschaft, deren ganzer Stolz es ist, empirisch vorzugehen: Sie *stellt* fest, was sie erfährt. Und erfahrbar ist ihr nur, was sich vor ihren Augen, ihren Messgeräten, Rechnungen und Theorien, vor*stellig* macht. Das, was weder vorge*stellt* noch festge*stellt* werden kann, ist kein Gegenstand der Wissenschaft. Und was als Gegenstand der Wissenschaft nicht zählt, das *ist* auch nicht in einem strengen Sinne. Damit aber nicht genug: Was wir empirisch fest*stellen* und intellektuell vor*stellen* können, muss – um den Ansprüchen der Wissenschaft genüge zu leisten – auch her*stell*bar bzw. wiederher*stell*bar sein. Nur dann ist eine empirische Beobachtung wissenschaftlich relevant, wenn das Festgestellte an anderem Ort zu anderer Zeit neuerlich herge*stellt* werden kann. In der Herstellbarkeit – in der Produzierbarkeit oder Reproduzierbarkeit – bewährt sich alles Seiende allererst als wirklich seiend. Davon zeugt die neuzeitliche Technik.

Folgen wir Heidegger noch einen Schritt weiter: Was nicht in den Raum des Vor*stellens* gestellt werden und darin anwesen kann, verdient das Prädikat *sein* nicht. *Sein*, so die bedeutende Erkenntnis Heideggers, deutet der Mensch der westlichen Kultur seit der Antike immer nur als *Anwesen*: als in die Gegenwart *gestellt* oder als Gegen*stand* der Fest*stellung* zu *Stande* gekommen sein. Und das Werden aller Dinge kann der Mensch der westlichen Kultur deshalb nicht anders denken, denn als *Herstellung, Instandsetzung, Zustandebringen* – ganz gleich, ob dies durch einen Schöpfergott, durch einen Menschen oder durch Produktionsmaschinen erfolgt. Die Welt im Ganzen zeigt sich nach Maßgabe der Matrix des neuzeitlichen Denkens als Ressource unserer Her-, Vor- oder Fest*stellung*: als bereit *gestellter Bestand*. Und der Mensch deutet sich als derjenige, des-

[2] Heidegger 1967, S. 20.

sen Wesen sich darin erfüllt, diese Welt zu *bestellen*: ihren *Bestand* zu sichern oder auszubeuten und sie somit zum *Gestell* zu machen.

Dieses Be*stellen* ist das eigentliche Wesen unserer neuzeitlichen Wirtschaft. Sie ist ein *Gestell*, das in allen Belangen der Grammatik des Stellens bzw. des Bestellens folgt: Unsere Sprache ist dabei verräterisch. Hören wir darauf, wie sie das Wirtschaften zur Sprache bringt: Kreative Menschen *stellen* sich Produkte (egal ob Gegenstände oder Dienstleistungen) *vor*, die sie anderen verkaufen wollen. Und als Unternehmer *stellen* sie diese Produkte *her*. Haben sie sie her*gestellt*, *stellen* sie ihre Produkte als Angebote ins Internet *ein*. Oder sie werden auf Messen, in Schaufenstern oder Werbungen *ausgestellt*. Manchmal werden sie dafür eigens zu besonderen Sortimenten *zusammengestellt*. Ist ein Kunde auf sie aufmerksam geworden, *bestellt* er das Produkt und bekommt dafür eine bestimmte Summe in Rechnung *gestellt*, wobei die Zahlungseingänge sorgfältig *festgestellt* werden, sodass am Ende des Geschäftsjahres eine Bilanz *erstellt* werden kann. Sodann wird ihm das Erworbene per Logistikpartner *zugestellt*, in irgendeiner Weise bei ihm *aufgestellt* und – wenn irgendwann die ganze Wohnung mit Produkten *verstellt* ist – schließlich wieder in einer Mülltonne vor der Haustür *abgestellt*; während die Her*stell*ung des Nachfolgeproduktes schon auf vollen Touren läuft. Das aber nur, nachdem durch sorgfältige Messungen fest*gestellt* wurde, welche *Stell*schrauben zur Optimierung der Produkte angezogen werden sollten. Und so geht es immer weiter. Bis dahin, dass wir heute allen Grund zu haben scheinen, einen Neologismus einzuführen; denn es könnte sein, dass unsere Wirtschaft auf dem besten Wege ist, die Welt, wie wir sie kannten, zu *zerstellen*.

Das ist mehr als nur ein Spiel mit Worten. Die Sprache lügt selten, und fast immer hat der Sprachgebrauch uns Wichtiges zu sagen. So auch hier: Er lehrt, in welchem Maße unsere neuzeitliche Wirtschaft davon lebt, dass sie irgendeine Form dessen praktiziert, was die deutsche Sprache das *Stellen* nennt. Wenn wir Heidegger darin folgen, dass das Gestell das Wesen der Technik ist, wird man sagen können: Die Weise, wie wir wirtschaften, ist im strengen Sinne technisch. Und im Ganzen gleicht die Wirtschaft dem, worin das Wesen der Technik am deutlichsten zutage tritt: einer Maschine, einem Apparat.

Was ist eine Maschine? Heute denken wir dabei zunächst an Smartphones und Computer, manchmal auch an Autos, Flugzeuge und Spülmaschinen. Der Nostalgiker erinnert sich womöglich an die Dampfmaschine, die er als kleiner Junge mit dem Opa baute – und der zukunftszugewandte Technikfreak träumt mit Begeisterung von Robotern und Cyborgs. Immer aber handelt es sich bei Maschinen um Gestelle: Gegenstände, die von Menschen (oft mithilfe anderer Maschinen) her-, zusammen- und auf*gestellt* wurden, um … zu ….

Hier kündigt sich eine zentrale Signatur der Matrix des *Gestells* an. Nicht nur gilt ihr als seiend ausschließlich das, was vor-, fest- und her*stell*bar ist – sie suggeriert zudem, dass das Gestellte einer Logik des Um … zu folgt. Was gestellt ist, steht im Dienst eines Zweckes, ist nicht zufällig gewachsen oder irgendwie geworden. Nein, ihm eignet ein Worumwillen, das dem Stellen eine Richtung gab. Allem Stellen eignet eine *Ratio*, das Gestell ist *rational*. Diese Ratio bindet es an einen Zweck. In der Matrix des Gestells ist wirklich seiend nur, was irgendwie der Ratio eines Zweckes folgt: was nützlich und zweckmäßig ist; was sich in das Räderwerk einer Maschine einfügt, effizient und reibungslos seine Funktion erfüllt, sich der prozessualen Exekution eines Algorithmus ob seiner Unberechenbarkeit oder Widerständigkeit nicht in den Weg … stellt.

Langsam wird erkennbar, in welchem Maße Heideggers Begriff des Gestells uns in die Lage versetzt, die Matrix unserer Wirtschaft zu erschließen. Sie ist in allen ihren Parametern und Theorien, in ihren Abläufen und ihre Messungen, in ihren Zielen und ihren Werten, in ihrer Praxis und in ihrer Produktion durchdrungen von einem technischen Mindset, das die Welt nach Maßgabe einer Maschine denkt, die grundsätzlich einer Logik des Um … zu folgt: um den Bestand des Lebens nutzbringend zu bestellen – die von ihm gebotenen humanen, materiellen und monetären Ressourcen möglichst gewinnbringend auszubeuten.

In der Grammatik des Gestells konnte es bei näherer Betrachtung gar nicht ausbleiben, dass irgendwann eine als Gestell formatierte und mit der Präzision einer intelligenten Maschine arbeitende Wirtschaft zur global herrschenden Organisationsform der Menschheit werden musste. In der maschinellen Wirtschaftsform der Gegenwart vollendet sich ein Weltbild, das die Matrix des Gestells hervorgebracht hat. Und wenn die Maschinen und Algorithmen der globalen Ökonomie mit Hilfe künstliche

Intelligenz künftig immer intelligenter werden – d. h. wenn sie die ihnen innewohnende Logik des um … zu immer weiter optimieren und perfektionieren, wird ihre Herrschaft absolut werden: so absolut, dass dem Menschen keine andere Wahl mehr bleibt, als selbst mit den Maschinen, die er sich geschaffen hat, zu verschmelzen und sein Menschsein preiszugeben, um zu einem trans- oder posthumanen Cyborg zu mutieren – einem vermeintlich optimierten Gestell.

Unsere Wirtschaft ist eine Maschine – ein Gestell. Dass sie dazu wurde, ist nicht selbstverständlich. Und deshalb muss es auch nicht dabei bleiben. Dass das Wirtschaften des Menschen der Maschinenlogik des Gestells folgt, ist nur möglich auf Grundlage einer Matrix des Denkens, das als Seiendes nur gelten lässt, was man feststellen, vorstellen oder herstellen kann; das – um noch einmal Heidegger zu bemühen – Sein als *Anwesen* deutet. Daran hängt am Ende alles: an der Auslegung der Welt als eines Anwesens, als Summe alles vor- und fest- und herstellbaren Anwesenden. Diese Auslegung des Seins im Ganzen verdanken wir, so meinte Heidegger, den geistigen Operationen der alten Griechen. Er lag damit nicht falsch, zumal er gleichzeitig in den ältesten Zeugnissen der griechischen Kultur die Spuren einer ursprünglichen und älteren Auslegung des Seins entdeckte. Dass er vorwiegend in Platon den Urvater des Gestells ausgemacht zu haben glaubte, ist allerdings fraglich. Wer der Entstehung der Matrix des Gestells beiwohnen möchte, muss sich eher an Platons Schüler Aristoteles halten. Denn in der *Physik* und *Metaphysik* des Aristoteles finden wir, anders als bei Platon, erstmals die Herstellung – auf Griechisch τέχνη (*téchnē*) – als Leitmetapher für die Antwort auf die Frage aller Fragen: Warum ist überhaupt etwas und nicht vielmehr nichts?

2.1.2 Substanz. Aristoteles und die geistigen Grundlagen

Im Buch VII seiner *Metaphysik* geht Aristoteles der Frage nach, was eigentlich ein Seiendes ist bzw. wie sich das Sein des Seienden beschreiben lässt. Die Antwort, die er darauf gibt, verdient es, epochal genannt zu werden, denn sie brannte sich tief in die Matrix des abendländischen Denkens. Bis heute. Alle stehen wir noch unter ihrem Einfluss. Sie legte das geistige und logische Fundament für die Welt des Gestells, in der wir alle leben, und bleibt dieser in der Tiefe eingezeichnet. Wie nun lautet diese epochale Auslegung des Seins des Seienden, die wir Aristoteles verdanken?

Als Seiendes gilt, so führt er aus, zunächst all das, „von dem alles andere ausgesagt wird, das selbst aber nicht von einem anderen ausgesagt wird"[3]; das heißt: Ein Seiendes ist dasjenige, was selbst über alle möglichen Eigenschaften verfügt, selbst aber keine Eigenschaft ist, sondern eben dasjenige, dem diese Eigenschaften eignen. Eine Tasse zum Beispiel kann rund und kantig sein, weiß oder schwarz, tönern oder metallisch – alles Eigenschaften einer Tasse; nur die Tasse selbst ist keine Eigenschaft. Sie ist das, was Aristoteles οὐσία (*ousía*) nennt[4]: das *Wesen* – oder später in der Begriffssprache der Schulphilosophie – die *Substanz.* Fragen wir danach, was eigentlich ein Seiendes ist, dann erhalten wir von Aristoteles die Antwort: eine *Substanz.* Wer des Lateinischen mächtig ist, hört sogleich die wörtliche Bedeutung dieses Wortes: *sub* (unter) *stanz* (stehend) – das, was unter allen Eigenschaften als das Eigentliche *steht* und west und waltet.

Was aber ist eine Substanz? Wie lässt sich das Sein einer Substanz beschreiben? Was ist das Sein des Seienden? Aristoteles macht folgenden Vorschlag:

> „Als Zugrundeliegendes [ὑποκείμενον – *hypokeímenon*; ein Wort, das das lateinische *Substanz* vorwegnimmt] wird in gewisser Weise der Stoff [ὕλη – *hýlē*] bezeichnet, in anderer Weise die Form [μορφή – *morphē*], und drittens das aus beiden Zusammengesetzte [τὸ ἐκ τούτων – *tò ek toútōn*]. Ich verstehe aber unter Stoff – um ein Beispiel zu verwenden – so etwas wie das Erz, unter der Form die Gestalt seines Erscheinens und unter dem aus beiden Zusammengesetzten – um im Beispiel zu bleiben – das konkrete Standbild als das aus Form und Stoff gefügte Ganze [τὸ σύνολον – *tó sýnholon*]."[5]

[3] Aristoteles Met. 1029a.

[4] Aristoteles, Met. 1028a15; vgl. 1003a32.

[5] Aristoteles, Met. 1029a1–5.

Seiendes, so kommt es hier heraus, ist das Zusammengesetzte, das Festgesetzte oder Fest*gestellte*, dessen Struktur sich als geformter Stoff beschreiben lässt.

Doch damit nicht genug. Um wirklich zu begreifen, was als Sein des Seienden zu gelten hat, geht Aristoteles noch weiter, indem er die Frage aufwirft, wie das Seiende geworden ist: wie es kommt, dass aus den ungleichen Faktoren Stoff und Form ein Seiendes entsteht. Hören wir noch einmal seine Worte im Originalton:

> „Von allem, was wird, wird das eine von Natur aus [φύσει – *phýsei*], das andere durch menschliche Fertigkeit [τέχνη – *technē*] und wieder anderes durch Zufall. Alles Werdende aber wird durch etwas aus etwas zu etwas."[6]

Unschwer erkennt man hier die schon bekannte Trias wieder: *Aus* dem Stoff wird *durch* die Form ein konkretes Seiendes. Seiendes entsteht, indem der unbestimmte Stoff unter Einwirkung einer bestimmten Form zu einem konkreten Etwas wird. Und das kann entweder zufällig geschehen oder auf die Weise des natürlichen Wachstums oder auf die Weise der technischen Herstellung.

Bis dahin schwimmt Aristoteles mit im Strom der älteren griechischen Philosophie. Der Zug jedoch, den er als nächstes tun wird, lenkt diesen Strom in eine neue Richtung: hin zur Matrix des Gestells. Denn anders als die Denker vor ihm wählt er als Leitmetapher *allen* Werdens – auch des Wachstums der Natur – das Entstehen unter Einwirkung des Menschen, das in seiner Sprache *téchnē* heißt: Technik, die als Herstellung gefasst wird. Alles Seiende gilt nunmehr als geformter Stoff, und in diesem Sinne als ein Hergestelltes – oder wenigstens als herstellbares Vorgestelltes oder Festgestelltes. Technik wird zur Leitmetapher alles Werdens – und das von ihr Erstellte, das Gestell, zur Leitmetapher des Seienden bzw. des Gewordenen.

Das gilt auch für die Natur. Auch auf Pflanzen, Bäume, Tiere wendet Aristoteles sein Denkmodell an. Bei den Menschen gilt ihm der männliche Samen als Formprinzip, das sich am Stoff des mütterlichen Fleisches erprobt und so das konkrete Kind erzeugt. Für die übrige Natur vermutet

---

[6] Aristoteles, Met. 1032a12–14.

er vergleichbare Prozesse. Das mag aus der Perspektive der modernen Wissenschaft archaisch klingen, doch bei näherer Betrachtung tickt sie nicht viel anders: denn auch sie lehrt, dass ein Formprinzip – die DNA – die Zellen (als Stoff) so *informiert* oder auch *formatiert*, dass ein konkretes Lebewesen dabei herauskommt. Mögen auch die Faktoren heute anders heißen: Dass das Werden und das Wachsen sich nach Maßgabe des Formens bzw. Informierens von Materie beschreiben lässt, hat sich in den Denkbahnen der Menschen seit den Tagen des Aristoteles fest eingebrannt. Unsere Matrix ist bestimmt von dem Gedanken, dass ein Seiendes als *Hergestelltes* denkbar ist – und dass Werden letztlich gar nichts anderes ist als die *Herstellung* von Gegenständen.

Hat man sich das klargemacht, kann man leicht verstehen, wie es dazu kam, dass die Seinslehre des Aristoteles von den Vordenkern und Theoretikern der späteren, vom Christentum gefärbten Philosophie als eine Art Variation und Bestätigung der eigenen, biblisch geprägten Auslegung des Seins im Ganzen übernommen werden konnte. Denn die Welt galt ihnen als die Schöpfung des Allmächtigen. Gott, so lehrte es die Schrift, hatte sie erschaffen – hatte aus dem ursprünglichen Tohuwabohu, aus Wüste und Leere, etwas *hergestellt*, von dem er am Abend des sechsten Tages bemerkte, dass es gut geraten sei. Aus der Sicht der Schöpfungslehre ist die Welt samt alledem, was in ihr ist, durch Gottes Schöpfungstat zustande gekommen: ein riesiges Produkt, das sich der technisch-herstellenden Meisterschaft des Allmächtigen verdankt. Die Matrix des Gestells wurde im Abendland auf diese Weise immer selbstverständlicher. Sie wurde von der Religion vereinnahmt und beherrschte fortan für Jahrhunderte das Denken unserer Kultur.

2.1.3 Subjekt und Objekt

Mit der Auslegung des Seienden im Sinne der Substanz, d. h. als Hergestelltes, war die Weichenstellung vorgenommen, die den Zug des abendländischen Denkens auf die Reise Richtung heute lenkte. Denn die Grundlage für die Matrix des Gestells, die ihrerseits die Einrichtung der Welt und ihrer Wirtschaft erst hervorgebracht hat, war durch diese Auslegung des Seins geschaffen. Eine zweite epochale Weichenstellung folgte im 17. Jahrhundert an der Schwelle zur Neuzeit. Mit ihr wurde aus der Welt der von Gott hergestellten Dinge sukzessive das Gestell. Die Idee, dass Welt und Mensch Produkte Gottes seien, trat zurück; denn der Mensch begann daran zu glauben, dass er selbst der Hersteller und Macher seiner Welt sei; dass er selbst als „Herr und Meister der Natur" die Welt nach seinem Bild bestellen könne.

Dass der Mensch sich selbst als „Herr und Meister der Natur" als *maître e possesseur de la nature* begreifen dürfe, ja auch solle, sprach in dieser Deutlichkeit nach allem, was wir wissen, als erster René Descartes (1596–1650) in seinem *Discours de la méthode* von 1637[7] aus. Dies zu tun war ihm jedoch nur möglich, weil er zuvor eine bedeutungsvolle geistige Operation vorgenommen hatte, die es ihm erlaubte, die Natur als das Objekt zu sehen, an dem sich das Subjekt namens Mensch – oder noch besser: *Geist* – erproben und bewähren könne. Denn zum Gegenstand menschlicher Nutzbarmachung und Beherrschung konnte die Natur erst werden, indem sie *in toto* zum Stoff erklärt wurde, der menschlicher Gestaltung verfügbar oder dienstbar ist. Eine neue Welt, von Menschenhand durch Technik *hergestellt* – und nicht lediglich von Menschenhand *bestellt* –, war das neue Großprojekt, das die Epoche namens Neuzeit sich zueigen machte.

Damit einher ging ein neues menschliches Selbstverständnis. Es war hervorgegangen aus dem Zweifel. Die Geschichte ist bekannt: Während eines kalten Winters im Dreißigjährigen Krieg lagen die französischen Truppen, in deren Dienst Descartes stand, vor den Toren der Stadt Ulm. Es war eine schlimme Zeit, und wenn man bedenkt, welch unermessliches Elend die Konfessionskriege des 17. Jahrhunderts über Europa gebracht hatten, kann man nachvollziehen, dass in Descartes die Frage keimte, ob es in dieser wahnsinnigen Welt noch irgendetwas gebe, auf das man sich verlassen könne. Kirche und Religion hatten ein unsägliches Blutvergießen mitverursacht, auf sie konnte man nicht mehr setzen. Aber ließe sich ein anderes Fundament finden, auf dem man ein Leben und eine Welt gründen könne – ein *fundamentum inconcussum*, ein unerschütterliches Fundament, das auch in wirren Zeiten Halt und Sicherheit verheißt? Und wenn ja, wie sollte man es finden?

[7] Descartes 1960, S. 101.

Descartes machte ein Experiment, das er in seinen beiden ersten *Meditationen über die Grundlagen der Philosophie* (1641) dargelegt hat.[8] Er stellte alles in Frage, was man nur in Frage stellen kann: Gibt es mir Gewissheit? Kann ich mich darauf verlassen? Das Ergebnis war bedenklich: Die gesamte objektive Welt ‚da draußen' außerhalb seiner selbst schied aus. Denn Descartes meinte, es gebe keinerlei Gewähr dafür, dass sie nicht die blanke Illusion wäre – eingeflüstert von einem hinterhältigen Dämon, der die Menschen an der Nase herumzuführen liebt. Also: Die Welt der Dinge, Pflanzen, Tiere usw. taugte nicht als Fundament. Aber auch die Welt im Inneren schien Descartes nicht vielversprechender: Alles, was ihm durch die Sinne mitgeteilt wird, meinte er, könnte ebenso ein Trugbild sein – vorgegaukelt vom eigenen Leib, aber nichts, worauf man sich verlassen könnte. Letztlich blieb nur eines: Nur der Umstand, dass ich zweifele, kann von mir nicht mehr bezweifelt werden. Und da Zweifeln letztlich eine Form des Denkens ist, schloss Descartes sein Experiment mit der Erkenntnis: *cogito ergo sum* – ich denke also bin ich.

Damit war das *fundamentum inconcussum* freigelegt: Nur auf seinen Intellekt kann sich der Mensch verlassen, nur auf seinen Geist, auf seine Ratio. Dieser Intellekt ist unser wahres Wesen. Er gibt festen Stand, steht wie ein Fels inmitten eines Meeres voller Zweifel. Er ist anders als der Rest der Welt: *res cogitans* – denkende Sache – wird Descartes sie taufen und von dem abgrenzen, was er *res extensa* – ausgedehnte Sache – nennt. Wir sind beides, denn der Intellekt als *res cogitans* wohnt im Leib als seiner *res extensa*. Da der Intellekt jedoch alleine und ausschließlich verlässlich ist, gilt er Descartes als unser eigentliches, wahres Wesen, das befugt ist, über alles andere nach seinen Wünschen und Interessen zu verfügen: als ein Herr und Meister nicht nur seines eigenen Körpers, sondern der Natur im Ganzen.

Damit trat der Mensch an eine Stelle, die er bislang für Gott reserviert hatte. Nun wurde der Menschengeist, der Intellekt, zum Formprinzip der Welt. Der Startschuss für den ungeheuren Siegeszug der Technik und der neuzeitlichen Wirtschaft war getan. Denn die Welt war nun nicht mehr die Schöpfung Gottes, die gehegt und gepflegt und in diesem Sinne *bestellt* werden durfte; nein sie wurde zum Rohstoff – zum *Bestand* – einer

[8] Descartes 1959 S. 30–59.

zweiten Schöpfung durch den Menschen, der sie fortan nicht nur *bestellte*, sondern zu einem *Gestell* konvertierte: zu *seinem* Gestell – zum Objekt seiner subjektiven Interessen. Nun konnte in einer kollektiven Anstrengung sondergleichen die große Maschine konstruiert werden, die wir Wirtschaft nennen.

Denn nun ging ein scharfer Riss durch diese Welt: Diesseits des Risses steht das rationale Subjekt, jenseits dieses Risses stehen die Objekte, die als Gegenstand bzw. Bestand für die Herstellung bereitgestellt sind. Die Natur gerät zum Rohstoff einer Technik und verliert die Würde, selbst von einem Gott gemacht zu sein. An die Stelle Gottes tritt der rationale *Homo Faber* – tritt der Mensch der Technik, der sich auch nicht mehr als das Geschöpf des großen Weltenschöpfers deutet, sondern als den legitimen Erben seiner Allmacht sieht. Sie auch wirklich auszuüben und als Herr und Meister dieser Welt die Herrschaft anzutreten, ist der heimliche Impuls der ganzen neuzeitlichen Technik – und mit ihr der neuzeitlichen Wirtschaft. Sie ist eine Wirtschaft von Subjekten, die sie als ein Gestell geschaffen haben, um den Bestand der Objekte so zu bestellen, dass sie ihnen dienstbar sind. An die Seite des *Homo Faber* tritt schon bald der *Homo Oeconomicus*.

Aber was heißt das? Um auf diese Frage eine Antwort zu erhalten, müssen wir das Feld wechseln und nicht länger bedenken, welches *Weltbild* in die Matrix unserer Wirtschaft eingeflossen ist, sondern auch welches *Menschenbild*. Dafür aber wird es nötig sein, zuvor einen scheinbaren Nebenweg zu verfolgen, der sich zuletzt schon angebahnt hatte: den Nebenweg der Theologie. Ihm müssen wir folgen, denn es wird sich zeigen, dass der Mensch sich zu allen Zeiten im Gegenüber dessen deutete, was er als seine Götter oder seinen Gott verehrte. So lässt sich auch das Menschenbild, das unserer neuzeitlichen Wirtschaft zugrunde liegt, erst dann verstehen, wenn wir uns klargemacht haben, welcher religiösen Prägung es unterliegt.

2.2 Religion. Die Theologie im Hintergrund der heutigen Ökonomie

Den für die geistige Matrix der modernen Weltwirtschaft maßgeblichen religiösen Hintergrund bilden die sogenannten abrahamitischen Religionen Judentum, Christentum und Islam. Bei allen Unterschieden teilen diese drei doch ein gemeinsames Gottesbild; dies zumindest in dessen markantesten Kennzeichen. Sie werden wir hier etwas näher beleuchten, da sie die Gott beigelegten Eigenschaften markieren, die der Mensch der Neuzeit später für sich selber reklamieren wird – und die in das Menschenbild der neuzeitlichen Ökonomie eingegangen sind.

2.2.1 Allmacht. Das Gottesbild der abrahamitischen Religionen

Über Jahrtausende hinweg wurde von den Kanzeln der Kirchen ein Gottesbild gepredigt, das verdichtet ist im ersten Satz des Apostolischen Glaubensbekenntnisses: ‚Ich glaube an Gott den Vater, den Allmächtigen, den Schöpfer des Himmels und der Erde.' Damit ist Entscheidendes gesagt: Gott gilt nach dem Verständnis der abrahamitischen Religionen allem voran als Weltenschöpfer. Er ist *in persona* die Antwort auf die Frage, die uns schon beschäftigte: Warum ist überhaupt etwas und nicht vielmehr nichts? Die Antwort lautet: wegen Gott; weil Gott das Sein erschaffen hat. Wie konnte er das tun? Kraft seiner Allmacht, anders wäre eine Schöpfung aus Nichts gar nicht erklärbar.

Gott wird in den abrahamitischen Religionen also als mächtiger *Macher* gedacht: als einer, dessen Göttlichkeit sich vornehmlich in seinem Schöpfertum bekundet. Er erscheint in Anklang an die Seinslehre des Aristoteles in der christlichen Theologie als das gestaltende Prinzip, das die Welt kraft seiner Allmacht hergestellt hat. Dieses Gottesbild ist zu Beginn der Neuzeit in die Selbstdeutung des Menschen eingeflossen, wenn er sich als *Homo Faber* sieht: als Mensch des Machens und der Herstellung.

2.2.2 Willen. Die treibende Kraft der Schöpfung und Wertschöpfung

Gottes Allmacht bliebe freilich wirkungslos, hätte er nicht *seinen Willen*, der ihn dazu antrieb, eine Welt zu schaffen. Gott erschafft die Welt jedoch nicht einfach so aus Jux und Tollerei. Er hatte einen Plan, und zu diesem Plan gehört der Mensch. Die Erschaffung Adams schließt die Schöpfung ab – und mit ihr beginnt dasjenige, was wir Geschichte nennen. Jedenfalls erzählt die Bibel uns Geschichten davon, was dem Adam widerfuhr, wie ihm Gott eine Gefährtin schuf, wie die beiden aus dem Paradies vertrieben wurden, wie der eine ihrer beider Söhne seinen Bruder tötete, wie die Menschen mit der Zeit verderbten, wie die große Flut die Erde von den Unwürdigen reinigte – und wie Gott mit seinem Volk den großen Bund schloss, um es fortan durch die Zeiten zu begleiten. Gott gab seinem Volk Gebote, die den Menschen klar und deutlich sagten, was Er *will* und fordert. Denn Gott hatte etwas vor mit seinem Volk – und sein Volk war seinem *Willen* untertan.

Es ist wichtig, sich das klarzumachen. Denn es ist nicht selbstverständlich. Wir werden sehen, dass die Götter des antiken Griechenlands weder allmächtig waren noch über einen Willen verfügten. Sie waren Mitspieler im großen Spiel des Seins. Von dem Gott des alten Israel kann man das nicht behaupten. Seine Aura ist die eines ernsten Potentaten. Solch ein Gott aber taugt für die Vorgeschichte unserer modernen Wirtschaft, der es ebenfalls bei all ihrem Tun (allen „Spieltheorien" zum Trotz) sehr ernst ist. Eine Kultur hingegen, die unter dem Einfluss der spielenden griechischen Götter stand, konnte per se keine so mächtige Ökonomie hervorbringen.

Entscheidend ist für unser Thema, dass der Gott des Alten Testaments ein *wollender* Gott ist, denn der *Wille* sollte neben dem Anspruch auf Macht über die Jahrhunderte zu der zentralen Kategorie der Selbstdeutung des westlichen Menschen und zu einer der wichtigsten Grundlage seines Wirtschaftens werden. Die abrahamitischen Religionen huldigen dem Willen und der Macht.

2.2.3 Intentionalität. Die religiöse Logik des Um … zu

Der Allmächtige ist nicht nur der Schöpfer, der dem Menschen seinen Willen kundtut und von ihm erwartet, dass er seinen Geboten folgt – nein, er ist am Ende auch der Richter, der darüber urteilt, welchen Lohn ein Mensch für seine Taten empfängt. Am jüngsten Tag, so glauben Christentum und Islam, wird der Mensch erhalten, was er sich verdient hat. Der Mensch ist folglich gut beraten, dem Willen seines Gottes Gehorsam zu leisten und sich ernsthaft um sein Seelenheil zu sorgen. Was er tut, folgt deshalb fortan der schon bekannten Logik des Um … zu: Alles, was er tut, tut er um eines Zieles willen; denn er will die Seligkeit für sich erlangen.

Diese Logik sickert in das wirtschaftliche Denken ein: Wirtschaft treiben Menschen, weil sie etwas für sich *wollen* bzw. weil sie etwas voneinander *wollen*. Sie richten deshalb ihr Handeln an den eigenen Zielen aus und beurteilen das Handeln anderer danach, inwiefern es ihren eigenen Zielen förderlich ist. Auch wenn sie andere Ziele als das Seelenheil verfolgen, ist die Logik des Um … zu dem ökonomischen Mindset ebenso eingezeichnet, wie der kirchlichen Moral.

Mit den drei genannten Signaturen des christlich-jüdisch-muslimischen Gottesbildes sind zugleich die Kennzeichen gefunden, nach denen sich der säkulare Mensch der Neuzeit selbst entwirft: als *wollendes* Wesen, das seine Welt bestellt und erstellt, um kraft seiner Rationalität seine Wünsche zu erfüllen, seine Bedürfnisse zu befriedigen oder seine Interessen zu verfolgen – kurz: um *seinen Willen zu haben*. Dabei können wir seit Beginn der Neuzeit beobachten, wie der Mensch sich mehr und mehr an die Stelle setzt, die einstmals der abrahamitische Gott innehatte. Das ist letztlich der Grund dafür, warum Friedrich Nietzsche schon am Ende des 19. Jahrhunderts im Aphorismus 125 seiner *Fröhlichen Wissenschaft* sagen konnte: „Gott ist todt! Gott bleibt todt! Und wir haben ihn getötet!“[9] – ein Satz, der wie kein zweiter die geistige Großwetterlage unserer Zeit beschreibt. Gott ist tot, weil er den Menschen nichts mehr zu sagen hat bzw. weil die Menschen sich nichts mehr von ihm sagen lassen. Sie sind

---

[9] Nietzsche 1988a, S. 481.

an seine Stelle getreten und schicken sich an, mithilfe avancierter Technologien wie Künstlicher Intelligenz und Big Data vollends seinen Platz einzunehmen.

2.3 Mensch. Zur Genealogie des *Homo Oeconomicus*

Der Mensch, so sagten wir, ist das Wesen, das sich zu sich selbst verhalten kann und muss (s. Kap. 1). Ob wir wollen oder nicht: Wir halten uns unweigerlich in Deutungen und Interpretationen unseres Daseins. Aber diese Interpretationen sind nicht unser eigenes Werk. Wir erben sie mit unserer Kultur und Tradition, sie sind eingezeichnet in die Weise, wie wir unsere Welt einrichten, sie umgeben uns von allen Seiten, sodass wir gemeinhin keinerlei Bewusstsein dafür haben, dass die Weise, wie wir uns und andere sehen, alles andere als selbstverständlich ist.

Was es heißt, ein Mensch zu sein, lässt sich nicht eindeutig sagen. Was sich sagen lässt, ist wie die Menschen unterschiedlicher Kulturen und Epochen diese Frage je für sich beantworteten – und ob ihre Selbstdeutungen sich bewährten oder nicht. Denn nicht jede Interpretation des Menschseins ist gleich gut. Es gibt Menschenbilder, die dem Menschen schaden, die ihn daran hindern, seine Potenziale zu entfalten, die das Leben knechten, statt es zu fördern. Wenn ein solches fragwürdiges Menschenbild in die Matrix des Denkens eingeschrieben ist und sich in der Einrichtung der ihr gemäßen Welt niederschlägt, dann ist Grund gegeben, es in Frage zu stellen, es in seiner Problematik zu entlarven und durch ein besseres, weil dem Menschsein konformeres Selbstbild zu ersetzen. Blicken wir in unsere problembeladene Welt, so gibt es Grund zur Sorge, dass das Menschenbild, das in der Matrix der modernen Wirtschaft eingraviert ist, in der Tat ein solches fragwürdiges Selbstverständnis in sich trägt und perpetuiert. Deshalb tut es Not, das Menschenbild der globalen Wirtschaft gründlich auszuleuchten.

Menschenbilder stehen nie für sich allein. Sie sind immer rückgebunden an die Weise, wie der Mensch die Welt im Ganzen auslegt und wie er die Frage nach dem Sinn des Seins beantwortet. Ebenso ist für das Menschenbild nicht unerheblich, wie die Menschen ihre Götter dachten, denn in seinen Göttern spiegelt sich ein jedes Menschentum – auch dann noch, wenn es sich von den Göttern abgewandt hat.

Nun haben wir gesehen, dass der Mensch des Abendlandes sich vor dem Hintergrund der aristotelischen Seinslehre ebenso wie vor dem Hintergrund der christlichen Schöpfungstheologie als Geschöpf deutete: als Werkstück eines Schöpfergottes, der ihn *hergestellt* und in die Welt *gestellt* hat; der ihm diese Welt bereitge*stellt* und vor seinem Volk Gebote aufge*stellt* hat, die den Willen dieses Gottes klar bekunden und den Menschen dazu anhalten, den eigenen Willen an ihnen auszurichten. Das ist unserer *Stand.* Wir sind die *Gestellten* – und nur deshalb lag es nahe, unsere Welt im Ganzen zum *Bestand* zu machen und das *Gestell* einer globalen Wirtschaft auf- und herzu*stellen.* Der Mensch, der als Gestellter wirtschaftend die Welt als Bestand bestellt, ist derjenige, den man als *Homo Oeconomicus* bezeichnet.

Den Begriff *Homo Oeconomicus* benutzte wohl zum ersten Mal der italienische Ökononom und Soziologe Vilfredo Pareto (1848–1923) in seinem *Manuale d'economia politica* von 1906. Der Sache nach hat er seinen Ursprung jedoch deutlich früher in der ökonomischen Theorie der englischen Utilitaristen, namentlich bei John Stuart Mill (1806–1873). So ist es auch der stark vom Utilitarismus geprägte irische Nationalökonom John Kells Ingram (1823–1907), in dessen *History of Political Economy* (1888) erstmals vom *economic man* als Subjekt ökonomischen Handelns die Rede ist. Die erste handfeste Definition dieses „ökonomischen Menschen" verdanken wir schließlich dem deutschen Philosophen Eduard Spranger, der in seiner Beschreibung der „idealen Grundtypen der Individualität" in seiner Abhandlung *Lebensformen* (1914) notierte:

> „Der ökonomische Mensch im allgemeinsten Sinne ist also derjenige, der in allen Lebensbeziehungen den Nützlichkeitswert voranstellt. Alles wird für ihn zu Mitteln der Lebenserhaltung, des naturhaften Kampfes ums Dasein und der angenehmen Lebensgestaltung."[10]

Ob er sich darüber im Klaren ist oder nicht: Damit ist das Selbstverständnis des Menschen der Gegenwart beschrieben. Er sieht sich

---

[10] Spranger 1950, S. 148.

mehrheitlich als *Homo Oeconomicus*: als Wesen, das seine Erfüllung darin findet, in einem immerwährenden Konkurrenzkampf für sich das Maximum herauszuholen, seinen Vorteil zu erhalten; und dessen Intelligenz darin besteht, den eigenen Nutzen optimal zu maximieren. „Ich bin doch nicht blöd", denkt *Homo Oeconomicus*, wenn er auf Schnäppchenjagd geht und ohne größere moralische Bedenken um des eigenen Vorteils willen den Nachteil anderer in Kauf nimmt: der Mitbewerber, der Mitmenschen, der Natur ….

Der *Homo Oeconomicus* ist also nicht nur das beherrschende Menschenbild des in Geltung stehenden ökonomischen Paradigmas der Gegenwart, sondern des neuzeitlichen Menschen überhaupt. Er ist, wohlgemerkt, ein Menschen*bild*, das wie jedes andere Bild auch das von ihm Abgebildete getreulich abbilden oder auch verstellen und verschatten kann. Wirtschaftswissenschaftler oder -theoretiker sind sich dessen wohlbewusst und werden nicht müde, darauf zu verweisen, dass der *Homo Oeconomicus* kein Beitrag zur philosophischen Anthropologie ist und folglich auch nicht den Anspruch erhebt, das Wesen des Menschen zu beschreiben. Vielmehr sei er nichts anders als eine heuristische Chiffre für die ökonomische Theoriebildung: ein formalisierter rationaler Agent wirtschaftlichen Handelns, der auf dem Markt konsequent seine eigenen Interessen verfolgt oder Bedürfnisse befriedigt. Als solcher fungiert er als zentrale Konstante nicht nur der ökonomischen Spieltheorie, sondern letztlich aller ökonomischen Axiome des herrschenden Marktliberalismus. So lehrt es die Theorie.

Tatsächlich aber hat der *Homo Oeconomicus* längst die Lehrbücher der Ökonomen verlassen und ist Wirklichkeit geworden: in Unternehmern und Managerinnen, Bänkerinnen und Händlern, Konsumenten und Kundinnen, Algorithmen und Künstlichen Intelligenzen.[11] Sie alle ticken nach Maßgabe des rationalen Agenten der neuzeitlichen Ökonomie. Sie sind die Inkarnationen eines Menschentyps, wie er im Buche steht bzw. der ursprünglich *nur* im Buche stand: des *Homo Oeconomicus*. Inkarniert bzw. formatiert wurde er durch eine Einrichtung einer Welt, die sich im Laufe des 20. Jahrhunderts immer mehr der Theorie angepasst hat; bis dahin, dass sie heute getreulich nach Maßgabe von Marktliberalismus

[11] Vgl. dazu Schirrmacher 2013, S. 28–41.

und Spieltheorie funktioniert. Wie sollte es auch anders sein: Eine Weltwirtschaft, die konsequent einer Doktrin folgt, deren wichtigste Konstante der bei allem auf seinen Vorteil bedachte *Homo Oeconomicus* ist, kann gar nicht anders, als die realen, faktischen Menschen nach ihrem Bilde umzugestalten. Konsequent konvertiert sie die Menschen zu rationalen Egoisten, die sich über die Jahrzehnte immer mehr dem annähern, was ursprünglich ein bloßes theoretisches Konstrukt war. Sie geraten zu reinen Marktteilnehmern, die sich in einem ewigen Kampf um das beste Schnäppchen hier und den höchsten Selbstwert da verstricken und am Ende darauf beschränken, das zu sein, was das ökonomische Mindset von ihnen erwartet: Verbraucher oder Nutzer – *consumer* oder *user*.

Der Mensch des frühen 21. Jahrhundert ist zum *Homo Oeconomicus* geworden. Nicht, weil es im Wesen des Menschen läge, *Homo Oeconomicus* zu sein, sondern weil sich eine Selbstdeutung des Menschen, deren Wurzeln weit in die Geschichte zurückreichen, in der frühen Neuzeit aus historisch rekonstruierbaren Gründen erst durchsetzte und dann in eine Wirtschaftsform einsickerte, die zur weltgestaltenden und weltbeherrschenden Macht wurde. Im Lichte der Matrix des Gestells hat der Mensch eben diesen Schatten geworfen: *Homo Oeconomicus.* Aber er *ist* nicht sein Schatten, er ist nicht *Homo Oeconomicus* – er ist zum *Homo Oeconomicus geworden*, weil er seit der Mitte des 17. Jahrhunderts damit begonnen hat, unter dem Einfluss von Kapitalismus und Marktliberalismus eine Welt zu bauen, in der nur der *Homo Oeconomicus* erfolgreich bestehen kann. Dass er zugleich damit begonnen hat, die natürlichen Grundlagen dieser Welt zu zerstören, wirft die Frage auf, ob das Selbstverständnis als *Homo Oeconomicus* nicht grundlegend falsch ist und seine Macht gebrochen werden muss. Letzteres wird aber nur möglich sein, wenn man ihn versteht und seine Signaturen freigelegt hat. Der sicherste Weg dazu ist die Rekonstruktion seiner Genealogie.

Schauen wir nun, wie es sich zutrug, dass aus dem gottesfürchtigen Christen der Spätantike und des Mittelalters, der sich vorwiegend als *Homo Creatus* – als Geschöpf Gottes – sah, der weltbeherrschende *Homo Oeconomicus* wurde, der sich heute anschickt, gar zum *Homo Deus* (Yuval Noah Harari; s. Abschn. 4.1) zu mutieren, um das Vakuum zu füllen, dass der Tod Gottes auf Erden hinterlassen hat.

2.3.1 *Homo Volens*. Der Einfluss der Morallehre des Augustinus

Die Geschichte des *Homo Oeconomicus*, die hier zu erzählen ist, beginnt im alten Rom. Denn die Römer – oder besser die Lateiner – fanden im Schatzhaus ihrer Sprache den Begriff, der noch bis heute so etwas wie das Herzstück der Selbstauslegung des westlichen Menschen bildet: *voluntas* – ein Wort, dass wir mit *Willen* wiedergeben. Was den Menschen ausmacht, adelt und von allen anderen Wesen unterscheidet (nur von Gott nicht, zu dessen Ebenbild er sich geschaffen wähnt), ist in seinem Selbstverständnis der Willen. Aber was ist damit eigentlich gemeint?

Ursprünglich kommt das Wort *voluntas* aus der Rechtssprache. Es meint dasjenige, was der Richter eines römischen Strafprozesses ermitteln muss: das Motiv des Täters, seine Motivation, das ihn zu seiner Tat veranlasste. Auf die *voluntas*, so die römische Rechtsauffassung, müsse deshalb mehr Aufmerksamkeit verwendet werden, als auf die *verba* – dasjenige, was ein Angeklagter zu seiner Verteidigung zu sagen hat.[12]

Die *voluntas* war also ursprünglich etwas anderes als das, was man heute gemeinhin unter *Willen* versteht: *Voluntas* ist ursprünglich nicht so etwas wie der innere Entscheider eines Menschen. Sie ist nicht der richtungsweisende Impulsgeber und Motivator, an dessen Ausrichtung und innerer Verfassung sich entscheidet, ob ein Mensch gut oder böse ist. Sie ist einfach nur ein diffuses Bündel von Handlungsimpulsen.

Diese Rolle einer *entscheidenden* Instanz im menschlichen Gemüt und eines verantwortlichen Urhebers unseres Tuns bekam die *voluntas* erst, als der Begriff der Rechtssprache entnommen und in die Sprache der religiösen Moral übertragen wurde. Dieser Schritt wurde endgültig vollzogen in den Werken des Hl. Augustinus (354–430).[13] Er rückte die *voluntas* in das Zentrum seines Menschenbildes, denn an der *voluntas* sollte sich entscheiden, ob ein Mensch zu den Gerechten oder den Verdammten zählt. Im 14. Buch seiner Abhandlung über den *Gottesstaat* notiert der Kirchenlehrer:

---

[12] Dazu: Dihle 1985, S. 149–160.

[13] Dazu: Dihle 1985, S. 138–142.

> „Es kommt vielmehr auf die Beschaffenheit menschlichen Willens (*voluntas hominis*) an. Ist er verkehrt, hat er auch diese verkehrten Regungen; ist er dagegen recht [auf das göttliche Gebot, Ch.Q.], werden sie nicht nur unschuldig, sondern auch lobenswert sein. Denn in ihnen allen ist Wille, vielmehr allesamt sind sie nichts anderes als Willensrichtungen (*nihil aliud quam voluntates sunt*)."[14]

Affekte, Emotionen, Triebe – ja selbst die Liebe: alles Spielarten des Willens. Die Seligkeit, das Seelenheil und die Erlösung bleiben denen vorbehalten, die guten Willens sind – und das heißt: die dem in den heiligen Schriften offenbarten Willen Gottes *gehorsam* sind.[15] Der gute Willen zeigt sich folgerichtig nirgends so deutlich, wie im unbedingten Gehorsam gegenüber Gottes Wort bzw. wie in der Synchronisation des eigenen Willens als Geschöpf mit dem Willen des allmächtigen Schöpfers. Den Gehorsam nennt Augustin deshalb „die Mutter und Hüterin aller Tugenden" und er betont:

> „Denn sie [die Menschen] sind so geschaffen, dass untertan zu sein ihnen heilsam, dagegen ihrem eigenen Willen statt dem des Schöpfers zu folgen verderblich ist."[16]

Damit ist im Kern das Menschenbild gezeichnet, das der kirchlichen Morallehre für mehr als tausend Jahre selbstverständlich war: Der Mensch ist kraft seines Willens in die moralische Verantwortung genommen. Es obliegt ihm, zwischen Gehorsam und Ungehorsam zu wählen. Je nachdem, wie er sich entscheidet, ist er gut oder böse. Je nachdem, ob er gut oder böse ist, wird er im Jenseits bestraft oder belohnt werden. Die Chancen für ihn stehen aber nicht sehr gut. Denn Augustinus lehrte außerdem, der Mensch sei von Natur aus sündhaft und allein die Gnade Gottes werde diejenigen erretten, die zu Lebzeiten guten Willens waren, die

---

[14] Augustinus 1991 Bd. 2, S. 164. (De Civitate Dei, 14,6).

[15] Dazu Dihle 1985, S. 143: „Aus Augustins Reflexionen erwuchs die Konzeption eines Willens, der, unabhängig von und früher als der Akt der Vernunfterkenntnis und doch getrennt von sinnlich-emotionalen Spontanregungen, den Menschen instand setzt, auf die unerklärbaren Äußerungen des göttlichen Willens zu antworten und auf solche Weise religiöse und sittliche Verantwortung zu übernehmen."

[16] Augustinus 1991 Bd. 2, S. 183. (De Civitate Dei, 14,12).

Gebote Gottes treulich zu befolgen. Aber ob ihnen die Gnade am jüngsten Tag wirklich zuteilwird, konnte niemand sicher sagen. Deshalb sah der Mensch fortan mit bangen Blicken seinem Tod und dem Gericht am jüngsten Tag entgegen. Durch das ganze Mittelalter blieb es so. Auch die Reformatoren des 15. Jahrhunderts teilten dieses Menschenbild, wenn sie auch dem Gläubigen versprachen, er sei nicht nur *Sünder* (*peccator*), sondern durch Jesu Kreuzestod zugleich *Gerechter* (*justus*), und lehrten, das Seelenheil werde dem Christen dann zuteil, wenn er stark und fest im Glauben auf das Wort Gottes, die göttliche Gnade und die Erlösungstat Jesu vertraue (*sola fide, sola scriptura, sola gratia, solo Christo*).

Mit der Selbstauslegung des Menschen als wollendes Subjekt ist eine erste Signatur des neuzeitlichen *Homo Oeconomicus* benannt. Ihres religiösen Gewandes entledigt, lebt in ihm doch die Idee weiter, der Mensch sei dazu berufen, seinen Willen stark zu machen und konsequent zu verfolgen. Nun zwar nicht mehr zum Gehorsam gegenüber dem Willen Gottes, sondern zum Gehorsam gegenüber seinen eigenen Interessen. Ein starker, durchsetzungsfähiger Willen erscheint dem *Homo Oeconomicus* der Gegenwart als wünschenswerte Eigenschaft. Er sieht nicht anders als der Christ der Spätantike, seine eigene Identität und auch Integrität begründet in der eigenen Willenskraft und Willensstärke.

Dieses Selbstbild des wollenden Subjektes verbindet sich im *Homo Oeconomicus* jedoch mit einer zweiten Signatur, die sich aus einer ganz anderen Quelle speist: nicht aus der christlichen Tradition, auch nicht aus der Reformation, sondern aus der Renaissance.

2.3.2 *Homo Creator*. Das Erbe des Renaissancehumanismus

Renaissance bedeutet bekanntlich *Wiedergeburt*. Und das, was in den Studierstuben und Zirkeln der italienischen Humanisten des 15. Jahrhunderts wiedergeboren wurde, war nichts anderes als die Kultur der griechisch-römischen Antike. Man las die alten Schriften, staunte ob der Kunstwerke, die nach und nach aus dem Staub und der Asche von Jahrhunderten ans Licht gebracht wurden, und entdeckte einen Menschengeist, der ganz anders war als das, was man aus seiner eigenen religiösen

Tradition kannte. Aus den antiken Ruinen und Fragmenten sprach ein anderes Selbstbewusstsein, das den Menschen nicht als sündiges und erlösungsbedürftiges Geschöpf sah, sondern als würdiges Gegenüber der Götter. Die Wiederentdeckung des antiken Geistes und der von ihm inspirierten Selbstdeutung des Menschen, führte bei den Renaissancehumanisten zu einer neuen Lesart des biblischen Schöpfungsberichtes und des Dogmas der Gottesebenbildlichkeit des Menschen: Nicht mehr der freie Wille – der zuletzt ja doch dem Willen Gottes unterworfen blieb – schien den Vordenkern der Renaissance die Menschenwürde zu verbürgen, sondern die von Gott seinem Geschöpf geschenkte Schöpferkraft, die Kreativität. Klassisch auf den Punkt gebracht hat dieses neue, humanistische Selbstverständnis Giovanni Pico della Mirandola (1463–1494), der in seiner 1484 geschriebenen *Oratio de Hominis Dignitate* den Allmächtigen zu dem gerade erst erschaffenen Adam sagen lässt:

> „Weder haben wir dich himmlisch noch irdisch, weder sterblich noch unsterblich geschaffen, damit du wie dein eigner, in Ehre frei entscheidender, schöpferischer Bildhauer dich selbst zu der Gestalt ausformst, die du bevorzugst."[17]

Dass er schöpferisch und kreativ sein eigenes Leben formen und gestalten kann, hatte der Mensch seit den Tagen der Antike so nicht mehr zu denken gewagt. Dies wurde nun anders: Der Einzelne zählte etwas, das Individuum war wertvoll. Seine Verantwortung lag nicht allein darin, dem Willen Gottes gehorsam zu sein, sondern etwas aus sich und seinem Leben zu machen – nicht selbstherrlich nach eigener Willkür, sondern im Einklang mit den göttlichen Geboten und Gesetzen, aber doch in einem Maße selbstständig und frei, das im Mittelalter unvorstellbar war. Der Mensch verstand sich nun als schöpferischen Künstler, und er sah sein Ziel darin, sich selbst und seine Welt nach eben jenen Idealen einzurichten, denen auch die Maler oder Bildhauer verpflichtet waren: Harmonie und Schönheit. In seiner eigentümlich pathetischen Renaissance-Sprache bringt Pico della Mirandola dies wie folgt auf den Begriff:

[17] Pico della Mirandola 1990, S. 5.

„Wenn die Kräfte der Leidenschaften […] durch die nötige symmetrische Anordnung so auf den Rhythmus [der kosmischen Seele] ausgerichtet sind, dass sie miteinander in sicherem Einklang harmonieren, und sich die Vernunft […] beim Voranschreiten im Takt bewegt, dann werden wir, durch die Verzückung der Musen erregt, die himmlische Harmonie förmlich einsaugen.“[18]

In dem Maße aber, in dem wir die „himmlische Harmonie“ einsaugen, entsprechen wir unserer Würde als „Bildhauer“ oder – im Sinne dieses Bildes besser – als Komponisten unseres eigenen Lebens; zwar nicht als Schöpfer, wohl aber als die Gestalter unseres eigenen Seins.

Eine große kulturelle Blüte war die Folge, deren Schöpfungen wir heute noch bestaunen können. Aber diese Blüte war von kurzer Dauer. Denn in Nordeuropa war ein anderes, dem alten Menschenbild der Kirche treues Projekt entstanden und hatte sich wie ein Flächenbrand über Europa ausgedehnt: die Reformation. Sie erstickte den humanistischen Impuls der Renaissance und begünstigte die Heraufkunft eines anderen Lebensgefühls, das sich nach den verheerenden Konfessionskriegen des 16. und 17. Jahrhunderts durchsetzte. Zwar klang darin noch etwas durch von dem neuen humanistischen Selbstverständnis des Renaissance-Menschen: das neu gewonnene Selbstbewusstsein, die Emanzipation vom moralischen Gesetz der Religion und Kirche, die Wertschätzung von Kreativität und Eigenständigkeit. Doch geriet dieser Impuls unter dem Druck des Zusammenbruchs der moralischen, politischen und ökonomischen Ordnung Europas infolge des Dreißigjährigen Krieges in eine andere Bahn. Nicht in seiner Fähigkeit zum schöpferischen Künstlertum sah der Mensch des 17. Jahrhunderts seine Würde oder seinen Adel – sondern in der Fähigkeit zu Rationalität, Kognition und technischer Weltbeherrschung. Der Mensch der frühen Neuzeit wollte nicht mehr schöpferisch und kreativ, er wollte weltbeherrschend und allmächtig sein.

[18] Pico della Mirandola 1990, S. 25.

2.3.3 *Homo Rationalis*: Die schicksalhafte Weichenstellung des René Descartes

Der *Homo Oeconomicus* ist rational. „Hauptmerkmal des *Homo oeconomicus* ist seine Fähigkeit zu uneingeschränktem rationalem Verhalten." So steht es im Wirtschaftslexikon.[19] Rationalität als diejenige Eigenschaft, die wie keine andere den Adel und die Würde des Menschen definiert, war das große Credo des René Descartes. Er war es, der den Menschen als *res cogitans* definierte und damit ein neues Menschenbild begründete, das nicht nur der Epoche des Rationalismus den Namen gab, sondern über die Aufklärung bis in die heutige Welt hineinstrahlt. Sah Descartes die Rationalität zwar vornehmlich als dasjenige, was den Menschen zur Wissenschaft befähigt und ihm erlaubt, Gewissheit über die Welt zu erlangen, so finden sich doch schon bei ihm Gedanken, die auf das vorausgreifen, was spätere Philosophen als „Zweckrationalität" (Max Weber[20]) oder „instrumentelle Vernunft" (Max Horkheimer) bezeichnete: eine Vernunft, die es „wesentlich mit Mitteln und Zwecken zu tun [hat], mit der Angemessenheit von Verfahren an Ziele, die mehr oder minder hingenommen werden und sich vermeintlich von selbst verstehen" und die „der Frage wenig Bedeutung" beilegt, „ob die Ziele als solche vernünftig sind",[21] wie Horkheimer sagt. Eben diese spezifische Rationalitätsform ist es, die sich der *Homo Oeconomicus* in der Tradition Descartes' zu eigen gemacht hat – eine Rationalität, die sich darin bewährt, den Eigenwillen zu exekutieren, den Eigennutzen zu maximieren und den eignen Vorteil zu optimieren.

Dass die „Zweckrationalität" bzw. „instrumentelle Vernunft" des *Homo Oeconomicus* aus dem Rationalitätskonzept von Descartes hervorgegangen ist, lehrt ein Blick in seinen *Discours de la Methode* (1637), in dessen 6. Kapitel er die wissenschaftliche Forschung und damit die theoretische Rationalität programmatisch in den Dienst praktischer Zweckmäßigkeit nimmt – und zwar genau an der Stelle, an der er erstmals die

---

[19] Woll 2021 (o. S.).

[20] Weber 1922, S. 13: „Zweckrational handelt, wer sein Handeln nach Zweck, Mitteln und Nebenfolgen orientiert und dabei sowohl die Mittel gegen die Zwecke, wie die Zwecke gegen die Nebenfolgen, wie endlich auch die verschiedenen möglichen Zwecke gegeneinander rational abwägt."

[21] Horkheimer 1986, S. 15.

bereits zitierte Formel des Menschen als *maître et possesseur de la nature* zum Besten gibt:

> „Als ich jedoch in der Physik gewisse allgemeine Begriffe gewonnen hatte und bei deren Anwendung auf einige schwierige Fragen ihre Tragweite und ihre Unterschiede von den bis jetzt angewandten Prinzipien bemerkte, so glaubte ich sie nicht zurückhalten zu dürfen, wenn ich nicht gegen das Gesetz verstoßen wollte, welches uns das allgemeine Beste zu befördern heißt. Denn mittelst ihrer kann man zu Kenntnissen gelangen, die für das Leben höchst nützlich sind, und anstatt jener in den Schulen gelehrten spekulativen Philosophie eine praktische finden, welche uns die Kraft und Wirkungen des Feuers, des Wassers, der Luft, der Gestirne, des Himmels und aller Körper, die uns umgeben, so genau kennen lehrt, wie wir die verschiedenen Tätigkeiten unserer Handwerker kennen, so dass wir jene ebenso wie diese zu allen passenden Zwecken verwenden und uns so zu dem *Herrn und Meister der Natur* machen können. Dies ist nicht bloß für die Erfindung zahlloser Verfahrungsweisen wünschenswert, die uns die Früchte und Behaglichkeiten der Erde ohne Mühe gewähren würden, sondern auch für die Erhaltung der Gesundheit, die das höchste Gut dieses Lebens und die Grundlage für alle anderen ist.“[22]

Rationalität erscheint seither nicht primär als das Vermögen zur wissenschaftlichen Durchdringung der Welt, sondern als das Vermögen des Menschen, sich selbst zum Herrn und Meister einer Welt zu machen, die seit Beginn der Neuzeit nicht mehr als gute Schöpfung Gottes glaubhaft war, sondern zum Bestand bzw. zur Ressource ökonomischer Nutzbarmachung geworden ist.

2.3.4 *Homo Faber*: Der Impuls von Francis Bacon

Vom *Homo Faber* war bereits die Rede. Dieser Name – den Max Frisch mit seinem gleichnamigen Roman weithin bekannt machte – steht für das Menschenbild, das uns bereits verschiedentlich begegnet ist. Als *Homo Faber* sieht sich der Mensch, wenn er die Natur als Be*stand* oder Gegen*stand* begreift, den er zu unterwerfen beauftragt und befugt ist. Die

[22] Descartes 1960, S. 101.

antiken Griechen konnten – wie wir noch sehen werden – so nicht denken. Sie sahen sich als Teil des Kosmos, nie in Gegnerschaft zu ihm. Letzteres war nur möglich auf der Grundlage des biblischen Schöpfungsberichtes, demzufolge Gott am Ende seines Schöpfungswerks den Menschen beauftragt hatte, sich die Erde untertan zu machen. Ausgestattet mit dem aristotelischen Instrumentarium einer am Paradigma des Herstellens orientierten Seinslehre und inspiriert vom neuen Selbstbewusstsein der Renaissance konnte man sich nun, seit dem 16. Jahrhundert, in der Rolle des bestallten Herrn der Natur gefallen: nicht jedoch, um in ihr (wie die Renaissance-Autoren meinten) als ein kreativer Künstler mit von der Partie zu sein; sondern um sie sich mit Hilfe von Technik und Wissenschaft dienstbar zu machen. Das beredtste Zeugnis dessen haben wir bereits kennengelernt: René Descartes' Forderung, der Mensch möge zum *maître et possesseur de la nature* aufsteigen, denn als rationales, geistbegabtes Subjekt (*res cogintans*) stehe es ihm zu, die Welt der Objekte (*res extensa*) seinen Interessen dienstbar zu machen. Rationalität bedeutet nun die Fähigkeit, die Welt wissenschaftlich zu begreifen und effizient zu nutzen. Und rational verhält sich, wer genau das tut.

Der eigentliche Urheber dieses Projektes lebte allerdings schon ein Jahrhundert früher. Die Rede ist von Francis Bacon (1561–1626). Er war wohl der erste, der in seinem *Novum Organum* von 1620 erklärte, es sei das Ziel der Wissenschaft, die Natur zu beherrschen bzw. sie sich nutzbar zu machen; wobei er allerdings zu bedenken gab, dass solches nur gelingen könne, wenn man bereit sei, sich ihren Gesetzen zu unterwerfen:

> „Wissen und Können fällt bei dem Menschen in Eins, weil die Unkenntniss der Ursache die Wirkung verfehlen lässt. Die Natur wird nur durch Gehorsam besiegt; […]“[23]

So war die Idee geboren, dass es dem Menschen gut zu Gesichte stehe, sich die Natur untertan zu machen und mit Wissenschaft und Technik zu beherrschen. Wille und Wissenschaft, Rationalität und Technik wurden zu den Insignien des neuzeitlichen Selbstbewusstseins. Im Menschenbild des *Homo Oeconomicus* leben sie fort: Er sieht sich als wollendes, rationa-

---

[23] Bacon 1870, S. 82.

les, machendes bzw. herstellendes Subjekt im Gegenüber zu einer Welt, die zur nutzbaren Ressource mutiert: zum Bestand, der durch Technik und Wissenschaft bestellt werden kann und darf.

Doch sah der europäische Mensch sich zu Beginn des 17. Jahrhunderts nicht allein als wollendes, rationales und machendes Subjekt in einem Herrschaftsverhältnis gegenüber der Natur. Er sah sich auch in einem von Kategorien wie Macht und Herrschaft geprägten Gegenüber zum anderen Menschen. Auch diese Signatur ist in das Menschenbild des *Homo Oeconomicus* eingesickert, sofern er sich – seinem Wesen nach – als Konkurrent versteht.

2.3.5 *Homo Homini Lupus*. Das hostile Menschenbild des Thomas Hobbes

Die europäische Geschichte des 16. und der ersten Hälfte des 17. Jahrhunderts ist geprägt von Krieg und Not. Die Reformation hatte den Kontinent gespalten: Protestanten kämpften gegen Katholiken, Katholiken gegen Protestanten – und irgendwann kämpften alle gegen alle mit einer Grausamkeit, die ihresgleichen suchte. Besonders schlimm war es auf der britischen Insel, wo sich Oliver Cromwell und der englische König einen erbitterten Bürgerkrieg geliefert hatten. Unter dem Einfluss der Kriegsjahre zwischen 1642 und 1649 schrieb der Staatstheoretiker und Philosoph Thomas Hobbes (1588–1679) sein politisches Hauptwerk *Leviathan*, das 1651 veröffentlicht wurde.

In jungen Jahren war Hobbes für kurze Zeit Sekretär von Francis Bacon, später freundete er sich mit René Descartes an. Es ist ein erstaunlich kleiner Kreis von Denkern, der das Mindset des modernen Menschen prägte. Wie dem auch sei: Hobbes' Beitrag zur Herausbildung des neuzeitlichen Menschenbildes und der Genealogie des *Homo Oeconomicus* betraf nicht so sehr das Feld von Wissenschaft und Technik, sondern den Menschen als soziales und politisches Wesen. In seinem Denken gerät das denkende und wollende Subjekt zu einem rationalen Egoisten: zu einem hostilen Wesen, dessen Naturzustand Hobbes als *bellum omnium contra omnes* beschrieb – als „Krieg aller gegen alle“. Im 12. Kapitel seines Hauptwerkes *Leviathan* behauptet er,

> „dass die Menschen während der Zeit, in der sie nicht ohne eine allgemeine, sie alle im Zaum haltende Macht leben, sich in einem Zustand befinden, der Krieg genannt wird, und zwar in einem Krieg eines jeden gegen jeden. Denn Krieg besteht nicht nur in Schlachten oder Kampfhandlungen, sondern in einem Zeitraum, in dem der Wille zum Kampf genügend bekannt ist."[24]

Und an anderer Stelle, in der Widmung seines Werkes *De Cive* an William Cavendish, brachte Hobbes ein auf den römischen Komödiendichter Plautus (254–184 v. Chr.) zurückgehendes, geflügeltes Wort zu neuen Ehren, als er notierte, der Mensch sei der Wolf des Menschen: *Homo homini lupus.*[25] Damit waren eingängige Formeln gefunden, die das neue Menschenbild des 17. Jahrhunderts transportierten: Der Mensch erschien als feindselig und egozentrisch – als Wesen, das bewegt ist von dem Verlangen, sich auf dem großen Schlachtfeld des Lebens gegen andere zu behaupten und durchzusetzen; und das einen totalen Staat benötigt, der die rivalisierenden Wölfe zähmt und dadurch ein zivilisiertes Miteinander der Kombattanten erzwingt. Das in einen fortwährenden Konkurrenzkampf verwickelte rationale und egoistische Subjekt wurde bei Hobbes auf diese Weise zum elementaren Grundbaustein der menschlichen Selbstdeutung und einer ihr korrespondierenden politischen Philosophie: der *rationale Egoist*, den zu bändigen und in seine Schranken zu weisen zur wichtigsten Aufgabe des Staates wurde.

Heute sehen wir das anders. Der *Homo Oeconomicus* glaubt nicht, ein starker Staat sei nötig, um den „Kampf aller gegen alle" zu befrieden. Sein Credo ist vielmehr, dass dieser Kampf dadurch gebändigt werden kann, dass man ihn aus der Sphäre des Politischen auslagert und an anderem Orte austrägt: auf dem Markt. Der freie Markt wird im 18. Jahrhundert zum Schauplatz, wo die konkurrierenden Interessen der rationalen, wollenden und machenden Subjekte aufeinanderprallen – und gerade darin eine ungeheure Kraft entfachen: die Kraft der selbstständigen Ökonomie, die Dynamik der freien Marktwirtschaft. Bevor diese in der Ökonomischen Klassik des 18. Jahrhunderts theoretisch reflektiert und in

[24] Hobbes 1970, S. 115.

[25] Hobbes 2017, S. 7.

wissenschaftliche Doktrinen übersetzt werden konnte, war ein weiteres Kapitel in der Geschichte der Selbstdeutung des abendländischen Menschen nötig: die Herausbildung des Liberalismus. Diese war nur möglich auf dem Fundament, das Hobbes gelegt hatte: der Überzeugung des Menschen, er sei seinem Wesen nach ein wollender und machender rationaler Egoist. Genau das denkt der *Homo Oeconomicus* noch heute.

2.3.6 *Homo Liber*. Die Ökonomisierung der Freiheit durch John Locke

Der Mensch des späten 17. Jahrhunderts entdeckte mit dem neu entstehenden bürgerlichen Selbstbewusstsein als sein fundamentales Gut die *Freiheit*. Damit gab er dem philosophischen Diskurs der Aufklärung des 18. Jahrhunderts das zentrale Thema. So rief Jean-Jacques Rousseau mit dem Eröffnungssatz seines *Contrat Social* (1762) seinen Lesern zu: „Der Mensch ist frei geboren, doch überall liegt er in Ketten“.[26] Damit wurde er zum Wegbereiter der Französischen Revolution von 1789. Für die Geschichte des *Homo Oeconomicus* wichtiger ist jedoch der Weg, den der kollektive Ruf nach Freiheit im 18. Jahrhundert im englischen Sprachraum nahm. Denn dort wurde dasjenige Freiheitskonzept entwickelt, das der *Homo Oeconomicus* internalisieren sollte: der *Liberalismus*.

Die Genealogie des Liberalismus bzw. des liberalen Menschenbildes führt zurück zu dem englischen Philosophen John Locke (1632–1704). Locke übernahm in seiner politischen Philosophie von Thomas Hobbes das Menschenbild des rationalen Egoisten, doch erscheint es aus seiner Perspektive weniger finster. Locke nämlich sieht den Menschen – sicherlich vor dem Hintergrund veränderter politischer Umstände – weniger unter dem Aspekt eines fortwährenden Überlebenskampfes, sondern in seiner ursprünglichen Freiheit: Nicht der „Krieg aller gegen alle“ ist in seinen Augen der Naturzustand des menschlichen Wesens, sondern seine freie Individualität. Im Paragrafen 4 seiner *Zweiten Abhandlung über die Regierung* von 1690 schreibt er:

[26] Rousseau 1977, S. 5.

> „Es ist der Zustand vollkommener Freiheit, innerhalb der Grenzen des Naturgesetzes seine Handlungen zu lenken und über seinen Besitz und seine Person zu verfügen, wie es einem am besten scheint – ohne jemandes Erlaubnis einzuholen und ohne von dem Willen eines anderen abhängig zu sein.“[27]

Der Staat habe dementsprechend keineswegs die Aufgabe, durch Gesetzgebung und ein totalitäres Regime die konkurrierenden Egoisten zu domestizieren, wie Hobbes es im *Leviathan* gefordert hatte, sondern es obliege ihm, den Menschen einen von Gewalt und Zwang befreiten, durch Gesetze geschützten Freiraum zu gewähren, in dem sie in Freiheit ihren Neigungen und Interessen nachgehen könnten. Als dafür angemessene politische Organisationsform propagierte Locke die parlamentarische Demokratie und wurde so zu dem wohl wichtigsten Vordenker des politischen Liberalismus.

Die Neigungen und Interessen, denen nachzugehen der Mensch weder durch den Staat noch eine andere Instanz gehindert werden sollten, richten sich in Lockes Menschenbild auf dasjenige, was er das „Eigentum“ (*property*) nannte – und was er auf die Formel „Erhaltung des Lebens, der Freiheiten und Güter“ brachte.[28] Im engeren Sinne aber verstand er unter Eigentum das Privateigentum des Individuums, das zu wahren und zu mehren jedermann befugt sei. Denn es liege im Wesen des Menschen, sich durch eigene Arbeit die Güter der Welt anzueignen – bzw. durch Bestellung einer als Bestand gedeuteten Welt, sich eigenen Besitz zu erwerben. Die von Descartes propagierte Herrschaft und Meisterschaft über die Natur erscheint in Lockes Augen als Ausweis der menschlichen Freiheit zum Erwerb von Eigentum.

Zwar bestand Locke darauf, der Mensch dürfe sich nur so viel von der Natur aneignen, wie er selbst verbrauchen könne – und dass es nicht rechtens sei, andere daran zu hindern, ebenfalls die Natur für ihre Zwecke nutzbar zu machen, doch schränkte er diese Grenze der persönlichen Eigentumsmehrung auf den Erwerb verderblicher Naturprodukte ein. Anders, so meinte er, verhalte es sich mit nicht verderblichen Gütern wie

[27] Locke 1974, § 4, S. 5.

[28] Locke 1974, § 123, S. 96.

Geld. Da Geld nicht verderbe, sei es legitim, ein grenzenloses Wachstum des monetären Eigentums anzustreben.[29] Damit beschränke man weder die eigene Freiheit noch die Freiheit seiner Mitmenschen. Ja, es sei der eigentliche Sinn des Konzeptes Gerechtigkeit, dass niemandes Privatbesitz angegriffen oder infrage gestellt werde, bzw. dass der Besitz der nützlichen Dinge jedem privat und unabhängig vom Staat möglich ist.[30]

In der Summe ergibt sich daraus der Gedanke, der Mensch als freies Wesen sei befugt und legitimiert, sein monetäres Eigentum ohne staatliche Beschränkungen zu maximieren. Die Freiheit dazu habe ihm der Staat zu gewähren. Damit war die Idee geboren, es liege im Wesen des Menschen, seinen Willen und seine Rationalität darauf zu richten, im Wettbewerb mit oder gegen andere, den eigenen Wohlstand durch eigene Arbeit und Geschäfte maximal zu mehren. Dafür die erforderlichen Rahmenbedingungen zu schaffen, wird zur Kerndoktrin des Liberalismus – erst, bei Locke, des politischen Liberalismus, und sodann bei Adam Smith (1723–1790) des ökonomischen Liberalismus. Mit ihm sollte das Menschenbild des *Homo Oeconomicus* als eines freien, wollenden, machenden rationalen Egoisten rund werden. Denn er lieferte das, was dem neuen Menschbild noch fehlte: eine abschließende moralische Legitimierung.

2.3.7 *Homo Oeconomicus*. Der klassische Liberalismus des Adam Smith

Dass das neue Menschenbild des Liberalismus – der *Homo Oeconomicus* – nicht nur zum beherrschenden Leitbild der menschlichen Selbstdeutung im 21. Jahrhundert werden sollte, sondern zum herrschenden Typus des faktisch existierenden Menschen mutierte, war nur möglich, weil es mit einer unerhörten Verheißung einherging: dem Wohlstand für alle. Diese Verheißung auszusprechen und methodisch zu begründen, ist das Verdienst des Mannes, der gemeinhin als der Vater der neuzeitlichen

---

[29] Locke 1974, § 46–47, S. 36f.

[30] Locke 1974., §§ 26+42.

Volkswirtschaft und des ökonomischen Liberalismus verehrt wird: Adam Smith (1723–1790).

In seinem 1776 erschienen ökonomischen Hauptwerk *An Inquiry into the Nature and Causes of the Wealth of Nations* entwickelte der schottische Moralphilosoph auf der Basis des von Locke vorgelegten liberalen Menschenbildes eine elaborierte Theorie der Wirtschaft, die den Nachweis dafür erbringen sollte, dass ein freier – vom Staate möglichst wenig regulierter – Markt ein Maximum gesellschaftlichen Wohlstands generieren werde. Oder anders gesagt: Smith war davon überzeugt, dass das Eigentum eines jeden Mitglieds einer Gesellschaft vergrößert werde, wenn jedes Mitglied der Gesellschaft auf dem freien Markt als rationales und freies Subjekt seinem egoistischen Willen zum Eigentum nachgehen könne. Möglich sei dies infolge eines von ihm beschriebenen Marktmechanismus, den er mit dem Bild einer „unsichtbaren Hand" zu beschreiben versuchte. Diese zu seiner Zeit geläufige Metapher taucht in seinem Werk an nur einer einzigen Stelle auf, in der es um Beschränkungen des Handels geht. Dabei möchte er zeigen, dass ein Händler, der eigentlich nur seine eigenen ökonomischen Interessen verfolgt und seine Erträge steigern will, ohne sich dessen bewusst zu sein oder es anzustreben, zur Mehrung des kollektiven Wohlstands beiträgt. Im zweiten Kapitel des vierten Buches von *Wealth of Nations* schreibt er

> „Wenn daher jeder einzelne soviel wie nur möglich danach trachtet, sein Kapital zur Unterstützung der einheimischen Erwerbstätigkeit einzusetzen und dadurch dieses so lenkt, dass ihr Ertrag den höchsten Wertzuwachs erwarten lässt, dann bemüht sich auch jeder einzelne ganz zwangsläufig, dass das Volkseinkommen im Jahr so groß wie möglich werden wird. Tatsächlich fördert er in der Regel nicht bewusst das Allgemeinwohl, noch weiß er wie hoch der eigene Beitrag ist. Wenn er es vorzieht, die eigene nationale Wirtschaft, anstatt die ausländische zu unterstützen, denkt er nur an die eigene Sicherheit, und wenn er dadurch die Erwerbstätigkeit so fördert, dass ihr Ertrag den höchsten Wert erzielen kann, strebt er lediglich nach eigenem Gewinn. Er wird in diesem wie auch in vielen anderen Fällen von einer *unsichtbaren Hand* geleitet, um einen Zweck zu fördern, der keineswegs in seiner Absicht lag. Es ist auch nicht immer das Schlechteste für die Gesellschaft, dass dieser nicht beabsichtigt gewesen ist. Indem er seine eige-

nen Interessen verfolgt, fördert er oft diejenigen der Gesellschaft auf wirksamere Weise, als wenn er tatsächlich beabsichtigt, sie zu fördern."[31]

Smith war sich durchaus darüber im Klaren, dass dieser Mechanismus nur greifen könne und werde, wenn der Markt tatsächlich frei ist und weder von Monopolen und Kartellen noch von Parteien oder unlauteren Wettbewerbern beherrscht werde. Doch hatte er mit dem Axiom der *unsichtbaren Hand* dem rationalen Egoisten den Freibrief erteilt, dem eigenen Drang zur Eigentumsvermehrung unbegrenzt nachzugehen. Denn als umfassendes Regulativ würde der Markt schon dafür sorgen, dass der Egoismus der Marktteilnehmer durch einen geradezu magischen Mechanismus zum Altruismus mutieren werde. Niemand musste sich fortan schämen, ein rationaler Egoist zu sein. Wenn man es dennoch tat, dann weil konventionelle christliche Moralvorstellungen noch bis weit ins 20. Jahrhundert das Gros der neuzeitlichen Europäer und Amerikaner prägten – aber seit den Tagen von Adam Smith war es nur noch eine Frage der Zeit, bis der *Homo Oeconomicus* dem eine Ende bereiten und zur alles beherrschenden globalen Gestalt wachsen würde.

2.4 Ethik. Was der *Homo Oeconomicus* glaubt, wollen zu sollen

Der *Homo Oeconomicus* ist ein moralisches Wesen. Das heißt nicht, dass er sich immer an die Regeln und Gebote einer wie auch immer gearteten Moral halten würde. Es heißt nur, dass er sein Tun und Lassen mithilfe eines geistigen Paradigmas interpretiert und koordiniert, das Strukturen und Kategorien folgt, die in der eigentümlichen Konstellation der Moralphilosophie der abendländischen Tradition wurzeln. Bei ihr handelt es sich keineswegs um *die* Ethik oder *die* Moralphilosophie. Ethiken gibt und gab es immer nur im Plural. Jeder Kulturkreis und jede Epoche, jede Religion und jede Tradition prägt ein eigenes Ethos und mit ihm eine eigene Ethik. So unterscheidet sich die christliche Ethik von der buddhistischen Ethik und die Ethik des konfuzianischen China von der Ethik der

[31] Smith 2009, S. 451.

Inuit. Und die unser heutiges Denken und Handeln – wenn auch meist unreflektiert – leitende abendländische Ethik unterscheidet sich, wie wir noch sehen werden, fundamental von der Ethik des antiken Griechentums.

Interessant in unserem Zusammenhang ist dabei nicht so sehr, was die abendländische Ethik lehrt – tatsächlich hat sie in unterschiedlichen Phasen höchst Unterschiedliches gelehrt –, sondern wie sie strukturiert ist, welche ihre Schlüsselbegriffe sind, wie sie tickt und worin sie begründet ist. Ihre grundlegende Matrix müssen wir erschließen, wenn wir verstehen wollen, wie das auf ihrer Grundlage entwickelte Paradigma der neuzeitlichen Ökonomie entstehen und sich erfolgreich durchsetzen konnte. Nicht zufällig wurde sie in der Zeit der ökonomischen Klassik von Menschen entwickelt, die sich selbst als Moralphilosophen sahen. Die Ökonomie war bis ins 19. Jahrhunderte ein Teilbereich der philosophischen Ethik – und sie konnte sich nur unter der Voraussetzung eines spezifisch westlichen Modells der Moralphilosophie entwickeln: dessen, was man später als *Wertethik* bezeichnete.

2.4.1 Moral. Was dem Menschen Regeln setzt

Die Moralphilosophie des neuzeitlichen westlichen Menschen wurzelt in der religiösen Moral des Christentums, die sich ihrerseits aus der Tradition des Judentums und dessen Gottes- bzw. Menschenbild herleitet. Dessen ehrwürdige, althergebrachte Ethik basierte auf den Gesetzesbüchern der Thora, die der Überlieferung nach im Kern dem Propheten Moses auf dem Berg Sinai übermittelt und in den heiligen Schriften der Israeliten tradiert wurden. Durch das solcherart offenbarte und kodifizierte moralische Gesetz war den Menschen der Wille Gottes offenbar, sodass sie wussten, was Gott von ihnen erwartete: Gehorsam gegenüber dem Gebot. So konnte der Prophet Micha seinen Lesern im 8. Jahrhundert v. Chr. entgegenrufen: „Mensch, es ist dir gesagt, was gut ist und was der Herr von dir fordert: nämlich Gottes Wort halten und Liebe üben und demütig sein vor deinem Gott." (Micha 6.8)

Charakteristisch für die ethische Konfiguration, die wir hier als *Moralethik* bezeichnen wollen, ist der Verweis auf ein Gesetz, eine Regel oder ein Gebot, das – in diesem Falle – durch seine Herkunft von Gott autorisiert bzw. legitimiert ist. Die das private und kollektive Verhalten koordinierende und orientierende Autorität des Gesetzes verdankt sich dem Umstand, dass es dem Menschen *gesagt* ist. Das Gesetz ist *gesetzt*, die Regel *aufgestellt*. Sie sind das Produkt des göttlichen Willens, der als Urheber der Moral zugleich die Quelle der Legitimität von deren kodifizierten Geboten ist. Die Gebote sind adressiert an das menschliche Subjekt, das angehalten ist, dem göttlichen Urheber mit Demut zu begegnen und dem göttlichen Gebot mit Gehorsam zu folgen (s. Abschn. 2.3.1). Genau genommen ist in der alten hebräischen Moral der Adressat des göttlichen Gebotes das menschliche Herz, das sich diesem Anspruch entweder öffnet oder verschließt. Das verschlossene, verstockte, harte Herz gilt in der jüdischen Tradition folglich als eigentlicher Urheber menschlicher Unmoral.

Die christliche Moraltheologie übernimmt überraschenderweise von der jüdischen Ethik diese geistige Konfiguration. Überraschend deshalb, weil Jesus von Nazareth in seiner Predigt durchweg kritisch mit der Thora-Frömmigkeit seiner jüdischen Zeitgenossen umging bzw. dem damaligen rabbinischen Judentum mit Skepsis begegnete. Nichtsdestotrotz formte sich in der lateinisch sprechenden, westlichen Kirche bald ein Moralverständnis, das den gläubigen Christen darauf verpflichtete, den durch die heiligen Schriften – nun einschließlich des Neuen Testaments – offenbarten Willen Gottes gehorsam zu befolgen; nun aber nicht mehr Kraft eines offenen und empfänglichen Herzens, sondern kraft dessen, was die römische Sprache *voluntas* nannte: Willen. Davon war bereits die Rede (s. Abschn. 2.3.1), als wir es mit dem Ursprung des neuzeitlichen Menschenbildes in der spätantik-christlichen Anthropologie des Augustinus zu tun hatten. Tatsächlich sind Anthropologie und Moralethik des westlichen Christentums gleichursprünglich: Sie bedingen einander gegenseitig, denn es braucht die Idee des über einen freien Willen verfügenden moralischen Subjektes, das sich für oder gegen das Gebot Gottes entscheiden kann, um die moralischen Kategorien von ‚gut' und ‚böse' in Anschlag zu bringen. Und umgekehrt begünstigt der Impuls zur moralischen Orientierung und Kategorisierung von ‚gut' und ‚böse' die Herausbildung der Idee eines sich frei für oder gegen die göttlichen Anordnungen entscheiden könnenden Willens. In dieser Gemengelage bildet sich in der römischen Kirche der Spätantike die konzeptionelle

Grundstruktur der Moralethik, die bis heute das ethische Verständnis des westlichen Menschen prägt. Sie besteht aus folgenden Elementen:

- ein autorisiertes Gebot, Gesetz, Regelwerk, das dem Menschen Weisung für sein kollektives und individuelles Tun und Lassen gibt. Dieses Regelwerk ist im Falle der religiösen Moral durch göttliche Offenbarung legitimiert und durch schriftliche bzw. mündliche Überlieferung *gesetzt* (Thora, Scharia, Bergpredigt) bzw. zumeist durch religiöse Institution vor dem Menschen aufge*stellt*.
- ein menschliches Subjekt, das in der Lage ist, dem ihm gegebenen Gebot Gehorsam zu leisten.
- ein freier Willen, kraft dessen sich das menschliche Subjekt für oder gegen den Gehorsam gegenüber dem Gebot entscheiden kann.
- der Code der Prädikate ‚gut' und ‚böse', die auf den Menschen bzw. seinen Willen angewandt werden, je nachdem, ob er sich für oder gegen das Gebot entscheidet.

Diese Grundstruktur der religiösen Moral sickert zu Beginn der Neuzeit in die Denkweise der säkularen abendländischen Moralphilosophie ein. Auch da noch, wo Gott als autoritativer Urheber und als Legitimationsinstanz des Gebotes an Glaubwürdigkeit einbüßt, suchen Moralphilosophen nach verlässlichen Geboten, Gesetzen und Regeln, die das menschliche Handeln autoritativ koordinieren und orientieren. Nur, dass die Autorität dieser Regeln nicht länger durch ihre göttliche Herkunft legitimiert werden kann, sondern anders ausgewiesen werden muss. Mit der beginnenden Neuzeit kann dies, für den sich nunmehr als rationales Wesen deutenden Menschen (s. Abschn. 2.3.3), nicht anders denn rational und argumentativ geschehen. Den vielleicht großartigsten und ambitioniertesten Versuch einer rein rational einsichtig legitimierten Ethik unternahm auf dem Höhepunkt der Aufklärung Immanuel Kant (1724–1804), der in seiner *Kritik der praktischen Vernunft* (1788) und seiner *Grundlegung zur Metaphysik der Sitten* (1785) das Programm verfolgte, durch reine Vernunftgründe ein moralisches Sittengesetz zu ermitteln, das er in Gestalt seines Kategorischen Imperativs auf die Formel brachte:

„Handle nur nach derjenigen Maxime, durch die du zugleich wollen kannst, dass sie ein allgemeines Gesetz werde."[32]

Und in einer anderen Formulierung:

„Handle so, als ob die Maxime deiner Handlung durch deinen Willen zum allgemeinen Naturgesetze werden sollte."[33]

Auch bei Kant ist der Adressat dieses mit der Autorität der Vernünftigkeit sanktionierten Sittengesetzes kein anderer als der menschliche Wille, wie die Anfangssätze der *Grundlegung zur Metaphysik der Sitten* unmissverständlich bezeugen:

„Es ist überall nichts in der Welt, ja überhaupt auch außer derselben zu denken möglich, was ohne Einschränkung für gut könnte gehalten werden, als allein ein guter Wille."[34]

Gut also ist der Mensch für Kant, sofern er kraft seines Willens dem moralischen Sittengesetz genügt und den Kategorischen Imperativ zur grundlegenden Norm seines Handels erhebt.

Ähnlich funktioniert diejenige Spielart der säkularen, aufgeklärten und rationalen Moralethik, die zeitgleich zu Kant – und von diesem heftig bekämpft – in der angelsächsischen Welt entstand. Damit kommen wir zur Zwillingsschwester der ökonomischen Klassik der zweiten Hälfte des 18. Jahrhunderts, die dem neu aufkommenden Wirtschaftsliberalismus nicht nur eine ethische Legitimation verschaffte, sondern dessen zweckrationale Denkweise umstandslos in das Feld der Moralphilosophie übersetzte: zur utilitaristischen Ethik.

Da sich dieses ethische Modell aufgrund seiner Gleichursprünglichkeit mit dem ökonomischen Liberalismus – zumindest in der angelsächsischen Welt – durchgesetzt hat, werden wir später (s. Abschn. 2.4.3) ausführlicher darauf eingehen. Hier genügt es, sich vor Augen zu führen, dass auch der Utilitarismus – bei aller Unterschiedenheit, ja Gegnerschaft

---

[32] Kant 1974 BA 52, S. 51.

[33] Kant 1974 BA 52, S. 51.

[34] Kant 1974 BA 1, S. 18.

zu Kant – ebenso den Strukturprinzipien der Moralphilosophie folgt: Als säkulare Ethik der Aufklärung beruft auch er sich nicht auf ein göttliches Gebot, sondern auf eine durch Vernunft legitimierte Norm des menschlichen Handelns – nun aber nicht auf ein aus der Struktur der Rationalität selbst hergeleitetes moralisches *Sittengesetz* wie Kant, sondern auf eine praktische Klugheitsregel, die der Begründer des Utilitarismus Jeremy Bentham (1748–1832) auf den Namen *Principle of Utility* taufte:

> „Unter dem Prinzip der Nützlichkeit ist jenes Prinzip zu verstehen, das schlechthin jede Handlung in dem Maß billigt oder missbilligt, wie ihr die Tendenz innezuwohnen scheint, das Glück der Gruppe, deren Interesse in Frage steht zu vermehren oder zu vermindern, oder – das gleiche mit anderen Worten gesagt – dieses Glück zu befördern oder zu verhindern."[35]

Kant verachtete dieses Prinzip aus ganzem Herzen. Für ihn war es nicht in der reinen, praktischen Vernunft begründet, sondern ein Auswuchs der technischen, instrumentellen, strategischen Vernunft des Menschen. Gleichviel. Für unseren Zusammenhang ist nur wichtig, dass beide Opponenten – Kant und der Utilitarismus – bei aller Unterschiedlichkeit der gleichen mentalen Struktur der Moralphilosophie folgen: Es geht um die Frage von Gut und Böse. Und die Frage von Gut und Böse entscheidet sich am Willen des Subjektes, kraft dessen es einem rational einsichtigen moralischen Gesetz gehorsam erweist bzw. kraft dessen es einer rationalen Klugheitsregel Folge leistet und bereit ist, sich auf die aus ihm herleitbaren Normen zu verpflichten.

Diese Struktur scheint über die Jahrhunderte an Plausibilität nicht verloren zu haben. Jedenfalls lebt sie fort in einer Fülle von Ethik-Kodizes, *Codes of Conduct* und Verhaltensregeln, auf die auch der *Homo Oeconomicus* gern zurückgreift, wenn er für seine Handlungsentscheidungen Orientierung braucht – ob er sich dann auch an die solcherart kodifizierten Normen hält, steht auf einem anderen Blatt. Grundsätzlich aber kommt es seinem Mindset nahe, denn Ethik-Kodizes und *Codes of Conduct* appellieren an seinen Willen und entsprechen seiner ontologischen Grundintuition, nur das für gültig zu erachten, was aufgestellt, fest-

[35] Bentham 1975, S. 35–36.

gestellt und hergestellt ist. Für eine Welt des Gestells ist die Struktur der westlichen Moralphilosophie passgenau geschneidert. Und für den *Homo Oeconomicus* passt sie doppelt gut, weil sie ihm an etwas Maß zu nehmen nahelegt, was ihm, dem es fortwährend um Wertschöpfung geht, ohnehin verbindlich ist: an Werten. Die westliche Moralphilosophie ist im Kern eine *Wertethik* – eine Ethik, deren normative Grundprinzipien *gesetzte* bzw. *durchgesetzte* Werte sind. Wenn der *Homo Oeconomicus* überhaupt einer Ethik folgen kann, dann einer solchen, die Werte *aufstellen* und *feststellen* zu können beansprucht.

2.4.2 Werte. Was wir wollen sollen

Das Konzept des Wertes taucht in der abendländischen Moralphilosophie erstmals zum Ende des 19. Jahrhunderts auf. Das ist relativ spät. Noch im 18. Jahrhundert philosophierte niemand über Werte. Vielmehr fragte man, wie gerade gesehen, nach dem „Sittengesetz" oder nach „Prinzipien moralischen Handelns". Auch in der christlichen Ära interessierte man sich nicht für Werte, sondern für die Weisungen und Gebote Gottes bzw. der kirchlichen Autoritäten. Das bedeutet aber nicht, dass die säkulare Ethik der Aufklärung und die religiöse Ethik des Christentums nicht zutreffend als Wertethiken beschrieben werden könnten. Der Umstand, dass ihre Vertreter und Protagonisten nicht mit dem Wert-Konzept arbeiteten und sich folglich auch nicht nach seiner Maßgabe deuten konnten, verbietet nicht, sie retrospektiv als Spielarten einer Wertethik zu interpretieren – oder gar zu entlarven.

Solches tun zu können, ja tun zu müssen, war die feste Überzeugung von Friedrich Nietzsche (1844–1900). Er war es, der in seinen Abhandlungen *Zur Genealogie der Moral* (1887) und *Jenseits von Gut und Böse* (1886) entschieden und erfolgreich das Konzept ‚Wert' in den Diskurs der westlichen Moralphilosophie eingeführt hat. Dabei sollte allerdings nicht übersehen werden, dass Nietzsche dies in polemischer Absicht tat: Dadurch, dass er allen ethischen bzw. moralischen Entwürfen der Vergangenheit mit dem Interpretationsschlüssel ‚Wert' zuleibe rückte, wollte er die Moralphilosophie als solche ad absurdum führen. Der Begriff ‚Wert' war für Nietzsche mit anderen Worten eine Waffe, mit dem er jedes Gedankengebäude der Moral zum Einsturz bringen zu können hoffte. Dass es ihm gelungen ist, die traditionelle westliche Moralphilosophie als Wertethik zu entlarven, hat allerdings nicht zu ihrem Verschwinden geführt. Sie existiert fort, aber ihre Grenzen und Mängel sind deutlicher zutage getreten – zumindest die Grenzen und Mängel einer jeden Moralphilosophie, die sich *als Wertethik* beschreiben lässt. Und gleichzeitig hat Nietzsches Deutung der westlichen Moral als Wertethik dazu geführt zu verstehen, dass sie es ist, die bei Lichte besehen der neuzeitlichen Ökonomie den Weg bereitet hat. Denn das Setzen und Schätzen von Werten war längst schon ein moralphilosophisches Geschäft, bevor sich die Ökonomie anschickte, ihre spezifische Aufgabe in der wirtschaftlichen *Wertschöpfung* zu erkennen. Diesen Zusammenhang gilt es jetzt näher zu durchleuchten.

Was sind Werte? Der einschlägige Artikel zum Stichwort „Wert" im *Historischen Wörterbuch der Philosophie* verrät Folgendes:

> „Das althochdeutsche ‚Wird' wird verwendet im Sinne von ‚Preis' oder ‚Kaufsumme', bedeutet im abgeleiteten Sinn dann auch ‚Geltung', ‚(Wert-) Schätzung' und schließlich die Güte der Qualität, d.h. das Wertsein und das Werthaben einer Sache, Handlung oder Person."[36]

Und so stellt der Autor des entsprechenden Artikels fest:

> „Dem deutschen Begriff ‚Wert', ebensowie seinen Äquivalenten ‚valor', ‚valeur', ‚value', ist die Abkunft aus dem ökonomischen Bereich an die ‚Stirn geschrieben'."[37]

Wenn man verstehen will, was es mit dem Konzept ‚Wert' auf sich hat, ist es wichtig, die ökonomische Herkunft des Konzepts im Auge zu haben. Wert ist immer das Resultat einer *Wertschätzung* oder *Wertsetzung*. Werte werden von Menschen bestimmt und fixiert, gesetzt oder *aufgestellt*. Und zwar nach Maßgabe der Bedürfnisse und Interessen derer, die sie aufstellen und setzen. In Otfried Höffes *Lexikon der Ethik* heißt es:

---

[36] Hügli 2004, S. 556.

[37] Hügli 2004, S. 556.

> „Dem Menschen erscheint etwas als wertvoll, weil er als Bedürfniswesen bestimmter Güter bedarf, um zu überleben. Auf dem Niveau von Denken und Sprache ist er in der Lage, seine Umwelt zu beurteilen und gezielt (intentional) anzustreben, was ihm wertvoll erscheint. Das Werten selbst erscheint dabei als Moment einer emotionalen Stellungnahme."[38]

Zusammengefasst heißt das: Werte sind dasjenige, was uns die Befriedigung unserer Bedürfnisse bzw. die Erfüllung unserer Wünsche in Aussicht stellt. *Werte im Allgemeinen* sind dasjenige, *was wir wollen*. Und moralische Werte im Besonderen sind dasjenige, von dem wir meinen, dass wir es *wollen sollen* – oder mehr noch: dass *alle* es wollen sollen. Das heißt: Je mehr wir etwas wollen oder seiner bedürfen, desto mehr Wert hat es für uns. Das bedeutet dann aber auch: Werte sind immer relativ auf den Willen oder die Bedürftigkeit derer, die sie wollen und die sie deshalb gesetzt haben. Deshalb fällt es uns nicht schwer anzunehmen, ein jeder Mensch habe seine eigenen Werte – denn ein jeder Mensch richtet seinen Willen je nach seinen individuellen Wertschätzungen auf anderes, was ihm wertvoll erscheint.

Um über die Sphäre des Individuellen hinaus eine Gemeinschaft oder Gesellschaft zu orientieren und zu koordinieren, reicht es aber nicht aus, dass Einzelne etwas wollen und ihr Gewolltes als Wert deklarieren. Damit Werte kollektive Geltung erhalten, müssen sie nicht nur gesetzt, sondern zudem *durchgesetzt* werden. Bei diesem Umstand setzte Nietzsches Kritik ein: In der Vorrede zur *Genealogie der Moral* schreibt er

> „Wir haben eine *Kritik* der moralischen Werthe nöthig, *der Werth dieser Werthe ist selbst erst einmal in Frage zu stellen*—und dazu thut eine Kenntniss der Bedingungen und Umstände noth, aus denen sie gewachsen, unter denen sie sich entwickelt und verschoben haben …, wie eine solche Kenntniss weder bis jetzt da war, noch auch nur begehrt worden ist. Man nahm den *Werth* dieser ‚Werthe' als gegeben, als thatsächlich, als jenseits aller In-Frage-Stellung."[39]

---

[38] Höffe 1980 S. 272.

[39] Nietzsche 1988 KSA 5, S. 6.

Was gibt den Werten den Wert? Diese Frage war der Hammer, mit dem Nietzsche seine Dekonstruktion der Moralethik vorantrieb. Die Antwort, die er auf sie fand, besteht in nur einem Wort: *Macht.* Macht, so Nietzsche, ist es, was man braucht, wenn man Werte nicht nur setzen, sondern durchsetzen will. Werte verdanken sich dem Willen derer, die sie setzen, und sie gelten aufgrund der Macht derer, die sie durchgesetzt haben. Es ist die Macht, die Werte zur Geltung bringt. Weder Vernunft (Kant) noch Gott (Religion) stiften demnach die Legitimität der von den säkularen und religiösen Moralphilosophien behaupteten Werte. Nicht Vernunft oder Gott sagen uns, was wir wollen sollen – sondern diejenigen, die über die Macht verfügen, Vernunft oder Gott als wertsetzende Autoritäten zu reklamieren und unter Berufung auf sie ihre eigenen Werte durchzusetzen. *Der Wille zur Macht*, so Nietzsches Folgerung, steht im Hintergrund jeder Moralphilosophie. Werte sind nichts anderes als Produkte des Willens zur Macht. Denn Macht ist es, was Werte setzt und ihnen Geltung verschafft.

Ist diese Enthüllung der Tiefenstruktur der Wertethik für die europäische Moralphilosophie auch ein Skandalon, da mit ihr jede Berufung auf allgemeine, universale oder ewiggültige Werte als Illusion entlarvt ist, so verrät sie doch, warum der *Homo Oeconomicus* mit Wertethiken so gut klarkommt. Denn das Mindset, das Nietzsche der Moralphilosophie unterstellt, ist ihm bestens vertraut – kein Wunder, wenn es denn zutrifft, dass sich das ökonomische Denken aus dem moralphilosophischen Denken der westlichen Neuzeit entwickelt hat.

Wir sahen bereits: Der *Homo Oeconomicus* versteht sich als wollendes und egoistisches Subjekt. Er hält es für angebracht, das, was er will, wertzuschätzen. Dass das Gewollte wertvoll ist, leuchtet ihm ein. Und ebenso versteht er, dass er Macht benötigt, um durchzusetzen, dass das von ihm Gewollte auch andere wollen bzw. wollen sollen. Genauso funktioniert das von ihm betriebene Business: Du willst, das andere etwas wollen? Also brauchst du Medien- oder Marktmacht, um den Willen deiner Käufer auf das zu lenken, was du verkaufen willst. Und wenn es nicht um ökonomische, sondern um moralische Werte geht, ist es ganz ähnlich: Du willst, dass Menschen deine Produkte, Dienstleistung oder überhaupt dein Unternehmen moralisch gutheißen bzw. wertschätzen können? Wohlan, so setze Werte, die dein Unternehmen vertritt bzw. verfolgt und mobilisiere die PR-Abteilung, um für diese Werte Zustimmung zu erhalten. Hast du genug Macht hinter ihnen akkumuliert, werden sie in Geltung stehen, und die Menschen werden dein Unternehmen und deine Produkte wertschätzen – moralisch *und* ökonomisch.

Wert hat für den *Homo Oeconomicus* mithin alles, was ihm nützlich ist, ihm Vorteil und Profit in Aussicht stellt. Dafür Zustimmung zu erhalten, ist ihm ein wichtiges Anliegen. Es erlaubt ihm, nicht nur gute Geschäfte zu machen, sondern auch moralisch gut dazustehen. Gelingen wird ihm das nur, wenn er Werte propagiert, von denen er erwarten kann, dass die Menschen sie mehrheitlich teilen. So war es schon zu seiner Kindheit im späten 18. Jahrhundert. Deshalb kam es dem Triumph des Liberalismus und des *Homo Oeconomicus* zupass, dass zeitgleich die Moralphilosophie des Utilitarismus aus der Taufe gehoben wurde, die nicht nur vom Mindset her gleichen Ursprungs war wie der ökonomische Liberalismus, sondern ihm auch genau die Werte zuspielte, die er fortan propagierte und auf diese Weise Macht gewann – die Macht, die ihn in die Lage versetzte, das zu leisten, was keine Moralphilosophie bis dahin geschafft hatte: ein geistiges System zu gründen, das Menschen und Gesellschaften weltweit orientiert und koordiniert, globale Werte setzt und dabei eine radikale Umwertung aller bestehenden Werte vollzieht. Nicht Nietzsche hat die alte Moralphilosophie vom Thron gestoßen, sondern der *Homo Oeconomicus*, der sich deren von Nietzsche enttarnte Wertsetzungsdynamik zu eigen machte, um den ökonomischen Liberalismus als richtungsweisendes und handlungsleitendes normatives System global zur Geltung zu bringen.

2.4.3 *Happiness*. Was Subjekten wünschenswert erscheint

Die Wiege des *Homo Oeconomicus* steht in England. Dort wurde er als rationaler Agent von den Theoretikern der Ökonomie entworfen und dort gelang ihm die Mutation zu einem – nein, zu *dem* – weltbeherrschenden Menschentypus der Moderne. So nimmt es nicht Wunder, dass die Werte, die er in Verbindung mit seiner ökonomischen Wertschöpfung verfolgen bzw. verwirklichen sollte, durch angelsächsische Moralphilosophen propagiert wurden. An erster Stelle ist hier fraglos der Wert auszumachen, den schon einige Generationen vor dem Aufkommen der ökonomischen Klassik John Locke als Begründer des politischen und Wegbereiter des ökonomischen Liberalismus ins Zentrum seiner Diskurse zu Politik und Ethik gestellt hatte: das Eigentum, genauer die Bewahrung und Mehrung des Eigentums. Damit war die moralische Legitimität des gewinnorientierten Wirtschaftens gegeben und dem expansiven Marktliberalismus des 18. und 19. Jahrhunderts der Weg geebnet.

Allerdings fehlte dem moralischen Konzept von Locke von Beginn an ein soziales Korrektiv. Adam Smiths Theorem der „unsichtbaren Hand" des Marktes, die als Regulativ das Gewinnstreben des rationalen Egoisten mit den Gerechtigkeitsansprüchen einer Gesellschaft zum Ausgleich bringen sollte, war noch in weiter Ferne; auch eine Antwort auf die Frage, wie die Freiheit des Einzelnen mit der Freiheit der Anderen koexistieren könne, war noch nicht gefunden.

In dieser moralphilosophischen Gemengelage entstand – in England, wo sonst? – die bereits mehrfach erwähnte utilitaristische Ethik, deren wichtigstes, von Jeremy Bentham formuliertes *Principle of Utility* bereits zitiert wurde (s. Abschn. 2.4.1). In seiner Einführung in die *Prinzipien der Moral und der Gesetzgebung* (1789) findet er dafür zudem folgende Formulierung:

> „Man kann also von einer Handlung sagen, sie entspreche dem Prinzip der Nützlichkeit oder – der Kürze halber – der Nützlichkeit (das heißt in bezug auf die Gemeinschaft überhaupt), wenn die ihr innewohnende Tendenz, das Glück der Gemeinschaft zu vermehren, größer ist als irgendeine andere ihr innewohnende Tendenz, es zu vermindern."[40]

Bemerkenswert daran ist zunächst, welcher Wert von Bentham hier kanonisch gesetzt bzw. vorausgesetzt wird: Glück, auf Englisch *happiness*. Das war insofern nicht neu, als schon Aristoteles und Thomas von Aquin den Standpunkt vertreten hatten, das höchste und letzte Ziel menschlichen Handelns sei das Glück bzw. die Glückseligkeit. Aber für den neuzeitlichen moralphilosophischen Diskurs war es dann doch eine in dieser

[40] Bentham 1975, S. 36.

Klarheit noch nie zuvor vorgenommene Akzentsetzung. Auch – das hatte Aristoteles ebenfalls bereits thematisiert und problematisiert – ist ‚Glück' ein hochgradig unscharfer Begriff, unter dem unterschiedliche Menschen zu unterschiedlichen Zeiten höchst Unterschiedliches verstehen. Als zentraler Wert menschlicher Lebensführung erscheinen Glück und *happiness* deshalb so lange unbrauchbar, als nicht geklärt ist, worin genau sie bestehen sollen. Sofern es das utilitaristische Verständnis von *happiness* betrifft, hilft hier ein anderer führender Repräsentant des ursprünglichen Utilitarismus weiter: John Adams (1736–1823), seines Zeichens der zweite Präsident der Vereinigen Staaten von Amerika. In seinen *Thoughts on Government* (1776) notierte er:

> „Upon this point all speculative politicians will agree, that the happiness of society is the end of government, as all Divines and moral Philosophers will agree that the happiness of the individual is the end of man. From this principle it will follow, that the form of government, which communicates ease, comfort, security, or in one word happiness to the greatest number of persons, and in the greatest degree, is the best."[41]

Happiness erscheint hier als die Summe oder das Produkt aus Leichtigkeit (*ease*), Bequemlichkeit (*comfort*) und Sicherheit (*security*). Und tatsächlich: Diese Werte hat der *Homo Oeconomicus* der Neuzeit von Beginn an internalisiert. Nicht allein materielles Eigentum ist es, worauf sein Willen fokussiert ist, sondern noch mehr dasjenige, was er sich davon verspricht: Sicherheit, Bequemlichkeit, Erleichterung des Lebens – in der Summe: *Glück*. Dies ist nicht nur, was er für sich selbst erhofft, sondern auch anderen in Aussicht stellt: durch seine Produkte, seine Güter, seine Dienstleistungen. Alles soll dem Glück dienen – dem größtmöglichen Glück der größtmöglichen Menge. Und die „unsichtbare Hand" des Adam Smith, so glaubt er, wird dies möglich machen. Letztlich ist das Glück der höchste Wert des neuzeitlichen Wirtschaftens – das deklarierte und verheißene Ziel, gekoppelt mit dem Versprechen von *ease, comfort, security* und, nicht zu vergessen, Eigentum. Ob dahinter, mit Nietzsche gedacht, ein verborgener Wille zur Macht waltet oder ob das utilitaristische

---

[41] Adams 1979, S. 86.

Glück dem entspricht, was Menschen tatsächlich in den Zustand des Erfüllt-Seins versetzt, ist dabei letztlich unerheblich. Der Wert hinter aller ökonomischen Wertschöpfung heißt *happiness* – und aus dem Versprechen, diesem Wert zu dienen, schöpft die neuzeitliche Ökonomie ihre Legitimation. Keine reine praktische Vernunft und kein allmächtiger Gott muss als Autorität dafür herhalten, sondern für die moralische Legitimation des *Homo Oeconomicus* genügt das einfache *Principle of Utility*, dessen große Stärke die Unschärfe seines *Happiness*-Konzeptes ist, da die Verheißung des Glücks ihm die Macht der allgemeinen Zustimmung verleiht.

Die Fokussierung auf den Wert der *happiness* ist aber nur eine der Signaturen der utilitaristischen Ethik, aufgrund derer sie als Zwillingsschwester des ökonomischen Liberalismus bezeichnet werden kann. Zwei weitere Aspekte scheinen dem *Homo Oeoconomicus* auf den Leib geschneidert: die Quantifizierbarkeit und Evaluierbarkeit der *happiness*. Wir erinnern uns: Bentham propagierte das „größtmögliche Glück für die größtmögliche Menge". Natürlich fragt sich angesichts dieser Formel, wie man ermessen soll, was das „größtmögliche Glück der größtmöglichen Menge" genau sein soll. Benthams Antwort lautet: durch ein *felicific calculus* – ein hedonistisches Kalkül. In Abschn. 4.5 der *Prinzipien der Moral und der Gesetzgebung* erläutert Bentham:

> „Man addiere die Werte aller *Freuden* auf der einen und die aller Leiden auf der anderen Seite. Wenn die Seite der Freude überwiegt, ist die Tendenz der Handlung im Hinblick auf die Interessen dieser *einzelnen* Person insgesamt *gut*; überwiegt die Seite des Leides, ist ihre Tendenz insgesamt *schlecht*."[42]

Bemerkenswert ist, in welch schlichter Art hier die Grundkonzepte des klassischen Codes der Moralphilosophie *gut* und *schlecht* durch eine reine arithmetische Operation bestimmt werden. Jede Handlung oder Unterlassung kann auf diese Weise mit einem quantitativen Wert versehen werden, der sich danach bemisst, in welchem Maße sie dem als absolut ge-

[42] Bentham 1975, S. 50.

setzten (im Falle des zitierten Paragrafen) privaten oder kollektiven Glück dient – in welchem Maße sie diesem nützlich ist.

Und damit sind wir bei einem weiteren bemerkenswerten Aspekt der Theorie des *felicific calculus*: der Wert einer Handlung bemisst sich nicht allein *quantitativ*, sondern immer auch *relativ*. Gut ist eine Handlung oder Haltung dann und *nur* dann, wenn sie nützlich ist. Hier greift das *principle of utility* – und hier feiert der Zweckrationalismus bzw. die instrumentelle Vernunft des *Homo Oeconomicus* fröhliche Urstätt: Moralische Urteile und Entscheidungen werden zu einer Sache zweckrationaler Kalkulation; oder einfacher formuliert: zu einer Rechenaufgabe. Das Glück wird berechenbar – und Handlungen nach Maßgabe des Glücks evaluierbar. Dem *Homo Oeconomicus* kommt das zupass: Ganz so wie er die ökonomische Wertsteigerung planen, kalkulieren und berechnen kann, so kann er auch seine moralische Integrität planen, kalkulieren und berechnen. Das ethische Handeln wird auf diese Weise ökonomisiert – was es umgekehrt dem ökonomischen Handeln erheblich erleichtert, sich moralisch zu legitimieren. Nun kann der *Homo Oeconomicus* nicht nur anhand von Bilanzen seines Wirtschaftens ausweisen, dass er gut gewirtschaftet hat, sondern auch an Bilanzen seines Wirkens für das größtmögliche Glück der größtmöglichen Menge demonstrieren, dass er ein guter Mensch ist. Das heißt: Mit Hilfe der utilitaristischen Ethik lässt sich das von John Locke begonnene und von Adam Smith vorangebrachte Projekt einer moralischen Legitimierung des neuzeitlichen Wirtschaftens zum Abschluss bringen: Utilitaristisch gedacht sind alle ökonomischen Praktiken gut, sofern sie glaubhaft machen können, dass sie dem Glück der Menschheit dienen: *for a better world*, *for the better of mankind etc.* …

Zumindest so lange lassen sich ökonomische Operationen legitimieren, wie der Begriff der *happiness* unklar und verwaschen bleibt; und so lange nicht klar ist, welche Summanden oder Faktoren in den Hedonistischen Kalkül einfließen sollten. Dieser Schwachpunkt der Konzeption von Bentham wurde früh bemängelt, allen voran von John Stuart Mill, der Benthams Entwurf nachzubessern versuchte[43] – ob erfolgreich oder nicht, bleibe dahingestellt. Fest steht, dass die utilitaristische Ethik sich in Verbindung mit dem ökonomischen Liberalismus im angelsächsischen

[43] Mill 1976.

Sprachraum durchgesetzt hat und nicht nur im ethischen Diskurs bis heute die beherrschende Rolle spielt, sondern auch ins Alltagsverständnis der Menschen eingesickert ist. Ganz im Sinne des *Homo Oeconomicus* fragt der Zeitgenosse bei allem, was er tut (wenn er denn fragt), welche Handlungsoption die nützlichste sein dürfte – meist für sich und nicht für die anderen. Aber da er von Adam Smith gelernt hat, dass sein rationaler Egoismus auch der Gesellschaft im Ganzen dient, lässt er sich bei seinem persönlichen Hedonistischen Kalkül davon nicht wirklich beirren. „What's in for me?", ist längst nicht mehr nur eine Frage, die ein Unternehmer stellt. In einer Welt, in der der *Homo Oeconomicus* zur Norm geworden ist, fragt jeder Mensch so; und zementiert auf diese Weise das Mindset bzw. das Menschenbild und die Moral des ökonomischen Liberalismus als weltbeherrschender Ideologie der Gegenwart.

2.5 Dynamik. Zur Psychologie des *Homo Oeconomicus*

Das dem heute in Geltung stehenden ökonomischen Paradigma des Marktliberalismus zugrunde liegende Menschenbild des *Homo Oeconomicus* stellt den Menschen vor als einen wollenden und machenden rationalen Egoisten. Es setzt dabei voraus, dass der Mensch grundsätzlich bestimmte Interessen folgt und Ziele verfolgt, von deren Erreichen er sich persönliche Vorteile wie die Mehrung seines Eigentums an Gütern, mehr aber noch an *happiness* verspricht. Die Ausrichtung auf *vorgestellte*, zukünftige Ziele und der Willen, diese zu erreichen, erscheint in diesem Modell als Motivationsquelle menschlichen Handelns im Allgemeinen und wirtschaftlichen Handelns im Besonderen. Aus der Spannung zwischen einer als mangelhaft erlebten Gegenwart und einer die Befriedigung des aktuellen Mangels in Aussicht stellenden Zukunft bezieht der *Homo Oeconomicus* die Motivation zu seinem Handeln. Daraus speist sich die Dynamik seines Wirtschaftens.

Will man die geistige Matrix des heutigen Wirtschaftens durchleuchten, kann es nicht ausbleiben, diese Dynamik einer näheren Betrachtung zu unterziehen, denn sie ist der Motor dessen, was die gegenwärtige Ökonomie antreibt, ja am Leben hält: des Konsums. Dieser, so die landläufige Doktrin, verdankt sich einer humanen Ressource, die gemeinhin *Bedürfnis* oder *need* genannt wird, wobei Bedürfnisse als dasjenige erscheinen, womit der Mensch auf die ihm wesentliche Erfahrung des *Mangels* reagiert. Es ist so gesehen alles andere als überraschend, dass sich der *Homo Oeconomicus* als ein Bedürfniswesen deutet und Mangel (*scarcity*) in der ökonomischen Klassik zu einem der wichtigsten Schlüsselbegriffe avancierte.

2.5.1 Mangel. Der Motor der Wertschöpfung

Der britische Ökonom und langjährige Professor der London School of Economics Lionel Robbins (1898–1984) definierte in seinem *Essay on the Nature and Significance of Economic Science* (1932) die Volkswirtschaftslehre als „die Wissenschaft, die menschliches Verhalten als Beziehung zwischen Zielen und knappen Mitteln untersucht, die unterschiedlichen Zwecken dienen können."[44] Und auch Horst Hanusch und Thomas Kuhn vertreten in ihrer *Einführung in die Volkswirtschaftslehre* von 1998 den Standpunkt, diese sei im Kern nichts anderes als eine „Lehre von der Knappheit".[45] Denn die Knappheit ist es, die den Preis und Wert von Gütern und Diensten bestimmt, die Investitionen stimuliert und Innovationen erzwingt; ja, die vor allem das Konsumverhalten treibt und anheizt. Je knapper ein Gut, desto größer das Bedürfnis nach ihm, desto größer sein Wert und desto höher sein Preis. Knappheit ist mit anderen Worten der Motor der Wertschöpfung und deshalb ökonomisch unbedingt begrüßenswert; wenn sie auch unter sozialen Aspekten – etwa in Gestalt der Armut – als etwas durchaus Problematisches erscheint.

Allerdings ist zu beachten, dass die ökonomische Verwendung des Konzepts der Knappheit nicht deckungsgleich mit seinem umgangssprachlichen Gebrauch ist. Ökonomische Knappheit hat nur bedingt mit faktischer Begrenztheit oder Seltenheit zu tun. Sie ist vielmehr relativ, das

---

[44] Robbins 2014, S. 16.

[45] Hanusch/Kuhn 1998, S. 1.

heißt: Knapp ist ein Gut immer dann, wenn die Nachfrage nach ihm – aus welchen Gründen auch immer – größer ist als das Angebot. Und wenn es knapp ist, wird es teuer. So definierte der französische Ökonom Léon Walras (1834–1910) Knappheit (*rareté*) als einen Zustand, der immer dann eintritt, wenn der Bedarf an nützlichen und deshalb gewollten Gütern für potenzielle Kunden nur bedingt verfügbar ist. Sie sei die Proportion zwischen der Unendlichkeit der Bedürfnisse und der Endlichkeit der Mittel zu ihrer Befriedigung.[46]

Wo immer Knappheit auftritt, so ein früh erkanntes Axiom der ökonomischen Klassik, entstehen zwangsläufig Wettbewerb und Konkurrenz um die begehrten Ressourcen. Sie werden entweder als Preiskampf ausgetragen oder als direkte Auseinandersetzung um den Zugriff auf die knappen Güter. Auf diese Weise entsteht eine ungeheure Dynamik, die teils an den Hobbesschen „Krieg aller gegen alle" erinnert, teils an die „unsichtbare Hand" von Adam Smith.

Diese Dynamik hatte schon der Merkantilismus der frühen Neuzeit erkannt und sich zunutze gemacht: Waren Güter knapp, dann stieg ihr Preis. Und er fiel, wenn die Nachfrage nachließ. Nach diesem Prinzip ließ sich der Konsum so weit regulieren, dass das vorhandene Angebot jeweils zur Befriedigung der Nachfrage ausreichte. Nun konnte man natürliche Knappheit durch geschickte Preispolitik nutzen oder durch künstlich erzeugte Knappheit den Konsum anfeuern. Knappheit erwies sich als Produktivkraft par excellence.

Bei John Locke und in der ökonomischen Klassik spielte das Thema Knappheit besonders im Blick auf Grund und Boden eine zentrale Rolle. Da Land, besonders auf einer Insel wie England, eine limitierte Ressource ist, nach der es aufgrund ihrer Notwendigkeit für die Lebensmittelproduktion immer einen hohen Bedarf gibt, erschien der Landbesitz grundsätzlich als gute Investition. Das erkannte auch der englische Ökonom und Theologe Thomas Malthus (1766–1834), der in seinem *Essay on the Principle of Population* (1798)[47] die Theorie aufstellte, es gebe eine bedrohliche Diskrepanz zwischen Bevölkerungswachstum und Wirtschaftswachstum: Während die Zahl der Menschen aufgrund einer von

---

[46] Walras 1952, S. 31.

[47] Malthus 1992.

ihm als Naturgesetz deklarierten Dynamik sexueller Reproduktion exponentiell zunehmen werde, könne im Blick auf die Wirtschaftskraft nur mit einem linearen Wachstum gerechnet werden. Er bezog dies vornehmlich auf die Landwirtschaft, die bei dem von ihm prognostizierten Bevölkerungswachstum mit einer zunehmenden Knappheit der Ressource Grund und Boden rechnen müsse, was zu einem fortschreitenden Anstieg des Wertes von Land und der dem korrespondierenden Preise führen müsse. Das, so Malthus, werde erhebliche Verteilungskämpfe zur Folge haben, die allein durch die Marktwirtschaft nicht beigelegt werden können und in denen die Schwachen und Armen zwangsläufig unterliegen würden. Die unausweichliche Folge dessen seien eine Zunahme von Ausbeutung und Verelendung der Massen. Als einzigen Ausweg aus dieser „Bevölkerungsfalle“ (*Malthusian nightmare)* sah er zunächst konsequente Geburtenkontrolle und sexuelle Enthaltsamkeit – später auch Investitionen in Bildung, um die Geburtenrate senken zu können.

Mit seiner Bevölkerungstheorie und der Annahme der Verknappung von Grund und Boden ebenso wie von Gütern und Ressourcen durch eine wachsende Zahl von Menschen wurde Malthus zum wichtigen Impulsgeber des britischen Biologen Charles Darwin (1809–1882), der seinem Selbstzeugnis nach die Arbeiten von Malthus rezipierte. Im dritten Kapitel seines Hauptwerkes über die *Entstehung der Arten* (1859), das den Titel *Kampf ums Dasein* trägt, schreibt Darwin:

> „Was für ein Krieg zwischen Insekten und Insekten, zwischen Insekten, Schnecken und anderen Tieren mit Vögeln und Raubtieren, welche alle sich zu vermehren strebten, alle sich voneinander oder von den Bäumen und ihren Samen und Sämlingen, oder von jenen anderen Pflanzen nährten, welche anfänglich den Grund überzogen und hierdurch das Aufkommen der Bäume gehindert hatten! […] Aber der Kampf wird fast ohne Ausnahme der heftigste sein, der zwischen den Individuen einer Art stattfindet; denn sie bewohnen dieselben Bezirke, verlangen dasselbe Futter und sind denselben Gefahren ausgesetzt.“[48]

[48] Darwin 1876, S. 96.

Am Ende desselben Kapitels stellt er fest, man müsse „stets im Sinne behalten, dass jedes organische Wesen […] zu irgend einer Zeit seines Lebens oder zu einer gewissen Jahreszeit, in jeder Generation oder nach Zwischenräumen ums Dasein kämpfen muss und großer Vernichtung ausgesetzt ist. Wenn wir über diesen Kampf ums Dasein nachdenken, so mögen wir uns mit dem festen Glauben trösten, dass […] der Gesunde und Glückliche überlebt und sich vermehrt."[49] Und den Grund für diesen Kampf ums Dasein sah Darwin inspiriert durch Malthus in der Knappheit der Ressourcen:

> „Ein Kampf um's Dasein tritt unvermeidlich ein in Folge des starken Verhältnisses, in welchem sich alle Organismen zu vermehren streben. […] Da daher mehr Individuen erzeugt werden, als möglicher Weise fortbestehen können, so muss in jedem Falle ein Kampf um die Existenz eintreten, entweder zwischen den Individuen einer Art oder zwischen denen verschiedener Arten, oder zwischen ihnen und den äußeren Lebensbedingungen. Es ist die Lehre von Malthus in verstärkter Kraft auf das gesamte Thier- und Pflanzenreich übertragen […]."[50]

Deutlich herausgearbeitet hat diese Verbindung zwischen Darwin und Malthus der Philosoph und Biologe Andreas Weber (*1967). In seinem Essay *Enlivement* (2013) schreibt er:

> „Interestingly, even the more empirical part of Darwin's theory dealing with 'selection' was not based on observations of long-term natural change. It was based on the experiences and practices of Victorian breeders […]. *The resulting discipline, evolutionary biology, is a more accurate reflection of pre-Victorian social practices than of natural reality.* In the wake of this metaphorical takeover, such concepts as 'struggle for existence', 'competition', and 'fitness' – which were central justifications of the political status quo in (pre-)Victorian England – tacitly became centrepieces of our own self-understanding as embodied in social beings."[51]

[49] Darwin 1876, S. 99.

[50] Darwin 1876, S. 85.

[51] Weber 2013, S. 24.

Diese Beobachtung ist für unseren Kontext von größter Bedeutung, denn gemeinhin speisen sich die Selbstgewissheit und das Selbstverständnis bzw. die vermeintliche Plausibilität des *Homo Oeconomicus* daraus, dass Darwin mit seiner Evolutionsbiologie den naturwissenschaftlichen Nachweis dafür erbracht zu haben scheint, dass der Mensch tatsächlich ein rationaler Egoist bzw. ein kompetitives Wesen ist, das in einem ewigen Kampf und Wettbewerb um knappe Ressourcen verstrickt ist. Tatsächlich aber, so hat Weber zeigen können, hat Darwin mit seiner Evolutionstheorie nicht dem Menschenbild des *Homo Oeconomicus* den wissenschaftlichen Adelsschlag verpasst, sondern er übernahm das ökonomische Menschenbild, um auf seiner Grundlage die Dynamik der Evolution zu erklären. Darwins Evolutionsbiologie kann deshalb in keiner Weise als wissenschaftliche Untermauerung der Doktrinen der liberalen Marktwirtschaft und ihres Menschenbildes *Homo Oeconomicus* gedeutet werden, sondern sie erweist sich als der großangelegte Versuch, die biologische Welt nach Maßgabe der ökonomischen Theorien von Adam Smith und Thomas Malthus zu interpretieren. Mit Erfolg, denn die darwinschen Theoreme gelten dem *Homo Oeconomicus* ungebrochen als valide Kategorien zur Beschreibung und vor allem Legitimierung der natürlichen Welt, wie *Weber* treffend feststellt:

> „Biological, technological, and social progress, so the argument goes, is brought forth by the sum of individual egos striving to out-compete each other. In perennial rivalry, fit species (powerful corporations) exploit niches (markets) and multiply their survival rates (profit margins), whereas weaker (less efficient) ones go extinct (bankrupt).“[52]

Und Weber kommentiert:

> „This metaphysics of economics and nature, however, is far more revealing about our society's opinion about itself that it is an objective account of the biological world. […] The resulting picture – the individual as a machine-like egoist always seeking to maximise his utility – has become the implicit but all-influencing model of human values and behaviour. Its shadow is

[52] Weber 2013, S. 24.

cast over a whole generation of psychological and game-theoretical approaches of economics.“[53]

Was hier deutlich wird, ist, in welchem Maße im Menschenbild des *Homo Oeconomicus* unter Einfluss der Mangel-Theory des Thomas Malthus naturwissenschaftliche und ökonomische Theoreme amalgamiert sind und ihm so zu einer scheinbar unangreifbaren Legitimation und Begründung verholfen haben. Und damit nicht genug. Die scheinbar naturwissenschaftliche Begründung des rationalen Egoisten aus dem vermeintlichen Naturgesetz des Mangels bereitet zudem einem weiteren Schulterschluss von Ökonomie und Wissenschaft den Weg: den Schulterschluss mit der Psychologie, die sich im 19. und 20. Jahrhundert ebenfalls anschickte, eine Liaison mit dem ökonomischen Mindset einzugehen und so das Menschenbild des *Homo Oeconomicus* zu komplettieren. Wieder bildet die Mangeltheorie von Thomas Malthus die Brücke. Nun aber nicht als Begründung für das kompetitive Verhalten des Menschen, sondern als psychologische Begründung des Wettbewerbs in einer vermeintlich natürlichen, essenziellen Bedürftigkeit des Menschen.

2.5.2 Bedürfnis. Der Antrieb der Wirtschaft

Von Ferdinand Lassalle (1825–1864) stammt das Wort, „möglichst viel Bedürfnis zu haben“, ist „die Tugend unserer Zeit“.[54] Sofern „unsere Zeit“ wie schon zu Lassalles Zeiten vom Menschbild und Menschentypus des *Homo Oeconomicus* dominiert ist, erscheint diese These plausibel. Denn *Bedürfnis* ist in der ökonomischen Anthropologie das passende Korrelat zum Mangel: Taucht ein Mangel auf, dann wächst das Bedürfnis, ihn zu beheben – egal ob bei Privatpersonen, Unternehmen oder Staaten. Und je größer der Mangel, desto mächtiger das Bedürfnis. Dabei kommt es nicht auf einen objektiven Missstand an, sondern lediglich auf den subjektiv als Bedürfnis empfundenen Mangel. Wird das Bedürfnis dringend, steigen zugleich mit dem Willen, es zu befriedigen, der Wert und Preis des Ermangelten. Die ökonomische Dynamik der Wertschöp-

[53] Weber 2013, S. 24–25.

[54] Lassalle 1899, S. 97.

fung kommt in Gang. Bedürfnisse zu generieren, wird deshalb im Rahmen des herrschenden Wirtschaftsparadigmas schon früh zu einer zentralen Kategorie unternehmerischen Handels: sei es durch Marketing, durch Verknappung der Güter oder welchen Interventionen auch immer. Je mehr Bedürfnis, desto mehr Konsum – je mehr Konsum, desto mehr Wertschöpfung. In der Tat: „Möglichst viel Bedürfnis zu haben", ist die Tugend des *Homo Oeconomicus*, sofern er ein Konsument ist – möglichst viele Bedürfnisse zu generieren, ist seine Tugend als Produzent.

Die wertschöpfende Kraft von Bedürfnissen wurde von ökonomischen Denkern ebenso früh entdeckt wie die des Mangels. Kameralistische Autoren begrüßten die Ausweitung von Bedürfnissen als wichtigen Faktor für die Entstehung neuer Arbeitsplätze. Und in der Aufklärung erkannte man in der Bedürftigkeit des Menschen einen wichtigen Treiber gesellschaftlicher und kultureller Entwicklung – so etwa bei Johann Gottfried Herder (1744–1803), der in seiner *Abhandlung über den Ursprung der Sprache* (1770) den Menschen aufgrund seiner angeborenen, biologisch-physischen Bedürftigkeit als Wesen mit „Lücken und Mängeln" beschrieb.[55] Darauf bezog sich später Arnold Gehlen (1904–1976) in seinem 1940 erschienenen Hauptwerk *Der Mensch. Seine Natur und seine Stellung in der Welt*, um den Menschen generell als ein Mängelwesen zu charakterisieren und aus seiner defizitären Grundausstattung den Antrieb zur Kulturbildung herzuleiten.[56] Auch bei Georg Friedrich Wilhelm Hegel (1770–1731) findet man den Gedanken, der Mensch habe sich nur aufgrund der Vervielfältigung seiner Bedürfnisse aus seinem animalischen Urzustand befreien und zu einem gesellschaftlichen Wesen entwickeln können. Ähnlich wie Adam Smith vermutet Hegel, dass die subjektive Selbstsucht im Beziehungsgeflecht egoistischer Bedürfnisträger als Grundlage der bürgerlichen Gesellschaft, in die „Befriedigung der Bedürfnisse aller Übrigen" umschlägt.[57]

Die aufklärerische Wertschätzung des Bedürfnisses als kulturbildender Kraft bereitete seinen Siegeszug als ökonomische Kategorie vor. Zum Schlüsselkonzept wird das Bedürfnis in der sogenannten „Grenznutzen-

---

[55] Herder 2002, S. 24; auch S. 80.

[56] Gehlen 2016.

[57] Hegel 1986, S. 346.

schule" der Volkswirtschaftslehre – ein Begriff, unter dem ähnliche nationalökonomische Ansätze aus England, Österreich und der Schweiz zusammengefasst werden. Besonderes Augenmerk verdienen hier die Arbeiten des deutschen Volkswirts Hermann Heinrich Gossen (1810–1858), der in seinem Werk *Entwickelung der Gesetze des menschlichen Verkehrs und der daraus fließenden Regeln für menschliches Handeln* (1854) den Versuch unternahm, Gesetzmäßigkeiten der Bedürfnisbefriedigung zu ermitteln, die davon ausgehen, dass ausschließlich die aus ihren Bedürfnissen herleitbaren Nutzenerwartungen der Konsumenten die wert- und preisbestimmenden Faktoren des Güterverkehrs sind.

Diese zentrale Bedeutung von Bedürfnis und Bedürfnisbefriedigung für die ökonomische Wertschöpfung erscheint heute umso plausibler, als sie durch eine moderne Psychologie flankiert wird, die aufbauend auf der aufklärerischen Wertschätzung der Bedürfnisse des Mängelwesens Mensch zunehmend dazu neigt, Bedürfnisse und Bedürftigkeiten zu den wichtigsten Faktoren menschlicher Motivation zu erklären. Auch hier stellt sich – ähnlich wie bei der Evolutionsbiologie Darwins – die Frage nach der Henne und dem Ei: Sitzt die psychologische Wissenschaft unreflektiert dem Menschenbild des *Homo Oeconomicus* auf und beschreibt dessen Psychologie irrtümlich als *die* Psychologie *des Menschen* – oder dürfen sich die Programmatiker des herrschenden ökonomischen Paradigmas der psychologisch-wissenschaftlichen Fundierung des *Homo Oeconomicus* rühmen? Ersteres ist wahrscheinlicher, denn es ist signifikant, dass mit dem Vordringen des ökonomischen Denkens zu Beginn des 20. Jahrhunderts andere bis dahin in der Psychologie gebräuchliche Konzepte wie ‚Trieb' oder ‚Begehren' in den Hintergrund treten, sodass das *Bedürfnis* zum psychologischen Dachbegriff aller menschlichen Motivationskräfte avancieren und bis heute bleiben konnte.

Deutlich wird das etwa in der Motivationstheorie von Abraham Maslow (1908–1970), dessen „Bedürfnispyramide" sich als Interpretationsschlüssel menschlichen Handelns gegenwärtig großer Popularität erfreut. Das hat seinen Grund darin, dass es für das menschliche Selbstbild heute vollkommen selbstverständlich ist, sich als ein Wesen zu deuten, dessen Handeln durch den Impuls zur Befriedigung diverser Bedürfnisse motiviert ist – und dass es deshalb ‚nur natürlich' ist, diesen Bedürfnissen nachzugehen. Diese landläufige Selbstdeutung verrät in Wahrheit jedoch nur, wie sehr das ökonomische Denken den Menschen der Gegenwart bestimmt und ihn schleichend zum *Homo Oeconomicus* konvertiert hat. Denn die Bedürftigkeit, die der zeitgenössischen Psychologie als selbstverständliches Axiom dient, ist im Ursprung ein ökonomisches Theorem, das als zentraler Faktor einer konsumgetriebenen Wirtschaft umso funktionaler ist, als der Mensch der Gegenwart ihm Glauben schenkt und sich nach seiner Maßgabe zu verhalten gelernt hat. Bedürfnisse zu haben und ihnen ungebremst nachzugehen, erscheint dem Menschen der Gegenwart nicht nur ökonomisch gewollt, sondern auch psychologisch legitimiert; und das selbst da noch, wo die Bedürfnisse zur höchsten Intensität gesteigert werden: zur Gier.

2.5.3 Gier. Der Treibstoff des Wachstums

In dem vielbeachteten Spielfilm *Wallstreet* (1987) von Oliver Stone hält einer der Protagonisten, ein Großinvestor namens Gordon Gekko, eine denkwürdige Rede, die zu einer Eloge auf die Gier gerät:

> „The point is, ladies and gentlemen, that greed, for lack of a better word, is good. Greed is right. Greed works. Greed clarifies, cuts through, and captures the essence of the evolutionary spirit. Greed, in all of its forms, greed for life, for money, for love, knowledge, has marked the upward surge in mankind."[58]

Man könnte einwenden, dass es sich bei dieser Rede um die fiktiven Worte eines fiktiven Charakters handelt und dass sie deshalb in einer wirtschaftsphilosophischen Reflexion fehl am Platze ist. Das ist zwar korrekt, doch muss man wissen, dass es dafür ein reales Vorbild gibt. Ihr eigentlicher Urheber ist der US-amerikanische Börsenspekulant Ivan Boesky (*1937), der 1986 wegen verbotener Insidergeschäfte zu drei Jahren Gefängnis und einer Geldstrafe von 100 Mio. Dollar verurteilt wurde.[59]

---

[58] Zitiert nach: https://www.imdb.com/title/tt0094291/characters/nm0000140 (01.09.2025).

[59] „Ivan F. Boesky" auf Wikipedia, https://de.wikipedia.org/wiki/Ivan_F._Boesky (01.09.2025).

Es ist gut dokumentiert, dass Boesky am 18. Mai 1986 vor Absolventen der Haas School of Business der University of California in Berkeley sagte:

> „Es ist gut, wenn man habgierig ist. Ich möchte sogar behaupten, dass es gesund ist, habgierig zu sein. Du kannst gierig sein und dich dabei gut fühlen.“[60]

In der Zeitschrift *Newsweek* wurde dieser Vorfall mit den Worten kommentiert: „Das Seltsamste war nicht nur, dass Ivan Boesky so etwas bei einer Abschlussfeier von Betriebswirten sagen konnte, sondern auch, dass seine Worte mit lautem Gelächter und Applaus begrüßt wurden.“[61] Man kann das als Indiz dafür nehmen, dass es für Menschen, die sich nach Maßgabe des *Homo Oeconomicus* entworfen haben, nicht nur nicht anstößig ist, sich zur eigenen Gier zu bekennen, sondern dass man auch gute Gründe dafür anführen zu können glaubt, warum die Gier eine begrüßenswerte Eigenschaft ist: Sie ist eine Produktivkraft – vielleicht *die* Produktivkraft –, der sich als zur höchsten Intensität gesteigertes Bedürfnis die ökonomische Dynamik von Wertschöpfung und Wachstum verdanken. Der *Homo Oeconomicus* der Gegenwart sieht sich folglich nicht nur zum rationalen Egoisten legitimiert, sondern zudem zum gierigen Egoisten berufen.

In den Ohren unbedarfter oder traditionalistischer Zeitgenossen klingt das anstößig. Kein Wunder, denn die Gier zählte nach dem Moralkodex der römisch-katholischen Kirche zu den sieben Hauptlastern oder auch „Totsünden“. Deren Entmachtung durch das ökonomische Denken setzte schon lange vor Gordon Gekko und Ivan Boesky ein: Ein halbes Jahrhundert bevor Adam Smith *The Wealth of Nations* schrieb, verfasste der in England lebende niederländische Arzt und Sozialphilosoph Bernard de Mandeville (1670–1733) ein seinerzeit viel beachtetes und kontrovers diskutiertes Buch mit dem Titel *Die Bienenfabel. Oder Private Laster, öffentliche Vorteile* (*The Fable of The Bees: or, Private Vices Publick Be-*

[60] Artikel Ivan F. Boesky auf Wikipedia, https://de.wikipedia.org/wiki/Ivan_F._Boesky (01.09.2025). Im Orig.: „Greed is all right, by the way. I want you to know that. I think greed is healthy. You can be greedy and still feel good about yourself.“

[61] Artikel „Ivan F. Boesky“ auf Wikipedia, https://de.wikipedia.org/wiki/Ivan_F._Boesky (01.09.2025).

nefits). Schon 1705 fand die Vorläuferin dieses Buches, eine Sixpenny-Broschüre mit dem Titel *Der unzufriedene Bienenstock* (*The Grumbling Hive: or, Knaves Turn'd Honest*) reißenden Absatz. Mandeville ergänzte dieses Stück daraufhin, sodass er 1714 die *Bienenfabel* veröffentlichen konnte, der er später einen zweiten Band anfügte, der ebenfalls große Resonanz bei seinen Zeitgenossen fand – dabei allerdings größtenteils auf Ablehnung stieß.

Mandeville war ein Freigeist reinsten Wassers. Das zeigt sich nicht nur darin, dass er sich 1726 mit dem Werk *Bescheidene Streitschrift für Öffentliche Freudenhäuser* in die Öffentlichkeit wagte, in der er für die Einrichtung von öffentlichen Bordellen und die medizinische Kontrolle der Prostituierten plädierte – und sich dabei als kenntnisreicher und einfühlsamer Kenner der Psychologie des Weiblichen präsentierte; nein, es zeigt sich vor allem darin, dass er zu Beginn des 18. Jahrhunderts etwas wagte, was Friedrich Nietzsche später eine „Umwertung aller Werte" nennen sollte. Mandevilles Husarenstreich bestand darin, in einem Akt von geistigem Alchimismus die *Totsünden* der christlichen Morallehre in Tugenden zu verwandeln – genauer: in die Tugenden der neuen, sich langsam abzeichnenden liberalen Marktwirtschaft. Die traditionellen Tugenden des Christentums hingegen entlarvte er als ökonomisch kontraproduktive Hemmnisse der Wertschöpfung. Dies veranschaulicht eines der bekanntesten Zitate aus seinem Werk: die Schlusszeilen der eigentlichen „Bienenfabel", der im weiteren Verlauf des Buches ausführliche Kommentierungen folgen:

> „Mit bloßer Tugend kommt man nicht weit. Wer wünscht, dass eine goldene Zeit zurückkehrt, sollte nicht vergessen: Man musste damals Eicheln essen."[62]

Und die Begründung, die Mandeville in der Einleitung seines Werkes dafür gibt, lautet: Wer

> „sich unter Absehung von Kunst und Erziehung in die menschliche Natur vertieft, um zu erfahren, was eigentlich den Menschen zu einem sozialen

---

[62] Mandeville 2014, S. 91.

> Wesen macht, […] sieht […], dass es nicht in seinem Geselligkeitstriebe, in Sanftmut, Mitleid, Wohlwollen und anderen äußerlich schön erscheinenden Tugenden besteht, sondern gerade seine schlechtesten und am meisten verabscheuenswürdigen Eigenschaften sind, was ihn vor allem zur Bildung großer und, wie man sagt, glücklicher und blühender Gemeinschaften befähigt."[63]

Und so schickt Mandeville sich an, in seinem Werk auf elegante und witzige Weise darzustellen, inwiefern klassische Tugenden wie Barmherzigkeit, Genügsamkeit, Friedfertigkeit und dergleichen als ökonomische Produktivkräfte versagen, wohingegen die bekannten Laster wie Geiz, Neid, Eifersucht, Verschwendung, ja sogar Sklaverei und Krieg der wirtschaftlichen Produktivität äußerst nützlich sind, weil sie der eigentliche Treibstoff dessen sind, was die Wirtschaft wachsen und gedeihen lässt: Konsum. Gewiss, man störte sich an dieser Umwertung aller Werte, verklagte und verurteilte ihren Urheber – doch konnte dieser sich darauf berufen, nichts anderes getan zu haben, als mit wachem Auge die sich zu Beginn des 18. Jahrhunderts entfaltende konsumgetriebene Marktwirtschaft zu beobachten und ihre Funktionsweise aufzudecken.

„Satire und Analyse der Mechanismen der bürgerlichen Gesellschaft seiner Zeit" schreibt Walter Euchner (*1933) in seiner Einführung zur *Bienenfabel*, „verschmelzen bei Mandeville zu einer grotesken Einheit: Was ob seiner Grausamkeit nicht wahr sein dürfte, ist in seinen Augen nackte, unabänderliche Wahrheit. Je analytisch genauer seine Apologie des Frühkapitalismus wird, desto mehr gerät sie in die Nähe des schwarzen Humors."[64] Besonders scharf tritt dieser Zug von Mandevilles Werk hervor, wo er zeigt, dass die Prosperität einer Gesellschaft auf der billigen Arbeit der Unterprivilegierten beruht und „dass in einem freien Volke, wo die Sklaverei verboten ist, der sicherste Reichtum in einer großen Menge schwer arbeitender Armer besteht."[65] Karl Marx (1815–1883) schätzte ihn dafür als „ehrlichen Mann und hellen Kopf"[66] und bewunderte ihn für die ungeschminkten und nichts beschönigenden Ana-

[63] Mandeville 2014, S. 59.

[64] Euchner 2014, S. 10.

[65] Mandeville 2014, S. 319.

[66] Marx 1960, S. 646.

lysen der Wirtschaft seiner Zeit; auch wenn er wenig Gefallen daran fand, dass Mandeville die von ihm aufgezeigten, moralisch fragwürdigen Mechanismen als Treiber des ökonomischen Fortschritts billigend in Kauf nahm.

Während Marx die von Mandeville entblößten Dynamiken entschieden ablehnte, machte Adam Smith sie sich zunutze, um sie in die Fundamente seiner Theorie der liberalen Marktwirtschaft einzugießen – wie der britische Wirtschaftshistoriker Edwin Cannan (1861–1935) nachgewiesen hat. Wie sehr Mandevilles Umwertung aller Werte die moralischen Wertschätzungen der zeitgenössischen liberalen und neoliberalen ökonomischen Realität tragen, verraten nicht nur die Worte eines Ivan Boesky oder die Eloge des Wirtschaftsnobelpreisträgers Friedrich August von Hayek (1899–1992), der Mandeville als wirtschaftswissenschaftlichen Mastermind feierte[67]; sondern vor allem das faktische Verhalten der meisten ökonomischen Agenten der Gegenwart: der Produzenten, Händler, Konsumenten. Der moderne *Homo Oeconomicus* exekutiert minutiös, was Mandeville in seiner Bienenfabel entlarvte – etwa dann, wenn er als Verbraucher solchen Slogans folgt wie „Geiz ist geil" oder seine Gier damit rechtfertigt, „doch nicht blöd" zu sein. Seit Mandevilles kühnen Analysen, die später durch Adam Smith und seine Theorie der unsichtbaren Hand moralisch unterfüttert wurden, brauchte der *Homo Oeconomicus* der Neuzeit sich seiner Egozentrik und seines Egoismus nicht mehr zu schämen. Das ökonomische Mindset des Marktliberalismus schaltet sie auf ‚Grün' und gibt sie frei. Denn Gier, Begierde, Bedürfnis und der ewige Drang, einen (warum auch immer) subjektiv empfundenen Mangel zu überwinden, sind die Treiber, die das Vehikel der neuzeitlichen Ökonomie am Laufen halten: den Konsum

2.5.4 Konsum. Die Funktionalität des Gestells

Schon Thomas Hobbes hatte 1651 in seinem *Leviathan* gelehrt, dass alle Wirtschaftssubjekte um der ökonomischen Prosperität willen permanent konsumieren müssten: Der Wille zum eigenen Vorteil und zur Verbesse-

[67] Hayek 1967, S. 125–141.

rung der eigenen Lage generiere einen „beständigen Fortgang von einem Wunsch zum andern, wobei die Erreichung des ersteren immer dem folgenden den Weg bahnen muss".[68] Das heißt: Immer neue egoistische Bedürfnisse, die das Subjekt zu befriedigen trachtet, feuern das wirtschaftliche Wachstum an. Mögen diese Bedürfnisse auch noch so vermeintlich niederen Motiven wie Eitelkeit, Stolz oder Verschwendungssucht entstammen – wie Mandeville gezeigt hatte –, sie sind marktwirtschaftlich sinnvoll und richtig, da sie dem großen Apparat, dem *Gestell* der Ökonomie die erforderliche Energie zuführen. Die marktwirtschaftliche Ökonomie der Gegenwart ist konsumgetrieben. Kollabiert der Konsum, kollabiert auch die Wirtschaft.

Was ist Konsum? Das Wort leitet sich ab vom lateinischen *consumere*, verbrauchen. Entsprechend meint *Konsum* umgangssprachlich den Verbrauch von Gütern jedweder Art. Wer konsumiert, kann deshalb in gleicher Bedeutung *Konsument* oder *Verbraucher* heißen. Charakteristischerweise hat sich in der Welt des *Homo Oeconomicus* die Bedeutung von *Konsum* jedoch vom Verbrauch zum Erwerb verlagert. Wenn etwa durch Konjunkturpakete der Konsum „angekurbelt" werden soll, dann geht es dabei nur sekundär darum, den Verbrauch von Gütern zu steigern. Die primäre Intention ist es, die Kauf- oder Erwerbsbereitschaft der Menschen zu fördern. Ob sie die erworbenen Güter oder Dienstleistungen tatsächlich auch *ver-* oder *gebrauchen*, ist letztlich unerheblich, die Konsumquote steigt auch dann, wenn erworbene Güter ungebraucht und unverbraucht entsorgt werden.

Folglich kann heute alles konsumiert werden: nicht nur dem Verzehr gewidmete Lebensmittel, sondern ebenso immaterielle Güter wie Events, Reisen oder Wellness. Die Liste ist unendlich. Und deshalb ist es auch kein Wunder, dass der Mensch der Gegenwart mit zunehmender Häufigkeit nur noch als Verbraucherin, Konsument oder Nutzerin in Erscheinung tritt: als einer, dessen Wesen sich darin erfüllt, Waren zu verbrauchen oder zu gebrauchen. Das ist es, was vom Menschen bleibt, wenn er sich damit abgefunden hat, ein *Homo Oeconomicus* zu sein. Oder er ist stolz darauf, den Konsum als Unternehmer, Händler oder Produzent immer aufs Neue zu befeuern. So oder so: Den Sinn des Lebens findet

[68] Hobbes 1970, S. 90.

Homo Oeconomicus im fortwährenden Konsum. Konsum ist seine eigentliche Religion: der *Konsumismus* – und die ihr zugehörige *Praxis Pietatis* des *Shoppens* ist das Ausagieren seiner immer neuen, grenzenlosen Bedürfnisse. Denn auf diese Weise, glaubt der Konsumist, können Wohlstand, Glück und Eigentum – die Hauptwerte des *Homo Oeconomicus* – *ad infinitum* wachsen. So bleibt der große Apparat in Gang, der die Schöpfung dieser Werte immer neu in Aussicht stellt: das große *Gestell* der Ökonomie.

Der Konsumismus blieb nicht unwidersprochen. Als nach dem Zweiten Weltkrieg im Zuge des „Wirtschaftswunders" immer mehr Konsumgüter auf den Markt drängten und ein industriell generierter Massenkonsum möglich wurde, fanden sich vor allem seitens der politischen Linken kritische Stimmen, die vor dem Konsumismus warnten. Als eine pointierte Stimme unter vielen sei hier auf den italienischen Dichter und Filmemacher Pier Paolo Pasolini (1922–1975) verwiesen, der kurz vor seinem Tod den Standpunkt vertrat, „der Konsumismus sei eine neue Form des Totalitarismus, weil er mit dem Anspruch einher gehe, die Konsumideologie auf die gesamte Welt auszudehnen".[69]

Andere konsum- bzw. konsumismuskritische Ansätze verwiesen in den 1970er-Jahren auf die einer konsumgetriebenen Wirtschaft innewohnende Dynamik grenzen- und maßloser Ressourcenausbeutung, die in ihrer Verblendung die natürlichen „Grenzen des Wachstums" ignoriert und auf diese Weise eine ökologische Krise herbeiführen wird. An erster Stelle sind hier die Arbeiten von Donella (1941–2001) und Dennis Meadows (*1942) zu nennen, die sie in einer vom Club of Rome in Auftrag gegebenen Studie mit dem Titel *The Limits to Growth* 1972 am St. Gallen Symposium vorstellten, und die man nicht ohne Grund als Initialzündung der globalen Ökologiebewegung des späten 20. Jahrhunderts bezeichnen kann, deren jüngste Erscheinungsform die Fridays-for-Feature-Initiative von Greta Thunberg ist.

Kritik am Konsumismus gibt und gab es reichlich. Aus dem Sattel geworfen hat es ihn nicht. Im Gegenteil: Er beherrscht ungebrochen das sozio-ökonomische und politische Denken im globalen Maßstab. Alle

---

[69] Zitiert nach einer Paraphrase im Artikel „Konsumismus" auf Wikipedia, https://de.wikipedia.org/wiki/Konsumismus (01.09.2025).

Kritik scheint an ihm abzuprallen. Und das kann auch gar nicht anders sein, weil der Konsumismus stimmt – weil er perfekt *übereinstimmt* mit der geistigen Matrix des *Gestells*, die unbedacht und unhinterfragt im Hintergrund unseres Weltbildes, unseres Menschenbildes, unserer Moral und unserer Wirtschaft waltet. Diese Matrix trägt das ökonomische Paradigma der liberalen Marktwirtschaft, und sie wird es so lange tragen, wie sie unbedacht und unhinterfragt das menschliche Verhalten formatiert.

Erinnern wir uns: Die moderne Ökonomie ist entworfen nach der geistigen Matrix des *Gestells*. Ihre eigentümliche Leistung lässt sich so beschreiben, dass sie getrieben von Bedürfnissen vorhandene bzw. anwesende Ressourcen ausbeutet – den *Bestand* der Welt bestellt –, um aus ihnen Güter herzu*stellen*, die sie für den Konsum bereit*stellt* bzw. dem Konsumenten zu*stellt*. Konsum, wenn man ihn philosophisch-ontologisch beschreibt, speist sich aus dem Bedürfnis der Konsumenten, von ihm gewollte, gewünschte und begehrte Güter für Kauf oder Verbrauch in die *Anwesenheit* zu *stellen*. Denn nur Anwesendes kann konsumiert werden. Deshalb muss immer neues Anwesendes bereitge*stellt*, herge*stellt*, ausge*stellt* und zu*gestellt* werden. Dafür sorgte das *Gestell* der Wirtschaft, indem sie den Bestand von konsumierbaren Gütern permanent vergrößert und immer mehr Anwesendes her*stellt*. Eine konsumgetriebene Wirtschaft kann nicht anders als kontinuierlich Güter auf den Markt zu *stellen* und solcherart in die Anwesenheit zu zwingen – und dabei all das nicht Anwesende auszublenden, dem die Anwesenheit der Produkte abgerungen wurde: vor allem die Natur, die nunmehr nur als ausbeutbare Ressource erscheint – als *Bestand* potenzieller Nutzbarbarmachung. Mit einem Wort: Konsum zwingt zuvor Abwesendes in die Anwesenheit des Marktes, um es dort zu erwerben, zu nutzen oder zu verbrauchen – und dies ohne Ende immer neu. Deshalb ist er blind für das nicht Nichtmehr- oder Noch-nicht-Anwesende, das durch ihn zerstört oder, sofern es endlich ist, aufgezehrt wird. Der Motor der liberalen Marktwirtschaft – der Konsum – ist ein Verbrennungsmotor, der das *Gestell* der Ökonomie zwar über Jahrhunderte zu immer größerer Leistungskraft und Geschwindigkeit gebracht, dabei aber eine Schneise der Verwüstung hinter sich gelassen hat.

Erstaunlich ist das nicht, wenn man bedenkt, mit welchem Brennstoff dieser Motor angetrieben: mit Bedürfnissen, die aus Mangel erwachsen –

oder, wenn man eine stärkere Brennkraft wünscht, mit Gier und anderen vormaligen Lastern. Sofern er sich als eine Mängelwesen deutet, muss der *Homo Oeconomicus* fortwährend konsumieren, da er sich getrieben weiß von immer neuen, grenzenlosen Bedürfnissen, von deren Befriedigung er sich ein grenzenloses Glück verspricht – das ihm jedoch notwendig vorenthalten bleiben muss, weil er sonst Gefahr laufen würde, wunschlos glücklich zu sein. Wunschlosigkeit aber ist ein Zustand, den eine konsumgetriebene Marktökonomie nicht dulden kann. Deshalb muss sie fortwährend neue Bedürfnisse nach neuen Gütern produzieren – ohne Ende, grenzenlos. Eine solche Ökonomie wird maßlos und vermessen. Sie kennt kein Maß und verliert ineins damit den Sinn. Oder besser: Ihr Sinn reduziert sich darauf zu konsumieren – einer Praxis nachzugehen, die Sinnerfüllung zwar in Aussicht stellen, aber niemals verwirklichen darf. Eigentlich ist das absurd. Aber wir machen immer so weiter, weil wir von einer geistigen Matrix durchdrungen sind, die uns zwingt, alles *stellen* zu müssen. Die Herrschaft des *Gestells* ist durch die Marktwirtschaft total geworden. Und ihr Agent, der *Homo Oeconomicus*, hat sich damit abgefunden, seinen Sinn allein noch davon zu erwarten, das *Gestell* auf Dauer zu *stellen* – auch wenn er dadurch alles zerstört, was vom Gestell *verstellt* wird und dabei doch für seinen eigenen Fortbestand notwendig ist: die lebendige Natur ebenso wie der Geist und die Seele des Menschen.

Mangel, Bedürfnis, Gier, Konsum befeuern die Dynamik und liefern die Energie, mit der das Gestell der Ökonomie betrieben wird. Konkret wird dies in den Gestellen, in denen sich das Mindset der Ökonomie manifestiert: den Unternehmen.

2.6 Unternehmen. Die Wertschöpfungsmaschine des *Homo Oeconomicus*

Wenngleich in den Wissenschaften der Volks- oder Betriebswirtschaftslehre darum gerungen wird, wie der Begriff ‚Unternehmen' oder auch ‚Unternehmung' genau zu definieren ist und wie er von anderen Konzepten wie ‚Betrieb' oder ‚Firma' unterschieden werden sollte, wird man sagen dürfen, dass ‚Unternehmen' im landläufigen Sprachgebrauch der Obergriff aller möglichen wirtschaftlichen Organisationseinheiten ist. Vom Selbstständigen bis zum global agierenden Konzern, vom mittelständischen Unternehmen bis zur börsennotierten Holding: stets hat man es mit Unternehmen zu tun, die als Körperschaften die tragenden Agenten der Ökonomie sind. Unternehmen sind im 21. Jahrhundert die bevorzugte Organisationsform des *Homo Oeconomicus* – ja, sie sind der ins Überpersönliche gesteigerte *Homo Oeconomicus*, der sich umgekehrt auch selbst zunehmend als Unternehmer interpretiert. Die gegenwärtig geläufige Formel, der Mensch sei berufen, als „Unternehmer seines eigenen Lebens" zu agieren, ist so gesehen ein klarer Indikator dafür, in welchem Maße das ökonomische Paradigma des Marktliberalismus und sein Menschenbild des *Homo Oeconomicus* die Lebenswelt und Selbstdeutung des Menschen der Gegenwart kolonisiert haben. Die Art und Weise, wie heute Unternehmen gedacht, gebaut und geführt werden, und die Art und Weise, wie der Mensch sich selbst deutet, stehen in einer engen Wechselbeziehung. Das Unternehmen ist der Wirkungsraum des *Homo Oeconomicus*. Als solches soll es hier bedacht sein.

Gleichwohl ist es sinnvoll, dafür auf die Diskurse der ökonomischen Theoriebildung zuzugreifen. Eine mögliche betriebswirtschaftliche Definition des Unternehmens beschreibt dieses im Anschluss an die für unser Thema maßgeblichen Arbeiten des Ökonomen Erich Gutenberg (1897–1984) als „Handlungseinheit" zum „Verfolgen privatwirtschaftlicher Ziele" bzw. als „eine selbstständig planende und entscheidende, wirtschaftlich und rechnerisch selbstständige Einheit, die Markt- und Kapitalrisiken (auf eigene Rechnung und Gefahr) übernimmt und sich zur Verfolgung des Unternehmenszweckes und der Unternehmensziele einer oder mehrerer Betriebe bedient."[70] Und in der Volkswirtschaftslehre wird die Aufgabe dieser selbstständigen Einheit wie folgt bestimmt:

> „Die allgemeine Aufgabe des Unternehmens aus gesamtwirtschaftlicher Perspektive ist die Bereitstellung von Sachgütern und Dienstleistungen

[70] Berwanger 2019.

sowie die Bereitstellung von Arbeitsplätzen. Unternehmen kombinieren Produktionsfaktoren (Input) und transformieren diese in Endprodukte (Output).“[71]

Überträgt man das hier Gesagte in ein geläufiges Bild, so kann man sagen, ein Unternehmen gleiche einer sich selbst steuernden *Maschine*, die um eines bestimmten Zwecks oder eines bestimmten Zieles willen konstruiert ist, an deren Verwirklichung sich ihr Erfolg bemisst. Dafür verarbeitet sie einen gegebenen Input mithilfe bestimmter Prozesse, Methoden, Techniken etc. zu dem nach Maßgabe der Unternehmensziele gewünschten Output. Input können Ressourcen jedweder Art sein: Humanressourcen (im Dienstleistungssektor), Rohstoffe (in der Industrie), finanzielle Ressourcen (in der Finanzindustrie), Informationen (in der Digitalwirtschaft). So oder so werden sie der Unternehmensmaschine zugeführt, um auf eine möglichst effektive, effiziente, produktive und funktionale Weise verarbeitet und sodann als Produkte möglichst profitabel oder rentabel vermarktet zu werden. Damit sind die zentralen Werte bzw. Qualitäten von Unternehmen benannt, nach denen gemeinhin ihr Erfolg bemessen wird: Effektivität, Effizienz, Produktivität, Funktionalität, Profitabilität bzw. Rentabilität. Sind diese Qualitäten in einem Unternehmen gegeben bzw. entwickelt, dann gilt es als ‚gut‘ und wird von den Analysten entsprechend hoch kategorisiert.

Tatsächlich ist die Maschine nicht einfach nur ein Bild, nach dessen Maßgabe sich heutige Unternehmen beschreiben lassen. In Wahrheit ist sie *die* Blaupause, *das* Paradigma, nach dem Unternehmen heute entworfen werden – die Erscheinungsform dessen, was wir im Anschluss an Heidegger „das Gestell“ nennen: Unternehmen sind in ihrer Logik, ihrer Architektur und ihrer Funktionalität Maschinen – technische Apparaturen, deren Wesen sich darin erschöpft, die als Bestand gewahrte Welt zu be*stellen*, indem sie aus bereit*gestellten* Ressourcen durch optimierte Prozesse Produkte her*stellen*, damit sich ein maximaler Ertrag ein*stellt*. Ontologisch gesehen ist ein Unternehmen ein nach Maßgabe von instrumenteller Vernunft und Zweckrationalität entworfenes und funktionierendes *Gestell* zur Verwirklichung der rational-egoistischen Interessen seines oder seiner Betreiber: eine technische Apparatur, die zu lenken und zu

[71] Berwanger 2019.

steuern einer besondere Expertise des *Engineering* bedarf – einer „Ingenieurskunst", die von dafür ausgebildeten Managern exekutiert wird, die ihre vornehmliche Aufgabe darin erkennen, Ergebnisse zu liefern: optimale Funktionalität und maximalen Ertrag. Manager tragen dafür Sorge, dass der „Geist in der Maschine" kein anderer ist als der des *Homo Oeconomicus*.

Um das Bild der geistigen Matrix der gegenwärtigen Wirtschaft zu vervollständigen, werden wir im Folgenden ihr Modell von Unternehmen genauer unter die Lupe nehmen, indem wir uns zunächst dem Typus des neuzeitlichen Unternehmers zuwenden und sodann die Genealogie und Logik der Maschinenmatrix reflektieren.

2.6.1 Entrepreneurship. Vom Abenteurer zum Maschinisten

Für das Verständnis des Mindsets, nach dessen Maßgabe heutige Unternehmen funktionieren, ist es hilfreich, sich mit der Figur des Unternehmers zu befassen. Denn immer braucht es erst den Unternehmer, bevor ein Unternehmen etabliert wird. Wer oder was aber ist ein Unternehmer? Auf diese Frage gibt es nicht nur eine Antwort: Unterschiedliche Epochen haben – wie wir noch sehen werden – unterschiedliche Unternehmertypen hervorgebracht; einfach deshalb, weil in ihnen eine jeweils andere geistige Matrix des Wirtschaftens waltet. Da es an dieser Stelle lediglich um den gegenwärtigen Unternehmertypus geht, können wir uns damit begnügen, dessen Historie zu rekonstruieren. Sie ist sehr aufschlussreich dafür, wie wir heute Unternehmen denken, führen und organisieren.

Die Genealogie des neuzeitlichen Unternehmers führt zurück in die frühe Neuzeit bzw. in die Zeit der großen Entdeckungen und der mit ihnen einhergehenden ersten Blüte des Fernhandels im 17. und 18. Jahrhundert. Dass hier der Ursprung des neuzeitlichen Unternehmertums verortet ist, verrät der Name, den der neuzeitliche Unternehmer seither trägt – wenigstens im französischen und angelsächsischen Sprachraum: *Entrepreneur*. Zum ersten Mal belegt ist der Begriff in dem 1723 von Jacques Savary des Brûlons (1657–1716) veröffentlichten *Dictionnaire*

Universel de Commerce. Der Typus des mit ihm benannten wirtschaftenden Menschen ist jedoch schon älter. Eine Spur zu ihm weist uns der Ursprung des Wortes *Entrepreneur.* Das Wort leitet sich her vom lateinischen *inter prehendere* (= *zwischen ergreifen*), was zu erkennen gibt, dass es der Welt der Kaufleute und Händler entstammt, genauer: der Welt des Fernhandels. Denn es waren stets die Fernhändler, die Güter *zwischen* Kauf und Verkauf *ergreifen*, um sie später mit Gewinnsteigerung zu veräußern.

Genau dahin weist auch die älteste bekannte Definition des *Entrepreneurs.* Man findet sie in Richard Cantillons (1680–1734) *Essai sur la Nature du Commerce au General* von 1755,[72] in dem er beschrieben wird als eine Person, die zu einem gewissen Preis ein Gut erwirbt oder produziert, um es zu einem späteren Zeitpunkt zu einem höheren Preis weiterzuverkaufen, wobei er über Erhalt und Nutzung von Ressourcen entscheidet und unternehmerische Risiken eingeht. Besonders letzteres zeichnete in Cantillons Augen den *Entrepreneur* aus: Er sieht in ihm eine Art risikofreudigen Abenteurer, der Ressourcen bündelt, um die sich ihm bietenden Gelegenheiten für einen maximalen Gewinn auszubeuten. Dabei betonte Cantillon die unternehmerische Bereitschaft, mit Unsicherheiten umzugehen, weil gerade sie ihn von Geldgebern oder Eigentümern unterscheide.[73] Es ist nicht schwer zu sehen, wen Cantillon vor Augen hatte, als er solches schrieb: den Fernhändler und Seefahrer, der ausgestattet mit einem Schiff (das ihm nicht zwangsläufig selbst gehört) und einem Kapital (das er von einem Investor geliehen) hat, in See sticht, um mit hohem Gewinn zurückzukehren. So gesehen ist es kein Wunder, dass die englische Sprache die Worte *entrepreneur* und *adventurer* oder einfach *venturer* (= Abenteurer) lange Zeit synonym verwendete.[74] Ähnlich beschrieb auch zwei Generationen später der französische Ökonom Jean-Baptiste Say (1767–1832) den *Entrepreneur* als eine treibende Kraft für die wirtschaftliche Entwicklung, sofern er auf effektive Weise Ressourcen nutzbarmache bzw. ausbeute.[75]

---

[72] Cantillon 2011.

[73] Dazu: Artikel „Entrepreneur" auf Wikipedia, https://en.wikipedia.org/wiki/Entrepreneurship (01.09.2025).

[74] Carlen 2016, S. 1.

[75] Say 2011.

Der *Entrepreneur* als Unternehmer der ersten Stunde ist also vor allem dies: ein kühner Abenteurer und Visionär, der zu neuen Ufern aufbricht, in See sticht und dabei auf die Zukunft wettet, um – im Idealfall – reich beladen aus dieser heimzukehren. Unternehmertum erscheint mit anderen Worten als ein Wagnis, und es lebt vom Mut zur Investition. So verbindet es sich schon im 16. Jahrhundert mit dem *venture capital* der Banken, um sich über Kredite die erhoffte Zukunft erobern zu können: aufzubrechen und sich hinauszuwagen auf das ungewisse und riskante Meer der Zeit, voll der Hoffnung und der Ahnung, dass die Zukunft Reichtum und Erfolg in ihrem Schoß bereithält. Das Bild des Seefahrers bzw. *Venturers* macht deutlich, dass sich im neuzeitlichen Paradigma des Unternehmertums das Ideal des als Abenteurer gedachten *Entrepreneurs* passgenau zur Entwicklung des Bankgewerbes fügt: Entrepreneurship und Kapitalismus bilden im neuzeitlichen ökonomischen Mindset von Anfang an eine machtvolle Symbiose. Sie gründet in einer gegenüber traditionellen Wirtschaftsformen grundlegend anderen Auffassung der Zeit: Der neuzeitliche Unternehmer handelt mit der Zukunft. Und sein Unternehmen ist eine Art Zeitmaschine, die gegenwärtig vorhandene, anwesende Ressourcen durch zielgerichtete, lineare Prozesse in einen künftig anwesenden, monetären Gewinn transformieren soll. In der Welt des ursprünglichen Entrepreneurs war das Vehikel dieser alchimistischen Operation das Schiff, mit dem er das Meer der Zeit durchpflügte, um am Ende seiner Reise das erwünschte Ziel – den Gewinn – zu erbeuten.

Die hier angesprochene Dimension der Zeit ist für das Verständnis des neuzeitlichen Unternehmertums von fundamentaler Bedeutung. Es ist nur möglich unter der geistigen Voraussetzung eines linearen Zeitverständnisses, das davon ausgeht, dass es eine gerade Verbindung zwischen Gegenwart und Zukunft gibt, die sich Unternehmer und Investoren zunutze machen können; und unter der Voraussetzung einer instrumentellen Rationalität, die das gegenwärtig Anwesende als Mittel (oder Ressource) für einen gegenwärtig nur *vorgestellten* Zweck umfunktioniert, der vermöge dieser Mittel sodann in der Zukunft *hergestellt* oder *erstellt* werden soll. Dem ursprünglichen Entrepreneur diente dazu ein Segelschiff – eine technische Apparatur –, die später durch das Motorschiff – eine Maschine – bzw. durch Fabriken und andere technische Gerätschaften ersetzt wurde. So oder so ist das neuzeitliche Entrepreneurship voll und ganz verwurzelt in der Matrix des *Gestells*, die ihrerseits getragen ist von der Logik eines linearen Zeitverständnisses und der ihm zugehörigen Zweckrationalität.

Je weiter die Technisierung der Industrie voranschritt, desto mehr wandelte sich der Unternehmer vom Abenteurer zum Ingenieur, der eine möglichst gut geölte Maschine möglichst zielsicher und effizient durch die Zeit zu navigieren hat – immer mit Kurs auf den monetären Erfolg. Es wird zu zeigen sein, dass die antike Ökonomie u. a. deshalb *nicht* den Typus des *Entrepreneurs* hervorbringen konnte, weil der antike Mensch die Zeit nicht linear, sondern zyklisch erlebte; und weil deshalb auch die instrumentelle Vernunft bei ihm unterentwickelt bleiben musste. Für den neuzeitlichen *Entrepreneur* aber sind Zweckrationalität, Zukunftsorientierung und das technische Mindset des *Homo Faber* zentrale Charakteristika, ohne die er nicht zu denken wäre.

So ist es auch heute noch – gerade in einer Unternehmenswelt, die sich sehr stark an den Theorien des österreichischen Ökonomen Joseph Schumpeter (1883–1950) orientiert, der die wichtigste Qualität eines Unternehmers in dessen Fähigkeit erkannte, eine neue Idee oder Erfindung in eine erfolgreiche Innovation zu verwandeln – das *Gestell* des Unternehmens immer wieder umzu*stellen* und seine *Stell*schrauben neu einzu*stellen*, um die gewünschten, künftigen Ergebnisse herzu*stellen* und einen dauerhaften Profit sicherzu*stellen*. Der Unternehmer der Gegenwart ist ein Virtuose in der Kunst des *Stellens*. Und sein Unternehmen ist ein von ihm *instand*gehaltenes *Gestell*.

2.6.2 Apparat. Die Genese der Maschinenmatrix

Die große Stunde des *Gestells* schlug im 18. Jahrhundert. Vorbereitet hatte sie René Descartes, der mit dem von ihm etablierten Dualismus von Geist und Natur die Matrix des neuzeitlichen Denkens entscheidend prägte. Wir erinnern uns: Auf der Suche nach dem *fundamentum inconcussum* – dem unerschütterlichen Fundament, auf dem ein Menschentum zu gründen sei –, gelangte er zu der Erkenntnis, dass allein der Intellekt, die Ratio oder auch der Geist als dauerhaft verlässliches Subjekt der Weltbeziehung würde gelten können. Als denkende *res cogitans*, so Descartes, könne der Mensch Gewissheit über diese Welt und sie sich als ihr *maître et possesseur de la nature* dienstbar machen. Die physische Welt, mit der die Ratio durch die Sinneswahrnehmungen verbunden ist, wurde auf diese Weise entgeistert: Sie erschien fortan als bloße *res extensa*: ausgedehnte Sache, messbares Objekt des erkennenden Intellektes bzw. als Ressource für die Nutzbarmachung. Die Natur geriet zum bloßen, materiellen Stoff: zum Bestand, der durch Wissenschaft und Technik erst erforscht und dann verbessert oder auch vernichtet werden konnte.

Der cartesische Dualismus wurde zur prägenden geistigen Konfiguration der abendländischen Neuzeit – auch da, wo er bestritten oder korrigiert wurde. Das geschah vor allem bei den beiden, neben Descartes bedeutendsten Denkern des sogenannten Rationalismus: Baruch de Spinoza, (1632–1677), der mit Descartes gut bekannt war, und Gottfried Wilhelm Leibniz (1644–1716).

Spinozas Denken erfreute sich in der zweiten Hälfte des 17. Jahrhunderts einer großen Popularität. Das lag unter anderem daran, dass es sich auf eine einfache und eingängige Formel verdichten ließ: *Deus sive Natura* – „Gott oder Natur", wobei das „oder" im Sinne von „beziehungsweise" zu verstehen ist, denn es war Spinozas wichtigste Pointe, dass er – gegen Descartes – Gott (bzw. Geist) und Natur zur Deckung bringen wollten. So notierte er in seinem Hauptwerk *Ethica* von 1677:

> „Unter Gott verstehe ich das unbedingt unendliche Wesen, das heißt die Substanz, die aus unendlich vielen Attributen besteht, deren jedes die ewige und unendliche Wesenheit ausdrückt."[76]

Daraus folgerte Spinoza seine Kernaxiome. Gott, so lehrte er, ist alles. Oder umgekehrt: Alles ist Gott. Es gibt nichts außer, neben, vor oder nach der einen ewigen Substanz des göttlichen Geistes. Alles Seiende ist mithin überhaupt nichts anderes als die Erscheinungsformen, Attribute oder Eigenschaften dieses einen göttlichen Subjektes. Gott umfasst Geist und Natur. Es ist geläufig, diese Theorie *Pantheismus* zu nennen (vom Griechischen *pan* = alles, und von *theós* = Gott): Die Natur ist Gottes Geist und Gottes Geist ist die Natur. In diesem Sinne konnte Spinoza sagen:

[76] Spinoza 1977, S. 5.

> „So habe ich über *Gott und Natur* eine ganz andere Meinung als jene, die von den modernen Christen gewöhnlich vertreten wird. Ich fasse nämlich Gott als die *immanente* und nicht als die äußere Ursache aller Dinge. Ich behaupte eben, dass alles in Gott lebt und webt."[77]

Spinozas Gott, so wird hier deutlich, ist nicht nur das Sein der Welt, sondern zugleich auch ihre immanente Ursache. Der Gedanke ist stringent: Wenn alles Gott ist, folgt alles ursächlich aus Gott. Und es folgt nicht irgendwie, willkürlich oder zufällig, sondern mit streng kausaler Notwendigkeit auf dieselbe Weise, „wie aus der Natur des Dreiecks von Ewigkeit her und in alle Ewigkeit folgt, dass dessen drei Winkel zwei rechten Winkeln gleich sind".[78] Deshalb stand es laut Spinoza Gott in keiner Weise frei, die Welt zu erschaffen oder es zu unterlassen. Er musste sie schaffen, er konnte nicht anders. Denn die erscheinende Welt (Natur) ist die notwendige, logische, ja mit strenger mechanischer Kausalität herleitbare Folge seiner selbst (Geist). Oder anders gesagt: Gott ist zugleich *geschaffene*, gewordene Natur (*natura naturata*) und rational *erschaffene* Natur (*natura naturans*), wobei die Ordnung der geschaffenen Natur dieselbe ist wie die des in ihr ursächlich schaffenden Geistes. Deshalb kann Spinoza im 7. Lehrsatz des 2. Teils seiner *Ethik* sagen:

> „Die Ordnung und Verknüpfung der Ideen (*ordo et connexio idearum)* ist dieselbe wie die Ordnung und Verknüpfung der Dinge (*ordo et connexio rerum*)."[79]

Woraus er dann den Schluss zieht: So wenig, wie in der Welt der materiellen Körper bzw. der Natur keine Wirkung ohne (zwingende) Ursache möglich ist, so folgt auch der Geist einer stringenten Logik, die kein Ausnahmen zulässt: Alles geschieht aus unabdingbarer Notwendigkeit und folgt einer strengen Kausalität. Die Welt im Ganzen ist ein stringen-

[77] Spinoza 1986, S. 276.

[78] Spinoza 1977, S. 51.

[79] Spinoza, 1977, S. 123.

tes logisches System, mit dem sich Gott selbst exekutiert – mit einer Kausalität, die ebenso streng ist wie die der Geometrie. Das Sein der Welt funktioniert *more geometrico*, um eine weitere Formel Spinozas zu bemühen.

Diese kühne Theorie ist für unser Thema äußerst wichtig. Denn mit ihr bereitete Spinoza vor, was wir als die Maschinenmatrix kennenlernten: das geistige Paradigma, das die Welt im Allgemeinen und ein Unternehmen im Besonderen nach Maßgabe einer Maschine deutet. Dieses Mindset verdankt sich letzten Endes dem Versuch Spinozas, den cartesischen Dualismus von Natur und Geist in Gestalt einer geistreichen Maschine namens Welt aufzulösen: eines Apparates, der streng kausal-mechanistisch aufgebaut ist und nach notwendigen, starren Automatismen funktioniert – ganz so wie ein Schweizer Uhrwerk.

Anders, aber doch in vielerlei Hinsicht ähnlich, dachte Gottfried Wilhelm Leibniz. Er hatte in seiner *Theodizee* von 1710 und in seiner *Monadologie* von 1714 die These vertreten, diese unsere Welt sei die beste aller möglichen Welten. Auch dieser Gedanke war streng logisch aus dem Wesen Gottes hergeleitet. Wenn Gott denn wahrhaft Gott ist, so meinte Leibniz, habe ihn seine unendliche Weisheit dazu gebracht, unter allen möglichen Welten die bestmögliche herausfinden. Sodann habe seine unendliche Güte ihn dazu genötigt, diese beste Welt auszuwählen, bevor ihn seine unendliche Allmacht zwang, sie schließlich auch hervorzubringen. Aus dem Wesen Gottes lasse sich mit anderen Worten, zwingend – quasi *more geometrico* – herleiten, dass diese unsere Welt die beste aller möglichen Welten ist: strenge Logik, strenge Kausalität auch hier.

Damit war das Böse nicht geleugnet. Es war nur behauptet, dass eine von allem Bösen freie Welt nicht die beste aller möglichen Welten sein könne. Auch war damit nicht gesagt, dass die Welt bereits vollendet sei. Anders als Spinoza dachte Leibniz *dynamisch* und meinte, dass die Weltgeschichte der bestmögliche *Prozess* der Entfaltung der besten aller möglichen Welten sei: eine Art optimierte Maschine, deren perfekte Funktionalität der maximalen Qualität des Ganzen dienen sollte. Dafür aber mussten Welt und Weltgeschichte einer gut gefügten Ordnung folgen – einem Bauplan, der von ihnen getreulich exekutiert wird. Diesen Bauplan brachte Leibniz auf die Formel einer *prästabilierten Harmonie*: einer vom Geist des göttlichen Weltenschöpfers perfekt arrangierten Mechanik, die von der Natur befolgt wird. Das erinnert an Spinoza, ist aber weniger statisch und viel dynamischer. In seiner *Monadologie* schreibt Leibniz:

> „79. Die Seelen handeln nach den Gesetzen der Zweckursachen durch Begehrungstriebe, Zwecke und Mittel. Die Körper handeln nach den Gesetzen der bewirkenden Ursachen oder der Bewegungen. Und diese beiden Reiche, das der bewirkenden Ursachen und das der Zweckursachen, stehen in Harmonie miteinander."[80]

Es gibt also für Leibniz eine zugleich dynamische und mechanische Architektur des Universums, die harmonisch aufeinander abgestimmt ist und sich durch die Zeit entfaltet. Doch nicht nur das: Daneben lehrte er eine weitere Harmonie, der sich die Bestheit dieser Welt verdankt:

> „87. Wie wir nun oben eine vollkommene Harmonie zwischen zwei natürlichen Reichen, dem der bewirkenden und dem der Zweckursachen, festgestellt haben, so müssen wir hier noch eine zweite Harmonie zwischen dem physischen Reiche der Natur und dem moralischen Reiche der Gnade hervorheben, d. h. zwischen Gott, dem Erbauer der Maschine des Universums, und Gott, dem Monarchen des göttlichen Staates der Geister."[81]

Hier ist es deutlich ausgesprochen: Diese Welt, das Universum, erscheint in Leibniz' Augen als eine Maschine, die einem stringenten Bauplan folgt: einem Bauplan, der die physisch-natürliche Dimension der Welt einschließlich der Naturgesetze ebenso umfasst wie die geistige Dimension der Welt einschließlich der moralischen Gesetze: eine große Natur-Geist-Maschine, konstruiert von einem göttlichen Ingenieur, um durch die Mechanik des gut geölten Räderwerks, das wir ‚Geschichte' nennen, die beste aller möglichen Welten zur Entfaltung zu bringen. Hier, bei Leibniz und Spinoza, sind wir am geistigen Ursprung der Maschinenmatrix, die das unternehmerische Denken bis heute dominiert.

Die Bilder der Maschine haben sich gewandelt, das heutige Paradigma ist eher ein Supercomputer mit KI-Algorithmen als der mechanische Ap-

---

[80] Leibniz 1982, S. 63.

[81] Leibniz 1982, S. 67.

parat der Aufklärungszeit – aber in der Sache bedient sich unser Bild des Unternehmens beharrlich derselben geistigen Matrix des 17. und 18. Jahrhunderts. Von Disruptionen keine Spur. Disruptiv war eher das, was zu dieser Ursprungszeit der ökonomischen Moderne in Europa geschah. Denn die Maschinenmatrix war tatsächlich radikal neu. Sie verdrängte rasend schnell das alte Welt- und Menschenbild der Kirche und ersetzte es durch ein vollkommen säkulares Denken, bei dem sich der Mensch als kongenialer Ingenieur mehr und mehr an die Stelle Gottes setzte. Denn auch er konnte Maschinen bauen – ja, er konnte sogar Maschinen bauen, die wie seinesgleichen aussahen.

Der Virtuose dieser Kunst hieß Jacques Vaucanson (1709–1782). Zu seinen vielgerühmten mechanischen Meisterwerken zählten neben einer voll beweglichen mechanischen Ente auch ein Flötenspieler und eine Orgelspielerin, die das Publikum des 18. Jahrhunderts nicht nur in Erstaunen, sondern gar in Ekstase versetzten. Vor allem an den Fürstenhöfen riss man sich um seine automatisierten Pseudo-Lebewesen. Er war ein umschwärmter Günstling von Ludwig XV., und Kaiserin Maria Theresia erwarb für teures Geld von ihm eine Maschine, die schreiben konnte, während Friedrich der Große ihn vergeblich nach Berlin zu locken versuchte. Niemand, scheint es, konnte sich der Faszination dieser Automaten entziehen, die den Menschen so gut simulierten. Und die Philosophen der damaligen Zeit rühmten Vaucanson gar als einen „neuen Prometheus". Der Enzyklopädist Denis Diderot (1713–1784) verwendete für die Menschenautomaten Vaucansons sogar einen eigenen Namen, der später Epoche machen sollte: Androiden – menschenähnliche Maschinen.

Vaucansons Erfindungen kamen nicht aus heiterem Himmel. Sie waren vorbereitet durch die Pioniere der Maschinenmatrix – durch Descartes, Spinoza oder Leibniz. Vor allem Descartes hatte den Gedanken publik gemacht, die Natur sei ein großer Mechanismus und der menschliche Körper nichts anderes als ein Apparat. In seinem *Discours de la Methode* (1637) lehrte er, wer Naturforschung in seinem Sinne betreibt, müsse

> „den Leib für eine Maschine ansehen, die aus den Händen Gottes kommt und daher unvergleichlich besser konstruiert ist und weit wunderbarere Getriebe in sich birgt als jede Maschine, die der Mensch erfinden kann.

> […] Wenn es Maschinen mit den Organen und der Gestalt eines Affen oder eines anderen vernunftlosen Tieres gäbe, so hätten wir gar kein Mittel, das uns nur den geringsten Unterschied erkennen ließe zwischen dem Mechanismus dieser Maschinen und dem Lebensprinzip dieser Tiere."[82]

Durch Vaucansons Apparate schien der Beweis dafür erbracht zu sein: Eine aus beweglichen Einzelteilen zusammengebaute Ente, die mit den Flügeln schlagen, schnattern und Wasser trinken – ja, die sogar über einen künstlichen Verdauungstrakt verfügte und von ihr aufgepickte Körner durch einen künstlichen Darm in naturgetreuer Konsistenz wieder ausscheiden konnte: Das war eindrucksvoll genug. Denn wenn man eine Ente mechanisch nachbauen konnte – warum sollte das nicht auch mit einem Menschen möglich sein? Warum sollte man nicht auch den Menschen als eine Maschine denken können – so wie es schon Thomas Hobbes vorgemacht hatte, als er in seinem *Leviathan* den Standpunkt vertrat, man könne mit gutem Grund behaupten, „dass alle Automaten oder Maschinen, welche wie z. B. die Uhren durch Federn oder durch ein im Innern angebrachtes Räderwerk in Bewegung gesetzt werden, […] ein künstliches Leben haben",[83] und daran anschließend die rhetorische Frage aufwarf:

> „Ist das Herz nicht als Springfeder anzusehen? Sind nicht die Nerven ein Netzwerk und der Gliederbau eine Menge von Rädern, die im Körper diejenigen Bewegungen hervorbringen, welche der Künstler beabsichtigte?"[84]

Einer, der diesen Ansatz radikal weiterverfolgte, war der französische Arzt und Philosoph Julien Offray de La Mettrie (1709–1751), der von kritischen Zeitgenossen nicht zufällig als *Monsieur Machine* verhöhnt wurde, nachdem er 1748 in seinem Buch *L'Homme-Machine* notiert hatte: „Ziehen wir also den kühnen Schluss, dass der Mensch eine Maschine ist."[85]

---

[82] Descartes 1960, S. 91–92.

[83] Hobbes 1970, S. 5.

[84] Hobbes 1970, S. 5.

[85] La Mettrie 2001.

Mit La Mettrie hatte der Preußenkönig mehr Glück als mit Vaucanson. Es gelang Friedrich dem Großen, *Monsieur Machine* an seinen Hof nach Potsdam zu befördern – sicher nicht nur, um sich über sein neues Menschenbild auszutauschen, sondern weil der Monarch ahnte, dass mit ihm eine politische Disruption bevorstand. Der früh verstorbene, vormalige Herausgeber der *Frankfurter Allgemeinen Zeitung* Frank Schirrmacher (1959–2014), der in seinem Buch *Ego. Das Spiel des Lebens* (2013) die digitale Ökonomie der Gegenwart minutiös dechiffriert hat, schreibt in diesem Zusammenhang:

> „Man muss sich die Voltaires oder La Mettries, die Friedrich sich an seinen preußischen Hof holte, immer auch wie die McKinseys des 18. Jahrhunderts vorstellen. La Mettries ‚Der Mensch als Maschine' kann man als Bauanleitung für das preußische Heer, gewiss aber auch für das Weltbild von Friedrichs Untertanen lesen."[86]

Denn am Ende, so Schirrmacher, steckte im Hintergrund der aufklärerischen Automatenbegeisterung, ob ausgesprochen oder nicht, eine politische Idee: „die Menschen selbst zu Automaten zu machen".[87] Es war durchaus gewünscht, dass sich die Menschen als „ein Ineinandergreifen von Zahnrädern, elastischen Federn und Hydrauliken" begreifen, „die alle abhängig waren von der mechanischen Zentraleinheit." Denn „wenn der Körper so funktionierte, dann doch wohl auch der Staat oder eine Ökonomie"[88] – und erst recht ein Unternehmen, wie man wohl ergänzen darf. Schirrmacher hat das hervorragend herausgearbeitet. Daher sei es gestattet, ihn in diesem Zusammenhang etwas ausführlicher zu zitieren:

> „Man muss sich vor Augen halten, dass der Begriff der *Ökonomie*, so wie wir ihn heute verstehen, im 18. Jahrhundert nicht existierte. Wer von *Ökonomie* sprach, sprach von einem Teilgebiet der Medizin, von *tierischer Ökonomie* (animal economy). Diderots Enzyklopädie beispielsweise definiert sie als ein System, das den ‚Mechanismus, die Gesamtheit der Funktionen

[86] Schirrmacher 2013, S. 120.

[87] Schirrmacher 2013, S. 118.

[88] Schirrmacher 2013, S. 119f.

und Bewegungen, die das Leben der Tiere erhält', umfasst. Und wir wissen heute, dass die physikalischen und mechanistischen Grundlagen der Ökonomie hier ihren Ursprung hatten. Adam Smith stand in engem Kontakt mit den Franzosen, empfing dort seine Idee für den *Kreislauf* aller Wirtschaft und die *unsichtbare Hand*, die die Märkte reguliert. Und eine ganze Bibliothek von Büchern hat mittlerweile gezeigt, dass die Ehe zwischen Ökonomie und Physik, damals gestiftet von Uhrmachern und Ingenieuren und Ärzten, vielleicht die folgenreichste und dramatischste Verbindung der nächsten Jahrhunderte werden sollte. Sie ist es, die uns heute mehr beschäftigt denn je. Eine Ehe, die nicht im Himmel geschlossen wurde, sondern in den mechanischen Uhrwerken des industrialisierten Menschen."

Und Schirrmacher fährt fort:

„Die Ökonomie ist von Anbeginn selbst ein Automat gewesen. ‚Physik und Ökonomie', so hat die Wissenschaftsphilosophin Nancy Cartwright geschrieben, ‚sind beides Disziplinen mit imperialistischen Tendenzen: Immer wieder behaupten sie, alles erklären zu können, die eine in der natürlichen Welt, die andere in der sozialen.' Wo sie sich aber verbündeten, schuf die Physik (Unterabteilung Mechanik) im 18. Jahrhundert die Matrix, die die Ökonomie über die Gesellschaft legte."[89]

Und damit, so hat Schirrmacher glaubhaft machen können, begann ein neues, ungeheures Programm, das bis heute fortbesteht und gegenwärtig dabei ist, infolge der rasanten Entwicklungen der digitalen Technologien in die nächste Runde zu gehen. Schirrmacher sieht darin die Geburtsstunde des *Homo Oeconomicus*. Er schreibt: „Es ging im 18. Jahrhundert eben nicht nur darum, Automaten zu erfinden. Es ging darum, einen Menschen für die Maschinen zu erfinden."[90]

So geriet der *Homo Oeconomicus* zum Maschinenmenschen: Agent einer instrumentellen Vernunft, berechenbar in seinen auf Vorteil bedachten Aktionen, steuerbar durch die Maschine einer global agierenden Ökonomie, simulierbar durch die Algorithmen der ökonomischen Spieltheorie. „Die Maschine im Zeitalter Vaucansons hatte ausgesehen wie ein

[89] Schirrmacher 2013, S. 122.

[90] Schirrmacher 2013, S. 123.

Mensch. Im 20. Jahrhundert musste der Mensch zur Maschine werden",[91] erzählt Schirrmacher diese Geschichte weiter. Doch dafür musste zunächst der große Apparat der industrialisierten Weltwirtschaft errichtet werden, die mit jedem Tag ihres erfolgreichen Funktionierens den Menschen mehr nach ihrem Bilde formt. Auf die mechanischen Apparate des 18. Jahrhunderts folgte im 19. Jahrhundert die Dampfmaschinentechnik, später die automatisierte Industrie mit ihren gigantischen Produktionsanlagen, Fließbändern, Hochöfen etc. Riesige Maschinenhallen – physisch in den großen Industriegebieten sichtbar, gleichzeitig mental in den Köpfen derer, die in maschinengleichen Bürotürmen arbeiteten.

Mit den Zeiten änderten sich die Leittechnologien, und mit ihnen änderte sich die Leitmetapher: aber die mentale Matrix der Maschine blieb. Nicht mehr das Uhrwerk mit seinen Federn und Zahnrädern erscheint heute als Archetyp des *Gestells*, sondern die Dampfmaschine. Seither meinen Menschen, sich für ihren Ärger ein Ventil schaffen zu müssen, um gelegentlich Dampf ablassen zu können. Siegmund Freuds begriffliches Arsenal der modernen Psychologie erzählt von Druck, Energie, Kraft und Verdrängung. Heute neigt man dazu, sich in Netzwerken zu organisieren, seine Software zu überdenken oder seine Hardware scannen zu lassen. Aus Vaucansons Androiden wurden Cyborgs, doch die Matrix ist geblieben: Menschen deuten sich nach Maßgabe ihrer Maschinen. Und sie bauen Unternehmen als Maschinen für Maschinen.

Heute, zu Beginn des digitalen Zeitalters, sind die Maschinen lediglich subtiler geworden. Heute ist weniger erkennbar, wie sehr sie die Köpfe und das Denken der Menschen beherrschen. Das leise Surren des Computers ist etwas anderes als die nächtlichen Hammerschläge der Stahlwerke. Doch die Logik, der sich der moderne *Homo Oeconomicus* unterworfen hat, ist über die Jahrhunderte unverändert die gleiche geblieben: Erst baut der Mensch sich die Maschinen zu seinem Bilde. Dann baut er sich selbst um, um den Imperativen der von ihm gebauten Maschinen zu genügen. Oder in den Worten des Literaturwissenschaftlers Hugh Kenner (1923–2003):

---

[91] Schirrmacher 2013, S. 136.

> „Der Computer simuliert den Gedanken, wenn der Gedanke computergerecht definiert wurde; der Automat simuliert einen Menschen, wenn der Mensch automatengerecht simuliert wurde."[92]

Die Ökonomie der Gegenwart ist längst automatengerecht simuliert – und so wird sie mehr und mehr als riesige Maschine vorgestellt: als das totale *Gestell*, das längst nicht mehr nur den *Bestand* der Welt be*stellt*, sondern das auch den Menschen zum Bestand konvertiert und sich einverleibt hat. Schon in der vordigitalen Industriegesellschaft wurde der Mensch zum maschinenartigen *Homo Oeconomicus* trainiert; nun schickt er sich an, sich nur noch als Maschine zu sehen – als avancierte Maschine, gewiss: als hochintelligenten Algorithmus, der aber bald schon durch Künstliche Intelligenzen überflügelt und aus der großen Maschine der Ökonomie entfernt zu werden droht. Denn ohne Menschen funktioniert sie besser. Schirrmacher hat das klar erkannt:

> „Das ist die Botschaft: Wir brauchen euch nicht. […] Es gibt etwas Besseres als den Menschen, wenn man Geschäfte machen will. Man muss den Menschen nur dazu bringen, den automatisierten Agenten mit Legitimation und Autorität auszustatten. Der Agent ist nicht nur codierte Software, sondern codierte Ideologie."[93]

Der Omega-Punkt der neuzeitlichen Entwicklung wird damit erkennbar: die menschenfreie Ökonomie – oder sagen wir besser: die unmenschliche Ökonomie, die sich darauf beschränkt (und sich darin gefällt), ihre Produktivität und Profitabilität durch automatisierte und algorithmisch digitalisierte Prozesse ins Unermessliche zu steigern: immer mehr Geld zu erwirtschaften; auch wenn niemand mehr da ist, der wüsste wozu.

---

[92] Kenner 1995, S. 40.

[93] Schirrmacher 2013, S. 148.

2.6.3 Funktionalität. Die Kardinaltugend des neuzeitlichen Unternehmens

Erst erschien dem neuzeitlichen Menschen das Universum als eine von Gott kunstvoll konstruierte Maschine, dann deutete er sich bzw. seinen Leib als einen Apparat und auch die gesellschaftlichen Systeme in Politik und Ökonomie als große Mechanismen. So auch das Unternehmen. Das wirtschaftliche Denken wird beherrscht von der Maschinenmatrix und folgt einem mechanisch-technischen Mindset. Im 21. Jahrhundert setzt sich diese Entwicklung fort, lediglich die Leitmetapher für das Gestell der Wirtschaft ändert sich: *Homo Oeconomicus*, der rationale Agent der klassischen und neoklassischen Ökonomie, mutiert in unseren Tagen zum Algorithmus; das Unternehmen, der institutionalisierte Agent des Wirtschaftens, verwandelt sich von einem Segelschiff zu einem KI-gesteuerten Computer; der Marktplatz wird zu einem virtuellen Netzwerk (s. Abschn. 4.1). Führungskunst gerät zu einer Form des *digital Engineering* bzw. der geschickten Programmierung. Alle Bereiche des Lebens werden digitalisiert und nach und nach der Maschine zugeführt. Alles wird ihr zum be*stell*baren *Bestand*. Längst nicht mehr nur die Natur mit ihren Ressourcen, sondern ebenso der Mensch, die Zeit, das Geld, die Kreativität, das Spiel, die Daten, das Denken – einfach alles. Mit Hilfe der Maschinenmatrix hat der *Homo Oeconomicus* die Welt zur Gänze kolonisiert. Und nun steht das digitale Zeitalter im Begriff, die Ökonomisierung der Welt ineins mit ihrer Maschinisierung und Technisierung auf die Spitze zu treiben. Der *Homo Oeconomicus* der Zukunft ist nicht einfach nur ein *Homo Digitalis*, sondern der algorithmisch perfektionierte digitale *Homo Oeconomicus*, der sich selbst in eine digitale Maschine verwandeln wird. Mit dem Menschen, wie wir ihn kannten, wird er nicht mehr viel gemein haben. Nicht zufällig heißt die neue, mit dem Neoliberalismus amalgamierte Ideologie des Silikon Valley, die diesem Projekt die Legitimation verschaffen soll, *Posthumanismus* oder *Transhumanismus*. Dorthin, ins Jenseits alles Humanen, in die menschenfreie Welt, wird die Reise der globalen, digitalen Ökonomie nun gehen; wenn es nicht vorher zu einer Disruption des ökonomischen Denkens kommt, die sich von der Maschinenmatrix verabschiedet und den *Homo Oeconomicus* dorthin zurückschickt, wo er einst entstand: in die Bücher; und zwar nicht in die Lehrbücher, sondern in die Geschichtsbücher.

Vorerst steht dies nicht zu erwarten. Denn die Maschinenmatrix hat sich zu tief in das geistige Paradigma des Wirtschaftens eingebrannt, als dass ihr Ende in Aussicht stünde. Alles ist ihr unterworfen, alle Bereiche des Lebens hat sie kolonisiert. Überall hat sich mit ihr eine Umwertung der Werte vollzogen, deren Konsequenzen nicht nur in der Zerstörung des Klimas und der Umwelt erkennbar geworden sind, sondern auch in kontinuierlich steigenden Krankenständen infolge psychischer Belastungen. Burn-Out oder Depression bei der Arbeit sind nicht die Folge dessen, dass Menschen mehr oder härter arbeiten müssten als in der Vergangenheit, sondern dass ihr Tun einem Mindset und einem ihm zugehörigen Evaluationsprinzip unterworfen wird, das wenig mit ihrer Profession und Kompetenz zu hat, sehr viel hingegen damit, ob sie als Maschinen in Maschinen *funktionieren* und der ökonomisierten Logik des Um … zu folgen. Die Standards, nach denen sich die Qualität der Arbeit im Imperium der Maschinenmatrix bemisst, sind keine anderen als Effizienz, Funktionalität, Produktivität und Profitabilität. Diese vier sind die Kardinaltugenden von Unternehmen, die als Maschinen konzipiert und konstruiert sind. Und sie sind ebenso die Kardinaltugenden von Menschen, die zu Unternehmern ihrer selbst mutieren und sich nur noch daran messen, ob sie als Maschinen effizient, produktiv und profitabel funktionieren.

Mit der vom klassischen, ökonomischen Liberalismus versprochenen Freiheit hat das Wirtschaften der Gegenwart nicht mehr viel zu tun. Es ist dem strengen Reglement der Funktionalität unterworfen und folgt – meist unbewusst und willenlos – deren Imperativen. Ob Unternehmen oder individueller *Homo Oeconomicus*: Das wirtschaftende Subjekt ist als Teil einer Maschine auf eine Rationalität verpflichtet, die nicht anders operieren kann als in Kategorien der Maschinenmatrix: optimieren, maximieren, investieren, funktionieren – um zuletzt zu profitieren. Wer nicht funktioniert, fliegt aus der Kurve. So einfach ist das Spiel des Lebens, das der *Homo Oeconomicus* mit Hilfe seiner Spieltheorie auf alle Lebensbereiche ausgeweitet hat. Ob im Sozialwesen, im Bildungswesen, beim Militär oder in der Finanzwirtschaft: überall die gleichen Parameter, überall das gleiche Regelwerk, überall der gleiche kategorische Imperativ des *Homo Oeconomicus*: Du musst funktionieren! – Denn, nur wenn du funktionierst, wirst du gewinnen.

Die dafür erforderliche Rationalität lässt sich vorzüglich durch Algorithmen abbilden und in Formeln übertragen. Das Regelwerk der ökonomischen Spieltheorie folgt getreu dem Menschenbild von Thomas Hobbes, wenn es das Wirtschaften als großen Wettbewerb beschreibt, dessen Agenten alle nur das eine Ziel verfolgen: gewinnen wollen. Diese Funktionalität des Spiels bedingt, dass sich das Handeln und Verhalten der Spieler algorithmisch prognostizieren lässt. Als Mitspieler im großen *Game* der Spieltheorie werden die Wirtschaftssubjekte vollständig berechenbar, solange sie nur nach deren Regelwerk funktionieren und dem ihm immanenten Imperativ Gehorsam leisten: „Du sollst gewinnen wollen!" Auch das hat Frank Schirrmacher überzeugend dargestellt. In *Ego. Das Spiel des Lebens* schreibt er:

> „Seit Jahrhunderten hatten Leute herausfinden wollen, wie der Mensch tickt, und sie alle, ob Wahrsager, Philosophen, Psychologen, waren letztlich alle gescheitert. Wie sollten ausgerechnet Ökonomen die menschliche Unberechenbarkeit auf eine Formel bringen können? Ihre zündende Idee: Sie fragten nicht mehr, wie der Mensch tickt. Sie fragten, wie er ticken müsste, damit ihre Formeln funktionierten. Und die Antwort lag auf der Hand: Alle Probleme mit dem Unsicherheitsfaktor ‚Mensch' lösen sich in Wohlgefallen auf, wenn man zwingend annimmt, dass er bei dem, was er denkt und tut, immer nur an seinen eigenen Vorteil denkt. Diese Theorie hatte den Vorteil, dass sie immer funktionierte und alles berechenbar machte. Das Gegenüber ist undurchsichtig? Es wird durchsichtig wie Glas, wenn man annimmt, dass es nur seinen Profit vergrößern will."[94]

Genauso lehrt es die Spieltheorie. Ihre Implementierung in der realen Ökonomie hat Schirrmacher als Prozess der fortschreitenden Digitalisierung des Wirtschaftens beschrieben, deren Mastertool heute die Algorithmen der Künstlichen Intelligenz sind. Ursprünglich entwickelt für das Militär, um feindliches Verhalten zu berechnen, zogen sie gemeinsam mit ihren Programmierern nach dem Ende des Kalten Krieges vom Pentagon an die Wallstreet um und kolonisierten zuerst die Geldwirtschaft

[94] Schirrmacher 2013, S. 35.

und dann den Rest – nicht, weil sie das menschliche Verhalten tatsächlich so gut beschrieben, sondern weil der am Ende des 20. Jahrhunderts zum *Homo Oeconomicus* konvertierte Mensch und die zu Maschinen transformierten Unternehmen sich willfährig der Spielanleitung fügten. Es *funktionierte*. Alle spielten und spielen mit. Und die Spieltheorie definiert die Funktionsweise der Maschinen bzw. des zur Maschine konvertieren Menschen. Sie definiert sie nicht bloß, sondern macht sie auch berechenbar. Als fünfte Kardinaltugend des digitalen Zeitalters kann deshalb die *Berechenbarkeit* den genannten vier – Effizienz, Produktivität, Funktionalität und Profitabilität – beigefügt werden. Wer berechenbar, effizient, produktiv, funktional und profitabel mitspielt, darf gewiss sein, dass er der Spielidee des heutigen ökonomischen Paradigmas genügt und Aussichten auf Gewinn hat – auch wenn diese Spielidee vollkommen sinnlos ist. Das System wird ihn gleichwohl belohnen. Und so geht es immer wieder.

Das Gestell, nach dessen Maßgabe sich Mensch und Unternehmen zu Beginn des digitalen Zeitalters formatieren, ist der von spieltheoretischen Algorithmen getriebene Computer. Es bestellt die Welt nach einfachen Prinzipien. Und es wird dies immer effizienter tun, wenn mit Hilfe von *Big Data* die analoge Welt vollends in einen Datenbestand transformiert sein wird, der alles fest*stell*bar, vor*stell*bar und her*stell*bar macht. Das Leben im digitalen Zeitalter gerät dabei zur reinen Funktionalität. Was durch den ökonomischen Liberalismus bzw. die ökonomische Klassik des 18. Jahrhunderts vorbereitet war und durch den Neoliberalismus bzw. die Neoklassik des 20. Jahrhunderts perfektioniert wurde, wird nunmehr total: die Mutation von Mensch und Welt in eine spieltheoretisch programmierte Nutzenoptimierungsmaschine. Aufgerüstet durch die artifizielle Perfektionierung der instrumentellen Vernunft – die uns als Künstliche Intelligenz angedient wird – transformiert die Maschinenmatrix zusammen mit der ihr passgenau implementierten Spieltheorie zum totalen und mutmaßlich totalitären *Gestell* der digitalen Weltwirtschaft. Alles *stellt* dieses Gestell. Und gleichzeitig *verstellt* und *entstellt* es dasjenige, was sich nicht seinen funktionalistischen Imperativen und Algorithmen fügt: das Leben.

2.7 Geld. Das Elixier des *Homo Oeconomicius*

Unsere Deutung des heutigen Wirtschaftens bliebe unvollständig, wenn sie das Medium außer Acht ließe, das die große Maschine der Ökonomie in Gang hält. Wir sahen, dass der Brennstoff, der ihren Motor in Bewegung setzt, vom *Homo Oeconomicus* geliefert wird: seine Bedürfnisse, sein Mangel und vor allem seine Gier. Aber diese psychischen Rohstoffe bedürfen eines Mediums, das sie für den Betrieb der ökonomischen Maschine nutzbar macht. Sie müssen *raffiniert* werden, um ihr als Treibstoff zugeführt werden zu können. Dieses raffinierte Medium ist das Geld. Es verwandelt den durch Bedürftigkeit und Mangel generierten Wert von Gütern in erwerbbare Waren. Es verwandelt die Gier des *Homo Oeconomicus* in Profit. Es verwandelt seine Bedürfnisse in Wertschöpfung. Dem Geld eignet eine eigentümliche transformative Magie. In ihr beruht sein Zauber – aber auch seine Gefahr. Beiden ist dieses abschließende Kapitel zur geistigen Matrix der neuzeitlichen Ökonomie gewidmet.

2.7.1 Geltung. Das Wesen des Geldes

Fragt man, was Geld ist, erhält man meist die Antwort, Geld sei ein Zahlungsmittel. So unbestreitbar richtig diese Antwort ist, so flach ist sie auch. Das wird dadurch nicht besser, dass man unterschiedliche Geldformen wie ‚Bargeld', ‚Giralgeld' oder ‚Buchgeld' unterscheidet. Auch der Hinweis auf unterschiedliche Funktionen des Geldes wie seine Zahlungsmittelfunktion, seine Funktion als Wertaufbewahrungsmittel oder als Recheneinheit verschleiern eher den Blick auf das *Wesen* des Geldes, als dass es dadurch erkennbar würde. Denn das Wesen des Geldes – genauer: das Wesen des neuzeitlich gedachten Geldes, das als Elixier der neuzeitlichen Ökonomie fungiert – erschließt sich nur vor dem Horizont seines eigentümlichen Seins und der in ihm waltenden Wahrheit des *Gestells* (s. Abschn. 2.1.1).

Das Wesen des Geldes ist schwer zu bestimmen. Ursprünglich war Geld nichts anderes als eine Substanz, die über einen definierten Materialwert verfügte, durch den es als öffentlich quantifiziertes und autorisiertes, als handhabbares und praktikables Tauschmittel fungieren konnte. Das ursprüngliche Münzgeld war geprägtes Edelmetall, dessen Nutzwert und Tauschwert als äquivalent galten. Solches Geld gibt es inzwischen nicht mehr. Das heutige Geld hat längst sein materielles Substrat eingebüßt, d. h. der Material- bzw. Nutzwert des Papiers, auf dem ein Geldschein gedruckt ist, steht in keinem Verhältnis zu dem Tauschwert, der durch Aufdruck oder Prägung ausgewiesen ist; und auch das ist lediglich ein Sonderfall, denn der Großteil des heute global in Umlauf befindlichen Geldes besteht nur noch in entmaterialisierten Datensätzen bzw. rein abstrakten Informationen. Dort, wo diese abgerufen werden, hat man es mit Geld zu tun, die Information verweist auf einen bestimmten Wert, der durch sie benannt bzw. indiziert ist.

Geld in seiner heute gebräuchlichen Form reduziert sich so gesehen darauf, als Information auf etwas zu *verweisen*: Wesentlich ist es ein *Zeichen* für einen von ihm *geltend* gemachten, abstrakten Wert. Es *gilt* je das, was es zeigt: den quantitativen Wert, den es benennt. Das Sein und Wesen des Geldes erschöpft sich so gesehen darin, Wert zu *quantifizieren*, zu *bedeuten* und zu *gelten*, wie der Soziologe Ferdinand Tönnies (1855–1936) als einer der ersten deutschsprachigen Theoretiker des Geldes formulierte. Ähnliches erkannte auch der Philosoph und Soziologe Georg Simmel (1858–1915), der in seiner *Philosophie des Geldes* (1900) den Standpunkt vertrat, Geld sei wesentlich ein konkretes Symbol für den abstrakten ökonomischen Wert der Dinge: Der „Charakter des reinen Symbols der ökonomischen Werte" sei „das Ideal, dem die Entwicklung des Geldes zustrebt, ohne ihn je völlig zu erreichen".[95] Aber sein Abstraktionsgrad sei doch ausreichend hoch, um das Geld als ein perfektes, indifferentes und an keinen spezifischen Inhalt gebundenes Werkzeug für die Ökonomie zu nutzen, mit dessen Hilfe man restlos alles zur erwerbbaren oder verkäuflichen Ware konvertieren kann – eine höchst ambivalente Eigenschaft, wie Simmel meinte. In der *Philosophie des Geldes* notierte er:

> „Das Geld hat jene sehr positive Eigenschaft, die man mit dem negativen Begriffe der Charakterlosigkeit bezeichnet."[96]

[95] Simmel 1991 S. 181–182.

[96] Simmel, a. a. O., S. 273.

2.7.2 Währung. Die Magie des Geldes

Sofern das Geld einen abstrakten, quantitativen Wert bedeutet, der keinerlei Hinweis auf die Qualität von Waren oder Gütern gibt, eignet es sich zur Währung der gegenwärtigen Ökonomie. Erneut ist hier die deutsche Sprache aufschlussreich: Das Wort ‚Währung' steht nicht nur in enger phonetischer, sondern auch semantischer Nachbarschaft zu ‚Wahrheit': Was in einer Welt als Wahrheit gilt, das bewährt sich in der in dieser Welt in Geltung stehenden Währung. Die Wahrheit der gegenwärtigen Ökonomie, so sahen wir, ist das *Gestell*. Dessen Wesen ist das *Anwesen* und *Stellen* alles Seienden. Und die *Währung*, in der sich diese Wahrheit *bewährt*, ist das Geld, sofern es alles *stellt*: auf seinen Wert hin *feststellt* bzw. diesen Wert überhaupt erst *vorstellig* macht und sich damit zugleich über die Dinge *stellt*. Der vom Geld geltend gemachte abstrakte Wert verwandelt die Dinge in Waren; und zwar indem durchs Geld der Warenwert ans Licht gebracht wird. Die Währung des Geldes ist – um einmal mehr auf eine Formulierung von Martin Heidegger zurückzugreifen – ein *Lichten*: eine Lichtung, die den Wert der Dinge in die Anwesenheit lichtet und sie dadurch *als* Waren *gewahrbar* macht bzw. das Sein der Dinge *als* Ware lichtet. Im Lichte des Geldes bzw. infolge der Geld-Währung wird der Warenwert ge*wahr*bar und zugleich in der Anwesenheit seiner Geltung ver*wahrt*. So be*währt* sich im Geld das *Gestell* als die Wahrheit der Ökonomie, in deren Licht die Dinge lediglich in ihrer im Geldwert feststellbaren Verwertbarkeit ge*wahr*bar und ver*wahr*bar sind – und die sie ausschließlich als Ware wesen lässt.

Damit aber nicht genug. Wert, so sahen wir (s. Abschn. 2.4.2), ist oder hat dasjenige, was gewollt wird. Und je mehr es gewollt wird bzw. je schwieriger es zu erlangen ist, desto höher ist sein Wert. Mit gutem Grund sagte daher Georg Simmel, Dinge zu erwerben, sei nicht deshalb es schwierig, weil sie wertvoll sind, „sondern wir nennen diejenigen wertvoll, die unserer Begehrung, sie zu erlangen, Hemmnisse entgegensetzen."[97]

Das Gewollte ist nie gegenwärtig, sondern west im Zeitmodus der Zukunft. Selbst wenn es jetzt anwesend ist, richtet sich der Willen auf sein

---

[97] Simmel, a. a. O., S. 35.

bleibendes bzw. künftiges Anwesen. So gesehen ist der Warenwert, den das Geld zur Geltung bringt, immer von einer gewollten Zukunft aus gesetzt. Das Geld, das einen Warenwert bedeutet, ist nichts anderes als materialisierte Zukunft: in die Anwesenheit der Geltung gezwungener zukünftiger Wert. Wer sich Geld verschafft, verschafft sich deshalb niemals Gegenwart oder Vergangenheit: Er erwirbt sich durch das Geld im Hier und Jetzt eine Möglichkeit zur Zukunft, die er wollend bereits antizipiert.

Dieses zukünftige Wesen des Geldes verleiht ihm eine ungeheure Macht: die Macht des Kapitals, das als Kredit oder *venture capital* Zukunft verfügbar und erwerbbar macht bzw. das noch Abwesende bereits anwesen lässt, indem es eine bloß zukünftige Möglichkeit als gegenwärtig handelbaren Gegenstand *verwertet* bzw. der Wertschöpfung verfügbar macht. Das ist die eigentliche Magie des Geldes: dass es Möglichkeit in Wirklichkeit verwandelt, dass es Zukünftiges fest*stellt* oder vor*stellt*, dass es bloßes Potenzial als faktische Wirklichkeit zu *stellen* weiß. Geld ist das Mittel, das der maschinenhaften Ökonomie als zur monetären Ressource materialisierte Zeit zu*stellt*. Es ist das Lebensfluidum, das Elixier der großen Maschine, weil es die auf die Zukunft gerichteten menschlichen Bedürfnisse, Interessen, Begierden und Wünsche verwertbar macht.

Sein Vermögen, Werte, Zukunft und Willen des Menschen zu materialisieren, zu quantifizieren und zu verwerten verleiht dem Geld seine alchimistische Magie: Es *stellt* etwas in die Anwesenheit, das gar nicht wirklich anwest, sondern nur als Möglichkeit und Zukunft vorge*stellt* ist. Dieser Umstand, dass das Geld die Möglichkeit und Zukünftigkeit als Anwesendes geltend und verwertbar macht, dürfte der Grund dafür sein, dass seine Geschichte durch die Jahrtausende immer von Skepsis und Bedenken begleitet wurde: Dass etwas, das ein reines Mittel ist, zum Zweck geraten konnte; dass die blanke Möglichkeit als Wirklichkeit gehandelt werden kann; dass das Künftige in Gegenwart verwandelt wird – all das ahnten offenbar die Weisen früherer Hochkulturen, die sich entschieden dagegen aussprachen, Geld nicht nur als Medium zur Transformation von Dingen zu Waren zu verwenden, sondern es selbst als Ware zu Markte zu tragen.

Von dieser Skepsis zeugt vor allem das Zinsverbot der Religionen, ist der Zins doch das bewährteste und ursprünglichste Instrument der Geldwirtschaft, durch das sich Geld mit Geld verdienen lässt. So verbietet das jüdische Bundesbuch *Sefer ha-Berit* (Ex. 20,19–24,18) aus dem 10. und 9. Jahrhundert v. Chr. ausdrücklich den Zins bei Krediten an Arme. Und im Buch *Deuteronomium* heißt es ausdrücklich: „Du sollst von Deinen Volksgenossen keinen Zins nehmen, weder Zins für Geld, noch Zins für Speise, noch Zins für irgendetwas, was man leihen kann" (Dtn. 23,20). Da als „Volksgenossen" in diesem Text durchweg Juden bezeichnet wurden, leitete man aus diesem Wort und dem Folgesatz „Von einem Ausländer darfst du Zinsen nehmen …" ab, dass Geldgeschäfte von Juden gegenüber Nichtjuden religiös legitim seien. Islam und Christentum übernahmen das jüdische Zinsverbot. Unter Bezugnahme auf Lk. 6,35 forderten Johannes Chrysostomos (um 344–407) und Augustinus (354–430) einen völligen Zinsverzicht. Und Papst Leo der Große lehrte, des Geldes Zinsgewinn sei der Seele Tod. Zuletzt erklärte Karl der Große im Jahre 789 das kirchliche Zinsverbot zum weltlichen Gesetz.

Aber nicht nur die Religionen begegneten der Geldwirtschaft mit Argwohn. Auch Philosophen wie Platon und Aristoteles sprachen sich, wie wir noch sehen werden (s. Abschn. 3.7.3), entschieden gegen Kreditgeschäfte mit Zinsnahme aus.[98] Wobei es Aristoteles war, der ahnte, dass etwas nicht stimme, wenn Geld, das ursprünglich und wesentlich als reines Tauschmittel für den Warenverkehr gedacht war, selbst zur Ware konvertiert wird – und wenn Möglichkeit und Zukunft in Gestalt von Kapital gehandelt werden können.

In seiner *Philosophie des Geldes* hat Georg Simmel diese Dynamik minutiös beschrieben. Immer wieder betont er die Konsequenzen daraus, dass sich das Geld vom Mittel zum Zweck gewandelt hat. Diese Transformation habe zu einer Pseudoreligion geführt: Seien früher das Seelenheil oder auch nur die Befriedigung der Grundbedürfnisse die wichtigsten Ziele der Menschen gewesen, so sei in der Moderne das Geld zum höchsten, absoluten Wert aufgestiegen und werde mit nachgerade religiöser Inbrunst angebetet – und das, obwohl es völlig frei von jeder Qualität und jedem Sinn ist. Seine einzige Qualität sei seine Quantität. Und die entscheidende Frage laute immer nur: Wie viel?

---

[98] Platon in seinen *Nomoi* (Lg.742c-e) Aristoteles in seiner Abhandlung über die *Politik* (Pol. 1257a ff.).

2.7.3 Trance. Die Wirkung des Geldes

Als Währung *stellt* das Geld die Phänomene dieser Welt. Es *stellt* sie als Ware in die Anwesenheit und verwandelt sie zum nutz- und handelbaren Be*stand*. Die Wahrheit der Ware ist dabei ihr Wert, der im Geld gewahrt, bewahrt und verwahrt wird. Zugleich bewährt und gewährt das Geld den Wert der Phänomene und begründet darin die Wahrheit ihres Ware-Seins – bis dahin, dass das Geld sich selbst als Ware gewahrbar, verwahrbar und bewahrbar macht, sodass es in der Geldwirtschaft gehandelt werden kann. Das Geld entbirgt und verbirgt auf diese die Weise das *Gestell* als die Wahrheit der Wirtschaft. Es ermächtigt sie zum *Stellen* alles Seienden.

Das Wesen des Geldes gründet im Gelten. Nur sofern das Geld etwas gilt – nämlich den Wert, den es indiziert – vermag es die Wahrheit der Wirtschaft zu gewähren und das Seiende zu *stellen*. Worin aber gründet dieses Gelten? Wie kommt es, dass Geld als ein abstraktes, reines Zeichen gelten kann? Was verleiht dem Geld die Geltung, dank derer es als Währung waltet? Diese Fragen werden meistens nicht gestellt. Zu selbstverständlich scheint in einer vom ökonomischen Mindset beherrschten Welt, dass das Geld in Geltung steht und dass es hält, was es verspricht. Aber tatsächlich ist das keineswegs selbstverständlich – es muss nur selbstverständlich sein, denn die Geltung des Geldes verdankt sich gerade dem Umstand, dass sie nicht in Frage gestellt, sondern unbedacht vorausgesetzt wird. Das heißt: Die Geltung des Geldes – und damit die Wahrheit der Wirtschaft – verdankt sich einer kollektiven Trance. Sie verdankt sich einem blinden Fleck, der kaum je bedacht wird: dem blinden Vertrauen, das Menschen in ihr Geld setzen.

Dieses Vertrauen scheint grenzenlos. Niemand, der bei der Entgegennahme eines Geldscheines auch nur einen Augenblick lang Zweifel daran hegen würde, dass er mit diesem Stück Papier beim nächsten Einkauf bezahlen kann. Niemand, der auch nur auf die Idee käme, die Zahlen, die beim Online-Banking vor ihm auf dem Bildschirm flackern, seien keine verlässliche Information über sein Vermögen. Der Mensch der ökonomischen Moderne glaubt bedingungslos ans Geld – wenigstens bis zu dem Tag, an dem die Wirtschaft kollabiert oder irgendjemand Einflussreiches kommt und den Geldwert offiziell infrage stellt bzw. dem Geld das Vertrauen entzieht. Man kann mit einem einzigen Wort aus dem Munde eines Regierungschefs eine komplette Währung und die ihr zugehörige Volkswirtschaft in die Knie zwingen – wenn es einfach nur dazu führt, dass Menschen das Vertrauen in ihr Geld verlieren.

Tatsächlich ist Vertrauen die Währung hinter jeder Währung. Geld funktioniert nur, wenn ihm vertraut wird. Und wenn es infolge eines Vertrauensverlustes nicht mehr funktioniert, tritt sogleich das Vertrauen an seine Stelle: An dem Tag, an dem eine Währung entwertet wird, wird Ihr Bäcker Ihnen dennoch Ihre Brötchentüte überreichen, wenn er Ihnen vertraut und davon ausgehen kann, dass Sie irgendwann und irgendwie eine Gegenleistung erbringen werden. Ohne sein Vertrauen würden Sie jedoch leer ausgehen. Die eigentliche Währung menschlicher Interaktion ist so gesehen nicht das Geld, sondern das Vertrauen – denn die Geltung des Geldes speist sich allein aus ihm. Nur hat der Mensch der ökonomischen Moderne, der *Homo Oeconomicus*, diese unscheinbare Tatsache vergessen. Bei Lichte besehen, lebt er in einer Trance – einer Trance infolge einer Überhelle der vom Geld gelichteten Warenwelt.

Alles scheint in dieser Welt verfügbar, greifbar, konsumierbar. Alles kann erworben und verkauft werden, alles kann quantifiziert und berechnet werden. Alles ist mit Hilfe des Geldes immer und überall auf dem Markt anwesend, alles einge*stellt*, herge*stellt*, bereitge*stellt*, aufge*stellt*. Alles ist als Ware gewahrbar, der Wert von allem im Geldwert bewahrbar und verwahrbar. Alles ist ge*stellt* – allein das Menschliche, das alles trägt und hält, bleibt sonderbar ver*stellt*: das Vertrauen. Das heißt: Das alles stellenden Geld verstellt die humanen Voraussetzungen, ohne die es nicht bestehen kann. Es ist nicht nur das Medium, das die Maschine der globalen Ökonomie in Schwung hält – es ist zugleich ein Sedativum, das die Menschen in eine kollektive Trance versetzt. Auf dieser Trance beruht zuletzt die ganze Wirtschaft. Ihre Lichtung ist absolut: In ihrem grellen Licht wird alles zur Ware. Kaum mehr irgendwo ein Schattenplatz, worin die Dinge losgelöst von ihrem Markt- und Warenwert vor sich hindösen könnten. Alles wird vom Geld ins Licht der Warenförmigkeit gerückt. Die vom Geld entborgene Lichtung der Wirtschaft ist eine Wüste, in der das Menschliche verdorrt: das Vertrauen, ausgerechnet das, worin das

Wesen des Geldes gründet. Wo das Geld total wird – in der Welt des *Homo Oeconomicus* von heute – gräbt es sich am Ende selbst das Wasser ab.

Gleichzeitig lässt das Geld das Menschliche verflachen. Die vom Geld gelichtete globale Lichtung der Ökonomie hat einen Raum der totalen Quantifizierung und Monetarisierung erschlossen, in dem alles nur noch als geldwerter Bestand vorstellig gemacht und gewahrt werden kann. Dadurch verwandelt die monetäre Lichtung die Welt in einen Totraum. Auch das hatte schon Simmel gesehen. Er bemerkt einmal, dass das Geld den Menschen der Moderne zwar eine enorme Dynamik und Freiheit des Handels und Konsums ermöglicht, zugleich aber auch ein beispielloses existenzielles Vakuum bewirkt habe. Anstatt Sinn zu erfahren und Erfüllung in Kultur und menschlichem Miteinander zu finden, verspreche sich der moderne Mensch sein Glück ausschließlich von Gelderwerb und Konsum. Er begnügt sich mit dem Besitz von materialisierter Möglichkeit und verliert dadurch die Wirklichkeit des Geistigen und Seelischen. Er kauft und verkauft in einer permanenten Trance, die ihn entwurzelt und um seine eigentliche Lebendigkeit betrügt. Zuletzt, so Simmel, erscheine die Welt nur noch als eine einzige Rechenaufgabe, von deren Lösung sich der *Homo Oeconomicus* irgendeine Art von Sinn verspricht, obgleich er selbst ihn längst nicht mehr versteht.

Die Digitalisierung wird diesen Trend verstärken. Sie ist nichts anderes als die totale Maschinisierung der Welt, das Projekt der totalen Herrschaft des *Gestells*, die alle Phänomene zur Ware und zuletzt den von ihr programmierten *Homo Oeconomicus* selbst zum *Gestell* konvertiert. Spätestens dann, wenn wir verdutzt feststellen, dass wir zur Maschine geworden sind, werden wir aus der Trance erwachen und erkennen müssen, dass die Währung des Geldes eine Wahrheit generiert hat, in der das Leben *unwahr* wurde. Oder besser gesagt: Wir werden erkennen müssen, dass *die vermeintliche Wahrheit der Wirtschaft die Unwahrheit des Lebens ist.*

Die Frage ist, ob wir uns damit abfinden wollen.

Literatur[99]

Adams, John: III. Thoughts on Government [1776]. In: The Adams Papers. Papers of John Adams, vol. 4, *February–August 1776,* ed. Robert J. Taylor. Cambridge MA 1979, 86–93. April 1776. Zitiert nach: Founders Online, National Archives, https://founders.archives.gov/documents/Adams/06-04-02-0026-0004 (01.09.2025).

Aristoteles: Metaphysik, gr.-dt.. Übers. v. Hermann Bonitz, hg. v. Horst SeidlHamburg ²1984. Abk. Met.

Aristoteles: Politik. Übers. u. hg. v. Olof Gigon, München 1973. Abk. Pol.

Aurelius Augustinus: Vom Gottesstaat (De Civitate Dei) in 2 Bd., München ³1991.

Bacon, Francis: Neues Organon [1620], Berlin 1870.

Bentham, Jeremy: Eine Einführung in die Prinzipien der Moral und der Gesetzgebung. In: Otfried Höffe (Hg.): Einführung in die utilitaristische Ethik, München 1975, 35–58.

Berwanger, Jörg: Unternehmen. In: Gabler Wirtschaftslexikon, 2019. https://wirtschaftslexikon.gabler.de/definition/unternehmen-48087 (01.09.2025).

Cantillon, Richard: Essai sur la nature du commerce en général [1755]. Français modernisé par Stéphane Couvreur, Paris 2011. https://www.institutcoppet.org/wp-content/uploads/2011/12/Essai-sur-la-nature-du-commerce-en-gener-Richard-Cantillon.pdf (01.09.2025).

Carlen, Joe: A Brief History of Entrepreneurship. The Pioneers, Profiteers, and Racketeers Who Shaped Our World. New York 2016.

Darwin, Charles: Über die Entstehung der Arten durch natürliche Zuchtwahl oder die Erhaltung der begüngstigten Rassen im Kampfe um's Dasein. Übers. v. H.G. Bronn, durchges. u. berichtigt v. J. Victor Carus, Stuttgart 1876. https://darwin-online.org.uk/content/frameset?itemID=F677&viewtype=side&pageseq=111 (01.09.2025).

Descartes, René: Discours de la Methode / Von der Methode [1637]. Übers. u. hg. v. Lüder Gäbe, Hamburg 1960.

Descartes, René: Meditationen über die Grundlagen der Philosophie [1647]. Hg. v. Lüder Gäber, durchges. v. Hans Günter Zekl, Hamburg 1959.

Dihle, Albrecht: Die Vorstellung vom Willen in der Antike, Göttingen 1985.

[99] Anmerkung: Die Übersetzungen von Zitaten aus dem Griechischen folgen den im Literaturverzeichnis aufgeführten Textausgaben, sind jedoch teilweise vom Autor um der besseren Verständlichkeit willen verbessert worden. Die griechischen Textbelege folgen den Editionen auf www.perseus.tufts.edu/hopper/.

Euchner, Walter: Versuch über Mandevilles Bienenfabel. In: Bernard de Mandeville: Die Bienenfabel, Frankfurt/M 2014, 7–56.

Gehlen, Arnold: Der Mensch. Seine Natur und seine Stellung in der Welt [1940]. Hg. von Karl-Siegbert Rehberg, Frankfurt/M 2016.

Gossen, Hermann Heinrich: Entwicklung der Gesetze des menschlichen Verkehrs und der daraus fließenden Regeln für das menschliche Handeln, Braunschweig 1854.

Hanusch, Horst/Kuhn, Thomas: Einführung in die Volkswirtschaftslehre, Heidelberg 1998.

Hayek, Friedrich: Dr Bernard Mandeville, Lecture on a Master Mind. In: Proceedings of the British Academy 1967.

Hegel, Georg Wilhelm Friedrich: Grundlinien der Philosophie des Rechts [1821]. Werke Bd. 7, Frankfurt/M 1986.

Heidegger, Martin: Die Frage nach der Technik [1953], in: Ders.: Vorträge und Aufsätze Teil 1, Pfullingen [3]1967.

Herder, Johann Gottfried: Abhandlung über den Ursprung der Sprache [1770]. Hg. v. Hans Dietrich Irmscher, Stuttgart 2002.

Hobbes, Thomas: De Cive / Vom Bürger [1642], lat.-dt.. Übers. v. Andree Hahmann, Stuttgart 2017.

Hobbes, Thomas: Leviathan Teil 1 + 2 [1651]. Übers. v. Jacob P. Mayer, Stuttgart 1970.

Höffe, Otfried: Lexikon der Ethik, München [2]1980.

Horkheimer, Max: Zur Kritik der instrumentellen Vernunft. Aus den Vorträgen und Aufzeichnungen seit Kriegsende. Hg. v. Alfred Schmidt, Frankfurt/M 1986.

Hügli, Anton: Wert. In: Joachim Ritter u.a. (Hg.): Historisches Wörterbuch der Philosophie, Bd. 12, Basel 2004, 557–583.

Ingram, John Kells: A History of Political Economy [1887], London [2]1907.

Kant, Immanuel: Grundlegung zur Metaphysik der Sitten, in: Werkausgabe Bd. VII. Hg. v. Wilhelm Weischedel, Frankfurt/M 1974.

Kenner, Hugh: Von Pope zu Pop, Hamburg 1995.

La Mettrie, Julien Offray de: Der Mensch eine Maschine [1748]. Hg. v. Theodor Lücke, Stuttgart 2001.

Lassalle, Ferdinand: Arbeiter-Lesebuch. In: Lasalles Gesamtwerke Bd. 2. Hg. v. Erich Blum, Leipzig 1899–1901.

Leibniz, Gottfried Wilhelm: Monadologie,. In: Ders.: Vernunftprinzipien der Natur und der Gnade / Monadologie, fr.-dt., Hamburg 1982.

Locke, John: Über die Regierung / The second Treatise on Government [1690]. Hg. v. Peter Cornelius Mayer-Tasch, Stuttgart 1974.
Malthus, Thomas Robert: An Essay on the Principle of Population [1798], Cambridge 1992.
Mandeville, Bernard de: Die Bienenfabel. Hg. v. Walter Euchner, Frankfurt/M 2014.
Marx, Karl: Das Kapital, Bd. 1, Berlin 1960.
Meadows, Dennis et al.: Die Grenzen des Wachstums. Bericht des Club of Rome zur Lage der Menschheit, Stuttgart 1972.
Mill, John Stuart: Der Utilitarismus [1871]. Übers. v. Dieter Birnbacher, Stuttgart 1976.
Nietzsche, Friedrich: Die fröhliche Wissenschaft [1882]. In: Kritische Studienausgabe. Bd. 3 (KSA 3). Hg. von Giorgio Colli und Mazzino Montinari, München 1988a, S. 434–638.
Nietzsche, Friedrich: Jenseits von Gut und Böse [1886]. In: Kritische Studienausgabe. Bd. 5 (KSA 5). Hg. von Giorgio Colli und Mazzino Montinari, München 1988b, S. 9–244.
Nietzsche, Friedrich: Zur Genealogie der Moral [1887]. In: Kritische Studienausgabe. Bd. 5 (KSA 5). Hg. von Giorgio Colli und Mazzino Montinari, München 1988c, S. 245–412.
Pareto, Manfredo: Manuale di Economia Politica [1906], Milano 1919.
Pico della Mirandola, Giovanni: De hominis dignitate / Über die Würde des Menschen [1484]. Lat.-dt., übers. von Norbert Baumgarten, hg. v. August Buck, Hamburg 1990.
Platon: Nomoi (Gesetze). Werke in 8 Bänden, gr.-dt. Bd. 8/1 und 8/2. Hg. v. Gunther Eigler, Darmstadt 1990. (Abk. Lg.)
Robbins, Lionel: An Essay on the Nature and Significance of Economic Science, London [2]2014.
Rousseau, Jean Jacques: Vom Gesellschaftsvertrag [1762]. Neu übers. und hg. v. Hans Brockard, Stuttgart 1977.
Savary des Brûlons, Jacques: Dictionnaire universel de commerce, 4 Bd., Genf 1742–1751.
Say, Jean-Baptiste: Traité d'économie politique ou Simple exposition de la manière dont se forment, se distribuent et se consomment les richesses [1803], Paris 2011. https://www.institutcoppet.org/wp-content/uploads/2011/12/Traite-deconomie-politique-Jean-Baptiste-Say.pdf (01.09.2025).
Schirrmacher, Frank: Ego: Das Spiel des Lebens, München 2013.

Simmel, Georg: Philosophie des Geldes. In: Ders.: Gesamtausgabe Bd. 6. Hg. v. Otthein Rammstedt, Frankfurt/M 1991.
Smith, Adam: Wohlstand der Nationen. Nach der Übers. v. Max Stirner. Hg. v. Heinrich Schmidt, Köln 2009.
Spinoza, Baruch de: Brief 71, in: Ders.: Briefwechsel, Hamburg 1986.
Spinoza, Baruch de: Die Ethik lt.-dt.. Übers. v. Jakob Stern, Stuttgart 1977.
Spranger, Eduard: Lebensformen. Geisteswissenschaftliche Psychologie und Ethik der Persönlichkeit, Tübingen [8]1950.
Walras, Léon: Eléments de l'économie pure ou théorie de la richesse sociale, Paris 1952.
Weber, Andreas: Enlivement. Towards a fundamental shift in the concepts of nature, culture and politics. Heinrich Böll Stiftung Publication Series Ecology, Vol. 31, Berlin 2013. http://autor-andreas-weber.de/downloads/Enlivenment_web.pdf (01.09.2025).
Weber, Max: Wirtschaft und Gesellschaft. Grundriss der Sozialökonomik, III. Abteilung, Tübingen 1922.
Woll, Artur: Homo Oeconomicus, in: Gablers Wirtschaftslexikon 2021. https://wirtschaftslexikon.gabler.de/definition/homo-oeconomicus-34752 (01.09.2025).

Weiterführende Literatur

Hoffmann, Thomas Sören: Wirtschaftsphilosophie, Darmstadt 2009.
Kurz, Heinz D.: Geschichte des ökonomischen Denkens, München 2013.
Kocka, Jürgen: Geschichte des Kapitalismus, München 2013.
Diekmann, Andreas: Spieltheorie. Einführung, Beispiele, Experimente, Reinbek b. Hamburg [4]2016.
Linß, Vera: Die wichtigsten Wirtschaftsdenker, Wiesbaden 2014.
Kurz, Heinz D. (Hg.): Klassiker des ökonomischen Denkens, München 2009.

3

Haus. Das Paradigma der antiken griechischen Wirtschaft

Die neuzeitliche Wirtschaft hält sich im Paradigma der Maschine bzw. des Gestells. Sie hat eine Wahrheit generiert, in deren Licht die Welt nur noch als Ware und der Mensch als warenförmige Maschine gewahrt oder bewahrt werden kann. Indem die neuzeitliche Wirtschaft solcherart die Phänomene der Welt fest*stellt*, ver*stellt* sie die Dynamik des Lebens und generiert zunehmend Toträume: verschmutzte Meere, verbrannte Wälder, eine kontaminierte Luft und zerrüttete Seelen. Eine Welt, in der nur noch das, was von der Wirtschaft als Ware auf den Markt ge*stellt* und durch das Geld in seinem Wert fest*gestellt* wird, als wahrhaft seiend gilt, läuft Gefahr, alles Nichtquantifizierbare, Nichtstellbare, Nichtverwertbare als Nichtseiendes abzutun, aus dem Blick zu verlieren und unbemerkt zu vernichten. Das wird dann dramatisch, wenn das solcherart ins Abwesen Gezwungene die *conditio sine qua non* dessen ist, was allein als wahrhaft Seiendes gilt: das Leben, die Natur, die menschliche Lebendigkeit. Genau dieses Drama spielt sich vor unseren Augen zu Beginn des 21. Jahrhunderts ab: die totale Ökonomisierung der Welt, die durch die totale Maschinisierung der Wirtschaft alle Lebensbereiche kolonisiert und ihren funktionalistischen Imperativen unterworfen hat. Die gigantische Maschine der Weltwirtschaft gestaltet den Menschen konsequent

C. Quarch, *Wahre Wirtschaft*, https://doi.org/10.1007/978-3-662-72742-3_3

nach ihrem Bilde: zum *Homo Oeconomicus*, der derzeit im Begriff steht, sich zu einer funktionalen, effizienten, produktiven und vor allem profitablen Wertschöpfungsmaschine zu optimieren. Neue Technologien kommen ihm dabei zupass. Es steht zu erwarten, dass er sich binnen weniger Jahre zu einem hochfunktionalen, technisch optimierten Algorithmus in einem KI-gesteuerten globalen Supercomputer transformiert haben wird. Er wird dann blendend funktionieren – aber nicht mehr wissen, was es heißt, als Mensch lebendig zu sein. Der Omega-Punkt der Dynamik des ökonomisch-technischen Programms der Neuzeit ist ein nach Maßgabe des ökonomischen Liberalismus perfekter, aber seelenloser ökonomischer Agent; ein funktionaler Produzent und Konsument, der nicht mehr weiß, warum er produziert und konsumiert – und deshalb umso verzweifelter immer weiter produzieren und konsumieren muss.

Das Drama der neuzeitlichen Wirtschaft ist ihre Abkoppelung vom natürlichen Leben. Die lebendige Welt ist aus ihrer Sicht *unwesentlich*. Sie ist unwahr, abwesend, entzieht sich dem Gewahren und Bewahren des *Homo Oeconomicus*. Sie ist ihm kein wahrhaft Seiendes, denn Sein ist für sie gleichbedeutend mit Geldwert, Vermarktbarkeit und Warenförmigkeit. Wahr und wesentlich ist ihm nur, was auf dem Markt als Ware anwest. Dieses Mindset führt dazu, dass in einer vollkommen ökonomisch kolonisierten Welt das Leben *verwest*. Man muss wissen, dass der Preis der totalen Ökonomisierung das Leben selbst sein wird. Die neuzeitliche Wirtschaft dient dem Leben durchaus nicht.

Dieser Satz gilt für die *neuzeitliche* Wirtschaft im Besonderen – nicht für *die* Wirtschaft im Allgemeinen. Er gilt für eine Wirtschaft, die von der spezifischen geistigen Matrix durchwaltet ist, deren Genese wir im ersten Teil dieser Abhandlung bis an ihre Quellen in der abrahamitischen Religion und der aristotelischen Ontologie hinein verfolgt haben. Nun gilt es, den Nachweis zu erbringen, dass Wirtschaft auch anders organisiert und operationalisiert werden kann: dass ein anderes Wirtschaften – ein Wirtschaften im Dienst des Lebens – möglich ist bzw. möglich war. Deshalb wenden wir uns nun einer anderen Epoche und Kultur zu. Nicht einer der westlichen Neuzeit entgegengesetzten, ihr völlig fernen Kultur wie der des alten Ägyptens oder mancher indigenen Ethnien. Nein, wir richten unsere Aufmerksamkeit auf den Mutterboden der neuzeitlichen Welt: auf die griechische Antike, die in vielerlei Hinsicht anders tickte als die Gegenwart, und in der viele nicht entfaltete Potenziale schlummern, an die heutige Diskurse anknüpfen können. Dies soll nun geschehen, indem wir das Wesen der antiken griechischen Wirtschaft erkunden.

Das griechische Wort für Wirtschaft lautet οἰκονομία (*oikonomía*). Es ist ein Kompositum aus οἶκος (*oíkos*) und νόμος (*nómos*) – und bedeutet so viel wie: die Ordnung des Hauses. Von *oikonomía* leitet sich unser Wort ‚Ökonomie' ab. Die alten Griechen kannten also offenbar bereits so etwas wie ökonomisches Handeln und Denken. Jedenfalls verwendeten sie dafür dasselbe Wort wie wir. Die griechische Ökonomie kann mithin als ein früher Vorläufer der heute global installierten Wirtschaftsordnung des Planeten gelten. So könnte man meinen – und würde damit in die Irre gehen.

Sicher gibt es eine Nähe und Verwandtschaft zwischen der neuzeitlichen Ökonomie und dem, was man im alten Griechenland als *oikonomía* kannte. Aber es wäre irrtümlich zu glauben, man könne dem antiken Verständnis des Wirtschaftens beikommen, wenn man das, was man heute als Wirtschaft kennt, unreflektiert als Deutungsschlüssel voraussetzte. Mit dem heutigen, vom Liberalismus und Neoliberalismus geprägten ökonomischen Denken wird man dem antiken Wirtschaften nicht nur nicht gerecht, sondern man beraubt sich der Möglichkeit, die antike Ökonomie als inspirierende Kontrastfolie zu dem zu nutzen, was heute als Weltwirtschaft aus dem Ruder läuft. Will man eine echte Disruption – eine schöpferische Zerstörung – des ökonomischen Mindsets unserer Tage, kann man nichts Besseres tun, als sich dem Geist der alten Griechen zuzuwenden. Er ist eine Quelle, aus der schöpfen kann, wer einen Neubeginn zu denken wagt.

Um den griechischen Geist zu verstehen, müssen wir griechisch denken lernen. Das aber wird nur gelingen, wenn wir uns von allen neuzeitlichen Konzepten und Interpretationsmustern freimachen und uns vorurteilsfrei auf die Zeugnisse der griechischen Kultur einlassen. Alle Ideen einer Evolution des Bewusstseins oder fortschreitenden „Phänomenologie des Geistes", die das Frühere nur als das Primitivere kennen, sollten ausgeblendet werden, wenn man sich der Quelle des antiken Geistes nähert. Anderenfalls hat man sie schon verschmutzt, bevor man den ersten Schluck aus ihr genommen hat. Dann aber wird ausbleiben, was sie in Aussicht stellt: Frische, Erneuerung, Inspiration, Ursprünglichkeit, Begeisterung – alles, was wir heute brauchen, um den Aporien des modernen Wirtschaftens und Lebens etwas Fruchtbares entgegenzusetzen. Wir müssen weit in die Vergangenheit zurück, um Schwung zu holen für ein echtes Fortkommen in der Geschichte. Die von uns im Zeitalter des Klimawandels dringend benötigte geistige Disruption wird nur dann zu einem fruchtbaren Neuanfang gereichen, wenn sie unterfüttert ist mit ältester, bewährter und bewahrheiteter Menschenweisheit – wie sie sich im Schatzhaus des antiken Geistes reichlich finden lässt.

Der Mensch der griechischen Antike gewahrte sich und die Welt auf grundlegend andere Weise als der Mensch der europäischen Neuzeit. Wie sehr er anders dachte, fühlte, handelte und lebte, bezeugt die Sprache der antiken Griechen, die nicht nur ein anderes Empfinden der Zeit bezeugt, sondern auch ein anderes Lebensgefühl, Bewusstsein und Selbstverständnis. So sieht sich der Sprecher der griechischen Sprache nicht wie der neuzeitliche Mensch als selbstständiges Subjekt, das sich *aktiv* in der Welt verhält oder im *Passiv* etwas von der Welt erleidet – sondern er versprachlicht sich zudem in einer eigenen Verbform namens *Medium*, um auszudrücken, dass das Leben sich in vielen Fällen als Geflecht aus eigenem Tun und eigenem Widerfahren zuträgt: etwas, das die deutsche Sprache nur mit Hilfe des Verbums *lassen* auszudrücken vermag. Allein durch eine solche vermeintliche Nebensächlichkeit bekundet das antike Griechisch, dass die Menschen, die es sprachen, sich nicht als das rationale, wollende und autonome Subjekt der Moderne deuteten – und dass jeder Versuch, sich den antiken Geist mit dem Paradigma der Neuzeit anzueignen, unabdingbar zum Scheitern verurteilt ist und in der Regel nur absurde Anachronismen zeitigt.[1]

Im antiken Griechentum – bezeugt durch seine Sprache, seinen Mythos, seine Kunst, Literatur und Poesie – waltete eine andere *Wahrheit* als in der Welt des christlich geprägten Abendlandes. Martin Heidegger hat uns gelehrt, im Wort *Wahrheit* das zu hören, was das mit ihm übersetzte griechische Wort *alētheia* (ἀλήθεια) zur Sprache bringt[2]: *Un-* (= α) *Verborgenheit* (= ληθεια, von ληθη = *Verbergen, Vergessen*; manchen bekannt von den *Wassern der Lethe*, die überqueren musste, wer in die Totenwelt

[1] Dazu: Marcolongo 2018.

[2] Heidegger 1978, S. 186.

eintrat). Wahrheit ist nach dieser Deutung die Weise des Entborgen-Seins, die darüber entscheidet, *wie* das Sein der Welt dem Menschen allererst gewahrbar ist: wie das Seiende gewahrt, bewahrt, verwahrt und wahrgenommen werden kann. Heidegger sprach von der Wahrheit deshalb auch als einer *Lichtung*: einem freien Raum, in dem sich etwas zeigen kann – in dem es dem Menschen möglich ist, sich überhaupt zur Welt und auch zu sich und seinesgleichen zu verhalten.[3]

Die Metapher der *Lichtung* hilft uns zu verstehen, was gemeint ist, wenn es heißt, im alten Griechentum habe eine andere Wahrheit gewaltet als in der Welt der abendländischen Neuzeit: das Licht, worin dem Griechen sich das Sein erschloss, war anders und ließ anderes erscheinen als das Licht, das uns als Menschen der Moderne selbstverständlich ist. Wenn wir Texte der Antike auf die Lichtung *unseres* Denkens zerren, werden wir sie ihrer Kraft berauben, uns von einer anderen Welt zu künden und auf diese Weise unseren Horizont zu weiten. Wenn wir uns jedoch von ihnen auf die Lichtung des antiken Geistes locken lassen, werden wir die Welt mit neuen Augen sehen lernen. Dann haben wir die Chance, sie im Glanze einer anderen Wahrheit zu gewahren, die uns in die Lage versetzen wird, unseren festen Glauben an die Selbstverständlichkeit der uns vertrauten Welt hinter uns zu lassen und den Weg für die allfällige Transformation unseres Wirtschaftens freizumachen.

Denn eben das wird auf der Lichtung des antiken Geistes deutlich werden: Das, was uns als Wesen des Wirtschaftens selbstverständlich scheint und in der Regel unbefragt und unbezweifelt vorausgesetzt wird, ist ein schwankendes und wackliges Gestell, in dem sich das Leben nicht nachhaltig und dauerhaft entfalten, nicht erblühen, nicht gedeihen kann. So gesehen ist der Rückgang auf die Lichtung des antiken Geistes und das Eintauchen in seine gänzlich andere Wahrheit nichts anderes als der erste Schritt zu einer fruchtbaren Transformation des Denkens – einer Transformation, die nicht wie die Programme so vieler zeitgenössischer Propheten und Propagandisten auf den flüchtigen Willen zur Veränderung gebaut ist, sondern die in einer Auslegung der Welt verwurzelt ist, die fest in deren Sein gründet: einer Auslegung des Seins, die eine bei-

[3] Besonders prägnant in: Heidegger 1980, S. 36–42.

spiellose kulturelle Blüte möglich machte und der sich beinahe alles verdankt, was die europäische Kultur an Positivem aufzuweisen hat.

Welche Wahrheit waltete im alten Griechenland? Wie gewahrte man im alten Griechenland das Sein der Welt? Wie sah sich der Mensch und wie erfuhr er seine Welt auf der vom Geist des Griechentums und seiner Sprache geöffneten Lichtung? In welchem Lichte offenbarte sich das Sein und Werden aller Dinge?

3.1 Sein. Die Lichtung des griechischen Geistes

Die Urintuition des griechischen Geistes war in Stein gemeißelt: eingraviert in die Wand der Vorhalle des großen Tempels zu Delphi, der dem Gott Apollon geweiht war, in dem jedoch zugleich auch dessen Halbbruder Dionysos gehuldigt wurde. Dort, im Adyton des Tempels, residierte das berühmteste Orakel der antiken Welt. Dorthin zog, wer immer Rat und Weisung suchte. Ob aus Lydien, Ägypten, aus Phönizien oder der Magna Graeca in Italiens Süden: Von überall kamen die Pilger und machten Delphi zu dem, was es nach einem alten Mythos zu sein beanspruchte: zum Nabel der Welt. Wollte man zur Pythia – der Orakelpriesterin – vorgelassen werden, kam man nicht umhin, die eingravierten Worte in der Vorhalle des Tempels zu lesen: ΓΝΩΘΙ ΣΑΥΤΟΝ (*Gnōthi sauton*), Ε (*e*) und ΜΗΔΕΝ ΑΓΑΝ (*Mēden agan*) – *Erkenne dich selbst!*, *Sei!* und *Nichts im Übermaß!* Diese Worte, deren Urheberschaft man dem Apollon selber zusprach, küssten den Geist der Griechen wach.

Die Weise, wie man dem *Gnōthi sauton* zu entsprechen suchte, war jedoch ganz anders als dasjenige, was neuzeitliche Menschen aus ihnen zu hören glauben. Man verstand sie nicht als Einladung zur Nabelschau oder Introspektion. Sie galten nicht als Aufforderung, den eigenen Willen zu ergründen oder die eigene Psyche zu durchforsten. Der Appell zur Selbsterkenntnis kam von einem Gott – und man las ihn so, dass sich der Mensch im Gegenüber zum Gott als das erkennen solle, was er wesentlich ist: ein sterbliches Wesen, eingebunden in das große Netz des Lebens, rückgebunden an das Sein, das sich hier, im Tempel des Apollon, in

Gestalt der Gottheit offenbarte; zugehörig zum Großen und Ganzen, das die Griechen κόσμος (*kósmos)* nannten.

In die Welt und nicht ins Innere schauten die antiken Griechen, um dem göttlichen Appell zur Selbsterkenntnis zu genügen Sie blickten in den *kósmos*, um im Außen zu erkennen, was der Mensch in seinem Inneren ist. Sie ergründeten das Sein und Wesen des Menschen, indem sie das Sein und Wesen des *kósmos* erforschten. Sie fragten, was es heißt zu *sein*. Und sie taten dies, weil sie auf diese Weise dem zweiten delphischen Wort Apollons, dem *E* beizukommen hofften: zu *sein* – als Mensch *wahrhaft* und *wesentlich* zu *sein*, dem Wesen des Menschen zu entsprechen, angemessen und nicht maßlos und vermessen auf Erden zu wandeln. Was erforderlich machte, dann auch dem dritten der genannten Worte zu antworten, indem man seine Verantwortung darin erkennt, das Maß des Lebens zu achten und auf diese Weise wesentlich ein Mensch zu sein: *mēden agan* – nichts im Übermaß.

Selbsterkenntnis, wahrhaft Mensch sein und das Maß des Lebens achten: Dieser Dreiklang ist der Grundakkord der Melodie und Matrix des antiken Geistes. Er ist der griechischen Philosophie ebenso eingezeichnet wie der griechischen Kunst, der griechischen Politik und der griechischen Ökonomie. Überall und immer ging es den Griechen der Antike darum, dem Maß des Lebens zu genügen: einem Maß, das ihnen, anders als in den abrahamitischen Religionen, nicht ein allmächtiger Gott auferlegt hatte, um sie zu maßregeln; sondern das eigenständig zu erkennen ihnen ein Gott wie Apollon nahelegte, um ihnen ein maßvolles und ihrem Wesen angemessenes Leben zu ermöglichen – rückgebunden nicht an den heiligen *Willen* eines allmächtigen Gottes, sondern an das heilige *Sein* dieser Welt.

3.1.1 *Kosmos*. Die schöne Ordnung allen Seins

Die Welt erschien dem Menschen als *kósmos* – ein Wort, das heute noch geläufig ist. Wir kennen es als Synonym für ‚Universum' oder ‚Weltall'. Ebenfalls bekannt ist es aus Worten wie ‚Kosmologie' oder ‚Kosmetik'. Beide haben es mit dem zu tun, was man auf Griechisch *kósmos* nannte, und was seinem Ursprung nach nichts anderes bedeutet als ‚schöne Ordnung', ‚Schmuck' oder ‚Pracht'. Ebenso erschloss sich die Welt im Ganzen dem Geist der Griechen: als eine schöne, stimmige, bejahenswerte Ordnung. Keiner der antiken Denker hat dieses Erleben so prägnant versprachlicht wie der Philosoph Platon in seinem Dialog *Timaios*. Dort lässt er am Ende dieses langen und verschlungenen Textes den Titelhelden sagen:

> „Dieser unser Kosmos ist ein sinnlich wahrnehmbares göttliches Lebewesen (θεὸς αἰσθητός – *theòs aisthētós*), das größte und beste, schönste und vollkommenste – dieser unser einziger und einzigartiger Himmel."[4]

Damit ist die Urintuition des griechischen Geistes zur Sprache gebracht. Der Mensch der griechischen Antike sah sich inmitten einer Welt, in der Schönheit waltete und weste. Die Welt erschien ihm sinnvoll und lebendig. Ja, das Sein der Welt war gar nichts anderes als die im *kósmos* manifeste sinnvolle, vollkommen Lebendigkeit, deren schönstes Bildnis der gestirnte Himmel einer mediterranen Nacht war.

Hier sind wir weit entfernt von dem uns vertrauten Mindset des vom Christentum geprägten neuzeitlichen Menschen. Übermittelt durch Jahrhunderte schwingt immer noch in unseren Köpfen eine Saite nach, die einstmals der Apostel Paulus anschlug, der nicht müde wurde, in seinen Briefen an die Römer oder die Korinther *diese Welt* (*touton ton kósmon*) als Chiffre alles Schlechten und Verderbten zu verurteilen. Solches wäre einem Griechen der frühen Antike nicht in den Sinn gekommen. Auch deshalb nicht, weil ihm der *kósmos* nicht als das Produkt eines allmächtigen Schöpfergottes erschien, sondern selbst als eine Gottheit – als ein „seliger Gott", wie Platon im *Timaios* sagte.[5]

Der *kósmos* war den Griechen heilig – heilig in dem Sinne, dass sie ihn als den Raum des Erscheinens des Göttlichen bzw. der Götter deuteten. Denn die Götter waren es, die in der Urintuition der griechischen Weltwahrnehmung aus dem Verborgenen auf die Lichtung traten und in deren Erscheinen sich das Licht der Wahrheit bündelte und strahlte. Einen Nachhall dieses Weltgewahrens finden wir in einem Wort des äl-

---

[4] Platon Ti. 92c.

[5] Platon Ti. 34b.

testen und ersten der griechischen Philosophen, Thales von Milet (624–544). Er, so lässt uns der spätantike Philosophiehistoriker Diogenes Laertius (ca. 3. Jhdt.) wissen, habe behauptet, der ganze Kosmos „sei beseelt und voller Gottheiten".[6] Und sowohl Platon als auch Aristoteles zitieren ein geflügeltes Wort des Thales, das da lautet:

> „Πάντα πλέρη θεῶν – *pánta plérē theōn.* Alles ist voller Götter."[7]

Diese Worte sind eine extrem verdichtete Formulierung des griechischen Geistes und des in ihm waltenden Wesens der Wahrheit: Im offenen Raum des Erscheinens, auf der Lichtung des Seins, offenbart sich dem griechischen Gewahren eine schöne, stimmige und bejahenswerte Ordnung, die wegen ihrer Sinnhaftigkeit das Prädikat „göttlich" verdient. Diese schöne Ordnung, dieser *kósmos* ist nicht, wie im abrahamitischen Mythos, von einem Schöpfergott geschaffen, sondern der *kósmos* west und waltet ewig. So bemerkt der Philosoph Heraklit (545–475 v. Chr.):

> „Diesen Kosmos (*kósmos*), derselbe in allem, hat nicht der Götter einer noch der Menschen einer geschaffen, sondern er war immer und ist und wird sein: ewiglebendes Feuer, aufflammend nach Maßen und verlöschend nach Maßen."[8]

Verstehen wir das „ewiglebende Feuer" als zeitlose Energie, dann sagt dieses Fragment des Heraklit, der *kósmos* sei nichts anderes als ein immerwährendes Kommen und Gehen von Energie – ein durchaus nicht chaotischer, sondern maßvoll, geordneter Prozess, in den eingeflochten oder eingebettet sowohl die Menschen als auch die Götter walten: nicht als Schöpfer der Welt (wie der abrahamitische Mythos von Gott behauptet) und auch nicht als „Herren und Meister der Natur" (wie der neuzeitliche

---

[6] Diogenes Laertius 2015, I,27, S. 14.

[7] Platon Lg. 899b; Aristoteles De An. 411a. Die Textbelege zu Aristoteles folgen der Bekker-Pagienierung.

[8] Heraklit 1940, Fr. 2, S. 15. Übersetzung v. Autor. Im Orig.: κόσμον (τόνδε), τὸν αὐτὸν ἁπάντων, οὔτε τις θεῶν, οὔτε ἀνθρώπων ἐποίησεν, ἀλλ᾽ ἦν ἀεὶ καὶ ἔστιν καὶ ἔσται πῦρ ἀείζωον, ἁπτόμενον μέτρα καὶ ἀποσβεννύμενον μέτρα.

Mensch für sich beansprucht), sondern als Bürger oder Bewohner, als Zugehörige zum Großen und Ganzen.

Durchwaltet ist der *kósmos* im Gewahren der Griechen von einem endlosen Kommen und Gehen, Aufflammen und Verlöschen. Diesem ihm eigenen Wesen – *Wesen* als substantiviertes Verb verstanden – verleiht Heraklit das Prädikat ἀείζωον (*aeizōon*), in dem die Substantive αἴων (*aiōn*) und ζώον (*zōon*) zusammenklingen. *Aiōn* ist ein Wort, das für gewöhnlich mit *Ewigkeit* übersetzt wird, das bei näherer Betrachtung aber so etwas meint wie den nicht endenden zyklischen Verlauf der lebendigen Natur. An einer vielbeachteten Stelle lässt Platon seinen Timaios sagen, das, was die Menschen als messbare Zeit, *chronos* (χρόνος), kennen, sei in Wahrheit ein bewegliches Abbild oder eine Darstellung (*eikō kinētón tina*, εἰκὼ κινητόν τινα) des *Aiōn* (αἰῶνος) bzw. der *zōou phýsis aiōnios* (ζῴου φύσις αἰώνιος), d. h. des ewigen Wesens des großen Lebewesens namens *kósmos*.[9] *Aiōn* ist demnach die Weise, *wie* der *kósmos* west und waltet. *Aiōn* ist eine nimmer endende Lebendigkeit, die von den zyklischen Kreisbahnen der Gestirne, an denen wir die messbare Zeit des *chrónos* ablesen, getreulich abgebildet wird. *Aiōn* benennt mithin die Qualität des *Wesens*, das das große Lebewesen *kósmos* durchgängig durchwaltet und das sich dem Geist der Griechen unter dem Namen φύσις (*phýsis*) offenbarte. Dem *kósmos* eignet eine *phýsis aiōnios* – ein immerwährendes lebendiges *Wesen*.

3.1.2 *Physis*. Das Wesen der Welt

Im Deutschen wird *phýsis* meist nicht mit *Wesen*, sondern mit ‚Natur' wiedergegeben – ein gutes Beispiel dafür, was geschieht, wenn man sich dem Geist der Griechen mit den Kategorien der Neuzeit nähert. Denn ursprünglich meinte *phýsis* etwas anderes als das, was wir mit unserem Wort ‚Natur' verbinden. *Physis* ist nicht die ‚Natur', wenn denn *die* ‚Natur' so etwas ist wie die Summe alles dessen, was nicht von Menschenhand geschaffen wurde. *Phýsis* ist folglich auch nicht ein Gegenstandsbereich. Vielmehr ist *phýsis*, wie der Gräzist Wolfgang Schadewaldt

[9] Platon, Tim. 37d.

(1900–1974) formulierte, „ein ganz umfassendes Walten und Wesen im Sinne eines Hervortreibens und Wachsenlassens".[10] Oder in den Worten Martin Heideggers (1889–1976):

> „*Φύσις* ist das Hervorgehen und Aufgehen, das Sichöffnen, das aufgehend zugleich zurückgeht in den Hervorgang und so in dem sich verschließt, was je einem Anwesenden die Anwesung gibt. *Φύσις* als Grundwort gedacht, bedeutet das Aufgehen in das Offene, das Lichten jener Lichtung, in die herein überhaupt etwas erscheinen [...], sich zeigen und so je als Dieses und Jenes anwesend sein kann."[11]

Nimmt man diese Deutungen zusammen, dann wird man sagen können: *Phýsis* ist das, was sich im vegetativen Wachstum offenbart: Sie ist das lichtende, ins Licht wachsende Sich-Entfalten einer Pflanze, das zum Vorschein-Kommen aus dem Dunkel des Erdreichs in die Helle des Erscheinens. So wird einsichtig, was mit dem sperrigen Begriff ‚das Wesen' eigentlich gemeint ist: genau dieses dynamische Geschehnis des Zutage-Tretens, des Ans-Licht-Kommens und des Im-Licht-Verweilens, des Sich-Zeigens und des Schwindens – dessen, was sich im Wechsel des *Anwesens* und *Abwesens* durchhält; oder des Entflammens und Verlöschens, wie es Heraklit in seiner poetischen Sprache formulierte. *Phýsis* ist dem Geist der Griechen das selbst zeitlich nicht fassbare, aller Zeit zugrunde liegende (αἰώνιος) Wesen – verbal verstanden – des lebendigen *kósmos*. Und erst in einem zweiten Schritt ist sie als *die phýsis* die Totalität des Erscheinens von allem, was in Erscheinung tritt: aller Phänomene. Dazu noch einmal Heidegger: „Φύσις ist das aufgehende In-sich-zurück-Gehen und nennt die Anwesung dessen, was im so wesenden Aufgang als dem Offenen verweilt."[12]

Halten wir fest: *Phýsis* ist das *Wesen des Erscheinens*, alles Erscheinenden bzw. Gewordenen – das Lichten der Lichtung in der Anwesendes anwesen kann. So gesehen ist *phýsis* das Wesen der griechisch gewahrten Wahrheit – die Weise, wie die Welt gewahrbar ist und wie Welt bewahrt wird.

---

[10] Schadewaldt 1979, S. 203.

[11] Heidegger 1985, S. 56.

[12] Heidegger 1985, S. 56.

Ohne zu ermessen, was der Grieche meinte, wenn er *phýsis* sagte, ist es unmöglich zu verstehen, wie die Griechen dachten, fühlten, handelten und lebten. Ihre Auffassung davon, wie man inmitten einer Welt, deren Wesen *phýsis* ist, wohnen und weilen könne – welcher Ordnung (νόμος, *nómos*) man das Haus (οἶκος, *oíkos*) des Lebens, welcher οἰκονομία bzw. *Ökonomie* man es unterwerfen müsse –, lässt sich nur erfassen, wenn man sich bewusst gemacht hat, dass die Griechen das Sein des *kósmos* nach der Leitmetapher des vegetativen, natürlichen Wachstums deuteten; und wenn man versteht, dass sich das Licht der Wahrheit, in dem sich vor ihren Augen das Sein der Welt lichtete, den *kósmos* als gewachsenes, unendliches Leben gewahrbar machte – als ein Leben, das nach Maßen kommt und geht, wächst und welkt, blüht und stirbt. So konnte Heraklit von der *phýsis* sagen:

> „Eines und dasselbe sind Lebendes und Totes, Wachendes und Schlafendes, Junges und Altes: denn dies schlägt um in jenes und ist jenes, und jenes wiederum schlägt um in dieses und ist dieses."[13]

Wie aber geht es zu, dass etwas in Erscheinung tritt? Was ist der Grund dafür, dass etwas da ist, das wir sehen, hören, fühlen und verstehen können? Wieso erscheint überhaupt etwas und nicht vielmehr nichts? Was ist das Geheimnis dieser *phýsis*? Dies sind die Fragen, die sich dem antiken Denken stellten, da es sich aus der Welt des Mythos löste und die Philosophie geboren wurde.

Wie sich dieses Denken entfaltete und welche Wege es beschritt, versuchte schon sehr früh, am Ende der klassischen Zeit der griechischen Philosophie, Platons Schüler Aristoteles (384–322 v. Chr.) zu rekonstruieren. Nicht zufällig nennt er in seiner Abhandlung über die *Physik* seine geistigen Vorläufer vorzugsweise φυσικοί (*physikoí*): Leute, die sich mit der *phýsis* befassen. Seinen kurzen Darstellungen von deren Lehren und Sichtweisen, die man jeweils in den Anfangsbüchern zu seiner *Metaphy-*

[13] Heraklit 1940, Fr. 88, S. 28. Im Orig.: ταὐτό τ᾽ ἔνι ζῶν καὶ τεθνηκὸς καὶ [τὸ] ἐγρηγορὸς καὶ τὸ καθεῦδον καὶ νέον καὶ γηραιόν· τάδε γὰρ μετὰπεσόντα ἐκεῖνά ἐστι κἀκεῖνα πάλιν μεταπεσόντα ταῦτα.

sik[14] und seiner *Physik*[15] findet, legt er einen Deutungsschlüssel zugrunde, den er selbst gefunden hat und von dem er glaubt, sich mit ihm einen Reim auf die Schriften seiner Vorgänger machen bzw. einen roten Faden darin erkennen zu können. Aristoteles behauptet, alle philosophischen Bemühungen der alten *physikoí* fragten auf jeweils ihre Weise nach den Ursachen (*aitíai*) bzw. Prinzipien (*árchai*) der *phýsis*.[16] Dabei, so Aristoteles, sei erkennbar geworden, dass man vier unterschiedliche Arten von Ursachen unterscheiden müsse, die von den besagten *physikoí* allerdings noch nicht sorgfältig differenziert worden seien, sodass sie durchweg unzureichende Deutungen der *phýsis* vorgetragen hätten.

Einige, darunter die bereits erwähnten Thales und Heraklit, seien der Annahme erlegen, die Ursache der *phýsis* sei ausschließlich stofflicher Art, wobei sie auf die bekannten vier Elemente Wasser (Thales), Luft (Anaximenes und Diogenes), Feuer (Heraklit und Hippasos) und Erde (die in Gestalt der Göttin Gaia von den alten Mythologen als Urheberin der *phýsis* verehrt wurde) zurückgriffen. Andere, wie Empedokles, hätten alle vier Elemente als Grundprinzipien des *kósmos* angenommen, während wieder andere, wie Anaxagoras, die stofflichen Prinzipien unbestimmt belassen haben.[17] Doch schon bald, so Aristotles, habe man einsehen müssen, dass der Stoff bzw. die Materie nicht der einzige Ursprung der *phýsis* sein könne. Denn die *phýsis* sei in dauernder Bewegung, und also müsse es neben der *causa materialis* (wie die spätere Schulphilosophie die Stoffursache nannte) auch eine *causa movens* oder *causa efficiens* geben: eine Wirkursache der Bewegung. Auch diesbezüglich seien unterschiedliche Vorschläge unterbreitet worden: ein ewiges Wechselspiel von Liebe und Streit (Empedokles) oder das Wirken eines ordnenden und strukturierenden Geistes (Anaxagoras).[18] Viel weiter seien die *physikoí* der Vorzeit nicht gekommen. Erst bei seinem Lehrer Platon[19] und in den Lehren der sogenannten Pythagoreer[20] könne man Spuren einer Deutung der

[14] Aristoteles Met. 983b7–985b22.

[15] Aristoteles Phys. 187a12–189b29.

[16] Aristoteles 1982, Met. 983b.

[17] Aristoteles 1982, Met. 983b–984a.

[18] Aristoteles 1982, Met. 985a.

[19] Aristoteles 1982, Met. 987a–b.

[20] Aristoteles 1982, Met. 985b.

phýsis ausmachen, die auch die beiden anderen von ihm, Aristoteles, ermittelten Ursachen und Prinzipien der *phýsis* zu erkennen geben: die gestaltgebende Ursache, die traditionell als *causa formalis* bezeichnet wird, und die Zweckursache, die unter dem Namen *causa finalis* in die Philosophiegeschichtsbücher eingehen sollte.

Ein Blick auf Platon lehrt allerdings, dass die von ihm vorgeschlagene Antwort auf die Frage nach dem Geheimnis der *phýsis* bzw. nach dem Wesen des *kósmos* einen ganz anderen Weg einschlägt: einen Weg, der von der ursprünglichen Lichtung des griechischen Geistes ausgeht und auch von den meisten früheren Denkern in Griechenland verfolgt wurde – wie erkennbar wird, wenn man sich ihnen nicht im Lichte der aristotelischen, sondern der platonischen Denkweise zuwendet.[21]

3.1.3 *Psychē*. Sein als Lebendigkeit

Platons Antwort auf die Frage nach dem Mysterium der *phýsis* bzw. nach dem Wesen und Walten des *kósmos* ist zu einem einzigen Wort verdichtet. Es lautet ψυχή (*psychē*). Das Wort lädt ein zu Missverständnissen. Gemeinhin übersetzt man es mit ‚Seele'. Aber das führt in die Irre. Was *psychē* ursprünglich nennt, ist nicht das, woran wir heute denken, wenn wir ‚Seele' hören. *Psychē*, das ist nicht der Wesenskern des Menschen, nicht sein eigentliches Ich und auch nicht sein Gemüt. *Psychē* ist, im ursprünglichen Gebrauch des Wortes, nicht dasjenige, was als unsichtbares Wesen im Leibe eines Menschen wohnt und diesen nach dem Ableben verlässt, um dann an einem anderen Ort zu weilen, einem Fegefeuer oder Jüngsten Gericht ausgesetzt oder in einem neuen Leib inkarniert zu werden. Solche Vorstellungen findet man in der griechischen Philosophie zwar auch; vor allem bei den sogenannten Pythagoräern, was nicht überraschend ist, wenn man weiß, dass der Historiker Herodot (ca. 490–430 v. Chr.) schon im fünften Jahrhundert v. Chr. die These vertrat, deren legendärer Schulgründer Pythagoras habe die Lehre von der Seelenwanderung aus Ägypten nach Griechenland importiert.[22]

[21] Dazu: Quarch 2019, S. 19–32.

[22] Herodot 1991, Bd. 1, Hist. II 123 und II,81, S. 188 und 162.

Ursprünglich aber bedeutet *psychē* nicht *Seele*, sondern einfach nur *Lebendigkeit*; und zwar im Sinne dessen, dem sich das Leben verdankt, dem das Leben geschuldet ist, was das Leben am Leben hält und es zugleich dazu befähigt, sich im Zuge seiner Lebenszeit zur Reife zu entfalten, zu wachsen, zu blühen und Frucht zu tragen. *Psychē*, Lebendigkeit, ist das, was die *phýsis* alles Lebenden hält und trägt bzw. das Sein des *kósmos* durchwaltet. So kommt es heraus, wenn man sich an Platons Worte hält. In seinem Dialog *Kratylos* lässt er den Sokrates eine Erläuterung des Wortes *psychē* vortragen, die zusammenfasst, was soeben umrissen wurde:

> „Das Wesen (*phýsis*) des ganzen Leibes, so dass er lebt und umhergeht – was meinst du, würde etwas anderes es halten (ἔχειν, *échein*) und hegen (ὄξειν, *óchein*) als Lebendigkeit (ψυχή, *psychē*)? – Nichts anderes! – […] Schön also ist es, dieses Wort zu haben und das Vermögen, welches das Wesen hegt und hält (*phýsin ocheî kai échei*), ‚Wesenshalter' (φυσέχη, *physéchē*) zu nennen. Das aber kann man etwa eleganter dann auch ‚Lebendigkeit' (*psychē*) nennen."[23]

Das Wortspiel, von dem Sokrates hier Gebrauch macht, lässt sich nicht umstandslos ins Deutsche übertragen. Was die *phýsis* „hält und hegt", kann man *physéchē* nennen, woraus sich *psychē* entwickelt habe. Etymologisch dürfte diese Herleitung kaum haltbar sein. Anders steht es um einen anderen Erklärungsversuch des Wortes *psychē*, den Sokrates unmittelbar zuvor vorschlägt und der in der Sache auf dasselbe hinausläuft:

> „Ich glaube, diejenigen, die den Namen *psychē* gegeben haben, dachten sich dabei etwa Folgendes: dass sie, wenn sie dem Leibe beiwohnt, dasjenige ist, was für sein Leben die Ursache ist, da sie ihm das Vermögen zu atmen bereithält und ihn erfrischt (ἀναψῦχον, *anapsychon*), wobei zugleich mit dem Ende dieses Erfrischens (ἀναψύχοντος, *anapsychontos*) der Leib vernichtet wird und stirbt. Deshalb scheinen sie es mir Lebendigkeit (*psychē*) zu nennen".[24]

[23] Platon Cr. 400a–b.

[24] Platon Cr. 399d–e.

Sprachgeschichtlich dürfte die Herleitung des Wortes *psychē* vom Verb *psycheîn* (ψυχεῖν) bzw. von den Substantiven *psýxis* (ψύξις) und *psychós* (ψυχός) zuzutreffen. *Psýxis* ist die „Kühlung", *psychós* heißt der „Frost"[25]; *psycheîn* meint entsprechend *kühlen* und in diesem Sinne auch *erfrischen*, *hauchen* oder *atmen*. Immer geht es dabei um den Lebenshauch, der die Lebendigkeit des Leibes verbürgt und dessen Präsenz das Lebende am Leben hält – dessen Absenz hingegen bedeutet, dass man sein Leben ausgehaucht hat.

Wo die *psychē* waltet, da ist Leben. Das vorausgeschickt, lässt sich verstehen, dass *psychē* für Platon nicht so sehr die ‚Seele' eines Menschen meint, sondern ein kosmisches Prinzip, dem sich das Sein und Werden, das Wesen des *kósmos* im Ganzen, die *phýsis* selbst verdankt. *Psychē* ist in Platons Denken allem voran das beseelende und belebende Grundprinzip des *kósmos*: nicht eine der vier aristotelischen Ursachen, sondern deren Zusammenspiel und -wirken.

In seinem großen Alterswerk *Nomoi* (*Die Gesetze*), hat Platon der *psychē* als kosmischem Prinzip eine lange Abhandlung gewidmet. Man findet sie im Zehnten Buch des Dialogs, in dem es um die Frage geht, wie eigentlich das Göttliche zu fassen ist. Am Anfang seiner Ausführungen dazu lässt Platon einen der drei Gesprächspartner – einen namenlosen Athener, in dem viele Interpreten die Originalstimme Platons vermuten – Folgendes sagen:

> „Die *psychē*, mein Freund, scheinen fast alle darin verkannt zu haben, was sie eigentlich ist und welches Vermögen sie hat; und das sowohl im Blick auf alles, was mit ihr zusammenhängt als auch auf ihr Werden, dass sie nämlich in den Prinzipien wirkt und vor allen Körpern entstanden ist, und dass sie mehr als alles sowohl den Umschlag als auch die schöne Ordnung von allem verursacht."[26]

Deutlich ist hier der Anklang an die schon zitierten Worte Heraklits, der davon sprach, das Wesen dieses *kósmos* sei eine ewiglebende Energie (πύρ ἀείζωον, Fr. 30), die nach Maßen kommt und geht, umschlägt und

[25] Referenzstellen bei Platon sind: Ti. 59a7 und Ti. 74c3.

[26] Platon, Lg. 892a.

sich wandelt. Diese lebendige Energie heißt bei Platon *psychē*. Sie ist der Grund und Ursprung der *phýsis* und mithin das ursprüngliche Sein und Wesen des gesamten Kosmos. So kann der Athener in den *Nomoi* sagen, *psychē* „durchwalte und bewohne alles, was nur in Bewegung ist".[27] Und noch prägnanter lesen wir in Platons *Phaidros*:

> „*Psychē* im Ganzen waltet über alles, indem sie sich verschiedentlich in verschiedenen Gestalten zeigt."[28]

Und:

> „Gäbe es keine *psychē*, müssten der ganze Himmel und das ganze Werden in sich zusammenfallen und stillstehen – und es gäbe nichts, wodurch bewegt sie neuerlich entstehen könnten."[29]

Lebendigkeit, daran lässt Platon keinen Zweifel, ist der Grund der *phýsis* – das Wesen des Seins und Werden dieser Welt. Und laut dem Dialog *Timaios* ist ihre „Zeit" der zeitlose *aiōn*. Ihrem zeitlosen Walten ist das zeitliche Sein und Werden, das Anwesen der Dinge in der Zeit zu geschuldet. Sie selbst aber west jenseits der Zeit. Sie ist kein Ding, sondern eine Energie, die Anwesen und Abwesen umfasst. Sie ist eine Wirklichkeit, die sich allein in ihrem Wirken zeigt und darstellt: als dasjenige, was alles Wesen durchwaltet, alles Anwesende in ein Maß fügt und auf diese Weise dafür Sorge trägt, dass die Welt im Ganzen *kósmos* ist: eine schöne Ordnung.

Wie *psychē* das anstellt, können wir bereits erahnen, wenn wir uns der vier-Ursachen des Aristoteles erinnern. Etwas Ähnliches findet man auch in Platons Erwägungen über das Wunder der *psychē*. Dort jedoch, anders als bei seinem Schüler, waltet nicht die Grundmatrix der *technē*, die bis heute unsere Auslegung der Welt und unser Wirtschaften durchwirkt. Dort, bei Platon, zeigt sich ein ursprünglicherer Blick, der die *phýsis* als das Wesen einer anderen Wahrheit als der uns geläufigen erschließt: eben

---

[27] Platon, Lg. 896d.

[28] Platon, Phdr. 246b.

[29] Platon, Phdr. 245d–e.

der Lichtung, in der sich diese Welt als *kósmos*, schöne Ordnung, zeigt – einer Lichtung, deren Licht ein anderes, dem Sein und Wesen dieser Welt womöglich angemesseneres Verständnis des Wirtschaftens erkennbar werden lässt.

Wie genau die *psychē* in der *phýsis* west und waltet, hat Platon in seinen späten Dialogen *Timaios* und *Philebos* entwickelt. Im *Timaios* umreißt er in Gestalt einer höchst anspruchsvollen und zuweilen schwer verständlichen mythischen Rede seine Kosmologie, indem er darlegt, inwiefern der *kósmos* als größtes, vollendetes und schönstes Lebewesen ein „seliger Gott" ist. Dafür lässt er die Hauptfigur dieses Dialoges, den Pythagoräer Timaios drei Anläufe unternehmen, in denen er seinen Gesprächspartnern zu erläutern versucht, was die Welt im Innersten zusammenhält, wie sie zu dem wurde, was sie ist – und wie es kommt, dass überhaupt etwas ist und nicht vielmehr nichts.

In einer zentralen Passage dieses schwierigen Dialogs lässt Platon dabei den Timaios eine erstaunliche, halbmythische Theorie des Werdens vortragen.[30] Dabei hält er sich an ein geläufiges Bild: die Zeugung. Der *kósmos* – so wie alle Phänomene in ihm – sei das Kind von einem Vater und von einer Mutter. Eine angemessene, wenn auch halbmythische Beschreibung seiner *phýsis* müsse diese drei Faktoren bedenken und in ihrem Zusammenspiel beschreiben.

„Vater" aller Dinge sei ihr Sinn, dem sich ihre Bestimmtheit, Erkennbarkeit, Identität verdanke. Das erinnert an das Formprinzip des Aristoteles, ist jedoch grundlegend anders: nicht die Form ist es, die einem Phänomen Bestimmtheit und Identität verleiht, sondern der Sinn, der an ihm verstehbar ist und den es auf seine je eigene Art manifestiert. Sinn ist das, was man an einem Phänomen verstehen kann. Sinn ist allein unserem Verstehen zugänglich, nicht unseren Sinnen. Platon prägte für den Sinn der Phänomene den Begriff *Idee*, auf Griechisch *eídos* (εἶδος) oder *idéa* (ἰδέα), der zum Anlass vieler Missverständnisse wurde. Um solche zu vermeiden, ziehen wir ein Beispiel zurate, etwa die *Idee* eines beliebigen Gebrauchsgegenstandes wie einer Espressotasse. Nun sagen wir: Die – platonische – *Idee* einer Espressotasse ist nichts anderes als ihr Sinn. Was aber ist der Sinn der Espressotasse? Er erschließt sich im verständigen Ge-

[30] Platon, Tim. 47e–53c.

brauch. Er besteht darin, dass man einen Espresso aus ihr trinken kann. Der Sinn des Gegenstandes definiert ihn *als* Espressotasse. Diesen Sinn muss man verstanden haben, wenn man wissen will, was dieses Etwas ist. Denn es ist der Sinn der Tasse, der in dem konkreten Gegenstand manifestiert ist. Das ist wichtig. Denn sollte die konkrete Tasse je zerbrechen, wäre ihr Sinn davon doch nicht tangiert. Selbst wenn alle Espressotassen auf Erden verschwinden sollten, würde ihr Sinn dessen ungeachtet fortbestehen. Der Sinn einer Espressotasse ist zeitlos, d. h. die Idee ist nicht an Raum und Zeit gebunden. Ihre Wirklichkeit erschließt sich ausschließlich über ihr Wirken – das sich darin zeigt, dass ein konkretes Etwas nicht nur *zur* Espressotasse geworden, sondern auch *als* Espressotasse identifizierbar und nutzbar ist.

Sinn ist mithin kein Gegenstand oder Quasigegenstand, dem man sich vor*stellen* kann. Sinn fügt sich nicht in die Logik des *Gestells*, denn Sinn ist vielmehr das, was Gegenstände überhaupt erst vor*stell*bar, denkbar und verstehbar macht: das, was wie ein Lichtstrahl, den man selber nicht fest*stellen* oder fassen kann, Phänomene allererst ans Licht bringt. Sinn ist selbst kein Seiendes und auch kein Gegen*stand* (nichts Entstandenes) – aber immer, wenn er sich als „väterliches“ Grundprinzip an dem unbestimmten, sinn-losen, chaotischen und „mütterlichen“ Grundprinzip bewährt, erwirkt er, dass ein Seiendes als beider „Kind“ geboren wird. Dann ereignet sich die *phýsis*, sodass Seiendes zur Welt kommt, wächst und wird.

Damit sind wir bei demjenigen, was Timaios als „mütterliches“ Prinzip des Werdens anführt. Dies ist nicht der „Stoff“ des Aristoteles, sondern die blanke, nackte, ungestalte, unfassbare weil vollkommen unbestimmte Potenzialität. Es ist nichts, was irgendwie geworden und deshalb vor*stell*bar oder denkbar wäre. Es ist nichts Bestimmtes, sondern unbestimmte Möglichkeit, die erst unter Einwirkung von Sinn zu einem wahrnehmbaren und bestimmten Phänomen heranwächst. Reine Potenzialität ist abwesend, nicht-seiend, nichts – doch gerade darin Grund von allem. Platon spricht von ihr als von einem „Aufnehmenden“, einer „Prägemasse“, einer „Amme des Werdens“, einem „leeren Raum“, der sich ob seiner Nichtigkeit, nicht denken lässt[31] – den wir aber gleichwohl denken müssen, weil die *phýsis* dieses *kósmos* eben nicht, wie Aristoteles meinte, die Anwesenheit des Anwesenden ist, sondern das lebendige Zusammenspiel von Anwesen *und* Abwesen; weil das Nichts ebenso ein Aspekt des Wesens ist, wie der Tod ein Aspekt des Lebens.

Dies sei doppelt betont, denn auf diesen Aspekt des ursprünglichen, platonisch erschlossenen Wesens der Wahrheit werden wir zurückgreifen müssen, wenn wir die Wahrheit des Wirtschaftens für das 21. Jahrhundert neu bestimmen wollen: Wirtschaften kann nur gelingen, wenn es sich auch dem Abwesen bzw. Abwesenden verpflichtet weiß – wenn es nicht auf permanentes Anwesen, permanentes Wachstum, permanente Produktion, permanente Ausbeutung von Zeit und Raum *gestellt* ist; und erkennt, dass es die Welt vernichtet, wenn es sie allein als anwesenden, permanent nutzbaren *Bestand* missbraucht. Wirtschaften wird künftig nur gelingen, wenn es das Sein der lebendigen *phýsis* als Maß anerkennt und damit auch das Schrumpfen, Nichts-tun, Welken, ja sogar das Sterben als Aspekte seines Wesens respektiert.

Der *kósmos,* um auf Platon zurückzukommen, ist gewoben aus Anwesen *und* Abwesen, sein Wesen – seine *phýsis* – umfasst beides, weil sie vom lebendigen Ineinanderwirken von ewigem Sinn und zeitloser Potenzialität durchwaltet ist. So lässt Platon den Timaios sagen:

> „Und so scheint es durchaus angemessen, das Aufnehmende mit der Mutter, das Woher mit dem Vater und die zwischen beiden liegende *phýsis* mit dem Kinde zu vergleichen."[32]

Eine ähnliche Erläuterung des Seins und Werdens aller Phänomene bzw. der *phýsis* des *kósmos* findet man in Platons Dialog *Philebos.* Auch hier arbeitet Platon mit der bereits bekannten Trias aus Sinn, Potenzialität und (gewordenem) Seiendem bzw. dem, was er in diesem Dialog das „Werden zum Sein" nennt: γένεσις εἰς οὐσίαν (*génesis eis ousían*).[33] Allerdings geht er im *Philebos* noch einen für unseren Zusammenhang

---

[31] Platon, Ti. 50d–51e (Aufnehmendes), 50c (Prägemasse), 49a+52d (Amme), 52a (Raum), 52b (Ungedanke).

[32] Platon, Ti. 50d.

[33] Platon, Phlb. 26d.

wichtigen Schritt weiter, sofern er noch ein viertes Strukturmerkmal der *phýsis* aufweist, das man als „Intelligenz" oder mit seinem griechischen Namen νοῦς (*noûs*) als „Geist" bezeichnen kann. Dieser Aspekt der *phýsis* drängt sich im *Philebos* deshalb auf, weil dieser Dialog der Frage nach dem Guten gewidmet ist, und Platon seinen Sokrates – der in diesem Dialog als Hauptredner fungiert – Ausführungen in den Mund legt, die erkennbar machen sollen, was das guten Leben ist bzw. inwiefern die in der *phýsis* waltende *psychē* von sich her darauf angelegt ist, gut zu sein. Diese Ausführungen sind für uns von hoher Relevanz, weil vor ihrem Hintergrund verständlich wird, inwiefern der griechische Geist das Wirtschaften einem Maß unterstellte, das sich von der Grundstruktur des lebendigen *kósmos* bzw. des Seins und Wesens dieser Welt selbst herleitet: von der sie durchwaltenden Lebendigkeit.

Vier Aspekte, lässt Platon seinen Sokrates im Philebos sagen, müsse man beachten, wenn man dem Geheimnis der *phýsis*, des Werdens und Wesens der Welt, auf die Schliche kommen wolle. Zuerst das uns bereits als „mütterliches Prinzip" bekannte, jedem verstehenden Zugriff entzogene unbestimmte Potenzial, woraus etwas wird; sodann der „väterliche Aspekt" des Sinns, der einem jeden Werdenden eine Identität oder Bestimmbarkeit verleiht; als drittes dann das „Kind", das im Zusammenspiel von Unbestimmtem und Bestimmendem entsteht: „das Werden zum Sein". Zudem aber, so Sokrates, müsse man in Betracht ziehen, was dieses „zeugende" Spiel der *phýsis* trägt und hält und letztlich zum Gelingen einer schönen Ordnung führt, sodass es *kósmos* ist: die umfassende *psychē* mit der ihr innewohnenden Intelligenz des Geistes, *noûs.*[34]

Schauen wir uns zum besseren Verständnis die ersten dieser Aspekte der *phýsis* noch etwas näher an. Dem „väterlichen" Prinzip gibt Sokrates im *Philebos* den Namen πέρας (*péras*), was so viel wie „Grenze" oder „Eingrenzung" bedeutet. Das soll zu verstehen geben, dass der identitätsstiftende Sinn eines Phänomens dieses gleichsam „in seine Grenzen weist", lateinisch: „definiert". Als *péras*, so wird deutlich, ist der Sinn dem Sein und Werden aller Dinge maßgeblich. Er ist das Wesen eines jeden Seienden, dem zu entsprechen bedeutet, dass es wesentlich ist und in seiner Wahrheit *west.* Daher ist die Grenze eines Seienden zugleich ihr Maß,

[34] Platon, Phlb. 30c+d.

an dem sich ermessen lässt, ob es seinem Sein entspricht – ob es wesentlich und sinnvoll ist.[35] Sollte das der Fall sein, ist ein Seiendes nicht nur *als* ein bestimmtes Seiendes erkennbar, sondern ebenso auch *gut* und *wahr*. Als *péras* ist Sinn mithin das, was definiert, was etwas wirklich ist; oder besser: es ist die Wirklichkeit eines jeden Seienden – und zwar in dem Sinne, dass es dessen bestimmtes Geworden-Sein erwirkt; und zwar erwirkt am bloßen Möglichen, das im *Philebos* den Namen ‚Grenzenloses' – ἄπειρον *(ápeiron)* – trägt.[36]

Ápeiron ist der von Sokrates im *Philebos* gebrauchte Name für das „mütterliche" Prinzip der nackten Potenzialität und Unbestimmtheit. Weil es selbst buchstäblich *nichts* oder zumindest *noch nichts* ist, lässt es sich laut Platon überhaupt nur denken, indem man es als dasjenige fasst, woran sich das *Begrenzende* (die Idee, der Sinn) bewährt[37] – woran es seine Wirklichkeit erweist. *Ápeiron* ist nackte Möglichkeit, von der wir gar nichts wüssten, würde sie nicht am Gewordenen bzw. im Prozess des Werdens als dasjenige erscheinen, woran sich die Wirklichkeit und Wirksamkeit des Sinns erweist. *Grenzenloses* ist mithin das Potenzial zum Sinn, ist Bestimmbarkeit, Gestaltbarkeit, Erkennbarkeit – selbst aber *nichts* Bestimmtes, *nichts* Gestaltetes und *nichts* Erkennbares. Es ist völlig ungreifbar, doch trotzdem kommt man an ihm nicht vorbei, wenn man das Wesen und Werden des *kósmos*, die *phýsis* (das *Werden zum Sein*, die *génesis eis ousían*) durchdringen und verstehen möchte.

Dazu aber braucht es noch das vierte Element, von dem im *Philebos* die Rede ist: die Intelligenz, den Geist, den *noûs*. Von ihm lässt Platon den jungen Gesprächspartner des Sokrates, Protarchos, sagen:

> „Dass der Geist (νοῦν – *noûs*) allem eine Ordnung gibt (διακοσμεῖν – *diakosmeîn*), ziemt sich wohl einem jeden zu sagen, der den *kósmos* und die Sonne, den Mond, die Sterne und überhaupt die Umlaufbahnen von allem anschaut."[38]

[35] Platon, Phlb. 25a.

[36] Platon, Phlb. 23c.

[37] Platon, Phlb. 24a.

[38] Platon, Phlb. 28e.

Platon will offenbar darauf aufmerksam machen, dass es einen Grund und eine Ursache dafür gibt, dass beim kosmischen *Werden zum Sein*, bei der *phýsis,* nicht irgendetwas Zufälliges oder Sinnloses entsteht, sondern etwas Sinnvolles, Vernünftiges, Erkennbares und Stimmiges, das die schöne Ordnung des *kósmos* verbürgt: eben jener *noûs,* der *Geist*. Ihm, so erfahren wir im *Philebos*, verdankt sich die geordnete und regelmäßige Wiederkehr der Jahreszeiten und die ausbalancierte Gesundheit eines Leibes oder überhaupt ein jedes ausgewogene, wohltemperierte oder stimmige Miteinander vieler Teile, die sich zu dem Ganzen fügen, was man ein „System" zu nennen pflegt.[39] Überall, wo Leben sich zum System eines Organismus organisiert und dabei sinnvolle, geordnete, stabile und verlässliche Strukturen hervorbringt, so der Kerngedanke Platons, zeigt sich darin als verursachende Kraft der *noûs*, der daher vielleicht besser noch als mit dem Wort *Geist*, mit *Sinn* übersetzt werden kann; und zwar in dem umfassenden Bedeutungsspektrum, das unsere Sprache diesem Wort gibt: *Sinn* nicht allein als die Qualität der Verständlichkeit und Bejahbarkeit, die allem Sinnvollen innewohnt, sondern auch als die Fähigkeit oder besser noch das Organ, kraft dessen wir ein Phänomen erschließen können: *Noûs* ist so etwas wie der „Sinn für den Sinn" – und dies in einem die Sinnlichkeit der Sinne umfassenden, also nicht allein kognitiven Sinn. Darauf weist auch der Umstand, dass das Wort *noûs* sich von dem indogermanischen Wortstamm *snû* herleitet, aus dem sich nicht allein der *noûs* der Griechen, sondern auch unsere Worte „Nase" oder „schnüffeln" entwickelt haben. All das sollten wir im Ohr haben, wenn wir es mit dem *noûs* als Grundprinzip des Werdens und als Kernaspekt der alle *phýsis* tragenden *psychē* bei Platon zu tun haben. Denn für ihn ist klar: Es gibt keinen *noûs* ohne *psychē*. *Noûs* ist ein Aspekt der kosmischen Lebendigkeit, die in allen Lebewesen waltet. So lesen wir im *Timaios*:

> „Von allem gibt es nur eines, dem es möglich ist, sich *noûs* anzueignen – und das ist *psychē*."[40]

---

[39] Platon, Phlb. 26a+b.

[40] Platon, Ti. 46d. Ähnlich auch Lg. 896d.

Noûs erweist sich also als ein ordnendes Moment, das der kosmischen *psychē* bzw. der umfassenden Lebendigkeit der *phýsis* innewohnt. Das heißt dann auch: Lebendigkeit, die alle *phýsis*, alles Sein und Werden hält und trägt, ist in sich intelligent und sinnvoll. *Phýsis* ist kein zufälliges Werden, sondern ein geistreiches, geordnetes und maßvolles Geschehen, da die in ihm waltende *psychē* allem Wachsen und Werden von sich aus eine sinnvolle Richtung gibt. Diese Richtung ist das *Gute* – auf Griechisch: das ἄγαθον (*ágathon*). Was es damit auf sich hat, müssen wir verstehen, weil sonst unbegreiflich bleibt, nach welchem Maßstab man im alten Griechenland die Qualität des Wirtschaftens bemaß: ermessen konnte, ob es gut ist oder nicht. Denn als eine Spielart des Werdens konnte es nur dann gut sein, wenn es *Gutes* wachsen lässt: Gutes nicht im Sinne der Moral – nicht weil es wünschenswert und wertvoll schiene; sondern *gut* im Sinne einer Auslegung des Seins der Welt als *phýsis*: *gut* als das, was seinem Sein und Wesen Rechnung trägt; *gut* als das, was wesentlich und wahr ist.

3.1.4 *Agathon*. Das dem Leben innewohnende Maß

Alle *phýsis* – alles Werden, Sein und Wesen – geschieht im Wechselspiel von Sinn und Potenzialität. Dieses Spiel folgt einer geistreichen – vom *noûs* gewirkten – Spielregel, die lautet: Alles Werden, Sein und Wesen ist darauf angelegt, Sinn zu verwirklichen, Sinn zu manifestieren, indem es sich in den bestimmten Grenzen hält, die der jeweils bestimmte Sinn der grenzenlosen unbestimmten Möglichkeit auferlegt. Diese Grenzen, so macht Platon deutlich, sind zugleich das Ziel und Ende, daraufhin das Werden steuert. Sie geben das Maß dafür, wann etwas wirklich zu dem geworden ist, was es seinem Sinn nach ist: wann – in unserem Beispiel – die Espressotasse wirklich eine Espressotasse ist; wann es an ihr nichts mehr zu verändern gibt, weil ihr Wesen ganz zu sich gekommen ist; wann sie *gut* ist. Gut nämlich ist griechisch gedacht genau das, woran es nichts mehr auszusetzen gibt, wo nichts weiter zu optimieren wäre. Gut ist das, was stimmt, weil es den in ihm inkarnierten Sinn vollkommen verwirklicht. In der guten Manifestation des Sinns kommt das Werden zu seinem Ziel: das Gewordene ist nun vollendet, gut. Es stimmt mit sich selbst überein, ist im Einklang mit sich selbst. Dafür hat das Griechische ein eigenes Wort. Es lautet: ἁρμονία (*harmonía*), Harmonie.

Harmonía ist die griechische Formel für das Gute. Alles Gute ist harmonisch; *nicht* harmonistisch. Harmonie bedeutet nicht „Friede-Freude-Eierkuchen", sondern Hochspannung. Sie ist eine *Complexio Oppositorum,* wie der Renaissance-Philosoph Nikolaus von Kues (1401–1464) dies nannte und wofür schon Heraklit die Formel fand: „Das Wider-einander-Stehende zusammenstimmend und aus dem Unstimmigen die schönste Harmonie".[41] Dass dies paradox klingt und nicht einfach zu verstehen ist, wusste Heraklit genau. An anderer Stelle sagte er: „Sie verstehen nicht, wie das Unstimmige mit sich übereinstimmt: des Wider-Spännstigen Fügung wie bei Bogen und Leier".[42]

Das heißt: Im griechischen Verständnis der *harmonía* sind in einem harmonischen System antagonistische Kräfte und Pole so arrangiert, dass sie ihre Eigenheit wahren und dabei doch zusammenwirken. Harmonie ist dann erreicht, wenn etwas spannungsvoll mit sich im Einklang ist, wenn es in sich ruht und alle seine Teile so in die Ordnung eines Systems gefügt sind, dass es im Ganzen stimmt – wie bei einer harmonischen Musik, die einfach deshalb gut und wahr ist, weil an ihr nichts zu verbessern ist; weil alles sich zu allem stimmig fügt, sodass die Symphonie sich selbst genügt und ganz ihrem Wesen – ihrer *phýsis* – entspricht: wesentlich Musik ist.

Auch das Gutsein der Espressotasse lässt sich als ein solcher Zustand wesentlicher Harmonie beschreiben. Alle in ihr zu einem Ganzen verbundenen Moleküle stehen in einem stimmigen Verhältnis zueinander: Sie sind so arrangiert, dass die konkrete Tasse ihrem Sinn genügt. Ihr Wesen ist vollendet, ihre *phýsis* ist zu sich gekommen. Sie ist gut und sinnvoll, denn sie west in den von ihrem Sinn definierten Grenzen. Sie ist maßvoll, denn sie ist dem in ihr manifest gewordenen Sinn angemessen.

So also deutete man im alten Griechenland das Gute. Und so verstand man, wie wir sehen werden, auch das Maß, nach dem ermessen werden

---

[41] Heraklit 1940, Fr. 8, S. 8. Im Orig.: τὸ ἀντίξουν συμφέρον καὶ ἐκ τῶν διαφερόντων καλλίστην ἁρμονίαν καὶ πάντα κατ᾽ ἔριν γίνεσθαι.

[42] Heraklit 1940, Fr. 51, S. 18. Im Orig.: καὶ ὅτι τοῦτο οὐκ ἴσασι πάντες οὐδὲ ὁμολογοῦσιν, ἐπιμέμφεται ὧδέ τως· οὐ ξυνιᾶσιν ὅκως διαφερόμενον ἑωυτῷ ὁμολογέει· παλίντροπος ἁρμονίη ὅκωσπερ τόξου καὶ λύρης.

kann, ob Wirtschaft gut ist: ob sie ihrem Wesen genügt, ob ihr Sinn sich in ihr erfüllt, ob sie dauerhaft in ihrer von Sinn definierten Grenze west und wächst, ob sie ihrem immanenten Maß entspricht. All das sind Parameter, die vom Wirtschaften der Gegenwart in keiner Weise beachtet werden; einfach deshalb, weil es einer anderen Matrix folgt: der Maschinenmatrix der Moderne und nicht der Matrix der lebendigen Natur, der *phýsis*.

Inbegriff der Harmonie war für die Griechen der *kósmos*: die schöne, sinnvolle, bejahbare, stimmige und gute Welt im Ganzen. Seine Harmonie stand in den Sternen, deren wohlgefügte Bahnen davon zeugten, dass in ihm der *noûs* der kosmischen Lebendigkeit – *psychē* – waltete und wirkte. Dieses Walten währte jenseits aller Zeit als ewiger, in sich selbst kreisender *aiōn*: „ewiglebendiges Feuer, aufflammend nach Maßen und verlöschend nach Maßen“, um noch einmal Heraklit zu bemühen. Maßvoll ist der *kósmos*, weil er stimmig und harmonisch ist. Weil er dieses Maß verwirklicht und manifestiert, ist er zudem auch schön. Er ist schön, weil er das Maß, das der Lebendigkeit – *psychē* – innewohnt, die Harmonie, sinnenfällig macht. Diese Welt ist gut und schön, weil sie ganz lebendig ist; weil sie *phýsis* ist und weil sie sich ans Maß des Lebens hält. Deshalb gibt in Platons Augen dieser *kósmos* auch die Antwort auf die Frage, wie ein Mensch die Spanne seines Lebens gut und sinnvoll nutzen könne:

> „Am Himmel aber ist vielleicht ein Vorbild aufgestellt für den, der sehen und nach Maßgabe des Geschauten sein Leben einzurichten wünscht.“[43]

Maßgeblich und gut ist dieser *kósmos* nicht deshalb, weil er dem Willen eines Schöpfergottes genügte. Er ist nicht deshalb gut, weil er dem entspräche, was nach Maßgabe des Allmächtigen wünschenswert und wertvoll ist. Das Maß, nach dem der *kósmos* gut und schön ist, ist ihm nicht von seinem Hersteller gesetzt bzw. aufge*stellt*, sondern es liegt in seinem Sein und Wesen. Er genügt der *phýsis* seiner selbst – der in ihm waltenden *psychē*; was etwas gänzlich anderes ist als der Willen eines Schöpfers, der am sechsten Tage meinte, seine Schöpfung sei *gut*, weil sie so wurde, wie er *wollte*. Nein, der *kósmos* ist nicht ein Gemachtes, kein

[43] Platon, Rp. 592b.

Produkt einer allmächtig-göttlichen Technik, sondern er ist ein Gewächs, das kein anderes Ziel verfolgt, als einfach nur es selbst zu sein: zu wachsen *und* zu welken, anzuwesen *und* abzuwesen, zu leben *und* zu sterben – in sich stimmig, ausgewogen und harmonisch, maßvoll. So zu sein und so zu leben ist der Welt genug. Das ist es, was der *kósmos* die Griechen lehrte, als sie sich ihm zuwandten, um Antwort auf die Frage zu erhalten, die er selbst ihnen als Menschen stellte: Wer bist du? Und wie lautet die Antwort? Sie lautet: Leben, dessen Sinn es ist, lebendig zu sein – harmonisch mit sich und im Einklang mit der Welt. Das ist das Maß, an dem Maß zu nehmen bedeutet, dem delphischen Wort *mēden agan* (Nichts im Übermaß!) beizukommen. Menschsein ist keine Technik der Selbstoptimierung nach Maßgabe des eigenen Willens. Menschsein ist ein Spiel, das sich selbst genügt, und dessen Spielidee darin besteht, die Potenziale, die in ihm angelegt sind, erblühen und Frucht tragen zu lassen. Das nämlich heißt der lebendigen *phýsis* gemäß bzw. *naturgemäß* zu leben. Eben das gilt auch für die Ökonomie: Wirtschaften – griechisch gedacht – ist ein Spiel, das immer dann ein *gutes* Spiel ist, wenn es seiner Spielidee genügt: Leben zu entfalten, Frucht zu tragen, Leben ganz lebendig sein zu lassen und den Reichtum an Lebendigkeit zu mehren. Davon ist die Wirtschaft der Maschinenmatrix weit entfernt, deren Spielidee nicht „Spielen", sondern nur „Gewinnen" heißt.

3.1.5 Spiel. Die Selbstgenügsamkeit des Seins

Als maßgebliches Grundprinzip in allem zeigte sich dem Geist der Griechen die Lebendigkeit des *kósmos*, die ihn überall durchwaltet. Ihr Wesen ist *phýsis*, die wir vor dem Hintergrund von Platons *Philebos* und *Timaios* als Wechselspiel von Anwesen und Abwesen beschrieben – als das immer neue Aufleuchten von Sinn, der sich zugleich entzieht; als Gestaltwerdung des unbestimmten Potenzials, das in allem anwesenden, gewordenen Seienden als abwesend entzogen bleibt. Dieses Wechselspiel ist Spiel nicht nur im Sinne einer sinnvollen Interaktion, sondern es ist auch Spiel im Sinne eines selbstgenügsamen, in sich geschlossenen Geschehens. Denn es ist ein wichtiges Strukturmerkmal von dem, was wir als ‚Spiele' kennen – ob das Spiel im Stadion, im Zirkus oder auf der Bühne –, dass ein jedes Spiel, das seines Namens würdig ist, keinen Zweck oder kein Ziel verfolgt, das außerhalb des Spielgeschehens selbst läge.[44] Spieler spielen um des Spielens willen, nicht um zu gewinnen oder um den Siegespreis davon zu tragen. Wer beim Spielen nur an das Gewinnen oder den Gewinn denkt, ist bei näherer Betrachtung schon ein Spielverderber. Denn der Sinn des Spiels erschöpft sich im Vollzug des Spielgeschehens. Deshalb spielen Menschen selbst noch dann die Spiele, die sie lieben, wenn sie dabei regelmäßig verlieren. Denn das Spiel erscheint ihnen auch dann als sinnvoll und bejahbar, wenn man einmal nicht gewinnt – ganz davon abgesehen, dass es bei vielen Spielen gar nicht um das Gewinnen geht, sondern um das Gelingen (wie bei allen Geschicklichkeitsspielen und auch allen darstellenden Spielen wie Musik, Theater oder Poesie).

Spiele haben ihren Sinn in sich: wenn sie stimmen, aufgehen, gelingen oder glücken. Darin – so dachten die Griechen – bilden sie das Wesen dieses *kósmos* ab, den sie ebenfalls als großes Spielgeschehen deuten. Nicht so, als ob er ‚nur' ein Spiel und mithin gar nicht ernst zu nehmen wäre – ein jeder Spieler weiß, dass es nichts ernsteres gibt als ein Spiel zu spielen –, sondern so, dass er kein Ziel erreichen, keinen Plan erfüllen muss; weil er nicht im Willen eines Schöpfers gründet, sondern in sich selbst ein spielerisches, göttliches Geschehen ist: lebendige *phýsis*. In einem seiner bekanntesten Fragmente notierte dazu passend Heraklit: „Der *aiōn* ist ein spielendes Kind, Brettspiel spielend; des Kindes ist das Königtum".[45] Friedrich Nietzsche (1844–1900) deutete dieses Fragment in seiner Abhandlung *Die Philosophie im tragischen Zeitalter der Griechen* wie folgt. Der *kósmos*, habe Heraklit sagen wollen, ist Spiel des Gottes Zeus,

> „so, wie das Kind und der Künstler spielt, […] in Unschuld – und dieses Spiel spielt der Äon mit sich. Sich verwandelnd in Wasser und Erde, türmt er wie ein Kind Sandhaufen am Meere, türmt auf und zertrümmert: von Zeit zu Zeit fängt er das Spiel von neuem an. Ein Augenblick der Sättigung: dann ergreift ihn von Neuem das Bedürfnis, wie den Künstler zum Schaffen das Bedürfnis zwingt. Nicht Frevelmut, sondern der immer neu

[44] Vgl. dazu: Hüther/Quarch 2016, S. 41–80.

[45] Heraklit 1940, Fr. 52, S. 18. Im Orig.: αἰὼν παῖς ἐστι παίζων, πεττεύων· παιδὸς ἡ βασιληίη.

erwachende Spieltrieb ruft andre Welten ins Leben. Das Kind wirft einmal das Spielzeug weg: bald aber fängt es wieder an in unschuldiger Laune. Sobald es aber baut, knüpft, fügt und formt es gesetzmäßig und nach inneren Ordnungen."[46]

Wenn Nietzsche hier den *Aiōn* mit dem Gott Zeus in Verbindung bringt, so ist das durchaus im Sinne des Heraklit, der – noch mit einem Fuß der alten Welt des Mythos verhaftet – an anderer Stelle über diese Gottheit schrieb: „Das Eine, allein Weise möchte und möchte nicht mit dem Namen des Zeus benannt werden."[47]

Die Pointe dabei ist, dass der Genetiv „des Zeus" im Griechisch Ζηνὸς heißt, was zugleich mit „des Lebens" übersetzt werden kann. Wir finden hier somit dasselbe Gewahren der griechisch erfahrenen Wahrheit des Seins als *psychē* bzw. Lebendigkeit, das wir auch bei Platon fanden: Lebendigkeit ist das, wovon der alte Mythos sprach, wenn er von Zeus, dem höchsten Gott erzählte. Sie ist das Eine, allein Weise, das die Welt im Innersten zusammenhält und die *phýsis* dieses *kósmos* in der Ewigkeit des *aiōn* still durchwaltet. *Psychē* ist das göttliche Prinzip der Welt. Weil diese Weltsicht im griechischen Geist von Beginn angelegt war, konnte Platon durch den Mund seines Atheners in den *Nomoi* sagen: „Die *psychē* [...] muss doch ein jeder Mensch für eine Gottheit halten, oder?"[48] Und die Antwortet, die er gab, lautet: Ja, Lebendigkeit ist eine Gottheit, weil sie dafür Sorge trägt, dass diese Welt am Leben bleibt; weil sie diese Welt im Innersten zusammenhält und sie zu einem stimmigen Ganzen fügt; weil *psychē* der Grund und Ursprung aller *phýsis* ist. So kann man wohl verstehen, dass an einer Stelle bei Aristoteles das eingangs zitiert Wort des Thales von Milet, wonach alles voller Götter ist, mit einer bedeutungsvollen Wendung wiederkehrt: „Alles ist voller Lebendigkeit" (*panta plere psychēs*).[49]

---

[46] Nietzsche 1988, KSA 1, S. 830–831.

[47] Heraklit 1940, Fr. 32, S. 14. Im Orig.: ἓν τὸ σοφὸν μοῦνον λέγεσθαι οὐκ ἐθέλει καὶ ἐθέλει ὄνομα.

[48] Platon, Lg. 899a.

[49] Aristoteles, De Gen. An. 762a21.

3.2 Religion. Die Rückbindung an das lebendige Sein

Als wir die Genealogie der neuzeitlichen Wirtschaft erkundeten und feststellten, dass sie in der Maschinenmatrix des Gestells gründet, erkannten wir, dass diese Matrix ihrerseits präfiguriert ist durch die Religion des Christentums, die – wie die anderen abrahamitischen Religionen auch – einen allmächtigen und wollenden Schöpfergott verehrt: Die moderne Wirtschaft ist nur möglich auf der Lichtung einer Wahrheit, die die Welt als Manifestation des Schöpferwillens denkt. Nun erkennen wir, dass die Welt, die die Griechen *kósmos* nannten, sich im Lichte einer anderen Wahrheit anders offenbarte: als ein selbstgenügsames und in sich austariertes, ewiges Spiel, dessen Sinn darin besteht, Lebendigkeit erblühen, reifen und Frucht tragen zu lassen. Und die Wirtschaft, die sich auf der Lichtung einer solcherart gelichteten Welt entfalten kann, findet ihre Wahrheit nicht in einer *Matrix des Gestells*, sondern in einer *Matrix der lebendigen Natur*, die ihrerseits in einer anderen Religion verwurzelt ist: einer Religion, in deren Mythen sich das Spiel der kosmischen Lebendigkeit in den Gestalten der olympischen Götter offenbarte. In seinen Mythen öffnete sich die Lichtung des griechischen Geistes. Ihre Wahrheit gilt es zu verstehen, wenn das Wesen des griechischen Denkens und das ihm gemäße Wirtschaften sichtbar werden sollen.

3.2.1 Mythos. Die Erscheinung des Zeitlosen inmitten der Zeit

Am Anfang der antiken griechischen Kultur steht der Mythos. In ihm kommt die griechisch *gewahrte* und kulturell *bewahrte* Wahrheit des Seins zur Sprache: die Art und Weise, wie sich dem griechischen Geist die Welt als ein heiliges, lebendiges Geschehen offenbarte. Die unvergleichliche Besonderheit des griechischen Mythos hat niemand so deutlich benannt wie der Religionsforscher und Gräzist Walter F. Otto (1874–1958). In seinem Buch *Die Götter Griechenlands* bemerkt er:

„Aus allen großen Formen und Zuständen des Lebens und des Seins blickt ihn [den Griechen] das ewige Gesicht einer Gottheit an. Diese Wesenheiten alle zusammen machen das heilige Sein der Welt aus. Darum sind die Homerischen Gedichte so voll von göttlicher Nähe und Gegenwart, wie keine anderen irgendeiner Nation oder Zeit. In ihrer Welt ist das Göttliche dem Naturgeschehen nicht als souveräne Macht übergeordnet: es offenbart sich in den Formen des Natürlichen selbst, als dessen Wesen und Sein."[50]

Und diese Offenbarung vollzieht sich, indem das Wesen und Sein der Welt – die *phýsis* – sich „lebendig ausprägt als eine große Wesensgestalt unserer Welt. Das Erste und Höchste ist nicht die Macht, die den Akt vollbringt, sondern das Sein, das sich in der Gestalt offenbart. Und die heiligsten Schauer kommen nicht aus dem Ungeheuren und grenzenlos Mächtigen, sondern aus den Tiefen der natürlichen Erfahrung."[51]

Alles Wesentliche ist damit gesagt: Die *Götter Griechenlands* sind gestaltgewordenes Sein – verdichtete Aspekte der einen seienden, lebendigen Wirklichkeit – der kosmischen Lebendigkeit bzw. der *psychē*. Wo immer sich in der Begegnung mit dem *kósmos* dieses lebendige Sein im Mythos zu einer gewahrbaren Gestalt verdichtet, da sagen die Griechen als Ausdruck dieser höchsten Erfahrungsintensität: θεός *(theós)* – das Wort, das gemeinhin mit ‚Gott' übersetzt wird.

3.2.2 *Theós*. Das, was uns unbedingt angeht

Theós ist ursprünglich nicht gedacht als eine transzendente Wesenheit, sondern als Qualität dessen, was den Menschen inmitten des *kósmos* unbedingt und unmittelbar angeht, anspricht, in Anspruch nimmt – so sehr, dass man sich zu ihm verhalten muss. So gesehen gibt es wohl keine andere Religion, zu der die von dem Theologen Paul Tillich (1886–1965) vorgeschlagene Definition für das Göttliche so gut passt, wie die altgriechische: Gott, so Tillich, ist „der Name für das, was den Menschen unbedingt angeht." Und er erklärt:

[50] Otto 1987, S. 8.

[51] Otto, 1987, S. 10–11.

„Das heißt nicht, dass es zunächst ein Wesen gibt, das Gott genannt wird, und die Forderung, dass es den Menschen unbedingt angehen soll. Es heißt, dass das, was einen Menschen unbedingt angeht, für ihn zum Gott […] wird, und es heißt, dass nur das ihn unbedingt angehen kann, was für ihn Gott […] ist.“[52]

Unbedingt angeht den Menschen der Antike das Göttliche als das, angesichts dessen er sich der Sinnhaftigkeit und Bejahbarkeit seines Seins und des Seins der Welt gewiss sein kann. Deshalb ist für Platon der *kósmos* ein *theós,* und deshalb erscheinen im Mythos so viele Gottheiten, die alle auf ihre Weise die Sinnhaftigkeit des Seins gestalthaft vergegenwärtigen. Jede Göttin und jeder Gott, jeder *theós* ist kondensierter Sinn, den zu gewahren einen Menschen gleichsam dazu nötigt, ihm mit einem „Ja“ (manchmal, im Sinne von Viktor Frankl mit einem „trotzdem Ja“) zu antworten, dessen Gewicht und Relevanz das Wort *theós* zur Sprache bringt. Wie dieses göttliche Ereignis näher zu fassen ist, beschreibt der Religionshistoriker Karl Kerényi (1897–1973) wie folgt:

„Das Erscheinen einer nicht ausgeführten, noch nicht einmal bildhaften Offenbarung *in* der Welt: das ist *theós*, ist das *theîon* der griechischen Philosophen. Es ist nicht nur auf unberechenbare Weise da, sondern wenn es in seiner Eigenschaft als *theîon* erkannt wird, leuchtet es überall – durch alles und in allem. Es leuchtet in Jahreszeiten und Mondphasen, und es leuchtet in allen Lebensaltern und Lebensbereichen.“[53]

Und weiter:

„Alle Bereiche des Lebens waren zugleich Erscheinungsformen von Göttern. Jeder Gott war Ursprung eines Bereiches, der von ihm aus aufleuchtete, wenn er in seiner Besonderheit erkannt wurde. Diese Erkenntnisse ergaben durch die Erfahrungen von Jahrhunderten – realisiert in Statuen, verehrt in Tempeln und heiligen Bezirken – die Götter Griechenlands.“[54]

[52]Tillich 1956, S. 247.

[53]Kerényi 1971, S. 214.

[54]Kerényi 1971, S. 216.

Theós, Gott auf Griechisch, ist demnach die Qualität des Ereignisses zu höchster Sinnhaftigkeit verdichteter Lebendigkeit. Gott geschieht immer da, wo der Mensch so von der Welt berührt ist, dass er unbedingt „Ja" zu ihr sagt; wenn sich das Leben in und um ihn zu höchster Intensität verdichtet – so intensiv wird, dass es den Menschen existenziell angeht, anspricht und anrührt; so intensiv, dass eine Gestalt erkennbar wird, die ihm als ein Du entgegentritt: eine *Göttin* oder ein *Gott*. Zu höchster Intensität komprimiertes Leben, das ist *theós*. Das Leuchten der Welt, das strahlende und schöne Aufleuchten des Sinnes in der Welt, das ist *theós*. Und wo dieses Leuchten im Prisma des Mythos in den vielfältigen Farben des Spektrums gebrochen wird, da treten die einzelnen olympischen Götter in ihrer jeweils ganz spezifischen Färbung hervor: als Zeus, Hera, Athene, Apollon, Artemis, Hermes …

3.2.3 Götter. Die Garanten des Sinns

Die Göttinnen und Götter der Griechen sind Verdichtungen des lebendigen Seins. Und da den Griechen alles Sein beseelt war, kann man sagen: Sie sind verdichtete Lebendigkeit. Lebendigkeit jedoch hat vielerlei Facetten. Sie ist chaotisch, wild und grausam; sie ist geordnet, schön und klug; mal ist sie weiblich, mal ist sie männlich. Entsprechend gibt es viele Göttinnen und Götter, die genau wie wir Bewohner des *kósmos* sind – unsterblich zwar, aber ansonsten gar nicht so sehr von uns verschieden. An einem Punkt aber unterscheiden sie sich doch. Anders als die Menschen sind die Götter Spieler. Der Philosoph Eugen Fink (1905–1975) sagt von ihnen: Sie „spielen, sie leben in seliger Muße, sie spielen nicht nur ihre Spiele, sie spielen auch die Liebe, die Arbeit und den Kampf." [55]

Warum aber sind die Götter Spieler? Sie sind Spieler, weil sie keine Sorgen kennen. Sie *wollen* nichts, sie erschaffen keine Welt kraft ihres Willens oder ihrer Macht. Sie sind ganz anders als der ernste Schöpfergott der Bibel. Während dieser am Berg Sinai Gebote gibt oder den Feinden seines Volkes Plagen schickt, da flirtet Zeus und spielt mit Menschenmädchen seine Liebesspiele. Wenn man den größten Gott der Griechen

[55] Eugen Fink: Spiel als Weltsymbol, Stuttgart 1960, S. 150.

nicht als Spieler sieht, der nicht durch Machen, sondern durch sein Liebesspiel die Welt mit neuen Qualitäten oder Wesenheiten füllt, kann man ihn nicht verstehen. Und um die anderen Olympier steht es nicht anders. Sie spielen, denn sie sind nichts anderes als die Manifestationen eines Seins, dessen Wesen selbst als großes Spiel der kosmischen Lebendigkeit *gewahrt* und *bewahrt* wurde. Spielerisch bekunden sie die Wahrheit der spielerischen *phýsis* dieses *kósmos*. Wo das Wesen selbst als Spiel gesehen wird, müssen wohl die Göttinnen und Götter meisterhafte Spielerinnen oder Spieler sein. Jede und jeder von ihnen hat eine eigene, unverwechselbare Spielweise. Eine jede und ein jeder verdichtet einen Aspekt vollkommenen Lebens zu einer göttlichen Gestalt, von der die Mythen und Kulte der Hellenen zeugen – und vor allem die Spiele, die zu Ehren der göttlichen Spielgemeinschaft gefeiert wurden.

So darf man sich nicht wundern, wenn die alten Mythen den Eindruck erwecken, der Olymp wäre ein Spielplatz, auf dem sich immerhin so prominente Spieler wie Dionysos, Apollon, Hermes oder Herakles tummeln. Denn bei all den genannten großen Göttern hat sich die bei Heraklit ausgesprochene Idee zum Mythos verdichtet, dass die lebendige Kraft des Kosmos sich in Kindsgestalt spielend in der Welt bewährt, wie Carl Gustav Jung (1875–1961) und Karl Kerényi in ihrem gemeinsamen Essay *Das göttliche Kind* gezeigt haben.[56]

Dessen eingedenk ist nicht mehr überraschend, dass die Götter des Olymp nicht wirtschaften. Und wenn sie – wie vorzugsweise Hermes – doch das eine oder andere Mal Handel treiben, dann spielen sie dabei ohne den alles zwingenden Willen zum Erfolg oder zur Macht. Alles, was sie tun, muss sich selbst genügen. Alles ist ein Spiel, das nur dem einen Ziel gewidmet ist: mit sich selbst im Einklang zu sein, stimmig zu sein, *schön* zu sein: schön wie die schöne Ordnung des *kósmos*. Schön, wie eine jede Göttin oder auch ein jeder Gott. Schön, weil nichts sich so sehr selbst genügt und in sich selbst ruht wie das, was *schön* ist. In der Schönheit wird das Gute sinnenfällig. Jeder schöne Gott ist wie die Blüte an dem Baum des schönen, guten, wesentlichen Lebens einer *phýsis*, die auf Harmonie und Stimmigkeit gerichtet ist. Als die schönen, sinnenfälligen

[56] Carl Gustav Jung/Karl Kerényi: Das göttliche Kind. In mythologischer und psychologischer Beleuchtung, Albae Vigiliae, H. VI/VII, Amsterdam 1940.

Erscheinungen der heiligen Lebendigkeit der Welt, sind die Götter für den Menschen der Antike maßgeblich – in ihrem Sein und *nicht* in ihrem Willen.

Wer das Sein der Welt versteht, kennt auch das Maß des Lebens. Dieses Maß ist *theós*: die allumfassende, alles durchwaltende Lebendigkeit der Welt, von der Platon in den *Nomoi* sagte, dass ein jeder oder eine jede zugestehen müsse, dass sie, *psychē,* die Gottheit dieses *kósmos* sei: der *theós*, von dem er in dem IV. Buch desselben Dialoges sagt:

> „Der Gott nun dürfte wohl am ehesten das Maß aller Dinge für uns sein, und weit mehr als irgendsoein Mensch, wie dies einige wollen."[57]

Das freie, keinem äußerlichen Ziel zugewandte Spiel der *phýsis* – die Lebendigkeit der Welt – ist im Lichte der griechisch gewahrten Wahrheit das göttliche und wesentliche Maß für alles Tun und Sein des Menschen. Ihm zu folgen, stellt in Aussicht, wesentlich und wahr und gut zu leben. Anähnlichung an das Göttliche (ὁμοίωσις θεῶ – *homoíōsis theō*; Tht. 176b), war in den Augen Platons eine treffende Formel für das wahre, gute Leben – für die Weisheit, die von Sokrates selbst so meisterlich verkörpert wurde. Das, so wird zu zeigen sein, gilt nicht nur für den einzelnen Menschen. Denkt man Wirtschaft griechisch, dann ist klar, dass Wirtschaften nur dann gut geheißen werden kann, wenn es sich die Lebendigkeit der Welt zum Maßstab macht: wenn sie ebenso wie die *phýsis* ein Wachstum generiert, das im Einklang mit sich und der Welt gedeiht, um in Schönheit zu erblühen, Frucht zu tragen und zu seiner Zeit zurückzukehren in das Nichts der Potenzialität.

3.3 Mensch. Sterbliche Bürger des Kosmos

Wie kennen nun das Licht, in dem die Griechen ihre Welt *gewahrten* und *bewahrten*: das Licht, das ihnen diese Welt als *kósmos* offenbarte, der durchwaltet ist von einer *phýsis*, deren Sein und Werden sich dem Spiel der kosmischen Lebendigkeit, *psychē*, verdankt. Auf der Lichtung, die

---

[57] Platon, Lg. 716c.

sich dem griechischen Geist offenbarte, konnten Götter und Göttinnen *wahr*genommen werden, die die Heiligkeit der Welt verbürgten, da sie die sinnhafte Lebendigkeit, die in ihr waltet, zu Gestalten komprimierten. Diese Göttinnen und Götter wurden in den Mythen ebenso bewahrt wie in den Kulten, in denen man sich ihnen ehrfurchtsvoll und dankbar zuwenden konnte. Da man solches tat, verehrte man nicht nur die Göttinnen und Götter dieser Welt, sondern blickte gleichzeitig in einen Spiegel, der den Menschen zu erkennen gab, wer sie wirklich sind – oder doch wenigstens zu sein vermögen. Das Bild, das sich die Menschen von sich selber machten, war entworfen nach den Bildern ihrer Götter. Dem delphischen Appell zur Selbsterkenntnis (ΓΝΩΘΙ ΣΕΑΥΤΟΝ) und zum Verstehen, was es heißt, ein Mensch zu sein, konnte man im griechischen Verständnis am besten nachkommen, indem man an den Göttern Maß nahm: nicht, um ihnen gleich zu werden – solches galt als *hýbris*, die dem Menschen schadet –, sondern um in Rückbindung (*religio*) an sie, die Lebendigkeitspotenziale des eigenen Seins zur schönsten Blüte zu entfalten. An den Göttern Mensch zu werden war das große Ziel der griechischen Kultur. Das macht sie zur Wiege des europäischen Humanismus.

Nach mehr als zweihundert Jahren aufgeklärter Religionskritik, nehmen wir heute an, dass sich die Sache umgekehrt verhält: dass nicht der Mensch sich nach Maßgabe der Götter entwarf, sondern sich seine Götter nach Maßgabe des eigenen Selbstbildes gab. Schon in der Antike selbst waren die Stimmen laut, die – wie etwa der vorsokratische Philosoph Xenophanes (ca. 570–475 v. Chr.) – behaupteten, die Götter seinen nichts als Projektionen, die die Menschen von sich selber machen. Aber dieses Denken greift zu kurz. Denn auch ein Mensch, der sich selbst seine Götter gibt, hält sich dabei und zuvor unweigerlich im Lichte einer Wahrheit, die er selber nicht geschaffen hat, sondern in der er sich schon findet: auf der Lichtung, deren Licht entscheidet, was auf ihr als *Wahrheit* zu *gewahren* und sodann auch zu *bewahren* ist. Das besondere Licht der Wahrheit, in dem die Hellenen die Welt *gewahrten*, findet seinen Widerglanz zunächst in Göttinnen und Göttern und erst dann, vielleicht zugleich, im Selbstverständnis der Menschen. Was es heißt, *wahr*haft ein Mensch zu sein, lässt sich nicht beantworten, ohne dass die Wahrheit bereits gelichtet ist: im Falle der Griechen in einem Licht, das die Welt als ein lebendiges, schönes und sinnvolles Spiel *gewahrbar* machte.

Das vorausgeschickt, sind wir nun vorbereitet, uns dem Menschenbild bzw. dem Selbstverständnis zuzuwenden, das wir in den Zeugnissen der altgriechischen Literatur finden.

3.3.1 Endlichkeit. Was dem Menschen Tiefe gibt

In den homerischen Epen und den überlieferten Texten der attischen Tragödie finden wir eine eindeutige und klare Definition dessen, wer bzw. was der Mensch ist: Er ist ein θνητός (*thnētós*) bzw. ein βροτός (*brotós*) – ein Sterblicher. Auch die alte delphische Spruchweisheit legt dem Menschen nahe, er könne dem Imperativ des *Gnōthi sauton* nicht besser beikommen als durch die Einsicht in die eigene Sterblichkeit, die ihn unabdingbar von den Göttern unterscheidet: *Thnēta phronei* – „Bedenke das Sterbliche" – war ein geläufiges delphisches Sprichwort. Der Gräzist Wolfgang Schadewaldt (1900–1974) stellt entsprechend fest:

> „Die Grundbedeutung des Begriffs des ‚Menschlichen' offenbart sich von seinem Ursprung in der Religion des delphischen Gottes her als das Sterbliche. Das Sterbliche in seinem Abstand, seiner Begrenztheit vor dem unsterblichen Gott, das eben ist das ‚Menschliche'."[58]

In der Tat durchwirkt das Bewusstsein der eigenen Endlichkeit die antike Poesie, Tragödie und Philosophie durchweg. Besonders augenscheinlich ist dies bei dem großen, stark von Delphi beeinflussten Dichter Pindar (517–438 v. Chr.), in dessen *3. Pythischer Ode* es heißt:

> „Von den Göttern muss man das Gebührende erstreben und mit menschlichem Sinn erkennen – es ist handgreiflich –, was unsere Bestimmung ist./ Meine Seele, strebe nicht nach Unsterblichkeit,/ das Mögliche schöpfe aus in deiner Bemühung."[59]

Und ähnlich lesen wir in der *5. Istmischen Ode:*

[58] Schadewaldt 1975, S. 22.

[59] Pindar 1986, S. 105.

> „Strebe nicht, Zeus zu werden! Alles hast du, wenn dir von diesem Glück ein Teil zukommt. Sterbliches steht Sterblichen an."[60]

Beide Zeugnisse künden von einem Menschenbild, das sich der eignen Endlichkeit und Begrenztheit voll bewusst ist. Darin spiegelt sich das ursprüngliche Gewahren der *phýsis*, deren alles durchwaltendes Wesen als Zusammenspiel von Anwesen und Abwesen, Leben und Tod, erfahren wurde. Dass der Tod ein Teil des Lebens ist, war den Griechen eine Wahrheit, der es zu entsprechen galt, indem man ihm nicht auswich, nicht versuchte, ihn – so wie wir es in der Moderne tun – fortwährend zu verdrängen und mithilfe der großen Maschine einer technisch gedachten Ökonomie zu bezwingen; sondern indem man seine Realität anerkannte und bejahte. Alle Anstrengung, den Göttern gleich zu werden und Unsterblichkeit zu erlangen, erschienen als dem Wesen des Menschen unangemessen, maßlos, vermessen, anmaßend. Dem entgegen stand das delphische *Mēden agan*: „Nichts im Übermaß!" Maßvoll leben hieß, sich in die Grenze *schicken*, die des Menschen *Schick*sal ist: seine Endlichkeit und Sterblichkeit. Nicht resignativ, sondern um aus dem Bewusstsein der Endlichkeit zur größten Größe zu wachsen und zur schönsten Schönheit zu erblühen: sich den Göttern anzunähern; wohlwissend, dass ihnen gleich zu sein, dem Menschen nicht geziemt.

Wohl aber steht es dem Menschen gut zu Gesichte, sich mit seiner Endlichkeit und Sterblichkeit ins Licht des Göttlichen zu stellen, um auf diese Weise zu *gewahren* und *bewahren*, was das *wahre* Menschsein ist. Auch davon spricht Pindar, dieses Mal in seiner *8. Pythischen Ode*:

> „Eintagswesen. Was ist einer, was ist einer nicht? Eines Schattens Traum ist der Mensch. Aber wenn gottgeschenkter Glanz kommt, ruht helles Licht und freundliches Dasein auf den Menschen."[61]

Das Bewusstsein und die Akzeptanz der Endlichkeit, Verletzlichkeit und Sterblichkeit ziehen sich wie ein roter Faden durch die griechische Kultur. Dabei waren sich die Hellenen der Verführbarkeit des Menschen

---

[60] Pindar 1986, S. 261.

[61] Pindar 1986, S. 153–155.

wohlbewusst. Unermüdlich warnten ihrer Vordenker vor der Gefahr der *Hybris*, die immer lauerte, wo Menschen sich anschickten, den Göttern gleichen zu wollen. Ob Ikaros oder Phaieton, Niobe oder Io: Zahlreich sind die Geschichten, die vom „Neid" und „Zorn" der Götter handeln, von der *Nemesis*, die jeden traf, dem es nicht genügte, Mensch zu sein.

Angesichts der Götter auf die eigene Endlichkeit verwiesen zu werden und das Nichts des Todes als Teil des eigenen Seins zu begreifen, scheint uns Menschen nur schwer eingängig. Der Fragilität des eigenen Seins standzuhalten und als Wahrheit zu *gewahren* oder zu *bewahren,* fiel aber auch den Hellenen nicht leicht. Ihre großen Mythen wie die *Odyssee* und die *Ilias* zeugen davon ebenso wie die Tragödien, die man mit Recht als Manifestation des Wissens um die unbedingte Wahrheit und Bejahbarkeit der eigenen Endlichkeit bezeichnen kann. Vor allem in ihnen ist erkennbar, dass die Menschen sich dessen bewusst waren, wie groß die Versuchung ist, den Tod und die Nichtigkeit des eigenen Seins zu leugnen. Deshalb ist der Mensch im griechischen Verständnis ein ambivalentes Wesen. Davon zeugt besonders eindrucksvoll ein Chorlied der *Antigone* des Sophokles (ca. 496–405 v. Chr.):

> „Viel Ungeheures ist, doch nichts
> So Ungeheures wie der Mensch.
> Der fährt auch über das graue Meer
> Im Sturm des winterlichen Süd
> Und dringt unter stürzenden Wogen durch.
> Und der Götter Heiligste, die Erde,
> Die unerschöpfliche, unermüdliche,
> Plagt er ab,
> Mit wendenden Pflügen Jahr um Jahr
> Sie umbrechend mit dem Rossgeschlecht.
>
> Und der leicht-sinnigen Vögel Schar
> Holt er mit seinem Garn herein
> Und der wilden Tiere Völker, und
> Die Brut des Meeres in der See
> mit netzgesponnenen Schlingen
> Der alles bedenkende Mann. Er bezwingt

Mit Künsten das draußen hausende Wild,
Das auf Bergen schweift,
Und schirrt das raunackige Pferd
An dem Hals unters Joch
Und den unermüdlichen Bergstier.

Auch die Sprache und den windschnellen
Gedanken und den städteordnenden Sinn
Bracht' er sich bei, und unwirtlicher Fröste
Himmelsklarheit zu meiden und bösen Regens
Geschosse, allerfahren. Unerfahren
Geht er in nichts dem Kommenden entgegen.
Vor dem Tod allein
Wird er sich kein Entrinnen schaffen.
Aus Seuchen aber, unbewältigbaren,
Hat er sich Auswege
ersonnen.

In dem Erfinderischen der Kunst
Eine nie erhoffte Gewalt besitzend,
Schreitet er bald zu Bösen, bald zum Guten.
Achtet er die Gesetze der Erde
Und das bei den Göttern beschworene Recht:
Gut geht's der Stadt! Schlecht geht's der Stadt
Wenn sich Ungutes ihr gesellt
Wegen seines Wagemutes! […]"[62]

Dieses berühmte Chorlied ist hier nicht nur deshalb zitiert, weil es ein frühes Zeugnis dessen darstellt, was man ein „ökologisches Bewusstsein" nennen könnte, sondern weil es neben dem Wissen um die Ambivalenz des menschlichen Daseins einen weiteren wichtigen Hinweis auf die Selbstdeutung des antiken Menschen gibt, die sich im Lichte des griechischen Weltgewahrens entfaltete: das Wissen um die unbedingte Zugehörigkeit des Menschen zum *kósmos* – die Einsicht, Teil derselben *phýsis* zu

[62] Sophokles 1983, Ant. 332–370, S. 119.

sein, die alles durchwest und durchwaltet bzw. selbst *psychē* und deshalb auch an das gebunden zu sein, was sich als bleibendes Gesetz, als νόμος (*nómos*) der Erde durch alles Sein und Werden hin erstreckt. Im zitierten Chorlied heißt es deshalb: „Achtet er die Gesetze der Erde (νόμους γεραίρων χθονὸς) und das bei den Göttern beschworene Recht: Gut geht's der Stadt!"

Ein dem *nómos* der Erde, den Spielregeln der *phýsis*, der Intelligenz der *psychē* angemessenes Handeln und Wirtschaften, so legt Sophokles nahe, wird dem Gemeinwesen der Menschen – ihrer *pólis* – dienlich sein; ebenso wie ihrem Wirtschaften. Denn auch das Wirtschaften ist im Verständnis der Griechen nur dann wesentlich und wahr, wenn es im Einklang mit dem Wesen dieser Welt verrichtet wird: wenn es sich ins große Spiel des Anwesens und Abwesens fügt und dabei das Maß von Harmonie und Stimmigkeit bewahrt. Davon singt der Chor in Sophokles' *Antigone*: Er verurteilt nicht die Landwirtschaft, die Jagd oder die Technik. Er weist aber darauf hin, dass all das dem Menschen nur dann zum Segen gereichen wird, wenn er sich dabei seiner Endlichkeit bewusst bleibt und zugleich dem *nómos* der Erde folgt: dem Grundgesetz der *phýsis*, dass alles Sein und Werden auf Harmonie und Ordnung angelegt ist.

3.3.2 Zugehörigkeit. Was dem Menschen Rückhalt gibt

Dem griechischen Geist erschloss sich die Wahrheit als Lebendigkeit, die das Spiel der *phýsis* trägt und hält. Alles ist durchwaltet von *psychē*. Auch der Mensch ist wesentlich nichts anderes als *psychē* in einer individuellen Ausprägung. Menschsein ist Lebendigkeit: Es umfasst das Leben und den Tod, und es erfüllt seinen Sinn darin, mit sich und dem *kósmos* im stimmigen Einklang zu sein. Ein gutes Leben führt ein Mensch, wenn er die eigene Endlichkeit bejaht, sich am Maß von Harmonie und Stimmigkeit orientiert und damit dem *nómos* der Erde bzw. den Spielregeln der *phýsis* genügt.

Was das konkret bedeutet, hat von den antiken Denkern keiner so klar ausgearbeitet, wie Platon, dessen ganzes Denken um die Frage kreist, was die *psychē* ist und wie sie in menschlicher Gestalt ihr Potenzial auf möglichst gute Weise zur Entfaltung bringen kann. Wie *psychē* sich ihm zufolge allgemein beschreiben lässt, haben wir bei unserer Beschäftigung mit den Dialogen *Philebos* und *Timaios* (s. Abschn. 3.1.3) bereits gesehen: *Psychē* ist ein Spiel, das darauf angelegt ist, ein komplexes und lebendiges Ganzes – wie den *kósmos* – so zu arrangieren, dass es mit sich selbst im Einklang ist. *Psychē* ist so etwas wie die innere Dynamik von organischen Systemen. Menschliche Lebendigkeit, die *psychē* in uns, lässt sich laut Platon als ein dreigliedriges dynamisches System beschreiben. In seinem Dialog *Phaidros* hat er dafür ein sprechendes Bild gefunden:

> „Das Wesen der *psychē* ist Thema einer durchaus göttlichen und langwierigen Erörterung, wir können aber in einer menschlichen und kürzeren Rede ein Gleichnis für sie betrachten. In dieser Weise wollen wir nun sprechen: So gleiche sie denn der zusammengewachsenen Kraft eines gefiederten Gespanns und seines Wagenlenkers. Der Götter Rosse und Wagenlenker nun sind alle sowohl selbst gut als von guter Abkunft, die Art der anderen aber ist gemischt. Und zwar was uns betrifft, so lenkt der Führer erstens ein Doppelgespann, sodann ist das eine seiner Rosse selbst edel und gut und von solcher Abkunft, das andere aber von gegenteiliger Abkunft und auch selbst das Gegenteil des anderen Rosses. Schwierig und unbeholfen ist da notwendig die Wagenlenkung bei uns."[63]

Wir müssen nicht alle Aspekte dessen, was hier gesagt ist, aufgreifen. Wichtig für unseren Kontext ist, dass die *psychē* des Menschen als ein systemisches Zusammenspiel dreier Elemente beschrieben wird: des Wagenlenkers und zweier Pferde, deren eines „gut und edel", deren anderes hingegen schwierig in der Handhabung ist. Um diese Metapher aufzulösen, empfiehlt sich ein Blick in Platons *Politeia* (*Der Staat*), in dem dieselbe dreigliedrige Struktur der *psychē* etwas weniger metaphorisch-bildhaft entwickelt wird. Dort lässt Platon seinen Sokrates erklären, die *psychē* des Menschen weise folgende drei „Seelenteile" auf: das durch das problematische Pferd abgebildete triebhaft-affektive *epithymetikón* (ἐπιθυμητικόν), das durch das „edle" Pferd illustrierte leidenschaftlich-emotionale *thymoeidés* (θυμοειδές) und das vom Wagenlenker versinnbildlichte vernünf-

[63] Platon, Phdr. 246a+b.

tig-rationale *logistikón* (λογιστικόν).[64] Menschliche Lebendigkeit lässt sich demnach als das Zusammenspiel dieser drei „Seelenteile“ beschreiben. Dieses Spiel gelingt, wenn sich diese Aspekte unserer Lebendigkeit nicht behindern oder im Wege stehen: wenn unsere *psychē* mit sich im Einklang ist und deshalb ihre Energie reibungslos und frei entfalten kann. Sollte das der Fall sein, ‚rollt‘ die *psychē* des Menschen wie ein gut gelenkter Wagen in sich stimmig durch die Zeit. Sie kann gedeihen, wachsen und zur Schönheit eines großen Lebens erblühen. Denn wo unsere Lebendigkeit mit sich im Einklang ist, da entspricht sie dem *nómos* der Erde, dem Gesetz der *phýsis*, den Spielregeln des Seins und Werdens dieses *kósmos* – da *west* sie *wesentlich*, denn da erweist sie ihr Zugehörigkeit zum Großen und Ganzen und ihre Rückbindung an das Regelwerk des Seins.

Für dieses Regelwerk des Seins bietet das Altgriechische neben *nómos* noch ein weiteres Wort. Es lautet λόγος (*lógos*). Das Wort rührt her vom Verbum λέγειν (*légein*), was so viel heißt wie ‚sammeln‘, ‚versammeln‘ und ‚lesen‘. Ein *lógos* ist mithin eine „lesbare Versammlung“ bzw. ein sinnvolles Gefüge. Dies kann das sinnvolle Gefüge eines Wortes sein, in dem eine Vielzahl von Buchstaben versammelt ist; es kann das sinnvolle Gefüge eines Satzes sein, in dem eine Vielzahl von Wörtern versammelt ist; es kann das sinnvolle Gefüge eines Textes sein, indem eine Vielzahl von Sätzen versammelt ist; es kann das sinnvolle Gefüge einer Komposition sein, in dem eine Vielzahl von Tönen und Akkorden versammelt ist; es kann das sinnvolle Gefüge einer Rechnung sein, in der eine Vielzahl von Zahlen versammelt ist. In allen diesen Fällen spricht das alte Griechisch von einem *lógos*. Auch die *psychē* eines Menschen hat einen ihr eigenen *lógos*. Es ist das sinnvolle Zusammenwirken aller Aspekte und Facetten seiner Lebendigkeit – wie Platon es im Bild des reibungslos dahingleitenden „Seelengespannes“ veranschaulicht hat. Dabei handelt es sich selbstverständlich um eine Vereinfachung. In Wahrheit ist der *lógos* der *psychē* viel komplexer, denn wie wir wissen, ist in die Struktur der Lebendigkeit auch das Nichts der reinen Potenzialität verwoben. Deshalb sagte Heraklit mit gutem Grund:

[64] Platon, Rp. 440e.

„Die Grenzen der *psychē* sind unauslotbar, selbst wenn du jeden Weg beschreitest. Denn ihr *lógos* ist zu tief."[65]

Damit ist gesagt, dass das Leben unausschöpfbar ist: dass die menschliche Lebendigkeit so komplex ist, dass sie sich nicht auf eine Formel bringen lässt; dass aber gleichwohl dem Menschenwesen bei all seiner Komplexität ein *lógos* innewohnt, dessen Logik von dem uns bereits bekannten *nómos* der *phýsis* bestimmt ist (s. Abschn. 3.1.4): Allem Wesen, Walten und Werden wohnt eine Tendenz zu Harmonie und stimmiger Balance inne.

Diesen *lógos* zu inkarnieren bzw. in unendlichen Variationen bewusst immer neu zu manifestieren, ist das Wesensmerkmal, das den Menschen von allen anderen Lebewesen unterscheidet. Das ist die eigentliche Bedeutung der von Aristoteles vorgeschlagenen Definition, derzufolge der Mensch ein ζῷον λόγον ἔχον (*zōon lógon échon*) ist – ein Lebewesen, dass *lógos* hat.[66] Meistens wird dieses Wort so verstanden, als habe Aristoteles sagen wollen, das Alleinstellungsmerkmal des Menschen sei es, mit Sprache oder Vernunft begabt zu sein. Aber das ist nicht der springende Punkt. Es geht vielmehr darum, dass dem Menschen der fundamentale *nómos* der *phýsis* eingezeichnet ist, kraft dessen er dem *Gnōthi sauto*n und dem *Mēden agan* genügen kann. Was den Menschen zum Menschen macht, ist demnach, dass er verstehen kann, wer er ist und was das seinem Leben inhärente Maß ist: *psychē*, die das Große und Ganze dieser Welt durchwaltet – Lebendigkeit, die immer dann im Einklang mit sich selbst *west*, wenn sie dem Gesetz des Lebens folgt und mit sich selbst und mit der Welt im Einklang schwingt.

Der Mensch ist so gesehen Bürger dieser Welt – inniglich mit ihr verwoben, weil er deren *phýsis* teilt und ebenso wie sie lebendig ist; und weil auch er gut daran tut, sich harmonisch in das Leben einzufügen und zugleich das hochkomplexe System der eigenen Lebendigkeit auszutarieren. Durch die Rückbindung an den *nómos* der *phýsis* ist der Mensch als ein Wesen der Zugehörigkeit bestimmt: Er ist ein Wesen, dem es wesentlich

---

[65] Heraklit 1940, Fr. 45, S. 16. Im Orig.: ψυχῆ πείρατα ἰὼν οὐκ ἂν ἐξεύροιο, πᾶσαν ἐπιπορευόμενος ὁδόν· οὕτω βαθὺν λόγον ἔχει.

[66] Aristoteles Pol. 1053a9–10.

ist, Teil eines Umfassenden, Gemeinsamen zu sein: eines *Gemein*wesens – des großen Gemeinwesens des *kósmos* ebenso wie des kleinen Gemeinwesens der *pólis*. Das führt uns zu einer dritten, bedeutsamen Signatur des antiken griechischen Menschenbildes: Der Mensch ist seinem Wesen nach, so sagte Aristoteles, ein *politikón zōon* (πολιτικὸν ζῷον), ein *politisches Wesen*.[67] Und gerade deshalb ist er frei.

3.3.3 Freiheit. Was den Menschen zum Handeln befähigt

Im Licht des antiken Denkens erweist sich Freiheit als ein Wesenszug des Menschseins. Doch die Freiheit, die die Griechen meinten, ist ganz anders als die Freiheit, die im Licht der neuzeitlichen Wahrheit offenbar wurde. Neuzeitlich gedacht ist Freiheit etwas, das Subjekten eignet, die kraft ihres Willens selbstbestimmt das Heft des Handelns in die Hand nehmen – die in Freiheit ihre Interessen verfolgen, auf dem freien Markt wirtschaften und Handel treiben. Diese Freiheit lag den Griechen der Antike fern. Nicht, dass nicht auch sie Handel trieben und ihren Interessen folgten. Das taten sie, doch taten sie dies – ihrem Selbstverständnis nach – nicht kraft ihres Willens; und es war für sie auch nicht ein Tun, in dem sich ihre Freiheit zeigte.

Freiheit war den Griechen eine Qualität, die all denen zukommt, die dort leben, wo sie hingehörten. Freiheit hatte nichts mit Ungebundenheit zu tun, sondern mit Eingebunden-Sein und Rückgebunden-Sein an das Gemeinwesen, in dem man aufgewachsen (*phýsis*) ist und dem man zugehört (*pólis*). Das bezeugt das Wort ἐλευθερία (*eleuthería*), das im Deutschen durchgängig mit *Freiheit* übersetzt wird, ursprünglich jedoch nichts anderes ausdrückte als die Zugehörigkeit zu einem Gemeinwesen. Der ἐλεθεύρος (*eleútheros;* von indogerm. *Leutdh-ero-s*) ist ursprünglich ein auf heimischer Erde lebender, dem dortigen Volke (den *Leuten*) zugehörender und deshalb *freier* Mann. Seine *eleuthería* zeigt sich gerade darin, dass er in der Lage ist, dem *nómos* – was nicht nur ‚Gesetz', sondern auch ‚Brauchtum' heißt – seiner heimischen Erde folgen zu dürfen.

[67] Aristoteles Pol. 1253a3.

Gegenteil eines *eleútheros* war der Sklave, dem verwehrt ist, dort zu leben, wo er hingehört, und der fern der Heimat auf fremder Erde seine Jahre fristen muss. Nicht weil ihm die Selbstbestimmung fehlte, sondern weil er ohne Zugehörigkeit zu einer *pólis* leben muss, war sein Schicksal aus der Sicht der Griechen überaus beklagenswert. Später erst wurde die *eleuthería* dann zum Kennzeichen der Zugehörigkeit zu einer *pólis* und damit zu einer rechtlichen Kategorie, die bestimmte Bürgerrechte mit sich brachte. Doch mit Selbstbestimmtheit im neuzeitlichen Sinne hatte das alles nichts zu tun.

Ähnlich verhält es sich mit dem altgriechischen Prädikat ἑκών (*hekōn*), das dem neuzeitlichen Konzept der subjektiven Freiheit zu entsprechen scheint, weil es eine Qualität von Individuen bezeichnet. *Hekōn* heißt so viel wie „aus freien Stücken" und kommt damit der Idee der Selbstbestimmtheit deutlich näher. Allerdings wird dieses Wort ursprünglich nur im Gegensatz zu Zwang (*anánkē*, ἀνάγκη) und äußerer Gewalt (*bía*, βία) verwendet. Frei im Sinn von *hekōn* ist mithin nicht derjenige, der seinem eigenen Willen oder seiner Willkür nachgehen kann, sondern der *nicht* anderer Gebote Folge leisten muss. Frei ist, wer seine eigene *phýsis* durch keine äußere Gewalt beeinträchtigt, entfalten kann – und zwar nach Maßgabe der *phýsis* und nicht der eigenen Wünsche. „Ἑκών ist nicht schon jeder, der der eigenen Natur als seinem Eigengesetz (ἴδιος νόμος) folgt, sondern wer das gemeinsame, göttliche Gesetz zum eigenen macht."[68]

Später wurde im Stoizismus daraus das Grundaxiom, wonach die wahre, eigentliche Freiheit eines Menschen darin besteht, der Natur gemäß zu leben: *phýsei homologouménos zēn* (φύσει ὁημολογουμένως ζῆν) – rückgebunden an den *nómos*, der der *phýsis* innewohnt: rückgebunden an das Grundprinzip von Harmonie und Gleichgewicht. Frei ist, so gesehen, alles Tun des Menschen, das sich einfügt in das freie Spiel der kosmischen Lebendigkeit. Frei ist der Mensch, der im freien Spiel der *phýsis* wächst und reift, blüht und Frucht trägt – unbeeinträchtigt von irgendwelchen Zwängen oder Maßregelungen, ganz gleich ob diese von außen oder von innen kommen. Ein Leben, das den Imperativen eines Gottes oder des „Sittengesetzes in mir" (Immanuel Kant) zu folgen hat,

---

[68] Warnach 1972, S. 1066.

kann, griechisch gedacht, nicht frei sein. Frei ist es nur, wenn es der kosmischen *psychē* entspricht, die sich durch den Menschen hindurch entfalten will: „Alles wird unerträglich, wenn man seine Natur verlässt und tut, was ihr nicht angemessen ist", sagt Sophokles in seiner Tragödie *Philoktet*.[69]

Frei ist – griechisch gedacht – nur ein Leben, das dem Maß der kosmischen Lebendigkeit folgt, ohne anderer Maßregelung zu unterliegen – selbst wenn die Maßregelung dem eigenen Willen, dem eigenen Bedürfnis, der eigenen Gier folgen sollte und nach Maßgabe des neuzeitlichen Denkens Ausdruck höchster subjektiver Freiheit wäre. So zu denken war den Griechen unmöglich, weil das Menschsein sich vor ihrem Geist im Lichte einer anderen Wahrheit offenbarte: Das neuzeitliche Konzept des Willens, noch zumal des freien Willens, lag dem Menschen der griechischen Antike völlig fern – so fern, dass es unmöglich ist, unser neuzeitliches Konzept des Willens ins Altgriechische zurück zu übersetzen. „Dem Begriff des Willens entspricht kein Wort im philosophischen oder außerphilosophischen Griechisch",[70] sagt der Altphilologie Albrecht Dihle (1923–2020), der in seiner Arbeit *Die Vorstellung vom Willen in der Antike* überzeugend dargestellt hat, dass die Idee einer Freiheit im Sinne eines autonomen, willkürlichen Handels in der altgriechischen Literatur nicht zu finden ist. Damit fehlt dem Menschenbild des Griechen *die* zentrale Kategorie der neuzeitlichen Selbstdeutung des Menschen und *die* zentrale Signatur des *Homo Oeconomicus* (s. Abschn. 2.3.1 u. 2.3.7), nach dessen Maßgabe der Mensch der Gegenwart sich selbst entwirft als Wesen, das bei allem, was es tut, gewinnen *will.* So zu denken und auf einer solchen geistigen Grundlage zu wirtschaften, war dem Menschen der griechischen Antike nicht möglich; einfach deshalb, weil er keine Worte hatte, mit denen er solches hätte versprachlichen können.

Die antiken Griechen waren „willenlos" – und genau darin lag die Freiheit, die sie für sich erkannten: Sie folgten *dem Wesen* (*phýsis*) *der Lebendigkeit* (*psychē*) und nicht *dem Willen des Subjektes.* Sie sahen sich nicht gezwungen, irgendwelchen Kennzahlen zu dienen, irgendwelche Ziele zu erreichen, irgendwelche Pläne zu erfüllen, irgendwelche Maschi-

[69] Sophokles 1990, Phi 902, S. 300.

[70] Dihle 1985, S. 29 ähnlich auch S. 31.

nen zu bedienen. Wieso sollten sie sich solchen Zwängen unterwerfen, wenn auch ihre Götter so etwas nicht kannten; wenn auch ihre Götter „willenlose" Spieler waren, deren Göttlichkeit sich ganz darin erfüllte, ihrer eigenen Natur – besser: der göttlichen Lebendigkeit in der in ihnen jeweils verdichteten Erscheinungsform – zu genügen? Diese Götter ohne Willen zeitigten ein Menschentum, das sich damit begnügte, seine Freiheit darin zu erkennen, ganz im Einklang und in Harmonie mit dem Großen und Ganzen des *kósmos* zu leben: das System der eigenen Lebendigkeit (*psychē*) mit dem System der kosmischen Lebendigkeit (*psychē*) zu synchronisieren.

Dazu brauchte es, wie wir noch sehen werden (s. Abschn. 3.4.1), keine moralischen Gebote und keine ethischen Imperative, sondern lediglich einen wachen *noûs* – einen klaren Geist, der verstanden hat, was das Maß des guten Lebens ist und der gleichzeitig dieses Verständnis auf konkrete Handlungssituationen anzuwenden weiß. Praktische Klugheit und Einsicht in die Grundprinzipien der *phýsis* und *psychē*: sie genügen, um gute Entscheidungen zu treffen und ein gutes Leben zu führen; einen festen oder zielgerichteten Willen braucht man hingegen dafür nicht.

Nicht das selbstbestimmte Verwirklichen und Durchsetzen des eigenen Willens also war den Griechen der Antike ein Ausweis oder Inbegriff von Freiheit – sondern ganz im Gegenteil die Freiheit von dem Zwang, bestimmten Zwecken dienen oder Zielen nachzugehen zu müssen: sich in Freiheit zu entfalten, so wie es der *nómos* der Lebendigkeit (*psychē*) gebietet; und das nach Maßgabe der Grenzen, die einem jeden Leben auferlegt sind, sodass es sich wesentlich nach Maßgabe seines Sinns und Wesens in der Welt bekunden kann. Stimmige Systeme inmitten stimmiger Systeme – naturgemäßes Leben inmitten einer lebendigen Natur. Das ist die Formel, die dem ökonomischen Denken des griechischen Geistes die Richtung wies; und von der sich die neuzeitliche Ökonomie weit entfernt hat.

Nicht der freie, deregulierte Markt, auf dem freie Subjekte möglichst ungezwungen in Freiheit ihren Interessen nachgehen und ihrem Willen folgen können, erschien den Griechen der Antike als ein Ort der Freiheit. Sie suchten ihre Freiheit vielmehr darin, dem Sein der Götter möglichst nahezukommen. Das geschah vor allem bei den großen Spielen, die im alten Helles gefeiert wurden. Nicht nur bei den großen panhellenischen

Spielen zu Olympia, Delphi, Nemea und Isthmia, sondern auch bei tausenden von regionalen Festspielen zu Ehren regionaler Gottheiten. Keine andere Kultur der Welt war so dem Spielen hingegeben wie die griechische. Ob die Schauspiele zu Ehren des Dionysos oder die athletischen Wettspiele zu Ehren des Zeus, ob die Mysterienspiele zu Ehren der Demeter oder die panatheneischen Spiele zu Ehren der Athene: Stets spielten die Griechen zu Ehren ihrer Götter. Ihre Spiele waren Kultfeiern. Im geschützten, abgrenzten Spielraum dieser Feste konnte man die übliche, alltägliche Betriebsamkeit des Lebens unterbrechen und sich im selbstgenügsamen Spiel zu Ehren der Götter ergehen. Das waren die höchsten Feiertage der Hellenen, denn in ihnen war der Mensch für eine Weile aller Sorge ledig und von allem Dienst an Zielen, Zwecken oder Kennzahlen befreit, um einfach nur *zu sein*: einfach nur zu Ehren der in den Göttern verdichteten kosmischen *psychē* zu wesen – wesentlich zu sein. Ganz im Sinne eines Wortes aus Friedrich Hölderlins (1770–1843) Roman *Hyperion*: „Zu sein, zu leben, das ist genug. Das ist die Ehre der Götter."[71]

Auch Platon sah im aller Zweckrationalität und instrumentellen Vernunft enthobenen Spiel ein Tun, das dem Menschen ein Höchstmaß an Freiheit, Erfüllung und Glück gewährt. In einer Passage im VII. Buch der *Nomoi* lässt er seinen namenlosen Athener den Gedanken vorgetragen, der Mensch sei gut beraten, sein Leben spielend zuzubringen:

> „Der Mensch […] ist nur ein vom Gott gemachtes Spielzeug – und eben das ist in der Tat das Beste an ihm. Demgemäß sollten ein jeder Mann und jede Frau die allerschönsten Spiele spielend ihr Leben zubringen, der heutigen Denkweise gerade entgegensetzt. […] Was ist nun das Richtige? Dass man sein Leben lang bestimmte Spiele spielt, mit Opfer, Gesang und Tanz, […] und sich so die Huld der Himmlischen erwirkt, indem man das Leben seiner Natur gemäß lebt, wohl wissend, eigentlich bloß Puppen zu sein, die an der Wahrheit nur geringen Anteil haben."[72]

Hier tritt noch einmal die alte, uns schon bei Heraklit begegnete Weltsicht der Hellenen klar hervor. Im Lichte der vom griechischen Geist ge-

[71] Hölderlin 1970, S. 732.

[72] Platon Lg. 803c–804b.

wahrten Wahrheit erscheint das Sein der Welt als ein Spielgeschehen und der Menschen als ein Spielzeug oder Spiel in den Händen der Gottheit. Spielen ist dieser Weltsicht folglich eine dem Sein und der menschlichen Natur gemäße, dem Menschen wesentliche Lebensform. Deshalb ist der Mensch gut beraten, sein Leben als festliche Folge schöner Spiele zu feiern. Denn solches zu tun, heißt, der *conditio humana* gerecht zu werden: selbst wesentlich ein Spiel zu sein; was freilich herzlich wenig mit der *game theory* der zeitgenössischen Volkswirtschaftslehre zu tun hat.

3.4 Ethik. Leben im Einklang mit dem eigenen Sein

Der griechische Geist kreist von Anfang an um die Frage nach dem guten Leben. Da sich ihm die Welt als schöne Ordnung (*kósmos*) offenbarte und sich ihm das Sein und Wesen dieses *kósmos* als eine auf Harmonie hin ausgerichtete Lebendigkeit bzw. *psychē* erschloss, suchte er die Antwort auf die Frage nach dem guten Leben nicht im Willen seiner Götter oder eines Gottes, sondern in dem *nómos*, dem „Gesetz", das aller *phýsis*, allem Werden und Vergehen, innewohnt. Diesem *nómos* zu entsprechen, diesem Maß gemäß zu leben, hieß dem Sinn des Seins – dem *lógos* oder *noûs* – zu genügen. Es bedeutete, das Leben so zu führen, dass es sich dem Göttlichen annäherte. *Sinnvoll*, *wesentlich* und *gut* bedeuteten im Licht der dem Geist der Griechen offenbaren Wahrheit immer nur: mit sich selbst und der Welt im Einklang sein – harmonische Lebendigkeit, die sich frei und stimmig in die kosmische *psychē* fügt.

3.4.1 Tugend. Das Maß aller Dinge

Allem, was sinnvoll, wesentlich und gut erschien, eignete im griechischen Verständnis ἀρετή (*aretē*): *Tugend*. Dieses Wort ist äußerst missverständlich, denn im Deutschen heften sich an *Tugend* Assoziationen, die einem anderen, uns vertrauteren ethischen Mindset entstammen: In einem von der christlichen Morallehre geprägten Denken gilt als tugendhaft nur, wer gehorsam den Geboten der Moral folgt; egal ob einer religiösen oder einer säkularen Moral. Tugendhaft scheint zu sein, wessen Willen sich den von der Moral gesetzten Werten verschreibt. So etwas konnte kein Hellene denken. Weder kannte er das Konzept des Willens (s. Abschn. 3.3.3) noch eine Moral, die an irgendwelchen Werten hängt. Seine Antwort auf die Frage nach dem guten Leben waren nicht der gute Wille eines Augustinus oder Kant, auch nicht die kodifizierten Werte einer UN-Charta, sondern das, was er *aretē* nannte.

Wörtlich übersetzt heißt *aretē* nichts anderes als ‚Bestheit'. Das entspricht der ursprünglichen Bedeutung des deutschen Wortes ‚Tugend', das sich herleitet vom Verbum ‚taugen'. ‚Tugend' ist die ‚Tauglichkeit' und tugendhaft ist das, was ‚taugt'. ‚Das taugt mir', kann man auf Österreichisch sagen, um damit auszudrücken, dass man etwas gutheißt, ‚gut' heißt, ‚gut' nennt, ‚gut' findet. Und die Tauglichkeit – bzw. Tugend – von etwas Gut-Geheißenem bewährt sich darin, dass es wirklich das ist, was es ist: dass es seinem Wesen entspricht und wesentlich ist. Ganz so ist es auch im Griechischen. Über *aretē* verfügt, was seinen Sinn oder sein Wesen verwirklicht. Die *aretē* markiert den Idealzustand von etwas – seine höchste Qualität oder Exzellenz, in der es das ihm eigene Potenzial zur vollen Blüte und Schönheit entfaltet; in der es ganz das ist, worauf es seinem Wesen nach angelegt ist und deshalb als sinnvoll und bejahenswert *gewahrt* und auch *bewahrt* wird.

Aretē liegt immer dann vor, wenn etwas seinem eigenen Sinn entspricht – wenn es so geworden ist und west, dass sein Gewordensein mit seinem Sinn übereinstimmt. Das lässt sich im Falle von Gebrauchsgegenständen leicht deutlich machen. Denken wir an unsere Espresso-Tasse: Sie ist ‚tugendhaft' – griechisch kann man so reden – und taugt, wenn sie sich für den Espressogenuss eignet: dickwandig und klein genug ist, damit der Espresso seine Temperatur hält und man zugleich gut aus ihr trinken kann. Oder ein anderes Beispiel: Sokrates lässt sich in Platons *Politeia* einmal über die Tugend eines Messers aus.[73] Diese zeige sich an einem Messer, das den Sinn, der einem Messer innewohnt, voll entfaltet hat. Solch ein Messer ist ein exzellentes Messer, es ist trefflich, denn es trifft die *aretē* des Messers – seine Bestheit. Das bedeutet: Die *Tugend* eines Messers liegt genau dann vor, wenn ein Messer *wahrlich* und *wahr-*

[73] Platon Rp. 353a–b.

haftig ein *wahres* Messer ist. Wollten wir ihr einen Namen geben, könnten wir sie ‚Schnittigkeit' oder ‚Schneidigkeit' nennen.

Was es bedeutet, dass etwas mit seinem Sinn übereinstimmt und ihm gemäß organisiert bzw. arrangiert ist, lässt sich an Gebrauchsgegenständen wie Espressotassen oder Messern vergleichsweise einleuchtend darstellen. Schwieriger scheint es, wenn man nach der *aretē* von Lebewesen fragt. Aber auch nur auf den ersten Blick, denn wir sind inzwischen gut darauf vorbereitet, auch die Frage nach der *aretē* dessen, was von *psychē* getragen und gehalten ist, zu beantworten: *Psychē* ist kraft des ihr eigenen *noûs* intelligent und wesentlich darauf angelegt, komplexe Systeme in ein harmonisches Gleichgewicht zu entfalten. Sie wahrt das Maß der *phýsis*, indem sie das Werden und das Wachsen aller Wesen deren *aretē* entgegenführt. *Aretē* ist Ziel und Grenze alles wesentlichen Wachstums, denn wo immer ein Lebewesen seine Potenziale voll entfaltet und sein Wesen verwirklicht hat – wo es in Schönheit blüht und reiche Frucht trägt –, ist die *psychē* erfüllt, das Leben ganz lebendig; da ist es bejahbar, sinnvoll, gut und schön.

Wo die *phýsis* ungestört das Wesen eines Seienden entfalten kann, erzeugt sie Harmonie und Gleichgewicht. Eine vollkommene Metapher dafür ist die Musik, deren Harmonie den Griechen ein starkes Bild für das gute Leben war. Bis dahin, dass Pythagoras und seine Anhänger nach dem Zeugnis des Aristoteles davon ausgingen, dass der *kósmos* selbst eine Musik sei, die wir nur deshalb nicht zu hören vermögen, weil sie uns von Geburt an begleitet. Alle *phýsis* zielt auf Harmonie und Gleichgewicht. Harmonie und Gleichgewicht sind deshalb – griechisch gedacht – der Inbegriff von *aretē*. Harmonie und Gleichgewicht im eigenen Tun und Lassen zu verwirklichen, ist die Aufgabe, die jedem Lebewesen unabdingbar eingeschrieben ist.

Wenn die Griechen danach fragten, wie man gut und sinnvoll leben könne, verwiesen sie also nicht auf abstrakte Werte, von denen sie meinten, dass man sie wollen und erstreben solle – die gesetzt und durchgesetzt werden müssen, um ihnen Geltung zu verschaffen. Nein, sie verwiesen auf Tugenden, die man verstehen und einsehen konnte, wenn man sich nur die Mühe machte, nach dem Sinn und Wesen zu fragen – von Dingen, Lebewesen und vor allem von sich selbst. Das delphische

Gnōthi sauton war folglich nicht nur ein Aufruf zur Selbstreflexion oder Erforschung des Menschseins, sondern vor allem der Königsweg, den gehen muss, wer für sein Leben Orientierung sucht. Denn im Verstehen dessen, was das Wesen eines Lebewesens oder eines Menschen ausmacht, liegt zugleich die Norm, an der man Maß zu nehmen hat, wenn man das eigene – oder das wirtschaftliche und politische – Handeln zur *aretē* entfalten will. Nicht *gewollte* Werte sind dem griechischen Denken die Antwort auf die Frage, was das gute Leben ist, sondern *verständliche* Tugenden. Wer Tugenden verstanden hat, weiß was zu tun ist – und benötigt dafür nicht noch eigens einen Willen. Deshalb konnten die Griechen ‚willenlos' das Gute tun – einfach, weil sie nicht nach Werten, sondern nach dem Sein und Wesen, nach der *aretē* des Lebens fragten.

3.4.2 Harmonie. Die Formel für das Gute

Jede Form der *aretē* ist eine Form von Harmonie und Gleichgewicht: Einklang mit sich selbst und mit dem großen *kósmos*, ein stimmiger Akkord in der großen Symphonie des Seins. Das gilt für Espressotassen und Messer ebenso wie für Bäume, Pferde oder Menschen. Stets erweist sich deren *aretē* als Stimmigkeit eines Systems, das mit sich selbst im Einklang ist. Platon hat dieses Prinzip in seinem Dialog *Symposium* durch den Mund des Arztes Eryximachos wie folgt zur Sprache gebracht:

> „Es ist unsinnig zu sagen, eine Harmonie sei in sich selbst entzweit oder bestehe aus einander Widerstreitendem. [Vielmehr muss man von ihr sagen], dass sie durch musikalische Kunst zustande kommt, indem sie hohe Töne und tiefe Töne, die anfangs nicht zusammenpassten, in Übereinstimmung bringt. Denn zweifellos kann in den hohen und den tiefen Tönen keine Harmonie entstehen, solange sie einander widerstreiten. Harmonie ist nämlich Einklang (συμφωνία – *symphōnía*), Einklang aber eine Art der Übereinstimmung(ὁμολογία – *homología*), Übereinstimmung aber kann unter Widerstreitendem, solange es einander widerstreitet, unmöglich stattfinden; wiederum aber, was sich widerstreitet und nicht in Übereinstimmung ist, kann sich demnach auch nicht harmonisch fügen. Ebenso wie

auch der Rhythmus aus dem vorher sich widerstreitenden, nachher aber in Übereinstimmung gebrachten Schnellen und Langsamen entsteht.“[74]

Dahinter steckt die alte, schon auf Heraklit zurückgehende Einsicht, dass alles Seiende als Ganzheit zu beschreiben ist:

> „Zusammengefasst sind Ganze und Nichtganze, Einträchtiges und Zwieträchtiges, Einstimmendes und Missstimmendes – das heißt aus allem eines und aus einem alles.“[75]

In eine moderne Sprache übersetzt, könnte man diesen Gedanken wie folgt wiedergeben: Alle Phänomene sind systemisch strukturiert. Ganzheit, d. h. Einheit von Vielheit, ist das Wesen alles Seienden, auf das hin alles angelegt ist. Ganzheit ist gewährleistet, wenn ein System im Einklang mit sich selbst, im Gleichgewicht, in Harmonie ist. Das kann ein taugliches Werkstück sein, das so gebaut ist, dass alle Teile zueinander passen. Es kann eine prächtige Pflanze sein, deren Blüte sich in voller Schönheit entfaltet – oder ein meisterlicher Chor, dessen einzelnen Sängerinnen und Sänger vollkommen stimmig aufeinander eingestimmt sind, sodass er als Ganzes vollkommen klingt. Es kann aber auch ein gesunder Organismus sein, dessen Organe und Funktionen einander unterstützen und kräftigen. So jedenfalls definierten die Vordenker der antiken Medizin die *aretē* des Leibes. Ihr Name war ὑγιεία (*hygieía*), Gesundheit. Sie markiert den Zustand, bei dem alle Organe und Funktionen des Leibes so in Balance und Harmonie sind, dass der Organismus im Ganzen stimmt. So lehrte Alkmaion von Kroton (6.–5. Jhdt. v. Chr.), einer der großen Ärzte der Antike,

> „für die Gesundheit sei das Gleichgewicht (ἰσονομίαν – *isonomían*) der Kräfte entscheidend: des Feuchten, Trockenen, Kalten, Warmen, Bitteren, Süßen und der übrigen; aber eine Alleinherrschaft (μοναρχίαν – *monarchían*) unter ihnen bewirke Krankheit. Denn die Alleinherrschaft von nur einem sei verderblich. Krankheit treten der Ursache nach durch das Über-

[74] Platon Sym. 187a+b.

[75] Heraklit 1940, Fr. 10, S. 8. Im Orig.: συνάψιες ὅλα καὶ οὐχ ὅλα, συμφερόμενον διαφερόμενον, συνᾷδον διᾷδον, καὶ ἐκ πάντων ἓν καὶ ἐξ ἑνὸς πάντα.

gewicht an Wärme oder Kälte auf, [...] Gesundheit aber beruhe auf der ausgeglichenen Mischung (σύμμετρον κρᾶσιν – *sýmmetron krâsin*) der Eigenschaften."[76]

Demnach ist der Leib ein Organismus, dessen Kräfte und Organe miteinander interagieren und der genau dann gesund ist, wenn diese Interaktion reibungslos vonstattengeht. Ein ganz ähnliches Verständnis finden wir im *Corpus Hippocraticum* in der vermutlich von Hippokrates' Schwiegersohn Polybios verfassten Abhandlung *Über die Natur des Menschen*. Dort heißt es:

> „Der Körper des Menschen hat in sich Blut und Schleim und gelbe und schwarze Galle, und das ist die Natur seines Körpers, und dadurch hat er Schmerzen und ist gesund. Am gesundesten ist er, wenn die Säfte im richtigen Verhältnis ihrer Kraft und ihrer Qualität zueinanderstehen und am besten gemischt sind."[77]

Harmonie, Gleichmaß, rechte Mischung, stimmige Proportion – stets ist es die Aufgabe des Mediziners, den Leib darin zu unterstützen, sein im Krankheitsfall verlorenes Gleichgewicht wiederherzustellen und die *areté* der Gesundheit zu erwirken. Und genauso ist es auch bei allen anderen menschlichen Fertigkeiten und Künsten: Stets liegt die Meisterschaft darin, *aretḗ* bzw. Harmonie zu generieren: die *aretḗ* der Gesundheit als Harmonie des Leibes in der Heilkunst; die *aretḗ* der Schnittigkeit als Harmonie des Messers in der Schmiedekunst; die *aretḗ* der Schönheit als die Harmonie des Bildes in der Malerei; ja, die *aretḗ* der Gerechtigkeit als die Harmonie eines Gemeinwesens in der Kunst der Politik. Und natürlich gibt es auch die *aretḗ* des Wirtschaftens, die wir noch genauer kennenlernen werden. Aristoteles gab ihr den Namen αὐταρκεία (*autarkeía*): Autarkie bzw. Selbstgenügsamkeit: Einklang eines Unternehmens mit sich selbst, d. h. die Übereinstimmung des Unternehmens mit den Spielregeln der *phýsis;* wesentliches Wirtschaften, das seine Erfüllung darin findet, sich selber zu genügen, statt grenzenloses Wachstum zu er-

[76] Alkmaion Fr. 4. Zitiert nach: Kirk/Raven/Schofield 1994, S. 286.

[77] Hippokrates bzw. Polybos v. Kos, De Nat. Hom. VI.40. Zitiert nach: Hippokrates 1994, S. 204.

zwingen.[78] Demgemäß zu wirtschaften bedeutete für Aristoteles, es in der Kunst des Wirtschaftens zur Meisterschaft gebracht zu haben. Meisterschaft und Tugend eines Ökonomen zeigen sich für Aristoteles darin, dass es ihm gelingt sicherzustellen, dass Unternehmen sich nachhaltig selbst versorgen können (s. Abschn. 3.6.4).

Für den Augenblick genügt es festzuhalten, dass sich im Verständnis des griechischen Geistes jede Fertigkeit und jedes Können darin erfüllten, *aretē* zu generieren: Harmonie und Gleichgewicht zu verwirklichen und darin dem *nómos* der *phýsis* zu entsprechen. Dies gilt vorzugsweise für alle Führungsaufgaben: Es gilt für die Führung eines Chores, die einem Dirigenten obliegt, und dessen Meisterschaft sich in der vollkommenen Harmonie seiner Sängerinnen und Sänger bewährt; es gilt für die Führung eines Gemeinwesens, dessen Regenten es nach Platon obliegt, die vollkommene Harmonie seiner Bürgerinnen und Bürger zu erzeugen, die im Griechischen *dikaiosýnē* heißt: Gerechtigkeit. Es gilt auch für den Ökonomen, dem es obliegt, die *autarkeía* seines Unternehmens sicherzustellen. Und es gilt für jeden einzelnen Menschen, dem die schwierige Führungsaufgabe über sein eigenes Leben gestellt ist – der er nicht entgehen kann, weil er dadurch, dass er sich zu sich selbst verhalten kann, dazu verurteilt ist, nicht einfach nur zu leben wie die Tiere, sondern sein Leben zu *führen*. Auch bei dieser Führungskunst geht es um *aretē*. Und die Meisterschaft der Lebensführungskunst, die die eigene Lebendigkeit mit sich und mit der Welt in Einklang bringt, nannten die Griechen σοφία (*sophía*): Weisheit.

3.4.3 Weisheit. Die Meisterschaft der Führungskunst

Weisheit ist die Meisterschaft des Lebens: eine Lebensführungskompetenz, ohne die man sich und andere nicht wird führen können; von der Führung eines Unternehmens ganz zu schweigen. Weisheit ist Meisterschaft des Lebens, die sich darin auszeichnet, ein Leben so zu führen, dass es seinem Wesen entspricht: dass es stimmt und sinnvoll ist, harmonisch und mit sich im Einklang. Weise ist, wem es gelingt, das Maß

[78] Aristoteles Pol. 1256b.

des Lebens – Harmonie – auf immer neue Weise und in immer neuen Situationen auf das Leben anzuwenden. Diese Kompetenz ist praktisch. Weise ist nicht, wer auf einleuchtende Weise über Weisheit reden kann oder wer sich selbst als Weisheitslehrer präsentiert. Weise ist nur, wer so lebt, dass er mit sich und der Welt im Einklang ist. Sokrates zum Beispiel, dessen Weisheit schon in der Antike legendär war und der nachgerade zum Archetypus eines Weisen wurde.

Wodurch zeichnet Sokrates sich aus? Einerseits dadurch, dass er nach eigenem Zeugnis sein Leben in den Dienst des delphischen *Gnōthi sauton* stellte.[79] Immer ging es ihm darum, herauszufinden, was das gute Leben ist: zu verstehen, was es heißt, auf wesentliche Weise Mensch zu sein. Deshalb fragte er unermüdlich danach, was das Gute, was die *aretē* des Menschseins ist. Wohl wusste er, dass *aretē* nichts anderes ist als Stimmigkeit und Harmonie. Doch was das konkret bedeutet und wie die Harmonie der *psychē* im konkreten Leben eines Menschen manifest werden kann, das entzog sich seiner Kenntnis. Mit abstrakten Formeln oder Regeln wollte er sich nicht zufriedengeben. Den sogenannten Sophisten, die mit dem Anspruch auftraten, mit ihrem Wissen anderen Menschen zur *aretē* zu verhelfen, hielt er sein berühmtes „Ich weiß, dass ich nichts weiß" entgegen. Denn so vielfältig die Menschen, so vielfältig sind auch die Variationen auf das eine große Thema Harmonie. Letztlich muss ein jeder für sich selbst herausfinden, wie er konkret mit sich und mit der Welt im Einklang schwingen kann. Dafür braucht es neben der theoretischen Einsicht in den *nómos* von *psychē* und *phýsis* auch eine situative Intelligenz, die erlaubt, im jeweiligen Augenblick herauszufinden, was zu tun ist – ein situatives Verstehen, das die Griechen φρόνεσις (*phrónesis*) nannten und in Gestalt ihrer Göttin Pallas Athene verehrten. Sie und Apollon, der Gott, der über den *nómos* der Harmonie wachte, fügen sich zur Tugend der *sophía*. Weisheit ist die Meisterschaft des Lebens, die darin besteht, das Wesen und die Grundprinzipien der Lebendigkeit verstanden zu haben und sie im eigenen Leben immer neu und situationsgerecht umsetzen zu können. Diese Kompetenz ist kein abstraktes theoretisches Wissen, sondern eine konkrete Fertigkeit, ein praktisches Können – nicht ein *know that*, sondern ein *know how*.

[79] Platon Phdr. 229e.

Wie jede Fertigkeit, kann man Weisheit nicht einfach kraft seines Willens erzwingen. Allein der Willen zur Weisheit macht niemanden weise. Weise wird man, so wird Sokrates nicht müde zu betonen, durch ein harmonisches Leben – und zwar in allen Belangen. Denn erinnern wir uns: Die menschliche Lebendigkeit, *psychē,* weist – wenn wir Platon folgen – drei Aspekte auf: das Triebhaft-Affektive, das Leidenschaftlich-Emotionale, das Verstehend-Rationale (s. Abschn. 3.1.3). Weisheit ist die *aretē* des rationalen Seelenteils. Wenn ein Mensch die Potenziale seines Geistes bzw. *noûs* zur vollen Entfaltung bringt, wird er vollkommen harmonisch leben. Er wird seine eigene Lebendigkeit, die *psychē* in ihm, so führen und lenken, dass seine Gefühle, Triebe und Gedanken miteinander harmonieren und er sich zugleich stimmig in das Ganze fügt: in die *pólis* und in den *kósmos*. Weisheit ist die Bestheit des Intellektes, die volle Entfaltung seiner Potenziale – kurz: die *aretē* des *noûs,* dessen Meisterschaft darin besteht, das Leben so zu führen, dass es mit sich und der Welt im Einklang ist.

Das wird, wenn wir Sokrates folgen, aber nur gelingen, wenn zugleich die anderen Aspekte unserer Lebendigkeit ihre jeweilige *aretē* verwirklicht haben. Die *aretē* des triebhaften-affektiven „Seelenteils" (*epithymetikón*) heißt bei ihm σωφροσύνη (*sophrosýnē*),[80] was man meist mit „Besonnenheit" wiedergibt. Tatsächlich bezeichnet *sophrosýnē* aber nicht eine mentale Haltung, sondern vielmehr so etwas wie ein „wohltemperiertes Triebleben", bei dem die einzelnen Affekte weder übermäßig stark ausgebildet noch unterentwickelt sind – also ziemlich genau das Gegenteil der vom neuzeitlichen ökonomischen Paradigma moralisch rehabilitierten Gier. Ähnlich verhält es sich mit der *aretē* des leidenschaftlich-emotionalen Komplexes menschlicher Lebendigkeit: dem *thymoeidés,* als dessen Bestheit Platon in der *Politeia* die ἀνδρεία (*andreía*) würdigt.[81] Wörtlich übersetzt heißt *andreía* nichts anderes als „Mannhaftigkeit", meistens aber wird das Wort mit „Mut" oder „Tapferkeit" wiedergegeben. Da diese Fakultät der menschlichen *psychē* – wie das Wort *thymoeidés* verrät –leiblich in der Brust des Menschen, genauer im *Herz* des Menschen verortet ist, dürften allerdings „Courage" (von lat. *cor*, das Herz) oder ‚Beherzt-

[80] Platon Rp. 430d–432b.

[81] Platon Rp. 429a–430c.

heit‘ bessere Übersetzungen dieser *aretē* sein. Beherztheit meint dabei, wie dies vor allem Aristoteles in seiner *Nikomachischen Ethik* zeigte, eine wohldosierte Emotionalität, die sich ausgewogen auf einem mittleren Niveau zwischen zu viel Leidenschaft und Apathie bewegt. Weder tollkühn noch feige sei der couragierte Mensch, weder feurig noch gefühlskalt.[82]

Bei den Tugenden, den *aretaí* der affektiven und emotionalen Teilaspekte menschlicher Lebendigkeit, geht es mithin ebenfalls um Harmonie, Balance und Stimmigkeit. Diese Qualitäten lassen sich nicht kognitiv erlernen, sondern – wenn man Platon folgt – ausschließlich einüben bzw. antrainieren. Damit, meint er, müsse man schon früh im Leben junger Menschen beginnen, indem man sie von früher Kindheit an in Disziplinen wie Musik, Gymnastik oder Tanz unterrichte. Denn auf diese Weise könne in der *psychē* eines Menschen ein Gespür, ein feiner Sinn für Gleichgewicht und Harmonie kultiviert werden – ein gutes Taktgefühl oder ein Sinn für Rhythmus, der all denen später gut zu Gesichte stehen wird, die Führungsverantwortung übernehmen. Denn sofern die Emotionen und Affekte wohlgestimmt und die Tugenden der *sophrosýnē* und *andreía* gut ausgebildet sind, werde auch die Rationalität des Menschen, das *logistikón,* seine spezifische Bestheit, die *sophía,* entfalten können.[83] Und so könne dann auch die vierte der sogenannten Platonischen Kardinaltugenden verwirklicht werden: die δικαιοσύνη (*dikaiosýnē*) bzw. die Gerechtigkeit.

Platon entlehnt diesen Begriff der politischen Sphäre, um mit ihr die Harmonie der „inneren Republik“ der menschlichen *psychē* zu benennen. In der *Politeia* sagt er, *dikaiosýnē* sei die innere Balance des Menschen, bei der weder

> „irgendetwas in ihm weder etwas ihm Fremdes verrichten muss, noch sich die unterschiedlichen Aspekte seiner *psychē* gegenseitig in ihre Bereiche einmischen, sondern er jedem das ihm Entsprechende zuweist und sich selbst führt, ordnet und Freund ist; und die drei Aspekte seiner selbst in eine Harmonie fügt […] und sie so verbindet, dass er auf jede Weise einer

---

[82] Aristoteles Eth. Nic. 1115a–1117b.

[83] Platon Rp. 428a–429a.

> wird aus vielen, besonnen und wohlgestimmt; und alles, was er verrichtet – gleichviel ob es den Erwerb eines Vermögens betrifft, die Pflege des Leibes oder die öffentlichen Angelegenheiten […] – so ausführt, dass er bei alledem nur das als gerechte und schöne Handlung bezeichnet, was die Qualität der Harmonie bewahrt oder mit hervorbringt; und Weisheit als die solche Handlungen ermöglichende Intelligenz schätzt."[84]

Vier Tugenden, vier *aretaí* also sind es, die die menschliche *psychē* zu ihrer ganzen Kraft und Schönheit erblühen lassen und die in ihr angelegten Potenziale zur Entfaltung bringen: die Besonnenheit der Affekte, die Beherztheit der Emotionen, die Weisheit des Intellektes und die Harmonie des Ganzen. Diese Qualitäten ein- und auszuüben heißt, dem Maß und *nómos* der *psychē* auf beste Weise zu entsprechen: das Leben so führen, dass es wahr und wesentlich sich selbstgenügt: dass es blüht und sinnstiftende Früchte trägt, Harmonie und Schönheit in der Welt manifestiert, stimmiges und schönes Wachstum generiert und den Einklang mit dem *kósmos* und der *pólis wahrt*. Tugendhaft zu leben, heißt – griechisch gedacht – wahrhaft lebendig zu sein: dem eigenen Wesen zu entsprechen, das zu sein, was man wesentlich ist. Das ist etwas gänzlich anderes, als Werten zu genügen, die man verwirklichen *will*. Werten ist der Willen derer, die sie setzen bzw. durchsetzen maßgeblich (s. Abschn. 2.4.2) – Tugenden ist das Sein und Wesen des Seienden maßgeblich. Auch beim Wirtschaften und bei der Führung eines Unternehmens war es dem Menschen der Antike nicht darum zu tun, den Willen eines Gottes, Eigentümers oder CEOs zu erfüllen, sondern dem Wesen eines Unternehmens zu genügen: es zur Bestheit zu entwickeln, seine Autarkie zu wahren, sodass sich seine Lebendigkeit erfüllt. Wo aber ein Wesen sich erfüllt, da erlebt es diesen Zustand als εὐδαιμωνία (*eudaimōnía*): als Glückseligkeit.

[84] Platon Rp. 443c–e.

3.4.4 Glückseligkeit. Worin sich das Menschsein erfüllt

Im Lichte der griechisch gewahrten Wahrheit ist Glück nicht das, was man in der Moderne darunter versteht. *Eudaimōnía* ist nicht *happiness*, nicht ein Zustand ausgelassener Freude, der sich einstellt, wenn ein Bedürfnis befriedigt, ein Wunsch erfüllt oder ein Ziel erreicht wurde; sondern der Zustand einer gehobenen Begeisterung, der dann eintritt, wenn der Mensch von einem guten Geist ergriffen ist. *Eu* bedeutet ‚gut' bzw. ‚wohl', *daimōnía* kommt von *daímōn* (δαίμων), was im alten Griechenland so viel wie ‚Geist' bedeutete – *Geist* im Sinne eines transzendenten Wesens, das den Menschen ergreifen und erfassen kann. Glück im Sinne der *eudaimōnía* bedeutete mithin: von einem guten Geist erfüllt sein. Es ist eine Hoch-Stimmung, die sich einstellt, wenn der Mensch in einer harmonischen Resonanz mit anderen Menschen oder mit der Welt im Ganzen schwingt – wenn die *psychē*, die er selbst ist, mit der *psychē*, die sowohl in anderen als auch überall im *kósmos* west, im Einklang ist. Für das hellenische Denken war klar: Glücklich ist ein Mensch, der sich zum Ganzen zugehörig weiß; was etwas anderes ist als die *happiness* des Homo Oeconomicus, der sich sein Glück davon verspricht, erfolgreich seinen Willen durchzusetzen bzw. seine Wünsche zu erfüllen oder seine Bedürfnisse zu befriedigen (s. Abschn. 2.4.3). Die neuzeitliche *happiness* hätte ein griechischer Denker wohl eher mit Konzepten wie ‚Lust' oder ‚Freude', ἡδονή (*hēdonē*) in Verbindung gebracht – das Wort, von dem sich unser ‚Hedonismus' ableitet: eine Lebensform, die es bei allem Tun auf Spaß und *happiness* abgesehen hat.

Glück und Freude sind für den Menschen der Antike nicht *Werte*, die man sich durch Techniken oder Methoden aneignen könnte. Sie sind keine Ziele, auf die man seinen *Willen* lenken sollte. Sie sind vielmehr das subjektive Empfinden der *aretē*, das sich dann im Leben eines Menschen ausbreitet, wenn er seinem eigenen Sein und Wesen entspricht –wenn die *psychē* in ihm frei zur Entfaltung kommt und er sich ganz und gar lebendig fühlt.

Primäres Ziel der Lebensführung im antiken Sinne ist mithin nicht die *happiness* der Bedürfnisbefriedigung, sondern die *eudaimōnía* der vollen

Entfaltung der *aretē* des Menschseins: blühende Lebendigkeit, Schönheit und Bejahbarkeit – Sinn, der etwas anderes ist als willentlich gesetzter Zweck bzw. *purpose*. *Eudaimōnía* ist das, worin ein Leben sich erfüllt: Einklang mit sich selbst und mit der Welt; ein Zustand, in dem alles so ist, wie es seiner selbst entspricht und nichts verändert werden müsste. Darum geht es, wenn wir dem antiken Denken folgen – auch beim Wirtschaften. Ziel der *oikonomía* sind nicht maximale Wertschöpfung und infinites Wachstum, sondern ein Wachstum, das enden darf; und zwar dann, wenn das, was wächst, zu sich gekommen ist. Der antiken *oikonomía* geht es nicht um quantitativen Profit, sondern um qualitative Prosperität; nicht um optimierte Funktionalität, sondern um blühende Lebendigkeit; nicht um Verwirklichung von Werten, sondern um Entfaltung von Tugenden.

Ein solches Mindset, das so gänzlich anders ist als das Paradigma der Neuzeit, musste eine andere Dynamik, eine andere Energie des Lebens als Motor allen Wirtschaftens und aller Unternehmungen erscheinen – nicht der *Willen*, der vom neuzeitlichen Ökonomismus zur Gier gesteigert wurde, um die maximale Energie für maximale Wertschöpfung zu liefern; nicht Bedürfnisse, die immer neu befriedigt werden müssen. Nein, als Motor der Wirtschaft erschien dem griechischen Geist eine Energie, die in der *psychē*, in der Lebendigkeit des Seins, selbst angelegt ist: eine Energie, die wie nichts sonst die Entfaltung und das Wachstum allen Lebens zu Blüte und Frucht befeuert. Die Griechen kannten diese Energie als *Eros*.

3.5 Dynamik. Die Psychologie des antiken Menschen

Wirtschaft braucht Dynamik. Sie braucht eine Kraft, die sie in Schwung hält und voranbringt, eine Kraft, die Menschen motiviert zu produzieren und zu konsumieren. Sie braucht eine Energie, die das Wachstum antreibt und Innovationen anstößt, die den Dingen Wert und die den Gütern einen Preis verleiht. Die Anthropologie der neuzeitlichen Wirtschaft setzt als Antriebskraft in erster Linie auf Bedürfnisse und Willen (s.

Abschn. 2.5). Wenn uns etwas fehlt, dann wollen wir es haben. Wo ein Mangel ist, da ist auch der Wille, sich das zu verschaffen, dessen man bedarf. Wo ein Hunger wütet, wächst zugleich der Willen, ihn zu stillen. Und je hungriger bzw. je bedürftiger ein Mensch, desto mehr Energie wird er darauf verwenden, das zu bekommen, was ihm fehlt. Was einen Bedarf zu decken in Aussicht stellt, hat ein einen hohen Wert. Auf dem Markt erzielt die höchsten Preise das, woran der größte Bedarf besteht. Das, wonach man lechzt, setzt Arbeitskraft und Leistung frei – und zugleich den Willen, Geld dafür zu investieren. So oder so: Der Treibstoff des modernen Wirtschaftens sind Mangel und Bedürftigkeit. Will man diesem Treibstoff noch mehr Brennkraft geben, muss man ein Bedürfnis bis zur Gier intensivieren. „Gier ist gut" (Ivan Broesky; s. Abschn. 2.5.3) ist ein Mantra der heutigen Ökonomie, auch wenn man sich meist nur hinter vorgehaltener Hand dazu bekennt.

Auch den Hellenen war bewusst, dass das Leben Energie braucht, um sich zu entwickeln. Wie wir sahen, wurde diese Energie von ihnen aber nicht im Willen angesiedelt – denn der Willen als Entscheider eines selbstbestimmten Subjekts kam in ihrem Menschenbild nicht vor. Auch die Not oder der Mangel reichten ihnen nicht als Quellen der Motivation oder als Antrieb, Höchstleistungen zu erbringen bzw. neue Wege einzuschlagen. Was den Menschen antreibt, inspiriert, bewegt und motiviert, war in ihren Augen eine Kraft, die der Mensch nicht aus sich selbst heraus entfesseln oder generieren kann – eine Kraft, die den Menschen in einer Art von Wahnsinn erfasst, Besitz von ihm ergreift und dazu hinreißt, über sich hinauszuwachsen. Diese Kraft erschien den Griechen göttlich, und sie war, so hatte es schon Hesiod in seiner Theogonie erzählt, bereits vorhanden, als die ersten Götter in Erscheinung traten.[85] Ἔρως, *Eros* war ihr Name – und wenngleich Platon, wie zu zeigen sein wird, behauptete, der Eros sei kein Gott, so huldigten die Griechen ihm doch überall, wie man sonst nur Göttern huldigte. Warum?

---

[85] Hesiod 1965, Theog. 120, S. 58.

3.5.1 Eros. Die treibende Kraft der Lebendigkeit

Eros erschien auf der Lichtung des griechischen Geistes als die Kraft, die die Welt im Innersten zusammenhält. Schon der Philosoph Empedokles (ca. 495–435 v. Chr.) hatte in der *Liebe* (*philía*) das Prinzip ausgemacht, das die Welt im Innersten zusammenhält. Einen ähnlichen Gedanken lässt Platon den schon erwähnten Arzt Eryximachos in seinem eigens dem Eros gewidmeten Dialog *Symposium* aussprechen, wenn dieser seine Überzeugung kundtut, dass Eros „nicht bloß in den *psychaí* der Menschen die Hinwendung zu schönen Menschen und ebenso auch zu vielem andern in vielem anderen bewirkt, sondern auch in den Körpern aller Wesen und in den Gewächsen der Erde, ja mit einem Worte in allem west und waltet."[86]

Eros offenbarte sich den Griechen als das dynamische Prinzip des *kósmos*. In aller *phýsis* war er mächtig. Er galt als die alles durchwaltende Vitalenergie von Leib und Seele. Niemand anderes als er erweckte in den Wesen den Geschlechtstrieb und die Lust, sich zu vermehren. Niemand anderes als er sorgte dafür, dass das Leben auf der Erde immer weiter geht. Niemand anderes als Eros feuerte das Wachstum aller Dinge an. Eros war es, der die *psychē* dazu brachte, immer wieder neu das Potenzial des Lebens zu entfalten,[87] um zur wahren Lebendigkeit und *aretē* zu erblühen. Eros war es auch, der die Menschen dazu anspornte, sich als Händler oder Unternehmer zu versuchen.[88] So jedenfalls ließ Platon die weise Priesterin Diotima in seinem Dialog *Symposium* behaupten, von der nach seinem Zeugnis einst sein Lehrer Sokrates in die „Mysterien des Eros" eingeweiht worden sei.[89] Hinter jedem Streben steckte demnach nicht der Wille eines selbstbewussten Subjekts, sondern eine den Menschen überwältigende und ihm nicht verfügbare göttliche Wesenheit, die ihn dazu antreibt, sich bzw. seine *psychē* zur Erfüllung und Vollendung zu entfalten: sich dem Göttlichen so anzunähern wie nur möglich[90] und

[86] Platon Sym. 186a.

[87] Platon Sym. 207e.

[88] Platon Sym. 205d.

[89] Platon, Sym. 209e.

[90] Nach einer Passage aus Platons Dialog *Theaitetos*, in der Sokrates bemerkt, das eigentliche Wesen der Philosophie sei eine „Anähnlichung an das Göttliche" (ὁμοίωσις θεῷ, *homoiōsis theō*, Tht. 176b).

dabei in größtem Glück zu schwelgen. Entsprechend lässt Platon seine Diotima erklären: „So also verhält es sich mit dem Eros: Im Allgemeinen ist jedes Begehren des Guten und des Glücklich-Seins der größte und zugleich am meisten sich selbst verbergende Eros".[91]

Kurz darauf resümiert die weise Priesterin: „Dem Eros ist darum zu tun, dass ihm das Gute immer sei",[92] was wir auch so verstehen können, dass Eros die Dynamik ist, die die *psychē* eines jeden Lebewesens darauf lenkt, die ihm eigene *aretē* zu verwirklichen: im Einklang mit der Welt und sich zu leben, sich und anderen in Liebe zu begegnen. Wer Menschen dazu bringen will, über sich hinauszugehen, ihr Bestes zu geben, Höchstleistungen zu erbringen und dabei das eigene Wesen zu seiner Schönheit zu entfalten, der muss dafür Sorge tragen, dass sie vom Eros ergriffen werden bzw. sich *verlieben*.

Denn genau das ist es, was das griechische Wort *erōs* zur Sprache bringt bzw. was der Gott in seinem Namen trägt: *Erōs* ist die leidenschaftliche, verliebte Liebe: die Verliebtheit, die den Menschen wie ein Pfeil trifft, die ihn hinreißt und beflügelt – selbst, wenn er dies gar nicht will oder sich dagegen sträubt. Eros spottet allem Wollen. Er ist dessen Gegenteil: ein Widerfahrnis, das der Mensch erleidet, ein Geist, der ihn begeistert und erfüllt, der mit ihm spielt und ihn auf diese Weise einspielt in das große Spiel der kosmischen Lebendigkeit: eine θεία μανία (*theía manía*)[93]: ein göttlicher Wahnsinn, um Platons Worte zu gebrauchen.

All das spiegelt sich darin, wie die Griechen ihren Eros bildlich darstellten: als kleinen Knirps im Alter von vielleicht zwölf Jahren – unschuldig, verspielt, dabei jedoch auch frech und manchmal gar verschlagen. Damit ist die spielerische Komponente der erotischen Leidenschaft markiert. Eros' Lieblingsspielzeuge sind Pfeil und Bogen, durch die symbolisiert ist, dass er ungerufen und meist ungewollt den Menschen überwältigt. Plötzlich kommt die Liebe über ihn und trifft ihn. Dann ist er hin und weg, hingerissen von der- oder demjenigen, denen sein Eros gilt. Eros ist ferner geflügelt – zum einen, weil sich darin seine Wirkung spie-

---

[91] Platon, Sym. 205d.

[92] Platon, Sym. 206a.

[93] Platon Phdr. 245b.

gelt, denn er ist wie nichts sonst imstande, Menschen zu beflügeln. Aber auch, weil ihn die Flügel als ein Wesen kenntlich machen, das sich wie die Vögel zwischen Himmel und Erde bewegt. Eben das ist der Lebensraum des Eros. Nicht ein Gott sei er, sagt Diotima, sondern ein Geistwesen – auf Griechisch δαίμων (*daimōn*) – dem es wesentlich sei, zwischen Göttern und Menschen zu vermitteln[94]: Menschenherzen zu entflammen, sodass sie aus sich heraus von der Sehnsucht bewegt werden, die *aretē* der eigenen Seele zu entfalten und dem sich Göttlichen anzuähneln. Wer von Liebesleidenschaft ergriffen ist, davon waren die Griechen zutiefst überzeugt, hat die besten Chancen auf ein gutes Leben und darauf, im Glück zu schwelgen.

3.5.2 Schönheit. Der Wink des Himmels

Aber damit nicht genug. Denn die Frage ist doch, woran sich die Leidenschaft der Liebenden entzündet. Über die Antwort auf diese Frage war man sich im alten Griechenland von jeher einig: Der Eros entflammt sich immer am Schönen. Und das Schöne galt ihnen als Ausweis oder Erscheinungsform des Vollkommenen, Sinnvollen, Göttlichen. Walter F. Otto sagt es deutlich: „Vollkommene Schönheit war für die Griechen zu allen Zeiten das Kennzeichen des Göttlichen."[95] Und er erklärt auch, warum das so ist:

> „Griechische Art war es, das Schöne mit dem Wahren und Guten zu verbinden, nicht mit dem Guten des Willens, sondern mit dem objektiv Guten, das sich in den ewigen Ordnungen der Natur und des Daseins anzeigt."[96]

Nun sahen wir: Die ewigen Ordnungen der Natur – der *nómos* der *phýsis* – verdichteten sich im mythenbildenden Geist der Griechen zu den Gestalten der ewigen Götter (s. Abschn. 3.2.2 und 3.3.3). Deshalb sind alle Götter schön. Und deshalb ist alles Schöne göttlich: ein Aufleuchten

---

[94] Platon Sym. 202d+e.

[95] Otto 1956, S. 65.

[96] Otto 1956, S. 66.

des Wahren, Sinnvollen und Stimmigen inmitten der sichtbar gewahrbaren Welt – das Licht eben der Wahrheit selbst, in dessen Glanz sich die Lichtung der griechischen Kultur öffnete. So sagt Sokrates in Platons *Phaidros*: „Der Schönheit allein aber ist nun dies zuteilgeworden: dass sie das Glänzendste (ἐκφανέστατον – *ekphanéstaton*) und das Liebreizendste (ἐρασμιώτατον – *erasmiōtaton*) ist."[97] Von daher kann man im Sinne des griechischen Geistes mit dem italienischen Philosophen Ernesto Grassi (1902–1991) sagen:

> „Das Schöne, wo es hervortritt, ist sofort als Göttliches zu erkennen, als Hineinwirken des göttlichen Seins in die Sphäre des Menschlichen. ‚Schön ist also nicht ästhetisch-unverbindlich, sondern […] alles, was für den Menschen in seinem Streben nach gottähnlichem, gesichertem Leben erstrebenswert ist, was Ausdruck eines solchen Lebens ist, was er erwirbt und sichert. ‚Schön' ist keine Qualität, die einem Sein hinzugefügt ist, sondern die Stufe der Vollendung, und jedes ‚Nicht-Schöne' ist mangelhaften Seins."[98]

Im Schönen offenbarte sich dem griechischen Geist die Sinnhaftigkeit des Seins im Ganzen und die *aretē* eines jeden Seienden. Das Licht des Schönen gibt das wahre Wesen zu erkennen. Und wo die Schönheit in das Leben eines Menschen strahlt, entzündet sie den Eros, mit dem die Seele auf den Anspruch und Zuspruch des Schönen Antwort gibt. Die Dichterin Sappho (ca. 630–570 v. Chr.) konnte folglich Schönheit dadurch definieren, dass ihr die Liebesleidenschaft des Menschen gilt:

> „Manche sagen: von Reitern ein Heer, und manche: von Fußsoldaten, manche: eine Flotte von schwellenden Schiffen: das sei auf der schwarzen Erde das Schönste. Ich aber sage: schön ist das, was einer leidenschaftlich liebt!"[99]

---

[97] Platon Phdr. 250d.

[98] Grassi 1962, S. 47–48.

[99] Sappho 1954, Fr. 27a, S. 34. Im Orig.: Oἰ μὲν ἰππήων στρότον, οἰ δὲ πέσδων,/ οἰ δὲ νάων φαῖσ' ἐπὶ γᾶν μέλαιναν/ ἔμμεναι κάλλιστον, ἐγὼ δὲ κῆν' ὄττω τις ἔραται.

Das Walten des Eros ist vom Walten der Schönheit nicht zu lösen. Deshalb zeigen viele alte Bildwerke den Erosknaben an der Seite der Göttin Aphrodite, in der die Griechen der zur Gestalt verdichteten, unbedingten und unwiderstehlich attraktiven Schönheit huldigten. Wo die Göttin Aphrodite auftrat, war der Pfeil des Eros schon unterwegs. Ihr Wesen war es hinzureißen, zu begeistern, Menschen in den Zustand des *enthousiasmós* zu versetzen: den Zustand des In-sich- (*en*) eine-Gottheit- (*theos*) Habens (*asmós*), den auch wir noch ‚Enthusiasmus' oder ‚Begeisterung' nennen.

Dieses scheinbare Detail ist wichtig. Denn an ihm wird sichtbar, in welchem Maße sich die Leidenschaft des Eros von der bloßen Gier und der Bedürftigkeit des neuzeitlichen Menschen unterscheidet. Eros wird niemals aus Mangel oder Not entfacht, sondern aus dem Überfließen der Begeisterung für alles Schöne, Göttliche, Sinnvolle und Bejahbare – alles, wofür in der Welt des Mythos die vielen schönen Götter standen. Hingerissen-Sein vom Eros ist ein Gezogen-Sein und nicht der selbsterzeugte Drang des Subjekts. Seine Energie muss das Subjekt nicht selbst aufbringen, sondern sie fließt ihm vom Anderen, Geliebten, Schönen zu. Deshalb gehen dem Eros – anders als dem Drang, die eigenen Bedürfnisse zu stillen – nie die Energie oder der Atem aus. Eros ist befeuert vom Unendlichen und Göttlichen. Seine Energiequelle ist unerschöpflich. Wo er echt ist, gilt er stets dem Wahren, Guten oder Schönen. Und weil seine Kraft von dorther rührt, ist er in der Lage, Menschen so sehr zu beflügeln und zu energetisieren, dass sie über sich hinauswachsen und ihre Potenziale zum Erblühen bringen.

Allerdings speist der Eros sich zu einem gewissen Grad auch aus Mangel und Bedürfnis – aber eben nicht *nur*. Davon spricht Diotima in einem selbstgestrickten Mythos, der von der Zeugung bzw. Entstehung des Eros handelt[100]: Am Tage der Geburt der Aphrodite – also in dem Augenblick, in dem der unwiderstehliche Glanz der Schönheit in der Welt erstmals erstrahlte – feierten die Götter ein Fest, zu dem auch ein Halbgott namens Poros kam. Dieser Poros ist ansonsten nicht bekannt, doch sein Name sagt uns, wer er ist: *Póros* ist der ‚Ausweg', ‚Ausgang' oder auch die ‚Lösung' (unser Wort *Pore* leitet sich von ihm ab). Man könnte

[100] Platon Sym. 203b–d.

auch sagen: Poros ist die Kreativität. Poros jedenfalls, erzählt Diotima, hatte sich beim Fest berauscht und bettete sich auf einer Wiese im Garten des Zeus, als Penia sich zu ihm schlich, bei ihm niederlegte und von ihm den Eros empfing. Auch Penia taucht in keinem anderen Mythos auf. Doch auch sie verrät sich durch ihren Namen: *Penía* ist die uns so wohl bekannte Bedürftigkeit. Damit also ist gesagt: Wo Bedürftigkeit und Kreativität im Lichte der Schönheit zusammenfinden, wird der Eros gezeugt und entfacht. Und wenn er entfacht ist, füllt er eines Menschen Herz mit Sehnsucht nach dem geliebten Schönen – mit Sehnsucht, sich so innig mit ihm zu verbinden, dass ihm selbst die Schönheit zuteilwird, er selbst an Leib und Seele schön wird und die *aretē* des Menschenlebens zur Entfaltung bringt.

Oder fassen wir es anders: Die Bedürftigkeit allein (Penia) ist nicht schöpferisch. Vielleicht ist sie produktiv – eine Produktivkraft, aber sie ist keine Kreativkraft. Kreativität und Potenzialentfaltung brauchen über die Bedürftigkeit hinaus den An- und Zuspruch, der vom Schönen an den Menschen ergeht. Ohne Schönheit, die begeistert, kann sich Leben nicht entfalten. Ohne Poros, der berauscht vom Überfluss des Göttlichen sich mit der Bedürftigkeit des Mangels paart, wird das Feuer der Begeisterung in der *psychē* des Menschen nicht entflammt. Griechisch gedacht reichen das Begehren und der Wille zur Bedürfnisbefriedigung nicht aus, um dem Sinn des Wirtschaftens zu genügen. Es braucht die Hinwendung zum Schönen, um eine Dynamik freizusetzen, die im Einklang mit dem Sein und Wesen dieser Welt schöpferisch und kreativ das Haus des Menschen – den *oíkos* – zu bestellen und eine sinnvolle *oikonomía* zu betreiben weiß.

3.5.3 Kunst. Die schöpferische Kraft der Begeisterung

Damit, so gibt Platon zu erkennen, hat Diotima zugleich das eigentliche Geheimnis der Weisheit offenbart – jener Weisheit, die in ihrem berühmtesten Schüler, nämlich Sokrates, sichtbar wurde: Weisheit ist nichts anderes als angewandter Eros: leidenschaftliche, glühende Liebe zur Lebendigkeit, die in allem zu manifestieren, die wesentliche Sehnsucht eines weisen Menschen ist. Diese Leidenschaft jedoch muss immer neu genährt und angeregt werden. Deshalb, so Diotima in ihrer abschließenden Rede in Platons *Symposium,*[101] zeichnet es den weisen Menschen aus, dass er seine Empfänglichkeit für das Schöne immer weiter schult und schärft: dass er Schönheit nicht allein im schönen Körper eines jungen Mannes oder einer jungen Frau gewahrt; sondern ebenso in „schönen Seelen, schönen Bräuchen und Gepflogenheiten, schönen Gedanken und der schönen Natur" – ja, dass er zuletzt in allem die Schönheit der alles durchwaltenden Lebendigkeit bzw. *psychē* erkennt und solcherart rückgebunden an das Sein dieser Welt deren Sinnhaftigkeit gewahren und darauf antwortend ein unbedingtes Ja aussprechen kann. „Und an diesem Punkt des Lebens, lieber Sokrates, erklärte die Mantineische Freundin [d. h. Diotima, Anm. d. Autors], ist, wenn irgendwo, das Leben erst lebenswert: wo ihm das Schöne überall gewahr wird."[102]

Und was hat das mit Wirtschaft zu tun? Sehr viel. Denn man stelle sich vor, welcher Art das Wirtschaften wäre, wenn die ihm innewohnende Dynamik nicht von Hunger, Mangel, Gier oder dem Willen zur Befriedigung der eigenen Bedürfnisse getrieben wäre, sondern … von leidenschaftlich-begeisterter Liebe zur Schönheit der lebendigen Welt. Wie wäre es, wenn es beim Wirtschaften nicht darum ginge, die eigene Habe zu mehren, sondern das eigene Sein zu erfüllen? Wie wäre eine erotische Ökonomie, die den Wert von Gütern und Waren nicht danach bemisst, wie sehr sie aus Mangel begehrt werden, sondern wie sehr sie die Liebe des Menschen zu entfachen vermögen? Eine erotische Ökonomie würde nicht nach materiellem oder monetärem Reichtum gieren, sondern von Sehnsucht nach menschlichem Reichtum bewegt sein: nach menschlicher Größe und Schönheit. Sie würde sich nicht darin gefallen, im Gestus der Herr- und Meisterschaft die Natur auszubeuten und zu unterwerfen, sondern alle Klugheit nur darauf verwenden, sich harmonisch in den *kósmos* zu fügen, um in ihm zu wachsen und zu welken, Frucht zu tragen und zu blühen, anzuwesen und auch abzuwesen – immer neu und immer selbstgenügsam spielerisch im großen Spiel des Lebens mitzuspielen und harmonische Verhältnisse zu generieren. Eine solche Ökonomie wäre nicht eine vom Willen und instrumenteller Rationalität bewegte Tech-

[101] Platon Sym. 209e–211c.

[102] Platon Sym. 211d.

nik, die sich selbst nach Maßgabe der Maschinenmatrix deutet. Vielmehr wäre sie eine Kunst, die genährt vom Anspruch des Schönen selbst Schönheit, Wahrheit und Stimmigkeit zu generieren antritt. Und der Unternehmer wäre nicht ein Ingenieur, der die Dynamik eines Apparates managt, sondern ein Künstler, der dafür entbrannt ist, Schönheit und Lebendigkeit zu generieren.

Diese erotische Ökonomie lässt sich mit Worten beschreiben, die Platon dem Arzt Eryximachos im *Symposion* in den Mund gelegt hat. Eryximachos deutet darin die Heilkunst als eine erotische Praxis, ebenso aber könnte man von einer erotischen Ökonomie sagen, sie sei die: „Kenntnis der erotischen Leidenschaft [nun nicht des Leibes, sondern] des Unternehmens im Blick auf dessen Einnahmen und Ausgaben“[103]: die Meisterschaft, alle Prozesse, Aktivitäten, Geschäfte etc. eines Unternehmens so zu arrangieren, das aus allem ein in sich stimmiges, harmonisches, gesundes und wohlgeordnetes Ganzes entsteht.

Bedauerlicherweise hat Platon keine Theorie einer erotischen Ökonomie hinterlassen (dazu: Abschn. 4.2.4). Aber in seiner Philosophie des Eros ist sie angelegt, wenn er darin deutlich macht, dass alles menschliche Tun dann seine größte Kraft entfaltet, wenn es von einem reifen, erwachsenen Eros gewirkt ist, der sich nicht in bloßen Äußerlichkeiten verliert, sondern gelernt hat, in allem das Schöne zu erkennen: die *psychē* des *kósmos* – das lebendige Sein der Welt.

Eine explizite Theorie des Wirtschaftens finden wir allerdings bei Platons Schüler Aristoteles. Bei ihm kommt zwar der Eros nicht vor – dafür aber alles andere, was sich im Lichte der vom Griechentum gewahrten Wahrheit als Ökonomie denken und beschreiben lässt: ein Wirtschaften, das dem *nómos* der *phýsis* folgt: das im Einklang mit der kosmischen und menschlichen *psychē* vollzogen werden kann; ein Wirtschaften, dem es um die *aretē* und Stimmigkeit des Wirtschaftens und die Harmonie des Unternehmens zu tun ist. Diese Theorie des Wirtschaftens gilt es nun zu würdigen.

---

[103] Platon Sym. 186c.

3.6 Unternehmen. Das Haus des guten Lebens

Man könnte vermuten, die Wirtschaftsphilosophie des Aristoteles sei eine schlechte Quelle, wenn es darum geht, das Wesen des antiken Wirtschaftens explizit ans Licht zu bringen. Denn bei seinen Ausführungen zur *oikonomía* handele es sich vermutlich nicht um eine empirisch verifizierte Analyse des antiken Wirtschaftens, sondern um eine philosophisch-ethische, ja normative Betrachtung, die uns wohl etwas darüber verrät, wie in den Augen des Aristoteles die Wirtschaft sein *sollte*, nicht aber wie sie faktisch *ist*. Nahrung erhält dieser Verdacht dadurch, dass Aristoteles gelegentlich selbst darauf hinweist, dass die ökonomische Wirklichkeit seinen Gedanken zu widersprechen scheint.[104] Trotzdem wäre es ein Irrtum zu meinen, die aristotelische Deutung des Wirtschaftens sei eine pure Fiktion. In den raren Zeugnissen, in denen sich antike Autoren über das Wirtschaften auslassen, findet man fast überall dieselbe Skepsis gegenüber Handel und Geldwirtschaft wie bei Aristoteles – und dieselbe Wertschätzung der Landwirtschaft. Tatsächlich ist signifikant, dass – wie Wirtschaftshistoriker Michael Sommer dargestellt hat – die griechische Antike keine kapitalistischen Strukturen hervorgebracht hat, was man mit dem „kanonischen Rang" der „rückwärtsgewandten Wirtschaftsethik" des Aristoteles erklären könne.[105] Auch Max Weber vermutete in der „Antichrematistik" des Aristoteles den Hauptgrund dafür, dass sich in der griechisch-römischen Antike keine kapitalistische Wirtschaftsform entwickeln konnte. So konstatiert Sommer: Dass die aristotelische Wirtschaftsphilosophie für die gesamte griechisch-römische Ökonomie eine Art „Hegemonie" ausgeübt hat, sei ein „Faktum, das sich nicht leugnen" lasse.[106]

Dies wäre nicht möglich gewesen, hätte die auch „Ökonomik" genannte Wirtschaftsphilosophie des Aristoteles nicht im Denken und Fühlen seiner Leserschaft Resonanz gefunden – was seinerseits nur dadurch erklärbar ist, dass er sie ganz im Sinne der spezifisch griechischen

[104] Aristoteles Pol. 1257b33.

[105] Sommer 2013, S. 99.

[106] Sommer 2013, S. 121.

Lichtung des Seins entwickelt hat: im Einklang damit, wie die Griechen die Wahrheit der Welt erfuhren, *gewahrten* und *bewahrten*. So gesehen geht es in der Wirtschaftsphilosophie des Aristoteles durchaus nicht nur um bloße Theorie, sondern zugleich auch um die ökonomische Realität und Praxis des 6. bis 4. Jahrhunderts v. Chr.

Aristoteles verhandelt die *oikonomía* im Rahmen seiner politischen Philosophie, genauer: im ersten Buch seiner Abhandlung über die *Politik*. Diesen Rahmen müssen wir vergegenwärtigen, um zu begreifen, was es seinem Verständnis nach mit der Wirtschaft auf sich hat. Dafür ist zunächst erforderlich, uns einige der Grundaxiome der praktischen Philosophie des Aristoteles vor Augen zu führen. An erster Stelle ist hier der Anfangssatz seiner *Nikomachischen Ethik* zu nennen:

> „Alle künstlerische und alle wissenschaftliche Tätigkeit, ebenso wie alles praktische Verhalten und jeder erwählte Beruf hat nach allgemeiner Annahme zum Ziele irgendein zu erlangendes Gut. Man hat darum das Gute treffend als dasjenige bezeichnet, was das Ziel alles Strebens bildet.“[107]

Wir alle streben nach dem Guten – genauer, nach dem guten Leben. So liegt es im *Sein* des Menschen, nicht in seinem *Willen*, wie erst christliche und dann neuzeitliche Autoren dachten. Darüber, so Aristoteles, sind sich alle einig. Aber was ist „das Gute“? Die Antwort, die er gibt, lautet wie folgt:

> „Da alles Erkennen und Intendieren auf ein Gut hin ausgerichtet sind, fragen wir nun, was man als das Ziel der Politik bezeichnen muss, und was überhaupt das höchste Gut des menschlichen Handelns ist. Über den Namen sind sich alle einig: *Glückseligkeit* (εὐδαιμονία – *eudaimonía*) nennen es sowohl das gemeine Volk als auch die Intellektuellen, und dabei gelten ihnen sowohl das gute Leben als auch das gute Handeln als dasselbe wie das Glücklichsein. Was aber das Glück sein soll, darüber gehen die Meinungen auseinander, und die Menge hält sie für etwas ganz anderes als die Weisen.“[108]

[107] Aristoteles Nic. Eth. 1094a.

[108] Aristoteles Nic. Eth. 1095a.

Damit haben wir eine formale Bestimmung: „Das Gute“ ist die *eudaimonía,* das Glück. Glück ist das, worum es allen Menschen letztlich geht. Eben deshalb ist das Glück das höchste Gut. Es gibt nichts, was man darüber hinaus wünschen könnte. Und Glückseligkeit, so lehrt ähnlich wie Platon auch Aristoteles, ist der Zustand, der sich einstellt, wenn der Mensch die in ihm angelegte *aretē* der *psychē* zur Entfaltung bringt (s. Abschn. 3.4.4).

Das gilt nun nach Aristoteles nicht nur vom Wesen eines Individuums, sondern genauso vom Gemeinwesen, der *pólis*. Auch das Gemeinwesen ist um eines Gutes willen da. Auch die *pólis* hat einen Sinn, ein Ziel, eine *aretē*, die zu erreichen bedeutet, ein *gutes* Gemeinwesen zu sein. Folgt man Aristoteles, dann ist das vom Gemeinwesen erstrebte Gute nichts anderes als das gute Leben seiner Bürgerschaft, bzw. seiner Bürgerinnen und Bürger: Um deren guten Lebens willen west die *pólis* als Gemein*wesen.*[109] Aus diesem Umstand zieht Aristoteles eine bemerkenswerte Folgerung:

> „Um des guten Lebens willen west die *pólis*. Von Anfang an haben sich die Menschen deshalb zusammengetan. Gut zu leben, ist das Ziel einer jeden Gemeinschaft – wo sie dieses Ziel erreicht, erfüllt sich ihr Wesen, nennen wir doch das voll entfaltete Potenzial eines Seienden sein Wesen. […] Das eigene Wesen zu entfalten, ist eines jeden Wesens Sinn und Ziel – das ihm eigene Beste. Das Beste und das Ziel menschlicher Gemeinschaft aber ist die *Autarkie*. Daraus folgt, dass das Gemeinwesen dem Menschen wesentlich – und dass der Mensch seinem Wesen nach ein *gemeinwesentliches*, ein politisches Wesen (πολιτικὸν ζῷον – *politikòn zōon*), ist.“[110]

Dieser zutiefst griechische Gedanke ist uns schon vertraut: Der Mensch ist wesentlich politisch. Denn er sehnt sich nach einem guten, glücklichen Leben, das es für ihn ausschließlich in der *pólis* geben kann, da nur die Zugehörigkeit zur *pólis* ihm Glückseligkeit (s. Abschn. 3.4.4) und Freiheit (s. Abschn. 3.3.3) ermöglicht. Was hat das mit Wirtschaft zu tun?

---

[109] Aristoteles Pol. 1253a29.

[110] Aristoteles Pol. 1252b–1253a.

3.6.1 *Oikos*. Das antike Unternehmen

Der Mensch ist ein gemeinwesentliches Wesen. Für ein gutes und erfülltes Leben braucht er die Gemeinschaft mit anderen. Nun behauptet Aristoteles, die ursprünglichste Form eines Gemeinwesens sei diejenige, in der das Leben sich reproduziert bzw. neues Leben wachsen kann: die Ehe bzw. die Familie. Diese wiederum bildet ein Haus, auf Griechisch οἶκος (*oíkos*). *Oíkos* meint dabei weniger das Gebäude als vielmehr den Hausstand, den Haushalt und die Hauswirtschaft. Das Wort umfasst Gebäude und Bewohner gleichermaßen – etwa so wie es auch noch in Formulierungen anklingt, wenn man vom „Haus Habsburg" oder dergleichen redet. Wer so spricht, meint nicht ein Gebäude, sondern eine Familie.

Wir müssen also bedenken, dass ein *oíkos* der Antike mehr ist als nur eine Wohnung. Zu einem *oíkos* gehört immer auch ein Betrieb, meistens eine Landwirtschaft. Auch die Angestellten oder Sklaven sind Bestandteile des *oíkos*. All das ist im Worte *oíkos* zusammengefasst: *Oíkos* ist ein hochdynamisches System, ein Verbund, in dem Menschen zielgerichtet und planmäßig miteinander interagieren. Von daher ist es berechtigt, das Wort *oíkos* mit *Unternehmen* zu übersetzen.

Nun braucht jeder *oíkos* Führung, Ordnung und Struktur: einen *nómos*, der dem Wesen, Werden und Walten des *oíkos* eine Richtung gibt. Den *nómos* des *oíkos* zu entwickeln und zu exekutieren, ist der Sinn der Fertigkeit, die auf Griechisch *oikonomía* heißt. Ökonomie bedeutet mithin ursprünglich die Kunst, ein Haus, einen Betrieb zu führen: eine Haushaltsführungskompetenz. Diese Kompetenz nimmt Maß am Sinn und Wesen eines jeden Hauses: an der *aretē* des Hauses, das heißt an der einem Unternehmen eigentümlichen Erscheinungsform von Stimmigkeit und Harmonie. Diesen Sinn des *oíkos*, der zugleich das Ziel und Maß der *oikonomía* ist, nennt Aristoteles, wie bereits erwähnt, *autarkeía*: Autarkie. Damit ist von ihm der Sinn und Zweck des Wirtschaftens benannt: dafür Sorge tragen, dass ein Unternehmen – oder *oíkos* – nachhaltig für sich bestehen kann, selbstgenügsam, frei, im Einklang mit sich selbst, der *pólis* und dem *kósmos*. Wenn ein Haus auf diese Weise west, entspricht es seiner *phýsis* und dem *nómos* der *psychē*. West ein *oíkos* selbstgenügsam und autark, dann west er seinem eigenen Wesen angemessen. Dann wird der *oíkos* zu einem Spielraum des guten Lebens, das sich darin frei und seiner selbst gemäß entfalten kann. Oder anders gesagt: Dann wird das Unternehmen zu einem Gewächshaus menschlicher Lebendigkeit.

Eine im Sinne des Aristoteles meisterliche oder auch weise *oikonomía* erfüllt sich darin, einen *oíkos* so zu ordnen und zu führen, dass seine Bewohner davon entlastet sind, sich um ihr bloßen Überleben zu sorgen und stattdessen den Freiraum dafür gewinnen, ihre Potenziale zum guten Leben zu entfalten. Oder anders gesagt: Ein weises und wahres Wirtschaften bewährt sich darin, dass es ein Unternehmen so organisiert und führt, dass es allen Beschäftigten und Stakeholdern die Möglichkeit eröffnet, gut zu leben und zur Bestheit ihrer *psychē* zu erblühen.

3.6.2 Führung. Die Sorge für das Ganze

Worin besteht in den Augen des Aristoteles nun die *oikonomía*? Welche Kompetenzen müssen in ihr zusammenfinden? Die Antwort des Philosophen klingt nach heutigen Maßstäben zunächst irritierend, zeugt sie doch von einem gesellschaftlichen Umfeld, das sehr anders war als das der europäischen Moderne. Gleichwohl werden wir sehen, dass sich das von ihm Gesagte auf das Wirtschaften von heute wenigstens teilweise anwenden lässt. Die *oikonomía* hat es mit dem Haus zu tun. Das Haus ist ursprünglich eine Familie plus Angestellte. Aus diesem Umstand leitet sich als Teilbereich der *oikonomía* dasjenige her, was man heute *Human Ressources* oder *Personalführung* nennen würde – ein Zweig der *oikonomía,* der sich laut Aristoteles nochmals in drei Teilbereiche gliedert[111]: das Verhältnis von Herr zu Bedienstetem (heute würde wir sagen: von Arbeitgeber zu Arbeitnehmer), das Verhältnis des Hausherrn zur Hausfrau und das Verhältnis vom Hausherrn zu seinen Kindern – was heute in familiengeführten Unternehmen durchaus noch eine (zuweilen vernachlässigte, obgleich) erhebliche Rolle spielt. Deshalb benötige ein Ökonom neben einer ausgewiesenen Führungskompetenz auch so etwas wie eine Partner-

[111] Aristoteles Pol. 1253b.

schaftskompetenz und eine Familienkompetenz. Jeder, der mit oder in Familienunternehmen arbeitet, weiß, wie sehr das zutrifft – und wie oft diese Kompetenzen fehlen.

Im weiteren Verlauf seiner Untersuchung wendet sich Aristoteles zunächst dieser Führungskompetenz zu, die er fast durchweg im Bereich des Umgangs mit den Bediensteten bzw. Sklaven verortet [112]– eine verstörende Passage, die die Schattenseite der antiken Denkweise zu erkennen gibt, denn Aristoteles nutzt diese Passage nicht nur zu einer höchst fragwürdigen Legitimation der Sklaverei (mit der er den Ansichten seines Lehrers Platon scharf widerspricht) und zu einer damit einhergehenden Entwürdigung des Sklaven zum bloßen Werkzeug (ὄργανον – *órganon*), sondern auch zur Bekundung (wiederum im krassen Widerspruch zu Platons *Politeia*) seiner zutiefst patriarchalen Weltsicht. Etwa, wenn er behauptet, das Verhältnis des Männlichen zum Weiblichen sei von Natur aus so, „dass das eine besser, das andere geringer ist, und das eine herrscht, während das andere beherrscht wird".[113]

Allerdings findet sich in diesem Abschnitt auch eine für unseren Zusammenhang nicht unbedeutende Reflexion auf die Notwendigkeit der Führung eines Unternehmens. Diese kann man durchaus mit Gewinn lesen, auch wenn man Aristoteles Behauptung, dass Frauen und Sklaven von Natur aus zum Beherrscht-Werden veranlagt sind, schlechterdings ablehnen muss. Die besagte Passage lautet wie folgt:

> „Wo immer Vieles zu einem gemeinsamen Einen zusammengesetzt ist […], da gibt es ein Führendes und ein Geführtes – und so verhält es sich bei allen Lebewesen aufgrund ihres ganzen Wesens. Sogar bei dem, was des Lebens nicht teilhaftig ist, wie etwa der musikalischen Harmonie, verhält es sich so."[114]

Aristoteles macht damit auf einen Umstand aufmerksam, der uns aus der ursprünglichen Auslegung des Seins bei Platon geläufig ist: In allem Lebendigen west eine intelligente *psychē*, die in Gestalt des *noûs* eine ihr

[112] Aristoteles Pol. 1254a14–1255a3.

[113] Aristoteles Pol. 1254b11–14; ähnlich 1259b1–4. Zu Platon vgl. Rp. 540d.

[114] Aristoteles Pol. 1254a 28–32.

eigene Steuerungsinstanz aufweist, die für die Austarierung und Harmonisierung eines Gesamtsystems Sorge trägt. Immanente Führung ist von daher eine Grundfunktion lebendiger Systeme und deshalb auch einem *oíkos* oder Unternehmen wesentlich und angemessen. Dass sich daraus jedoch die Legitimität von Sklaverei und Patriarchat ableiten ließe, ist bei aller Hochachtung für Aristoteles nicht nachvollziehbar. Lassen wir deshalb seine Bemerkungen zur Führungskunst beiseite und wenden uns dem überzeugenderen und für die Gegenwart bedeutungsvolleren Teil seiner Ökonomik zu. Er betrifft den zweiten Kernbereich der *oikonomía*, von dem, wie Aristoteles bemerkt, die meisten Menschen annehmen, er sei die eigentliche *oikonomía* oder wenigsten doch ihr Kernbereich: die χρηματιστική (*chrematistikē*): die *Chrematistik* bzw. „Erwerbskunst".[115]

3.6.3 Erwerb. Die Kuns naturgemäßer Wertschöpfung

Eingehend beschäftigt sich Aristoteles mit der Frage, ob die Chrematistik (χρηματιστική) mit der Haushaltskunst bzw. *Ökonomik* (οἰκονομική) identisch ist.[116] Entgegen dieser zu seiner Zeit offenbar landläufig vertretenden Sichtweise schlägt Aristoteles vor, beides klar voneinander zu unterscheiden, „denn die Aufgabe der Chrematistik ist das Erwerben, die Aufgabe der Ökonomik ist das Verwenden des Erworbenen."[117]

Damit ist signalisiert, in welchem Verhältnis beide Fertigkeiten zueinanderstehen: Die Ökonomik ist der Chrematistik übergeordnet, denn der Erwerb ist um des Gebrauches willen da. Aber wie genau lässt sich das Verhältnis von Erwerben und Haushalten als zweier Teilbereiche einer guten und sinnvollen *oikonomía* beschreiben? Um auf diese Frage eine Antwort zu geben, führt Aristoteles eine bedeutsame Differenzierung ein: er unterscheidet eine „naturgemäße" (τις κτητική κατὰ φύσιν – *tis ktētikē katà phýsin*)[118] von einer wiedernatürlichen Chrematistik, wobei die naturgemäße Erwerbskunst der Haushaltskunst zugehöre, wohinge-

[115] Aristoteles Pol. 1253b14.

[116] Aristoteles Pol. 1256a3–5.

[117] Aristoteles Pol. 1256a10.

[118] Aristoteles Pol. 1256b39.

gen die nicht naturgemäße Chrematistik zu ihr in einem Spannungsverhältnis steht.

Was genau hat es mit dieser „naturgemäßen Erwerbskunst" auf sich? Für Aristoteles ist klar: Sie hat es mit dem zu tun, was sich dem Menschen von Natur her anbietet: alles, was die *phýsis* hervorgebracht hat und fortwährend hervorbringt. Dabei handelt es sich vornehmlich um Nahrungsmittel. Die ihrer Produktion dienliche Landwirtschaft, die Naturprodukte erzeugt, um der menschlichen *phýsis* die erforderliche Nahrung bereitzustellen, ist gleichsam der aristotelische Archetyp einer naturgemäßen Erwerbskunst. Zu ihr gehören Viehzucht, Ackerbau und Jagd.

Dabei – und das ist entscheidend – folgt die naturgemäße Erwerbskunst einem natürlichen Maß. Ihm zu genügen, ist die *aretē* – die Bestheit – der naturgemäßen Chrematistik. Darauf Acht zu geben aber ist die Aufgabe der Ökonomik bzw. des Ökonomen. Die spezifische Kompetenz des Ökonomen besteht für Aristoteles folglich darin, dem Erwerb und der Produktion von Gütern das Maß und die Grenze zu setzen, was und wie viel erwirtschaftet werden soll. Wo ein Unternehmen das vom Ökonomen definierte und vom naturgemäßen Bedarf des *oíkos* hergeleitete Maß wahrt und somit ihre *aretē* verwirklicht, da erwirtschaftet der Betrieb einen ihm angemessenen, naturgemäßen und deshalb „wahren Reichtum" (ἀληθινὸς πλοῦτος, 1256b30). Deshalb ist die naturgemäße Erwerbskunst für Aristoteles ein integraler Bestandteil der guten, wesentlichen und sinnvollen *oikonomía*.

Und was genau ist der „wahre Reichtum", den eine gute, wesentliche und sinnvolle *oikonomía* zu erwirtschaften hat? Die naturgemäße *oikonomía*, sagt Aristoteles,

> „muss vorhanden sein oder beschafft werden, damit von den Gütern, die in der Gemeinschaft des Gemeinwesens oder des Hauses lebensnotwendig und nützlich sind, alle diejenigen zur Verfügung stehen, die aufbewahrt werden können. Aus diesen Dingen scheint auch der wahre Reichtum zu bestehen. Denn der Bedarf an solchen Gütern zur Autarkie (αὐτάρκεια) eines guten Lebens ist nicht unbegrenzt wie jener, von dem Solon sagt: ‚Reichtum hat keine Grenze, die nennbar den Menschen gesetzt ist.' Denn es ist eine gesetzt, wie auch bei allen anderen Fertigkeiten. Kein Werkzeug

irgendeiner Fertigkeit ist nach Zahl und Größe unbegrenzt. Der Reichtum aber ist nichts anderes als eine Fülle von Werkzeugen für die Haushaltungsführung."[119]

3.6.4 Autarkie. Die Tugend der antiken Ökonomik

Was Aristoteles hier über den *wahren*, naturgemäßen und deshalb einem *oíkos* wesentlichen Reichtum sagt, lässt sich nur vor dem Hintergrund dessen verstehen, was wir über die spezifische *Wahrheit* des griechischen Geistes sagten: das Licht, in dem die Griechen das Sein der Welt *gewahrten* und *bewahrten*. Wahrer Reichtum ist begrenzt – seine Grenze findet er in der *phýsis* eines *oíkos*. Diese Grenze ist markiert durch seine *aretē*, die Aristoteles nun ausdrücklich beim Namen nennt: αὐτάρκεια (*autárkeia*) – Autarkie. Diese *aretē* des *oíkos* ist immer dann verwirklicht, wenn ein Unternehmen all das erwirtschaftet, was es braucht, um seinem Wesen zu genügen: um die ihm zugehörigen Menschen mit den Gütern zu versorgen, die sie für die Bewahrung ihres Lebens benötigen und deren Vorhandensein ihnen die Möglichkeit öffnet, ihre Potenziale zu einem auch qualitativ guten Leben zu entfalten.[120] Wenn die dafür notwendigen Güter durch eine naturgemäße Erwerbskunst erwirtschaftet werden, dann ist die *oikonomía* des Hauses gut und sinnvoll, d. h. dem Wesen des Unternehmens bzw. *oíkos* angemessen: Dann schafft sie die Voraussetzung dafür, dass das Unternehmen mit sich und der Natur, deren Güter sie sich bedient, dauerhaft und bleibend in einem harmonischen und stimmigen Einklang west. Autarkie ist so gesehen die Tugend einer nachhaltigen, die Harmonie von Unternehmen und Natur achtenden Erwerbskunst bzw. Produktion. Nachhaltige Autarkie gibt der Ökonomik und der ihr zugehörigen natürlichen Erwerbskunst das Maß. Ökonomie ist wahr und wesentlich, wenn sie der Nachhaltigkeit und Autarkie des *oíkos* dienlich ist. Und eben das kennzeichnet den von ihr erwirtschafteten Reichtum. Er ist wahr und wesentlich, solange er ein *Mittel zum Zweck der nachhaltigen Autarkie* ist und in diesem Ziel sein Maß und

[119] Aristoteles Pol. 1256b27–38.

[120] Aristoteles Pol. 1258a32–38.

seine Grenze findet. *Wahrer* Reichtum ist die Selbstgenügsamkeit des Unternehmens.

Unwahr hingegen ist eine Ökonomie, wenn sie nicht auf nachhaltige Autarkie, sondern auf grenzenloses Wachstum ausgerichtet ist. Wenn der Reichtum als Zweck an sich missdeutet wird und nicht in den Dienst des gesunden und guten Lebens der im Unternehmen assoziierten Menschen genommen wird. Ein Reichtum, der nicht als Mittel zum Guten Leben, sondern als Zweck an sich erstrebt wird, ist folglich unwahr und unwesentlich, maßlos und vermessen. Ebenso ist auch der Reichtum oder Wohlstand unwahr, den eine *nicht* naturgemäße, unwesentliche Erwerbskunst bzw. Chrematistik erwirtschaftet: jener falsch verstandene Reichtum, den der zitierte Solon scharf kritisiert, als er bemerkte, er sei grenzenlos. Dieser unwahre, maßlos-grenzenlose Reichtum ist eben nicht der maßvolle Reichtum an Gütern, die der Autarkie des *oíkos* dienen und um ihretwillen erworben wurden. Vielmehr handelt es sich bei ihm um einen rein monetären Reichtum, der deshalb problematisch ist, weil ihm jede natürliche Grenze fehlt – weil er nicht der Gesundheit und dem guten Leben der Menschen dient, sondern um seiner selbst willen erstrebt wird.

Lediglich monetären Reichtum zu erwirtschaften, ist laut Aristoteles das problematische Ziel der von ihm kritisierten schon in der Antike geläufigsten Erscheinungsform einer naturwidrigen bzw. nicht-naturgemäßen Chrematistik: der Finanzwirtschaft. Sie, so zeigt Aristoteles, verfehlt die Wahrheit der *oikonomía* – einfach deshalb, weil sie das Maß der *phýsis* ignoriert. Darin liegt eine enorme Gefahr. Denn wenn sich die Chrematistik von der *phýsis* löst, wird sie zur Bedrohung für die *psychē* und für alle Formen des Lebens – dann droht sie sich gegen die Natur und gegen die Lebendigkeit der Welt zu wenden; ganz so, wie es im Zeitalter des entfesselten Neoliberalismus im 21. Jahrhundert geschieht.

3.6.5 Geldwirtschaft. Die widernatürlichste Wirtschaftsform

Die widernatürlich Erwerbskunst bzw. die nicht naturgemäße Chrematistik verortet Aristoteles im Bereich von Handel und Finanzwirtschaft. Er schreibt:

> „Es gibt noch eine zweite Art der Erwerbskunst, die man mit Recht als die Kunst des Gelderwerbs bezeichnet. Bei ihr scheint es keine Grenze des Reichtums und des Besitzes zu geben. Aufgrund ihrer Ähnlichkeit halten viele Menschen beide Arten der Erwerbskunst für identisch, was aber nicht zutrifft, obgleich sie nah verwandt sind. Die eine Art ist naturgemäß (φύσει – *phýsei*), die andere hingegen nicht, sondern sie ergibt sich aus Erfahrung und Technik (δι' ἐμπειρίας τινὸς καὶ τέχνης – *di empeirías kai téchnēs*).“[121]

Wenn wir diese Unterscheidung in einen neuzeitlichen Sprachgebrauch übertragen wollen, könnte man sagen, dass Aristoteles der Realwirtschaft – deren Archetyp für ihn die Landwirtschaft darstellt – die Finanzwirtschaft gegenüberstellt. Die Realwirtschaft bleibt dabei an die Natur (*phýsis*) rückgebunden und findet deshalb ihr natürliches Maß in der Autarkie bzw. nachhaltigen Bestandswahrung des Unternehmens – wohingegen die Finanzwirtschaft sich als Technik (*technē*) von der maßgeblichen *phýsis* entbunden hat.

Bemerkenswert ist nun die aristotelische Analyse der Gründe dafür, in der sich diese wohl älteste philosophisch Reflexion auf die Geldwirtschaft findet. Aristoteles konstatiert, dass alle Phänomene einen doppelten Wert aufweisen: einen Nutz- bzw. Gebrauchswert einerseits und einen Tauschwert andererseits. Ursprünglich würden Produkte um ihres Nutzens willen gefertigt. So stelle der Schuster Schuhe her, weil Menschen Schuhe benötigen.[122] Darin liegt ihr Nutzwert – der umso höher ist, je dringlicher der Bedarf an Schuhen ist. Und je besser sich die Schuhe zum Gehen oder Arbeiten eignen – griechisch gedacht: je „tauglicher“ oder

[121] Aristoteles Pol. 1256b40–1257a.

[122] Aristoteles Pol. 1257a5–13.

„tugendhafter" sie sind – desto wertvoller sind und desto höherer Wertschätzung dürfen sie sich gewiss sein. Der Nutzwert eines Produktes bemisst sich so gesehen nach seiner Qualität – maßgeblich ist die ihm eigene *aretē*. Gütern einen Nutzwert beizumessen, ist von daher rückgekoppelt an deren Sinn und Wesen (*phýsis*). Dagegen hat Aristoteles nichts einzuwenden. Er ist auch damit einverstanden, wenn Gebrauchsgegenstände als Ware auf dem Markt gegen andere Gebrauchsgegenstände oder Nahrungsmittel getauscht werden, wenn dadurch der von *einem* oíkos erwirtschaftete Überschuss an den einen Gütern zur Deckung des Bedarfs an anderen Gütern aufgebracht werden kann. Er sagt:

> „Tausch ist bei allem möglich, angefangen mit den Naturprodukten, von denen die Menschen meistens entweder zu viel oder zu wenig haben."[123]

Solange dabei der Gebrauchs- bzw. Nutzwert der getauschten Güter einander entspricht, bewegt sich der Handel in den „natürlichen" Grenzen, d. h. er bleibt rückgekoppelt an die *phýsis* des Hauses und steht im Dienst von dessen Autarkie.[124] Dieser maßvolle, der Autarkie und mithin dem guten Leben des Hauses dienliche Handel von Dingen und Naturalien ist in Aristoteles' Verständnis nichts anderes als der verlängerte Arm der Real- bzw. der Landwirtschaft. Genau wie diese ist er eine ursprüngliche, naturgemäße und mithin in seinen Augen unproblematische Form der Erwerbskunst.[125] Das könne man auch in den traditionellen Gesellschaften der „Barbaren" beobachten, die auf ihren Märkten offenbar noch zu Aristoteles' Zeiten ausschließlich Gebrauchsgüter tauschten, „also Wein gegen Korn und so weiter"[126] – wobei wir nicht genau wissen, an welche Kulturen er dabei dachte.

Nicht ursprünglich, nicht naturgemäß und mithin auch nicht unproblematisch ist für Aristoteles jedoch der von Kaufleuten betriebene Handel, sofern mit ihm das Geld ins Spiel kommt. Die vom Kaufmann praktizierte Form der Chrematistik widerstreite der *phýsis*[127] neige zur Maß-

---

[123] Aristoteles Pol. 1257a13–15.

[124] Aristoteles Pol. 1257a17.

[125] Aristoteles Pol. 1257a29–31.

[126] Aristoteles Pol.1257a25–28.

[127] Aristoteles Pol. 1257a17.

und Grenzenlosigkeit und müsse daher reguliert bzw. domestiziert werden. Um zu verstehen, warum die Geldwirtschaft der Entfaltung des guten Lebens eines *oíkos*-Unternehmens wesentlich im Wege steht, schaltet Aristoteles einen kleinen, aber aufschlussreichen Exkurs in die Entstehungsgesichte von Handel und Geldwirtschaft ein.

3.7 Geld. Das Fluidum des Grenzenlosen

Was ist Geld? Aristoteles wendet sich im Zuge seiner philosophischen Ökonomik dieser Frage zu, um zu ergründen, wie es angehen kann, dass sich im Zuge der Wirtschaftsgeschichte eine widernatürlich Chrematistik aus der ursprünglichen, naturgemäßen *oikonomía* lösen und zu einer problematischen Wirtschaftsform verselbstständigen konnte. Seine Antwort lautet: Geld. Aber warum? Warum ist das Geld – wenn man Aristoteles Glauben schenkt – der Anfang allen wirtschaftlichen Übels?

3.7.1 Entfremdung. Wenn das Mittel zum Zweck wird

Geld so die auch nach heutigem Kenntnisstand zutreffende Beobachtung des Aristoteles, wurde erfunden, um den Tauschhandel zu erleichtern:

> „Man einigte sich darauf, beim Tauschhandel etwas zu verwenden, was selbst nützlich und im täglichen Verkehr einfach zu handhaben ist – also Eisen, Silber und dergleichen. Zuerst bestimmte man sie einfach nach Größe und Gewicht, später prägte man ein Zeichen ein, um sich das Messen und Wiegen zu ersparen."[128]

Für Aristoteles ist dagegen nichts einzuwenden: Als praktikables Tauschmittel, das durch seinen Nutz- oder Gebrauchswert gedeckt ist, bleibt das Geld ursprünglich gekoppelt an die traditionelle naturgemäße Tauschwirtschaft, die jahrhundertelang ohne Geld auskam. Mit der Einführung des Geldes jedoch entkoppelten die Handeltreibenden das Geld von seinem reinen Tauschwert und verliehen ihm einen eigenen Ge-

[128] Aristoteles Pol. 1257a35–42.

brauchswert. Geld wurde zur Ware, und ein neuer Zweig der Chrematistik entstand: eine Erwerbskunst, die es sich zum Ziel macht, Geld mit Geld und um des Geldes willen zu erwirtschaften. Damit war der Weg frei für die Finanzwirtschaft, die sich sogleich von der *phýsis* löste und zu einer reinen Technik wandelte. Denn wenn das Geld von seiner Funktion als Tauschmittel entbunden und selbst zur Ware konvertiert wird, dann, so Aristoteles, liegt es nahe, Methoden und Instrumente zu entwickeln, mit deren Hilfe man Geld durch Geld erwerben kann. Später wird er darauf zu sprechen kommen, dass das älteste und problematischste dieser Finanzmarktinstrumente das Konstrukt der Zinsen und der Zinsenzinsen ist (s. Abschn. 3.7.3).

Zunächst ist festzuhalten, dass Aristoteles' Reflexionen auf die Entstehung des Geldes zu erkennen geben, dass sich der Handel und die Chrematistik der Natur entfremdeten und maßlos wurden, als das Geld zur Ware wurde. Durch diese Entfremdung des Geldes von der Natur ging der Geldwirtschaft das Maß verloren: Nicht mehr der Autarkie, der *aretē* bzw. dem Sinn des Unternehmens ist die rein monetäre Chrematistik verpflichtet, sondern ihr geht es um den größtmöglichen Gelderwerb – und mithin nicht mehr um den maßvollen, begrenzten Reichtum eines mit sich selbst im Einklang, nachhaltigen und autarken Unternehmens, sondern um das jeder natürlichen Grenze entbehrende Wachstum monetärer Mittel. So sagt Aristoteles über die monetäre Chrematistik bzw. Geldwirtschaft:

> „Diese Erwerbskunst scheint vor allem dem Gelderwerb zu gelten und als ihr eigentliches Werk gilt die Kompetenz darin, den größtmöglichen Profit zu machen. Sie gilt dann als Erzeugerin des Reichtums, den man als eine große Menge Geldes definiert – und ihm allein seien die Chrematistik und der Geldhandel gewidmet."[129]

Halten wir fest: Nicht mehr der einem natürlichen Maß folgenden stimmigen und nachhaltigen Autarkie des Hauses gilt die monetäre Chrematistik – die Finanzwirtschaft –, sondern dem infiniten Wachstum des Kapitals. Diese Dynamik der Grenzenlosigkeit ist in Aristoteles' Augen

[129] Aristoteles Pol. 1257b5–10.

das eigentliche Problem einer dem Gelderwerb verschriebenen *oikonomía*; und zwar nicht – das zu betonen ist wichtig – aus moralischen oder psychologischen Gründen. Eine entfesselte Geldwirtschaft ist für ihn nicht deshalb unheilvoll, wie sie gegen das Sittengesetz verstoße oder von pathologischer Gier getrieben sei. Nein, problematisch ist die rein monetäre Chrematistik aufgrund eines ontologischen Umstands: Eine auf infinites monetäres Wachstum fokussierte Geldwirtschaft widerspricht dem Wesen des Wirtschaftens. Sie steht im Widerspruch zum ontologischen Grundprinzip der *phýsis*, deren lebendiges Wachstum grundsätzlich durch das begrenzende Prinzip (*péras*) der *psychē* limitiert und an einen bestimmten Sinn zurückgebunden ist (s. Abschn. 3.1). Eine ausschließlich auf monetäres Wachstum angelegte Geldwirtschaft entfremdet sich dem Leben, und wird zu einer reinen Technik. Sie verfehlt die Wahrheit des Wirtschaftens und verfällt der Unwahrheit und wird unwesentlich. Und eben das muss man an der zeitgenössischen neoliberalen Weltwirtschaft bemängeln, sofern man sie ins Licht der ursprünglichen Lichtung des griechischen Geistes rückt. Gemessen an der dem Griechentum erschlossenen Wahrheit ist die neuzeitliche Ökonomie unwahr und unwesentlich. Könnte es sein, dass sie deshalb immer deutlicher sichtbar ihr Unwesen treibt? Denken wir nur an die Vernichtung der Biosphäre, die Ausrottung von Arten, die Verwüstung menschlicher Kultur und Religion und das wachsende soziale Ungleichgewicht– bei gleichzeitig ungebremstem monetären Wachstum auf den Konten und in den Depots einiger weniger Superreicher.

Was heute vor unser aller Augen geschieht, diagnostizierte Aristoteles bereits *in nuce*. So lässt er im Anschluss seines Exkurses auf die Entstehung der Geldwirtschaft die Kritiker des Geldes zu Wort kommen:

> „Gelegentlich wird gesagt, Geld sei Unsinn und reine Konvention, da es keineswegs natürlich ist. Denn es verliere seinen Wert und sei zu nichts mehr zu gebrauchen, wenn diejenigen, die es verwenden, Änderungen an ihm vornehmen."[130]

[130] Aristoteles 1257b10.

Damit weist der Philosoph auf einen wichtigen Punkt hin. Tatsächlich verdankt das Geld seinen vermeintlichen Eigenwert ausschließlich seinem Gebrauchswert. Wird einer Währung das Vertrauen entzogen oder wird sie kontrolliert abgewertet, dann ist sie nicht nur als Tauschmittel untauglich geworden, sondern verliert zugleich ihren Nutzwert. Diesen Umstand illustriert Aristoteles unter Rekurs auf den Mythos vom dem legendären König Midas, dem alles unter der Hand zu Gold wurde und der gerade deshalb um ein Haar verhungert wäre.[131] Warum? Weil der Wunsch und vielleicht sogar das Vermögen, alles zu vergolden, der Natur widerspricht: Die *phýsis* seines Leibes braucht kein Gold, sondern verdauliche Nahrungsmittel. Das macht die Tragödie des Midas mehr als deutlich: Für unser Leben und die Entfaltung unserer Lebendigkeitspotenziale – für unsere *psychē* – ist Geld vollkommen unwesentlich; ja, es steht unserer und aller *phýsis* sogar tendenziell im Wege, weil Maßlosigkeit und Anmaßung das fragile Gleichgewicht des Lebens zerrütten. Deshalb, nur deshalb ist eine Chrematistik bzw. eine Finanzwirtschaft, die sich von der Realwirtschaft entkoppelt, problematisch. Sie ist problematisch, weil sie sich der Natur entfremdet, sich nicht um die *aretē* des Menschen kümmert und der *aretē* des Unternehmens – seiner nachhaltigen Autarkie – hinderlich ist.

Aber damit nicht genug. Wirklich verhängnisvoll wird die Maßlosigkeit einer der Natur entfremdeten Geldwirtschaft erst durch die ihr inhärente Gier nach grenzenlosem Wachstum. Dieser Dynamik ist geschuldet, dass sich die rein monetäre Chrematistik bzw. Geldwirtschaft immer aggressiver gegen das Leben kehrt. Die frühe griechische Philosophie hatte zu zeigen vermocht, dass allem Lebendigen die Energie der *psychē* innewohnt, deren Wirklichkeit Heraklit und Platon als eine sinnvolle Interaktion von grenzenloser Möglichkeit und begrenzendem Sinn (s. Abschn. 3.1.3) beschrieben haben. Ein von seinem Tauschwert abgekoppeltes Geld jedoch ist *reine Möglichkeit*, die ihrerseits vollständig *sinnlos* bleibt, sofern ihr nicht durch einen bestimmten Sinn Grenze und Maß gestiftet werden. Für sich genommen ist monetärer Reichtum bzw. grenzenlose Mehrung von Kapital völlig sinnfrei. Eine bloß auf monetäres Wachstum fokussierte kapitalistische Wirtschaft akkumuliert – sofern

---

[131] Aristoteles Pol. 1257a15–18.

wir sie ins Licht des griechischen Geistes rücken – fortwährend Sinnlosigkeit, bestenfalls potenziell Sinnvolles; was spätestens dann bedrohlich wird, wenn sie aufgrund ihrer selbstbezüglichen Dynamik (was heute allenthalben geschieht) die wirklich sinnstiftenden Tätigkeiten wie Religion, Kunst und Philosophie vollständig entwertet. Heute ist eine Situation eingetreten, die Aristoteles genial antizipierte: ein exponentielles monetäres Wachstum bei umgekehrt beschleunigter exponentieller Erosion von Sinn. Die Folgen liegen auf der Hand: eine entseelte und entgeisterte Welt, die Ausbreitung physischer und psychischer Toträume, ein allgemeines Verwesen von Lebendigkeit in Folge der totalen Herrschaft einer unwesentlichen, ihr Unwesen treibenden globalen Finanzwirtschaft.

Doch zurück zu Aristoteles. Wie für alle Griechen ist auch für ihn ausgemacht: Alles, was lebt, braucht Grenzen und hat Grenzen: Grenzen, an die sich alles Wesen und Wachsen der *phýsis* hält und halten muss. Das Leben hat ein ihm eigenes inhärentes Maß: die in sich stimmige Übereinstimmung des einzelnen, individuierten Lebewesens mit dem kosmischen Leben. Maßloses, ungebremstes, exponentielles Wachstum ist der *phýsis* fremd. Man könnte es beschreiben, als die totale Dominanz des Anwesens über das Abwesen, des Wachsens über das Welken und Schwinden. Das aber widerspricht dem *nómos* der *psychē* und führt, wo immer es von Menschen artifiziell oder technisch erzeugt bzw. unter dem Einfluss der neuzeitlichen Maschinenmatrix *erstellt* wird, unweigerlich zum Tod lebendiger Systeme. Wo das Gestell waltet und die Maschinenmatrix der Ökonomie ihr Unwesen treibt, verwest das Leben.

Weisheit als die Meisterschaft des Lebens hingegen achtet Grenzen. Sie weiß darum, dass das Leben sich nur im Rahmen seiner naturgemäßen Wachstumsgrenzen frei entfalten und zur Harmonie erblühen kann. Aristoteles sagt deshalb mit Blick auf die gesunde, naturgemäße Ökonomie, die ihr „zugehörige Erwerbskunst ist begrenzt. Monetären Reichtum anzuhäufen, ist nicht ihr Werk. Denn sie weiß, dass einem jeden Reichtum eine Grenze gesetzt sein muss."[132]

Allerdings beobachtet Aristoteles eine Diskrepanz zwischen Theorie und Praxis. Er bemerkt: „Tatsächlich aber beobachten wir das Gegenteil: All diejenigen, die sich mit dem Erwerb befassen, vermehren ihr Geld ins

[132] Aristoteles Pol. 1257b30–32.

Unermessliche."[133] Wie schon erwähnt, könnte man daraus schließen, die aristotelische *oikonomía* sei lediglich *wishful thinking* und habe mit der harten Realität der alten Welt nichts zu tun. Doch, wie ebenfalls schon dargestellt, ist dieser Eindruck falsch. Wir können sicher sein, dass Aristoteles den Mainstream des Denkens seiner Zeit referiert und dass er damit bis weit in die Spätantike für die faktische Wirtschaft maßgeblich blieb. Interessant für uns ist aber gleichwohl, wie er sich erklärte, dass in Handel und Geldwirtschaft eine Denkweise entsteht, die der geläufigen Sicht auf die Wirtschaft widersprach. Den Grund dafür erkennt er darin, dass sich die verselbstständigte und auf monetären Gewinn fixierte „technische Erwerbskunst" und die „naturgemäße Erwerbskunst" zum Verwechseln ähnlichsehen: Beide haben es mit Gütern zu tun. Doch während die naturgemäße Erwerbskunst bzw. die dem Leben der Menschen dienliche Ökonomik stets auf den Gebrauchswert der Güter blickt und fragt, was sie zur nachhaltigen Autarkie des Unternehmens beisteuern können, interessiert sich die technisch-monetäre Chrematistik allein für deren Tauschwert und stellt die Frage, wie sie zur Vermehrung des monetären Reichtums bzw. der Akkumulation des bestehenden Kapitals beitragen können.[134] Weil es beide Arten der Erwerbskunst aber gleichermaßen mit Gütern bzw. Waren zu tun haben, vermutet Aristoteles, neigen die Menschen irrtümlich dazu, die Ökonomik und die ihr zugrunde liegende naturgemäße *oikonomía* mit der naturwidrigen Kunst des Gelderwerbs zu identifizieren oder zu verwechseln – was in seinen Augen verhängnisvoll ist, weil auf solche Weise das Unwesentliche für wesentlich gehalten wird. Man kann sich denken, wie es Aristoteles mit der kapitalistischen Marktwirtschaft der Moderne gegangen wäre: *He would not be amused …*

Doch der Denker gab sich nicht damit zufrieden festzustellen, dass viele Menschen die unwesentliche Chrematistik mit der wesentlichen Ökonomik verwechseln und erstere irrtümlich für eine gute *oikonomía* halten. Ihn interessiert zudem die Frage, wie es dazu kommen konnte, dass so viele Menschen diesem Unsinn verfallen. Dass sich beide Wirtschaftsformen ähnlichsehen, erklärt noch nicht, warum es Händler und

[133] Aristoteles Pol. 1257b32.

[134] Aristoteles Pol. 1257b 35–40.

Finanzdienstleister gibt, die der Wahrheit und dem Wesen des Wirtschaftens zum Trotz den infiniten Gelderwerb für wichtiger halten als Autarkie, Nachhaltigkeit und Lebensqualität des eigenen Unternehmens: des *oíkos*. Was, so fragt der Philosoph, läuft hier eigentlich schief? Eine Frage, die an Aktualität nichts eingebüßt zu haben scheint …

3.7.2 Verflachung. Wenn Quantität mehr zählt als Qualität

Die Antwort, die Aristoteles auf diese Fragen gibt, verdankt sich ganz dem besonderen Licht des griechischen Weltgewahrens. Da wir mit diesem Licht nunmehr vertraut sind, leuchtet ihre Wahrheit ein. Die Unkenntnis von Wesen, Sinn und *aretē* des Wirtschaftens, so lässt er seine Leser wissen, rührt her aus einer hartnäckigen Verblendung über Wesen, Sinn und *aretē* des Lebens. Er sagt: „Der Grund für diese Einstellung liegt darin, dass man lediglich nach Leben strebt und nicht nach *gutem* Leben.“[135] Was Aristoteles damit sagen will, ist Folgendes: Denen, die Ökonomie mit Gelderwerb verwechseln, geht es nicht ums gute, wahre oder schöne Leben, nicht um die Entfaltung der Lebendigkeit, sondern einfach nur ums bloße unqualifizierte Weiterleben – ungeachtet jedes Sinns, jeder Qualität, jeder *aretē*. In Ermangelung eines Bewusstseins für die Qualität, verlagert sich ihr Fokus auf die bloße Quantität des Lebens. Menschen, die so ticken, werden entweder zu Nihilisten, die den ‚Sinn‘ des Lebens nur noch darin suchen, ihre Lebensspanne endlos zu verlängern (wie es heutige *Transhumanisten* als Propagandisten der Digitalwirtschaft des Silikon Valley verheißen; s. Abschn. 4.1.2); oder sie entwickeln sich zu Hedonisten, die die Quantität der sinnlichen Genüsse maximieren wollen (s. Abschn. 4.1.3). In Ermangelung von Schönheit, Sinn und Eros stürzen sie sich gierig auf Konsum, Genuss und Unterhaltung. „Immer mehr“, „immer länger“, „immer intensiver“ ist das Credo derer, die den Sinnhorizont verloren haben. Alles müssen sie messen und quantifizieren, weil sie den Sinn für die Qualität, das Wesentliche und

[135] Aristoteles Pol. 1247b40.

Wahre, eingebüßt haben. Es ist verblüffend, wie aktuell die Analyse des Aristoteles ist, wenn er schreibt:

> „Da die Gier (ἐπιθυμία – *epithymía*) nach bloßem Leben ins Grenzenlose geht, begehren sie auch grenzenlose Mittel dazu. Ja selbst solche, denen es um das gute Leben zu tun ist, fragen nach Methoden für die bloß sinnlichen Genüsse; und da sie sich diese vom materiellen Besitz versprechen, richten sie ihre ganze Aufmerksamkeit auf den Gelderwerb, so dass die monetäre Chrematistik entstehen konnte. Da sie sich den Genuss von der Überfülle versprechen, fragen sie nach Mittel, die ihnen ein Übermaß an Genuss in Aussicht stellen. Und wenn sie dies nicht durch die Chrematistik zuwege bringen, versuchen sie, auf anderen Wegen ihr Ziel zu erreichen. [...] So machen sie aus allem einen Gelderwerb, als ob dies das Ziel wäre, auf das hin alles andere ausgerichtet werden müsse.“[136]

Es ist ein bemerkenswertes Stück Wirtschaftspsychologie, das Aristoteles hier vorlegt: Auf dem Grund einer entfesselten, widernatürlichen und deshalb unwesentlichen Finanzwirtschaft erkennt er die Gier (*epithymía*) nach bloßer Lebensquantität, nach einem bloßen Mehr an Lebenszeit bzw. nach bloß quantitativem Genuss und messbarer *happiness*. Es ist die Verblendung über das Wesentliche, den Sinn des Lebens und Wirtschaftens – die Ignoranz für die *aretē* der *psychē*, die vollentfaltete, blühende und schöne Lebendigkeit –, der das verhängnisvolle Missverständnis geschuldet ist, Wirtschaft sei nichts anderes als Gelderwerb. Verhängnisvoll ist dieses Missverständnis, weil es eine grenzenlose, in Unendliche drängende Dynamik freisetzt, die der *phýsis* widerspricht und folglich nicht naturgemäß ist – was sich darin zeigt, dass sie in ihrem finalen Stadium die lebendige Natur und die Gemüter der Menschen zerstört; infolge einer unwesentlichen und unwahren *oikonomía*, die grenzenloses Wachstum popagiert und eine naturwidrige Geldwirtschaft begünstigt, die – wie noch sehen werden – laut Aristoteles auf exponentielle Wertschöpfung durch Instrumente der Finanzwirtschaft baut.

Halten wir fest: Die rein monetäre Chrematistik der Geldwirtschaft gründet für Aristoteles in der Gier nach bloßer Lebensquantität, weil ihr der Sinn für die Qualität und *aretē* des Lebens verlorengegangen. Aus

---

[136] Aristoteles 1258a5–15.

dieser Gier bezieht sie ihre grenzenlose und genau deshalb lebensfeindliche Dynamik. Welche Dynamik dagegen treibt die von Aristoteles skizzierte *Ökonomik*, die eine naturgemäße, auf Autarkie und Nachhaltigkeit ausgelegte Erwerbskunst einschließt? Aristoteles lässt sich bedauerlicherweise nicht darüber aus. Vielleicht, weil er sich (wie so oft) von seinem Lehrer Platon absetzen wollte, vielleicht weil er keinen Sinn dafür hatte. Fakt ist, er greift nicht auf das zurück, was der griechische Geist ihm anzubieten hatte: den Eros (s. Abschn. 3.5.1). Denn natürlich wäre der Eros im platonischen Sinne hier gefragt: als die leidenschaftlich begeisterte Liebe zum wahren, guten und schönen Leben; als Treiber der Dynamik der Entfaltung eines *oíkos* zu blühender Prosperität und nachhaltiger Autarkie; als psychologisches Prinzip einer wahrhaft lebensdienlichen, erotischen Ökonomie, deren Not-Wendigkeit im 21. Jahrhundert immer deutlicher sichtbar wird. Es ist bedauerlich, dass Aristoteles den Eros nicht beachtete – anderenfalls hätte sich womöglich schon in der Antike eine erotische Ökonomie entwickeln könnte, die es zu einer ähnlichen Wirtschaftskraft gebracht hätte, wie die auf Gier gebaute monetäre Chrematistik der neo-liberalen Gegenwart. Vielleicht …

So einleuchtend Aristoteles' psychologische Herleitung der naturwidrigen Chrematistik ist, so bedauerlich ist, dass man nach einer psychologischen Herleitung der naturgemäßen Ökonomik bei ihm vergeblich sucht. Gleichwohl sind seine Erkenntnisse zielführend und auch für heute aktuell: Sinnvolles, wesentliches, wahres Wirtschaften muss rückgebunden bleiben an die *phýsis* und die *aretē* des *oíkos*: nachhaltige Autarkie im Dienste der Harmonie des Unternehmens nach innen und nach außen. Dem dient die naturgemäße Ökonomik mit ihrer maßvollen Erwerbskunst, während die Geldwirtschaft für Aristoteles schlicht „überflüssig" ist.[137]

[137] Aristoteles Pol. 1258a15.

3.7.3 Denaturierung: Wenn Geld sich aus sich selbst vermehrt

Was bedeutet das alles nun für die Ökonomik? Wie wird sich ein des wesentlichen Wirtschaftens kundiger Mensch zu Geldgeschäften und Finanzwirtschaft verhalten? Aristoteles' Antwort ist klar: Eine naturgemäße, wesentliche und maßvolle *oikonomía* wird die monetäre Chrematistik domestizieren und an den Sinn des Wirtschaftens rückbinden. Das bedeutet für Aristoteles vor allem ein klares Nein zu den Mastertools des neuzeitlichen Kapitalismus: zu Finanzprodukten, die auf einem Finanzmarkt erworben werden könnten. Aristoteles hat dabei freilich nur den Archetypen aller Wertpapiere, Derivate und Kredite vor Augen: den Zins bzw. Zinseszins. Es ist vielleicht kein Zufall, dass er seine Betrachtungen zur Erwerbskunst der *monetären Chrematistik* damit schließt, die Zinswirtschaft zu kritisieren:

> „Vor allem Zinsgeschäfte sind zu verurteilen, weil sie den Erwerb aus dem Geld selbst generieren und nicht aus dem, um dessentwillen das Geld da ist. Denn das Geld ist um des Tauschhandels willen erfunden worden, durch den Zins hingegen vermehrt es sich aus sich selbst. […] Diese Art des Gelderwerbs widerspricht darin am meisten der Natur (παρὰ φύσιν – *parà phýsin)*."[138]

Auch hier ist deutlich: Die Finanz- bzw. Zinswirtschaft ist nicht *moralisch* fragwürdig – etwa, weil sie Abhängigkeiten schafft und dergleichen; auch nicht, weil sie (wie in den abrahamitischen Religionen) qua göttlichem Dekret verboten ist. Sie ist vielmehr aus einem doppelten Grund abzulehnen, der sich wie ein Cantus Firmus durch Aristoteles' Wirtschaftsphilosophie zieht und der hier, am Ende seiner diesbezüglichen Ausführungen, noch einmal in aller Klarheit sichtbar wird: Zinsgeschäfte koppeln die Finanzwirtschaft von der Realwirtschaft ab und entfernen sich vom Maß des Wirtschaftens: der nachhaltigen Autarkie. Denn Zinsgeschäften eignet eine besondere Entgrenzungsdynamik – vor allem dann, wenn auch Zinseszins erhoben wird. Dann nämlich kommt es zu

[138] Aristoteles: Pol. 1258b1.

einer entfesselten Wachstumsdynamik, die allen Prinzipien des Lebens widerspricht. Unbegrenztes Wachstum verletzt den *nómos* der (*phýsis*) und vernichtet Lebendigkeit (*psychē*). Maßvolles, natürliches Wachstum hingegen, das der Entfaltung oder Manifestation von Sinn und sinnvoller Lebendigkeit im beschränkten Möglichkeitsrahmen eines endlichen Lebewesens dient, ist lebensförderlich und dient der *aretē* des Menschseins.

Fassen wir zusammen: Folgt man Aristoteles, ist es für ein gedeihliches bzw. tugendhaftes Wirtschaften zwingend erforderlich, alle wirtschaftliche Aktivität an das natürliche Maß des *oíkos*-Unternehmens rückzubinden. Nicht die Interessen, Wünsche oder Erwartungen wirtschaftender Subjekte sind für den Erfolg eines Unternehmens maßgeblich, sondern das gute und gesunde Leben aller Stakeholder des *oíkos*. Nicht Profit ist in einer wahren, weisen und lebendigen *oikonomía* das Ziel des Wirtschaftens, sondern die Autarkie, Unabhängigkeit, Nachhaltigkeit und Beständigkeit des Unternehmens. Wirtschaften steht im Dienste der Wirtschaftenden. Sein Sinn liegt darin, den *oíkos* als Lebensraum für Menschen zu stabilisieren und die dafür erforderliche Autarkie zu gewährleisten – kurz, all das zu erwirtschaften, dessen der Mensch bedarf, um ein gutes und gesundes Leben führen zu können: ein Leben in *aretē*, ein Leben im Einklang mit sich, den anderen und der Welt im Ganzen.

Literatur[139]

Aristoteles: Nikomachische Ethik gr.-dt. Hg. v. Günther Bien, Hamburg, 1985. Abk. Eth. Nic.

Aristoteles: Metaphysik in 2 Bänden, gr.-dt. Hg. v. Horst Seidl, Hamburg ²1982. Abk. Met.

[139] Anmerkung: Die Übersetzungen von Zitaten aus dem Altgriechischen folgen den im Literaturverzeichnis aufgeführten Textausgaben, sind jedoch teilweise vom Autor um der besseren Verständlichkeit willen optimiert worden. Die griechischen Textbelege folgen den Editionen auf www.perseus.tufts.edu/hopper/.

Aufgrund der Vielzahl der im deutschen Sprachraum verfügbaren Textausgaben werden die Werke von Platon und Aristoteles nicht unter Angabe der jeweiligen Seitenzahl zitiert, sondern unter Angabe der international geläufigen Stephanus-Paginierung (Platon) bzw. Bekker-Paginierung (Aristoteles).

Aristoteles: Physik in 2 Bänden gr.-dt. Hg. v. Hans Günter Zekl, Hamburg 1987a. Abk. Phys.

Aristoteles: Von der Seele. In: Ders.: Vom Himmel, von der Seele, von der Dichtkunst. Übers. v. Olof Gigon, München [2]1987b, 181–347. Abk. De an.

Aristoteles: Politik. Übers. v. Olof Gigon, München [6]1986.

Dihle, Albrecht: Die Vorstellung vom Willen in der Antike, Göttingen 1985.

Diogenes Laertius: Leben und Meinungen berühmter Philosophen, Übers. v. Otto Apelt, hg. v. Klaus Reich, Hamburg, 2015.

Grassi, Ernesto: Die Theorie des Schönen in der Antike, Köln 1962.

Heidegger, Martin: Der Ursprung des Kunstwerks [1935/1936], in: Ders.: Holzwege, Frankfurt/M [6]1980, 1–72.

Heidegger, Martin: Erläuterungen zu Hölderlins Dichtung, Frankfurt/M 1985.

Heidegger, Martin: Vom Wesen der Wahrheit [1930], in: Ders.: Wegmarken, Frankfurt/M [2]1978, 175–200.

Heraklit: Fragmente gr.-dt. Hg. u. übers. v. Bruno Snell, München [2]1940.

Herodot: Historien in 2 Bänden. Übers. v. Walter Marg, München 1991.

Hesiod: Sämtliche Werke gr.-dt. Hg. v. Ernst Günther Schmidt, übers. v. Thassilo von Scheffer, Bremen 1965.

Hippokrates. Ausgewählte Schriften. Übers. und hg. v. Hans Diller, Stuttgart 1994.

Hölderlin, Friedrich: Hyperion. In: Ders.: Sämtliche Werke und Briefe, Bd. 1., München 1970, 481–744.

Hüther, Gerald u. Quarch, Christoph: Rettet das Spiel! Weil Leben mehr als Funktionieren ist, München 2016.

Kerényi, Karl: Theos: ‚Gott' – auf Griechisch, in: Ders.: Antike Religion, München 1971.

Kirk, G.S./Raven, J.E./Schofield, M. (Hg.): Die Vorsokratischen Philosophen. Einführung, Texte und Kommentare. Ins Dt. übers. v. Karlheinz Hülser, Stuttgart 1994.

Marcolongo, Andrea: Warum Altgriechisch genial ist. Eine Liebeserklärung an die Sprache, mit der alles begann, München [2]2018.

Nietzsche, Friedrich: Die Philosophie im tragischen Zeitalter der Griechen. In: Sämtliche Werke, Kritische Studienausgabe [KSA] Bd. 1. Hg. v. Giorgio Colli u. Mazzino Montinari, München [2]1988, 799–872.

Otto, Walter F.: Die Götter Griechenlands. Das Bild des Göttlichen im Spiegel des griechischen Geistes, Frankfurt/M [8]1987.

Otto, Walter F: Theophania. Der Geist der altgriechischen Religion, Hamburg 1956.

Pindar: Oden gr.-dt. Übers. und hg. v. Eugen Dönt, Stuttgart 1986.
Platon: Werke in 8 Bänden, gr.-dt. Hg. v. Gunther Eigler, Darmstadt 1990.
Quarch, Christoph: Platon und die Folgen, Stuttgart 2019.
Sappho: Die Lieder, gr.-dt. Hg. v. Max Treu, München 1954.
Schadewaldt, Wolfgang: Der Gott von Delphi und die Humanitätsidee, Frankfurt/M 1975.
Schadewaldt, Wolfgang: Die Anfänge der Philosophie bei den Griechen, Frankfurt/M 1979.
Sommer, Michael: Wirtschaftsgeschichte der Antike, München 2013.
Sophokles: Antigone, in: Griechisches Theater. Hg. v. Wolfgang Schadewaldt, Frankfurt/M 1983, 103–158.
Sophokles: Philokletes, in: Ders.: Tragödien, München 1990, 267–318.
Tillich, Paul: Systematische Theologie, Bd. 1, Stuttgart 1956.
Warnach, W.: Freiheit. In: Historisches Wörterbuch der Philosophie, Bd. 2. Hg. v. Joachim Ritter u.a., Darmstadt 1972, 1064–1083.

4

Garten. Die Leitmetapher einer lebensdienlichen Wirtschaft der Zukunft

Die antike griechische Zivilisation bewegte sich in einem geistigen Paradigma, das signifikant anders war als das der globalen Moderne. Ihr Mindset war nicht das neuzeitliche Gestell, das dem Boden der christlichen Religion gedieh und im Zuge von Renaissance und Aufklärung im Schlagschatten der Säkularisierung das menschliche Denken und Handeln kolonisierte. Es gründete vielmehr in einer geistigen Intuition, die wir im Anschluss an Martin Heidegger als die „Lichtung des griechischen Geistes" bezeichnet haben, die eine Sicht auf die Welt ermöglichte, die von einem eigenen und einzigartigen Licht erhellt wurde. In diesem spezifisch hellenischen Licht zeigte sich das Sein in einer eigentümlichen Wahrheit, die vom griechischen Geist *gewahrt* und in der griechischen Sprache, Religion, Kunst und Kultur *bewahrt* wurde. Diese Wahrheit prägt auch die besondere Weise, wie die Hellenen wirtschafteten: Nicht *stellten* sie Unternehmen auf, die das Sein der Welt be*stellten*, Produkte her*stellten* und die lebendige Natur ent*stellten* – sondern sie bauten Häuser, bebauten das Land und fragten nach den Prinzipien des Lebens, um im Einklang mit den Gesetzmäßigkeiten und Zyklen des natürlichen Lebens bzw. des *kósmos* ein gutes, sinnvolles und dem Sein selbst angemessenes Leben zu führen. Ihre Art des Wirtschaftens generierte keine

C. Quarch, *Wahre Wirtschaft*, https://doi.org/10.1007/978-3-662-72742-3_4

Wertschöpfung und keine Wachstumsdynamiken, die mit dem Zuwachs der Wirtschaftskraft seit dem 18. Jahrhundert in Europa auch nur annähernd vergleichbar wären. Es gab allenfalls ein mäßiges, durch das Ideal der nachhaltigen Beständigkeit und Autarkie begrenztes Wachstum, was in der Breite der Gesellschaft wohl eher als Nullwachstum zu verbuchen gewesen wäre.

Allerdings korrespondierte dem – wenigstens in den Anfangsjahren der griechischen Kulturentwicklung zwischen 800 und 300 v. Chr. – ein beispielloses *kulturelles* Wachstum, von dem Europa und die Welt bis heute profitieren. Das sollte zu denken geben. Dabei geht es nicht darum, die griechische Antike zu verklären. Es gab dort vieles, was – wie wir gesehen haben –aus heutiger Sicht mit gutem Grund abgelehnt werden muss; ebenso wie es heute vieles gibt, was – wie wir ebenfalls gesehen haben – aus griechischer Sicht mit gutem Grund abgelehnt werden darf. Zu Patriarchat, Sklaverei und wirtschaftlicher Stagnation wird man nicht zurückkehren wollen. Andererseits sind Umweltzerstörung, Ausbeutung und ungleiche Wohlstandsverteilung bei gleichzeitigem Turbowachstum auf den Finanzmärkten auch nicht das, was man in Zukunft sehen möchte. Ein Zuviel an antiker Ökonomik dürfte zwar alles in allem weniger Schaden anrichten als das allgegenwärtige Zuviel an neoliberaler Marktwirtschaft. Am besten wäre wohl, die Vorteile der neuzeitlichen Wirtschaft und die Stärken der antiken Ökonomik zu einer lebensdienlichen und zukunftsfähigen Ökonomie zu amalgamieren. Wie das gelingen kann, soll das Thema dieses abschließenden Kapitels sein.

Dafür werden wir uns zunächst ins Bewusstsein rufen, vor welchem Horizont wir unsere Überlegungen anstellen – in welcher geistigen und historischen Situation wir nach einem neuen ökonomischen Paradigma bzw. einer Disruption des ökonomischen Denkens fragen. Vieles spricht dafür, dass sich diese Situation als ein Scheideweg beschreiben lässt: Entweder wir machen weiter wie bisher und spinnen den Faden der neuzeitlichen, vom ökonomischen Liberalismus geprägten Wirtschaft immer weiter, indem wir sie in den digitalen virtuellen Raum überführen und darin exponentiell beschleunigen – oder wir wagen die Transformation des konventionellen ökonomischen Denkens und erkunden eine neue

Wahrheit des Wirtschaftens: eine Wahrheit, die das Wirtschaften solcherart lichtet, dass es in den Dienst des Lebens genommen wird. *Tertium non datur.*

Wie ist Transformation möglich? Eine bekannte, vor allem von Georg Wilhelm Friedrich Hegel vorgeschlagene philosophische Antwort lautet: durch Synthese, d. h. durch das Zusammenbringen zweier polarer Denkweisen auf einer neuen, höheren Ebene. Etwas Ähnliches soll in diesem letzten Teil unserer Abhandlung erprobt werden. Ob sich neuzeitliches und antikes Wirtschaften wirklich synthetisieren lassen, scheint allerdings fraglich. Daher verfolgen wir einen anderen, eher von Platon inspirierten Weg, bei dem es darum geht, aus dem harten Aufeinanderprallen der neuzeitlichen Maschinenmatrix und des antiken ökonomischen Mindsets einen Funken zu schlagen, der eine neue Lichtung der Wirtschaft öffnet: einen geistigen Raum, in dem ein Wirtschaften walten kann, das dem Leben dient und genau darin sein Wesen erfüllt. Ein solches, lebensdienliches Wesen der Wirtschaft müsste vor dem Horizont des heutigen Wissens und des heutigen Weltbildes verbinden, was vom antiken und neuzeitlichen Wirtschaftsdenken weiterhin gültig zu sein scheint, ohne dabei das eine gegen das andere auszuspielen. Was sich jedoch vor dem Hintergrund unseres heutigen Verständnisses von Mensch und Welt als fragwürdig erweist, darf – ja muss –zurückgelassen werden, um nicht die Fehlentwicklungen der Vergangenheit in eine problembehaftete Zukunft zu prolongieren.

Der Scheideweg, vor dem die Menschheit zu Beginn des 21. Jahrhunderts steht, betrifft erst in zweiter Instanz sein wirtschaftliches Handeln. Vor allem zwingt er zu einer grundlegenden Kursbestimmung: Von wem oder was versprechen wir uns Sinnstiftung und Sinnhorizonte? Wer oder was soll uns verbindlich sein? Wem oder was werden wir künftig als ‚Gottheit' huldigen? Woran wollen wir unser Menschsein und unser Wirtschaften rückbinden (lat. *religare*)? Welcher *religio*, welcher Religion werden wir künftig folgen? Diese Fragen müssen wir stellen, wenn wir nun über ein zukunftsfähiges, neues Paradigma des Wirtschaftens und eine neue Leitmetapher der Ökonomie nachdenken. Dabei zeichnen sich zwei Antwortmöglichkeiten ab: eine dystopische und eine utopische. Wir werden zunächst der Spur der Dystopie folgen, um vor dem Hintergrund dieses Szenarios die Utopie eines künftigen Wirtschaftens im Dienst des

Lebens zu skizzieren. Diese Utopie wächst auf dem Boden eines gleichermaßen durch die neuzeitliche Ökonomie und die antike Ökonomik geschulten Denkens. Solcherart historisch verwurzelt wagt es, eine neue Leitmetapher des Wirtschaftens vorzuschlagen: Nicht mehr das Haus (Antike) und nicht mehr die Maschine (Neuzeit) sollen dem Wirtschaften der Zukunft maßgeblich sein, sondern der Garten.

4.1 Dystopie. Wirtschaften gegen das Leben

Die Frage nach der Ökonomie von morgen wird von Futurologen und Analytikern zumeist beantwortet, indem sie aktuelle oder jüngste Entwicklungen in die Zukunft hochrechnen. Angesichts der Dysfunktionalitäten, die das aktuell dominante Paradigma der Ökonomie auf der Basis der Maschinenmatrix schon heute zeitigt, scheint jedoch die Annahme nicht unbegründet, eine Prolongierung, Steigerung oder Beschleunigung des heutigen ökonomischen Mindset werde die bestehenden Probleme eher verschärfen als die mit ihnen einhergehenden Herausforderungen bewältigen. Tatsächlich ist nicht auszuschließen, dass derzeit zu beobachtende Entwicklungen – vor allem in den Bereichen von Künstlicher Intelligenz und Technologie – die Entfremdung des Menschen vom lebendigen Sein dieser Welt weiter verschärfen; bis dahin, dass sich eine zunehmend technisierte und digitalisierte Ökonomie vollends gegen das Leben kehrt und – buchstäblich – die Erde und die Natur hinter sich zurücklässt.

Dass diese Option nicht aus der Luft gegriffen ist, wurde im Vorherigen bereits mehrfach angedeutet. Nun gilt es, die verstreuten Anmerkungen zusammenzuführen und zu einem Bild zu vereinen, das sich als Zukunftsszenario derzeit großer Popularität erfreut. Diesem Bild einen Namen gegeben zu haben, ist das Verdienst des israelischen Historikers Yuval Noah Harari (*1976). In seinem Weltbestseller *Homo Deus. Eine kurze Geschichte der Zukunft* (2017) vertritt er die These, die Menschheit stehe zu Beginn des 21. Jahrhunderts im Begriff, einer neuen Religion zu huldigen, die er „Dataismus" nennt. Er schreibt:

> „Die interessanteste Religion, die gerade entsteht, ist der Dataismus, der weder Götter noch Menschen verehrt – er huldigt den Daten.“[1]

Damit ist die Flughöhe definiert, auf der wir die Frage nach einem neuen und zukunftsfähigen ökonomischen Paradigma diskutieren müssen. Wie schon in der Neuzeit (s. Abschn. 2.2) und der Antike (s. Abschn. 3.2) lässt sich unser Thema nur vor dem Hintergrund der religiösen Grundintuition eines Menschentums bzw. einer Epoche verhandeln – in unserem Falle: des Dataismus. Denn völlig ungeachtet der Frage, ob es sich bei dieser Orientierung um etwas handelt, das mit dem landläufigen Verständnis von Religion zusammenpasst oder nicht, sind es am Ende die religiösen Überzeugungen, die nicht nur dem Ethos, sondern auch der Ökonomie einer Kultur die Richtung weisen.

Es geht bei der Frage des künftigen Wirtschaftens ums Ganze: Es geht darum, worauf Menschen ihr Selbst- und Weltbild, ihr Leben und die Einrichtung ihrer Welt gründen. Es geht um dasjenige, was ihnen als wahr und wesentlich erscheint. Es geht darum, woran sie in ihrem wirtschaftlichen und privaten Handeln Maß nehmen. Ja, es geht darum, im Lichte welcher ‚Gottheit‘ sie die Welt erschließen.

4.1.1 Religion. Der Glauben an die Daten

Yuval Noah Harari hat das klar gesehen. Und ebenso klar hat er erkannt, welcher „Kandidat“ derzeit im „Empfangsraum der Geschichte sitzt und auf ein Vorstellungsgespräch wartet“[2]: der *Dataismus*. Aber was ist Dataismus? Hören wir dazu Harari:

> „Dem Dataismus zufolge besteht das Universum aus Datenströmen, und der Wert jedes Phänomens oder jedes Wesens bemisst sich nach bzw. ihrem Beitrag zur Datenverarbeitung.“[3]

---

[1] Harari 2017, S. 495.

[2] Harari, 2017 S. 495.

[3] Harari, a. a. O., S. 497.

Dabei gründet die Heraufkunft des Dataismus in zentralen Signaturen des neuzeitlichen Denkens, die wir im Zuge unserer Analyse des *Homo Oeconomicus* kennengelernt haben: die von Computern erfolgreich simulierte instrumentelle Vernunft und der vermeintlich naturwissenschaftlich bestätigte rationale Egoismus des modernen Menschen. So sei der Dataismus das Produkt

> „aus dem rapiden Zusammenfluss zweier wissenschaftlicher Flutwellen. In den 150 Jahren seit der Veröffentlichung von Charles Darwins Schrift *Über den Ursprung der Arten* haben die Biowissenschaften Organismen zunehmend als biochemische Algorithmen betrachtet. Gleichzeitig haben Computerwissenschaftler in den acht Jahrzehnten seit Alan Turings Erfindung der nach ihm benannten Maschine gelernt, immer ausgeklügeltere elektronische Algorithmen zu entwickeln. Der Dataismus bringt beide Entwicklungen zusammen und verweist darauf, dass für die biochemischen, wie für die elektronischen Algorithmen genau die gleichen mathematischen Gesetze gelten. Damit reißt der Dataismus die Grenze zwischen Tieren und Maschinen ein und geht davon aus, dass elektronische Algorithmen irgendwann biochemische Algorithmen entschlüsseln und hinter sich lassen werden.“[4]

Dieses Zitat gibt die von Harari identifizierten Signaturen des Dataismus zu erkennen. Zugleich wird deutlich, dass es sich beim Dataismus tatsächlich um ein intellektuelles Konstrukt handelt, das wie eine traditionelle Religion unter sich ein ganzes Tableau von Deutungsangeboten vereint: eine Ontologie, eine Naturphilosophie, eine Anthropologie und eine Ethik. Die Ontologie des Dataismus lehrt: Sein ist Information. Die Naturlehre des Dataismus behauptet: Leben ist Datenverarbeitung. Die Anthropologie des Dataismus verkündet: Menschen sind Algorithmen. Und die Ethik des Dataismus predigt: Gut ist, wer optimal Daten verarbeitet.

Dabei aber bleibt unbedacht, was hier *optimal* bedeutet. Das liegt daran, dass Harari bei seiner Entstehungsgeschichte des Dataismus zu kurz greift: Neben Darwinismus und Kybernetik gibt es eine dritte „Flutwelle“, die den Dataismus nährt und energetisch auflädt: den Liberalis-

[4] Harari, a. a. O., S. 497.

mus bzw. die neoliberale Volkswirtschaftslehre. Erst wenn wir diese drei Einflüsse zusammennehmen, erhalten wir ein vollständiges Bild des Dataismus. Denn es ist die schon im 18. Jahrhundert gestiftete Liaison der vom Liberalismus geprägten Ökonomie mit der darwinistischen Biologie (s. Abschn. 2.5.1), die seit Alan Turings (1912–1955) Tagen den Algorithmen die Richtung weist. Sie nämlich definiert, was es überhaupt als „rational" und folglich algorithmisch zu optimieren gilt: den eigenen Vorteil, den eigenen Nutzen, die Befriedigung der eigenen Bedürfnisse – und alles, was im Dienste dessen steht, d. h. die ökonomistischen Kardinaltugenden der Profitabilität, Funktionalität, Produktivität, Effizienz und Berechenbarkeit. So gesehen wird man sagen können: Das Maß aller Dinge, die heimliche Gottheit des Dataismus ist der Vorteil des Menschen: die Erfüllung aller seiner Wünsche, Interessen und Bedürfnisse. Genauer: Die Gottheit des Dataismus ist der Mensch, der seinen eigenen Vorteil maximal optimiert hat. Diesem Menschen hat Harari einen eigenen Namen gegeben: *Homo Deus*.

4.1.2 Mensch. Die Selbstvergottung des Homo Oeconomicus

Wer ist *Homo Deus*? Zur Beantwortung dieser Frage greifen wir erneut auf die Arbeiten Hararis zurück. Er behauptet, „dass die neue menschliche Agenda in Wahrheit nur aus einem einzigen Projekt (mit vielen Verzweigungen) besteht: Göttlichkeit zu erlangen".[5] Das zeige sich daran, dass der Mensch der Zukunft als *Homo Deus* einige Attribute für sich in Anspruch nehmen wird, die einst als Monopole Gottes galten: Allwissenheit, Allmacht und vor allem Unsterblichkeit. Die Wege, die er auf dem Weg zur Selbstvergottung einschlägt, sind Big Data für die Allwissenheit, Künstliche Intelligenz für die Allmacht und für die Unsterblichkeit dasjenige, was wir probeweise „Cyborg-Technologie" nennen können: ein Konglomerat aus Robotik, Human-Enhancement-Technologie, Bio-Tech, Gentechnik, Nano-Technologie etc.

---

[5] Harari, Homo Deus, S. 69.

Die Ziele des *Homo Deus* sind also bekannt. Auch seine geistige Matrix haben wir bereits umrissen: den Dataismus mit seiner Ontologie (Sein = Information), seiner Naturlehre (Leben = Informationsfluss), seiner Anthropologie (Mensch = Algorithmus) und seiner Ethik (guter Mensch = optimaler Algorithmus); wobei wir bereits sahen, dass der *Homo Deus* die Kriterien für ‚gut' bzw. ‚optimal' von seinem unmittelbaren Vorfahren, dem *Homo Oeconomicus* geerbt hat. Denn die algorithmisch simulierbare Intelligenz ist nichts anderes als die instrumentelle Vernunft des *Homo Oeconomicus* und so wie ihm gelten auch dem algorithmisch perfektionierten *Homo Deus* Nutzenoptimierung und Vorteilsmaximierung als die höchsten Ziele des Handelns.

Dieser Umstand setzt uns auf die Spur zu einem tieferen Verständnis dessen, wer der *Homo Deus* wirklich ist. Er ist der ins Sakrale gesteigerte Typus des säkularen neuzeitlichen *Homo Oeconomicus*. Das heißt: Der *Homo* Deus ist die Selbstvergottung eines Menschentypus, der keineswegs *der* Mensch ist, sondern nur *eine* mögliche und zudem höchst fragwürdige Ausgestaltung menschlichen Lebens nach Maßgabe eines historisch gewordenen und in seiner Geschichte rekonstruierbaren Menschenbildes. Mit seinem Hunger nach Allwissenheit, Allmacht und Unsterblichkeit ist der *Homo* Deus nichts anderes als die exponentiell gesteigerte Version des neuzeitlichen *Homo Oeconomicus*.

Im Lichte des Dataismus – auf der Lichtung der von dieser neuen ‚Religion' gelichteten Wahrheit – zeigt sich der Mensch nicht wesentlich anders als auf der cartesischen Lichtung des neuzeitlichen Denkens. In Wahrheit hat sich an der Lichtung und dem, was in ihrem Licht als wesentlich erscheint, seit den frühen Jahren des 17. Jahrhunderts wenig geändert. Es ist noch immer der neuzeitliche Mensch, der als virtueller, digitalisierter *Homo Deus* nun zu höchster Intensität gesteigert erscheint: noch technischer, noch mehr entfremdet von Natur und Leben, noch mehr zur Maschine mutiert. Seine Rationalität ist dabei vollends zur kalkulatorischen Intelligenz geschrumpft, die ebenso – nein: *viel besser* – von den Algorithmen der Künstlichen Intelligenz exekutiert werden kann. Seine Haltung zur Welt ist der zur Gier nach Allmacht gesteigerte Willen zur Macht des *Homo Faber* bzw. des cartesischen *maître et possesseur de la nature*. Die Haltung zu seinen Mitmenschen ist nach wie vor die eines Konkurrenten, der mit Hilfe immer klügerer, spieltheoretisch optimierter Algorithmen immer smartere Strategien entwickelt, um sich auf dem allgegenwärtigen Marktplatz – um nicht in Hobbesscher Manier zu sagen: dem Schlachtfeld – des Lebens nicht nur zu behaupten, sondern durchzusetzen.

4.1.3 Ethik. Die Verheißung grenzenloser Wunscherfüllung

So wie sein Menschenbild folgt auch die Ethik des *Homo Deus* der seines analogen Vorläufers, des *Homo Oeconomicus*; allerdings auch hier ins Maßlose gesteigert. Als säkularer Hedonist hungert der *Homo Deus* nach Glück und Eigentum, nach *ease, comfort* und *security* (s. Abschn. 2.4.3); und zwar dauerhaft und bleibend, bis in alle Ewigkeit – als *unsterblicher Cyborg*, der die Unzulänglichkeiten des leiblichen Lebens durch technische Aufrüstung hinter sich gelassen hat und sich sein Glück nun von einer möglichst langen Lebens- und Konsumzeit verspricht. Deshalb erscheint es ihm attraktiv, sich in eine unsterbliche KI-basierte Glücksproduktionsmaschine zu verwandeln – ob durch strategisch perfektionierte Lebensführung, biotech-generierte Glückshormonausschüttung oder KI-optimierte Selbstvermarktungsstrategien.

Treibstoff der Maschine bleiben seine grenzenlose Gier und seine maßlosen Bedürfnisse. Da sich diese längst nicht mehr allein auf materielle Güter richten, sondern sein Konsum nunmehr auf immaterielle, digitale Daten gerichtet ist, kann seine Konsumlust infinit gesteigert werden. Immer neue digitale Produkte, die über immer leistungsfähigere digitale Endgeräte konsumiert werden; immer neue digitale Glücksverheißungen – oder als neue begehrenswerte Spielart des Eigentums: immer mehr digitale Aufmerksamkeit in digitalen Medien. Strukturell aber bleibt dabei alles beim Alten: Die große Maschine nährt sich vom Mangel *an* und Hunger *nach* Erfüllung. Und sie läuft so lange reibungslos, wie sie glaubhaft in Aussicht stellt, die dafür erforderlichen Güter her-, bereit und zuzu*stellen* bzw. immer neue Bedürfnisse zu generieren, deren Befriedigung sie in Aussicht *stellt*. Die Welt des digitalen *Homo Deus* wird, weil er nach Maßgabe des *Homo Oeconomicus* entworfen ist, strukturell dieselbe sein, die uns bereits geläufig ist: eine Welt nach Maßgabe des ökonomischen Liberalismus, die sich im Ganzen immer mehr einem großen, spieltheoretisch programmierten Computer-Game annähern wird, bei dem es darum geht, die als Datenbestand bereitgestellte Welt mit Hilfe smarter Algorithmen so zu verarbeiten, dass man für sich den maximalen Vorteil, das maximale Glück, das maximale Eigentum gewinnen wird – vor allem derer, die politisch und wirtschaftlich die Kontrolle über das Spielgeschehen an sich gerissen haben; was seinerseits den aktuellen Trend zu Autokratie und Despotismus befeuert.

Diese Treiber werden die Spieler umso mehr anspornen, je weniger sie bei alledem tatsächliche Erfüllung finden. So wird die schon seit Jahrzehnten waltende kollektive Trance immer weiter um sich greifen, bis die Mitspieler im großen *Game* tatsächlich zu bloßen Algorithmen deformiert sind – ganz so wie es der Dataismus fordert und wie seine Logik es erzwingt. Vor diesem Hintergrund gibt es allen Grund, der Sorge eines der wichtigsten Pioniere der Computertechnik beizupflichten. Konrad Zuse (1910–1995) bemerkte einmal: ‚Die Gefahr, dass der Computer so wird wie der Mensch, ist nicht so groß wie die Gefahr, dass der Mensch so wird wie der Computer.' Sollte der *Homo Deus* zur Wirklichkeit künftigen Menschseins werden, wird die von Zuse beschriebene Gefahr zu einer verstörenden Wirklichkeit geworden sein.

Die Wahrscheinlichkeit, dass es dazu kommt, ist hoch. Der *Homo Oeconomicus* sieht sich, wie wir gesehen haben (s. Abschn. 2.6.3), seit langem schon als eine Maschine. Mit seinem Selbstverständnis als Unternehmer seines eigenen Lebens folgt er der Maschinenmatrix des neuzeitlichen Unternehmertums, indem er sie virtuos auf sich selbst anwendet. Tatsächlich hat er seine rein kalkulatorische, zweckrationale und nun mehr KI-optimierte instrumentelle Vernunft längst der Logik der von ihm gebauten Apparate und Maschinen angepasst. Wie der *L'Homme Machine* von La Mettrie (s. Abschn. 2.6.2), der sich nach Maßgabe mechanischer Maschinen deutete, sieht sich der dataismusgläubige *Homo Deus* nun als infinit optimierbarer Computer oder Algorithmus. Er hat sich dem angepasst, was ursprünglich nicht mehr als eine Metapher seines Selbstverständnisses war und auf diese Weise die Dynamik vollzogen, die der Literaturwissenschaftler Hugh Kenner (1923–2003) auf die schon zitierte (s. Abschn. 2.6.3) Formel brachte:

> „Der Computer simuliert den Gedanken, wenn der Gedanke computergerecht definiert wurde; der Automat simuliert einen Menschen, wenn der Mensch automatengerecht simuliert wurde."[6]

Homo Deus ist in der Tat der Mensch, der sich mit Virtuosität computergerecht definiert – sich und das Unternehmen, nach dessen Maßgabe er sich deutet und dessen Logik er sich einverleibt hat.

4.1.4 Unternehmen: Die Befriedigung aller Bedürfnisse

Wie der *Homo Oeconomicus*, so denkt und deutet auch der *Homo Deus* sich und seine Welt nach Maßgabe des *Gestells* (s. Abschn. 2.1.1). Ebenso wie dieser ist er gefangen in der Maschinenmatrix; nur dass er sie im Zug des technischen Fortschritts rasant weiterentwickelt hat: Leitmetapher unternehmerischen bzw. wirtschaftlichen Handelns ist im 21. Jahrhundert nicht mehr das Schweizer Uhrwerk mit seiner filigranen Mechanik, sondern der KI-getriebene Supercomputer mit seinen smarten Algorithmen. Dabei bleiben die Grammatik, Struktur und Architektur der Denkweise des *Homo Oeconomicus* jedoch prinzipiell erhalten und mithin für das Menschenbild des *Homo Deus* prägend. Waren die konventionellen Unternehmen des *Homo Oeconomicus* noch Maschinen, die natürliche Ressourcen möglichst effizient und funktional verarbeiteten, um einen möglichst ertragreichen Output zu generieren, so transformieren die digitalen Unternehmen des *Homo Deus* die Welt in einen Datenbestand, den sie sodann mit Hilfe von Künstlicher Intelligenz als immaterielle Ressource optimal auswerten, um einen möglichst ertragreichen Output zu generieren: Als digitales *Gestell*, das einen gegebenen Bestand *stellt*, aus ihm etwas her*stellt* und einen Ertrag er*stellt*, sind das analoge und das digitale Unternehmen strukturell und systemisch identisch. Allerdings werden im digitalen, KI-getriebenen *Gestell*, anders als in konventionellen Unternehmen, zunehmend keine leibhaftigen Menschen mehr benötigt. Es sei denn, es handelt sich um *Homo-Deus*-Cyborgs, die in ihrem Selbst-

[6] Kenner 1995, S. 40; zitiert bei Schirrmacher 2013, S. 135.

verständnis schon zu Maschinen mutiert sind und sich passgenau dem großen, allumfassenden Computer der digitalen Ökonomie einfügen.

Wie der analoge Apparat, so *muss* auch das digitale *Gestell* funktionieren. Und das gilt nicht minder für den sich nach der Matrix des Gestells selbst entwerfenden digitalen *Homo Deus*. Seine Funktionalität verdankt sich freilich seinen neuen, disruptiven Technologien – bedenklicherweise jedoch auch dann, wenn sein Denken keine vergleichbare Disruption durchlaufen hat. Die für die Funktionsweise des nach Maßgabe eines Computers entworfenen Unternehmens bzw. der nach Maßgabe eines Computernetzwerkes entworfenen digitalen Ökonomie notwendigen technologischen Voraussetzungen sind die drei bereits erwähnten Mastertools (s. Abschn. 4.1.1) des Dataismus: Big Data, KI und Cyborg-Technologie.

Big Data bzw. die totale Digitalisierung dient dem *Homo Deus* als das Instrument zum Erlangen von Allwissenheit. Mit ihm kommt die dataistische Ontologie zur Geltung, der zufolge Sein nichts anderes ist als Information bzw. nur Daten als Seiendes gelten. Diese bloße Behauptung durch Empirie zu belegen, ist die heimliche Intention des Projektes der totalen Transformation der analogen Welt in einen digitalen Datenbestand, die von den nach Maßgabe von Computern entworfenen Unternehmen des *Homo Deus* bereits seit Jahren betrieben wird. Exekutiert wird es mithilfe aller möglichen Scan-Technologien und dessen, was man das *Internet der Dinge* nennt; unter freundlicher Mitwirkung unbedarfter Menschen, die willfährig ihre Daten der Digitalindustrie preisgeben. Big Data und totale Digitalisierung *stellen* auf diese Weise die physische Welt als einen Daten*bestand* bzw. als Informationsressource bereit, die durch die Algorithmen der Künstlichen Intelligenz *bestellt* und von den Unternehmen des *Homo Deus* monetarisiert werden kann.

Künstliche Intelligenz gerät dem *Homo Deus* zum Mastertool auf dem Weg zu der von ihm begehrten Allmacht. Sie ist die Anwendung des dataistischen Dogmas, wonach Menschsein nichts anderes ist als algorithmische Informationsverarbeitung bzw. ein Bündel von Datenverarbeitungsprozessen. Weil digitale Operationen effizienter, funktionaler, produktiver und am Ende profitabler sind als störanfällige menschenbetriebene Prozesse, werden künstlich generierte Algorithmen dem *Homo Deus* zunehmend die mühsame Datenverarbeitung der organischen Intelligenz und der konventionellen Produktionsverfahren abnehmen. Avancierte Unternehmen überlassen deshalb KI und Robotern so viel Arbeit wie nur möglich oder übergeben ihnen Produktionsprozesse und administrative Tätigkeiten; ja, sie überlassen ihnen schon jetzt teilweise die operative Entscheidungsfindung. Selbst spielerische und kreative Aufgaben werden zunehmend an Künstliche Intelligenzen delegiert. Und wo immer das geschieht, locken ansehnliche Steigerungen der Effizienz, Funktionalität, Produktivität, Profitabilität und Berechenbarkeit. Der *Homo Oeconomicus* im *Homo Deus* kommt dabei voll auf sein Kosten. Denn mit Hilfe der KI-getriebenen Maschinen wird er seinem Ziel der allmächtigen Profitsteigerung immer näherkommen.

Vollständig erreicht sein wird dieses Ziel aber erst, wenn es dem *Homo Deus* gelingt, sich nach Vorbild seines Ahnen, des *Homo Oeconomicus*, selbst zum perfekten Unternehmen bzw. zum perfekten „Unternehmer seines Lebens“ zu konvertieren und die vom Neoliberalismus geforderten Kernkompetenzen des Unternehmens (s. Abschn. 2.6.3) für und in sich selbst zu optimieren. Dafür muss er in der Tat zu einer Art Computer werden – ganz wie Konrad Zuse fürchtete. Ja, der *Homo Deus* kann gar nicht anders, als vom Menschen zum *Gestell* zu mutieren. Denn der heiß begehrte Lohn, der ihm dafür in Aussicht gestellt wird, ist das dritte von ihm ersehnte, obgleich vormals allein Gott zuerkannte Attribut der Unsterblichkeit. Anders als Menschen sterben Maschinen und *Gestelle* nicht. Sie gehen bestenfalls kaputt.

Der zum digitalen Unternehmen umgebaute *Homo-Deus*-Mensch wird folglich nicht mehr das sein, was man einst als Menschen kannte. Vielmehr wird er sich zu einer *Spiritual Machine* verwandeln, um einen Buchtitel von Ray Kurzweil (*1948), einem der führenden Vordenker des sogenannten Trans- oder auch Posthumanismus, zu bemühen, dessen Mantra lautet: „Ultimately, we will be able to port our mental processes to a more suitable computational substrate. Then our minds won't have to stay so small.“[7]

Kurzweils und vieler anderer trans- bzw. posthumanistischer Programmatiker unumwunden erklärtes Ziel ist die Überwindung des Menschen der Vergangenheit – bzw. seine Optimierung oder sein *Enhancement* zum

---

[7] Kurzweil 2002, S. 29.

transhumanen „Übermenschen“ nach Maßgabe der Werte und Ziele des *Homo Deus* bzw. des digitalen *Homo Oeconomicus*. Hier wäre an erster Stelle die infinite Ausdehnung von Glück und Eigentum zu nennen, die Transhumanisten und den von ihnen imaginierten *Homo Deus* nach Unsterblichkeit verlangen lässt. Unsterblichkeit ist – wie Harari dargestellt hat – der Omega-Punkt aller technologisch-ökonomischen Anstrengungen des sogenannten GAMFA-Syndikats der IT-Riesen des Silikon-Valley (Google, Amazon, Microsoft, Facebook, Apple), allem voran von Googles Tochterfirma *Calico*, deren erklärtes Ziel es ist, „das Altern zu bekämpfen“.[8] Damit ist der Omega-Punkt der Gier des *Homo Deus* benannt: der Sieg über den Tod auf dem Wege der Überwindung der Schnittstelle von organischer zu künstlicher Intelligenz; die Übertragung menschlichen Bewusstseins auf dauerhafte Speichermedien und die Implementierung dauerhafter Speichermedien in dauerhafte Cyborg-Körper. Schon 1999 skizzierte Kurzweil dieses Projekt in seinem Buch *The Age of Spiritual Machines*. Darin behauptet er: „Technology is the continuation of evolution by other means, and is itself an evolutionary process“,[9] in dessen Folge es zu einer Entkoppelung des menschlichen Bewusstseins von seinem physischen Körper komme. Das Trägermedium Fleisch und Blut werde ersetzt durch dauerhaftes Silikon, sodass unser Bewusstsein unseren Körper auf Ewigkeiten überdauern oder immer wieder in neue, künstliche Körper implementiert werden würde. Die Zusammenfassung von *Kurzweils* Vision läuft darauf zu, dass Menschen nicht länger Hardware, sondern Software sind. Zwar würde die Hardware in Gestalt des Körpers weiterhin bestehen, aber die Essenz unserer Identität werde in unsere „Bewusstseins-Software“ übergehen, die von einem Leib in den anderen transferiert werden könne. Nach und nach werde die menschliche Identität dann von ihrer physischen Hardware unabhängig.

Tatsächlich wird die Technologie zum Bau neuer Körper schon jetzt in Gestalt biologischer Implantate oder Ersatzteile entwickelt. Folgt man Kurzweil, ist der Tag nicht mehr fern, an dem Wissenschaftler in der Lage sein werden, den Körper mithilfe von Nanotechnologie wie eine Ma-

---

[8] Dazu die Webseite von Calico, https://www.calicolabs.com/ (01.09.2025).

[9] Kurzweil 1999.

schine Atom für Atom zu rekonstruieren. Mit Hilfe solcher Technologien könnten neue Organe generiert oder das Immunsystem optimiert werden, ja, es könne möglich werden, gänzlich neue Körper oder gar Organismen herzustellen. Menschen und Maschinen werden verschmelzen und Maschinen werden ein menschenähnliches Bewusstsein erlangen, einschließlich Emotionen, Intentionen und sogar spirituellen Bedürfnissen. Schon die flüchtige Skizze dieser Verheißungen gibt zu erkennen, dass alle post- oder transhumanistischen Visionen auf die Verwandlung des Menschen in ein Mensch-Maschine-Mischwesen bzw. die Vergottung des zum *Gestell* mutierten Menschen hinauslaufen: auf *Homo Deus*. Das also ist die Richtung, die der Harari prognostizierte Dataismus nimmt: In das von uns hier gebrauchte Sprachspiel übertragen kann man sagen: Er lichtet eine Wahrheit, in deren Licht der Mensch der analogen Welt als unwahr oder falsch erscheint – ja, in deren Licht das Leben selbst als minderwertig oder unwesentlich gewahrt wird. Denn der Tod als Einbruch des Abwesens in die Anwesenheit einer total sicher*gestellten* Welt erscheint dem Dataismus als unerträgliches Skandalon, das dringend überwunden werden muss: als der Inbegriff des Unwesens, dem die totale, dauerhaft festge*stellte* Anwesenheit des artifiziell perfektionierten Bewusstseins eines vermeintlich intelligenten Maschine-Mensch-Mischwesens entgegen*gestellt* werden muss. Das heißt: Die dataistische Verheißung, den *verweslichen* analogen Menschen zum *unverweslichen Homo Deus zu* steigern und ihm die göttlichen Qualitäten der Allmacht, Allwissenheit und Unsterblichkeit zu übertragen, ist das Versprechen der absoluten Anwesenheit, die jedoch – was vom Transhumanismus geflissentlich verschwiegen wird – *nur* dadurch zu erlangen ist, dass der Mensch sich ver*stellt*, indem er sich zum bloßen Bestand *entstellt* und seine Lebendigkeit preisgibt.

So gesehen macht die Religion des Dataismus Ernst mit Friedrich Nietzsches (1844–1900) Diktum „Gott ist tot" aus der *Fröhlichen Wissenschaft*.[10] Nicht nur, weil sie den traditionellen Gottesglauben für obsolet erklärt – sondern weil sie mit ihrem Programm des *Homo Deus* bei Lichte besehen nicht den Menschen, sondern den Tod zu ihrer Gottheit kürt: *Gott ist Tod*. Wenn die Menschheit heute an einem Scheideweg

[10] Nietzsche 1988, S. 481.

steht, dann muss sie sich entscheiden, ob sie den im 17. Jahrhundert eingeschlagenen Weg des *Homo Oeconomicus* bis zu seiner Mutation zur leblosen Maschine bzw. zum toten *Gestell* zu Ende gehen will – oder ob sie eine Disruption des Denkens wagen wird und bereit ist, der Matrix des *Gestells* und mithin dem *Homo Oeconomicus* nebst seinem digitalen Klon, dem *Homo Deus*, abzuschwören, um eine neue, dem Leben geweihte Matrix des Denkens zu erproben und auf ihrer Basis eine neue Ökonomie zu gründen.

Hier ist es nun Zeit, noch einmal Martin Heidegger zu bemühen; und zwar einen Auszug aus dem legendären Interview, das er 1966 dem Nachrichtenmagazin *Der Spiegel* gab. Es geht darin um die weltbeherrschende Macht der Technik bzw. den sich abzeichnenden Triumphzug der Informationstechnologie bzw. der ihr zugrunde liegenden Kybernetik, von der Heidegger in diesem Gespräch sagte, sie werde künftig den Platz der Philosophie einnehmen. Von den Redakteuren des *Spiegel* wurde Heidegger gefragt:

> „Kann überhaupt der Einzelmensch dieses Geflecht von Zwangsläufigkeiten noch beeinflussen? Oder aber kann die Philosophie es beeinflussen, oder beide zusammen, indem die Philosophie den Einzelnen oder mehrere Einzelne zu einer bestimmten Aktion führt?"

Heideggers Antwort lautete:

> „Die Philosophie wird keine unmittelbare Veränderung des jetzigen Weltzustandes bewirken können. Dies gilt nicht nur von der Philosophie, sondern von allem bloß menschlichen Sinnen und Trachten. Nur noch ein Gott kann uns retten."[11]

Dieses Wort verweist uns erneut auf Bedeutung der Religion für ein künftiges Wirtschaften. Die Frage, ob ein anderes Wirtschaften möglich ist und wie eine zum herrschenden ökonomischen Liberalismus alternative Wirtschaft im Dienst des Lebens aussehen könnte, entscheidet

[11] *Spiegel*-Gespräch mit Martin Heidegger (23. September 1966), in: Martin Heidegger, Gesamtausgabe Abt. 1 Veröffentlichte Schriften Bd. 16. Reden und andere Zeugnisse eines Lebensweges 1910–1976, S. 671.

sich zuletzt daran, welcher Religion der Mensch der Zukunft folgen wird: dem Dataismus, der den Daten huldigt und als Gott zuletzt nur noch den zum *Homo Deus* optimierten Menschen anbetet – oder einer Religion, die im Dienst des Lebens steht, weil sie das Leben heiligt und sich rückbindet an die Natur bzw. an das natürliche Sein dieser Welt; einer *Religio*, die eine andere Wahrheit lichtet und der nicht das anwesende *Gestell* das Wesen des Seienden ist, sondern das Spiel der aus Anwesen und Abwesen gemischten Lebendigkeit.

Die Zeit scheint gekommen, die Wahrheit der Wirtschaft neu zu denken – und sie in ein Licht zu rücken, das von manchen Wissenschaften längst gewahrt wird: ein Licht, in dem das Leben wachsen und gedeihen kann; und worin der Mensch sich selbst entfalten, kultivieren und erfüllen wird. Es ist an der Zeit, dem ‚Gott', der unsere Welt und unsere Wirtschaft retten kann, im Denken einen Weg zu bahnen. Es ist Zeit für eine Disruption des Denkens, da nur auf diesem Weg das Wirtschaften zu seiner menschlichen und nicht nur technisch-transhumanen Wahrheit finden wird.

4.2 Utopie. Wirtschaften im Dienst des Lebens

Das Wort *Utopie* entstammt dem Griechischen: οὐτοπία ist ein Kompositum aus οὐ (*u* = nicht) und τοπία (*topía* = Örtlichkeit). *Utopie* bedeute folglich Nicht-Örtlichkeit. Das ist etwas anderes als bloße Fantasie. Eine Utopie ist nicht das Produkt haltloser Imagination, sondern eines stringenten Denkens. So war es schon bei der politischen Utopie des Thomas Morus (1478–1535), und so ist es auch bei der ökonomischen Utopie, die hier vorgestellt werden soll. Sie ist viel mehr als bloßes *wishful thinking*. Sie ist der Versuch, ausgehend von wissenschaftlichen Erkenntnissen der jüngeren Vergangenheit mit den Mitteln des Denkens die Vision einer Wirtschaft im Dienst des Lebens zu skizzieren, die nicht aus der Luft gegriffen ist, sondern aus der spannungsvollen Dialektik zwischen antiken und neuzeitlichen Wirtschaftsparadigmen gezeugt werden soll. Unser Bild einer avancierten und zukunftsfähigen Ökonomie ist so gesehen doppelt verwurzelt: im Erkenntnisstand der heutigen Wissenschaft und in den zu ökonomischen Theorien geronnenen Erfahrungen früherer Epochen, die kontroverse Deutungen des Wirtschaftens hervorgebracht haben.

Die hier vorgelegte Skizze, trägt einige Aspekte lebensdienlichen Wirtschaftens zusammen, ohne den Anspruch zu erheben, ein vollständiges Bild zeichnen oder gar begründen zu können. Es geht vielmehr um einen visionären Ausblick, der zu erkennen geben soll, wie eine Ökonomie im Dienst des Lebens als Gegenmodell zur lebensfernen Ökonomie des *Homo Deus* möglich ist. Dabei folgen wir einem ähnlichen Spannungsbogen wie in den vorherigen Kapiteln, der von der Frage nach einer tragfähigen Auslegung von Welt (1) und Gott (2) über die Frage nach einem plausiblen Menschenbild (3), der dazugehörigen Ethik (4) und der entsprechenden psychologischen Motivationsdynamik (5) bis zur Frage nach der künftigen Organisationsform von Unternehmen (6), Wirtschaft und Geld (7) führen wird. Auch wenn unser Bild einer lebensdienlichen Wirtschaft heute noch utopisch erscheint, so kann es doch Orientierung, Inspiration und Motivation zu der allfälligen Disruption unserer konventionellen und veralteten ökonomischen Lehrgebäude beitragen.

4.2.1 Sein. Keine Identität ohne Interaktion

Wie Yuval Noah Harari überzeugend dargestellt hat (s. Abschn. 4.1.1), deutet der technisch-szientistisch-ökonomische Mainstream der Gegenwart das Sein dieser Welt im Licht der neuen Religion des Dataismus als Information bzw. als Datenbestand. Diese Auslegung des Seins im Ganzen bewegt sich getreulich in den Spuren der aristotelischen Ontologie, sofern sie Sein als Anwesenheit denkt: als *festgestellte* oder *feststellbare*, dauerhaft *anwesende* Information. Nur solches, was als Information *in* die *Form gestellt* ist oder als *In-formation* anderes in *die Form zu stellen* vermag, gilt diesem geistigen Paradigma als Seiendes. Und die Summe alles Seienden erscheint in ihm konsequent als ein unermessliches Reservat von Informationen bzw. als Daten*bestand*, der nur darauf wartet, von Computern und deren Algorithmen *bestellt* bzw. verarbeitet zu werden: Leben als Datenverarbeitung. Wenn das zutrifft, darf damit gerechnet werden, dass mithilfe von Superrechnern und selbstlernenden Algorithmen irgendwann in naher Zukunft das Seiende vollkommen digital durchleuchtet ist und die digitale Lichtung des Seins total wird: Alles wäre dann feststellbar und wahrnehmbar, nichts bliebe dem ge*wahrenden*, be*wahrenden* und ver*wahrenden* Zugriff der Informationstechnologie entzogen: Die Wahrheit des Dataismus ist eine totale Lichtung, die zugleich die absolute Wüste ist, in der zwar das Sein der Welt in totaler Anwesenheit fest*gestellt* ist, aber nichts Lebendiges mehr wesen kann. *Too much light will kill you.*

Die dataistische Verheißung der Wahrheit einer total gelichteten Welt, in der alle Phänomene digitalisiert, quantifiziert, berechnet und in die Anwesenheit festg*estellt* sind, steht jedoch in scharfem Kontrast zu dem, was die avancierte Physik, namentlich die Quantenphysik lehrt bzw. beobachtet. Zu ihren eigentümlichen Erkenntnissen gehört die Tatsache, dass in der Welt der subatomaren Quantenereignisse so etwas wie Fest*stellbarkeit* nicht existiert; ja, dass es dort überhaupt keinen fest*stellbaren Bestand* von Informationen gibt, sondern nur ein ewiges Kommen und Gehen von *observables*, die für sich genommen vollständig ‚leer' sind und nur in Interaktion mit oder in Beziehung zu anderen *observables* eine messbare Identität aufweisen. Der Physiker Stefan Klein (*1965) schreibt in seinem Buch *Das All und das Nichts*, es sei „eine Illusion, dass wir in einer Welt aus massiven Dingen leben. Die Leere nimmt Form an, weil Teilchen, die selbst weder Gestalt noch Ausdehnung haben, eine Beziehung miteinander eingehen".[12] Und er betont, die „Energie, die wir als Masse erleben, ist nicht einfach da. Sie entsteht erst, wenn Teilchen miteinander in Beziehung treten".[13] Das Wesen der Phänomene in der subatomaren Sphäre ist nicht die monolithische *Anwesenheit* oder *Feststellbarkeit* physisch messbarer Objekte, sondern eine hochdynamische Interaktion in Verbindung und Beziehung – ein ständig umschlagendes *Spiel* zwischen Anwesen und Abwesen.

Es ist, als komme hier die alte griechische Seinsauslegung der *phýsis* zu neuen Ehren (s. Abschn. 3.1.3): als bestätigte sich die Weltsicht Herak-

[12] Klein 2017, S. 122.

[13] Klein 2017, S. 123.

lits, der das Sein als einen sich fortwährend wandelnden Fluss beschrieb,[14] bei dem das eine in das andere umschlägt,[15] aber gerade deshalb immer neues Seiendes zutage treten kann. Was die avancierte Physik ans Licht gebracht hat, ist eine Wahrheit, deren Wesen sich ganz im Sinne der griechischen Weltsicht als unauflösbares Geflecht aus Anwesen und Abwesen beschreiben lässt: Sein in Verbundenheit und aus Verbundenheit; Identität, die sich dem Zusammenspiel mit Anderem verdankt (s. Abschn. 3.1.5) – ohne fest*stellbare* subjektive Identität, ohne festgelegte eigene Information, sondern immer nur im *Gespräch* mit anderem, im Austausch, in Interaktion. Das Wesen der Wahrheit im Lichte der Quantenphysik ist nicht ein *Gestell*, sondern vielmehr ein Fluss. Und wahr ist nicht das *Festgestellte*, sondern die Beziehung, aus der sich allererst die temporäre *Feststellbarkeit* oder Messbarkeit ergibt.

Eine vollständige *Feststellbarkeit* des Seins im Ganzen, ein zu be*stellen*der, nutzbarer Daten*bestand* infolge digitaler Quantifizierung: Solches erscheint aus Sicht der heutigen Physik absurd. Zumal die zeitgenössische Kosmologie lehrt, dass sich 85 % des Seienden im Universum als „dunkle Materie" oder „dunkle Energie" mit erstaunlicher Renitenz jeder *Feststellbarkeit* und Messbarkeit entziehen. Wir werden uns vermutlich damit abfinden müssen, dass aus Perspektive der Physik die totale digitale Lichtung des Seins eine Fantasie bleibt – und dass es immer etwas geben wird, das sich einer *Feststellung* entzieht und folglich nicht zum *bestellbaren* Informations*bestand* für die algorithmische Verarbeitung des Gestells taugt. Dagegen steht die rätselhafte Dynamik der Quantenereignisse, die vermuten lässt, dass es im Kosmos immer mehr Möglichkeit als Wirklichkeit geben wird – ja, dass das Wesen der quantenphysikalisch gelichteten Wahrheit viel mehr die Möglichkeit ist als die Wirklichkeit. So sagte der ehemalige Direktor des Max-Planck-Instituts für Quantenphysik Hans-Peter Dürr (1929–2014): „Die Wirklichkeit in der neuen Phy-

[14] Heraklit 2940, F. 49a, S. 18.

[15] Heraklit 1940, Fr. 88, S. 28: „Ein und dasselbe ist Lebendiges und Totes, Wachendes und Schlafendes, Junges und Altes; denn die schlägt um in jenes und ist jenes, und jenes wiederum schlägt um in dieses und ist dieses." Ähnlich Fr. 67, S. 22.

sik ist Potenzialität: eine Welt der Kann-Möglichkeiten, sich auf verschiedene Art materiell-energetisch zu verkörpern."[16] Und er schloss daraus:

> „Das Naturgeschehen ist kein mechanisches Uhrwerk, sondern hat mehr den Charakter einer fortwährenden kreativen Entfaltung. [...] Dieser Prozess entspricht jedoch keinem Entfalten im ursprünglichen Sinne eines ‚Auswickelns' von schon Existierendem, so wie wenn wir ein zerknülltes Papier entfalten und glattstreichen, um es besser entschlüsseln zu können. Hierbei würde ja nichts Neues geschrieben, nichts erfunden, sondern nur entdeckt. Wirklichkeitsgeschehen basiert vielmehr auf genuinen, echten kreativen Entstehungs- und Vernichtungsprozessen."[17]

Diese „fortwährende kreative Entfaltung" des Seins kann man mit Platon als *Lebendigkeit* (*psychē*) beschreiben (s. Abschn. 3.1.3); im Sinne des interaktiven Geschehens, das den kontinuierlichen Umschlag von Möglichkeit zu Wirklichkeit vollzieht. Und der Kosmos, wie er sich nach heutigem Erkenntnisstand darstellt, gleicht noch immer dem, was Heraklit im 6. Jahrhundert v. Chr. vermutete: einem letztlich unberechenbaren Spiel, dem man vielleicht sogar – mit Platon – das Prädikat θεός, ‚Gott', zusprechen kann. Vielleicht sind wir hier dem ‚Gott' auf der Spur, der uns nach Heidegger allein noch retten kann.

4.2.2 Religion: Die Heiligung des Lebens

Um zu erkennen, in welchem Maß die Religion eines Menschentums dafür maßgeblich ist, wie dieses Menschentum wirtschaftet, muss man zunächst verstehen, was Religion überhaupt ist. Gewiss ist eine einfache Antwort auf diese Frage kaum möglich. Dennoch sei eine Definition gewagt. Sie stammt von dem Theologen Paul Tillich (1886–1965) und lautet:

---

[16] Hans Peter Dürr zitiert nach: http://www.grabbe-gymnasium.de/cms_hp/philosophie/?Erkenntnistheorie:Moderne_Physik:Quantentheorie (01.09.2025).

[17] Dürr 2011, S. 102.

„Religion ist im weitesten und tiefsten Sinne des Wortes das, was uns unbedingt angeht. Und das, was uns unbedingt angeht, manifestiert sich in allen schöpferischen Funktionen des menschlichen Geistes.“[18]

Und an anderer Stelle schreibt er:

„Die Idee von Gott und die Symbole, deren man sich zu seiner Beschreibung bedient, sind Ausdruck für das tiefste Anliegen des Menschen.“[19]

Bei der Religion, so legt uns Tillich nahe, geht es um unser tiefstes Anliegen: um das, was uns unbedingt angeht, was uns etwas zu sagen hat, was unserem Leben Sinn und Bedeutung verleiht. ‚Gott‘ ist nichts anderes als die Chiffre für dasjenige, von dem her dieser existenzielle Anspruch an den Menschen ergeht – ein Anspruch, auf den der Mensch unbedingt mit seiner ganzen Existenz Antwort geben muss, die er eben darin *verantwortet.* Der Gott, der uns nach dem zitierten Wort Martin Heideggers zu retten vermag, wäre dann eine neue Erfahrung dessen, worum es uns wirklich zu tun ist, dem wir uns nicht entziehen können, weil es uns zutiefst betrifft. Der Mensch des Mythos gab dem, was ihn unbedingt angeht, die Namen verschiedener Götter, verdichtete es zu ihm heiligen Gestalten, die er kultisch verehrte. Jeder Gott war ihm ein anderer Anspruch, dem er huldigend und ehrerbietend Antwort gab (s. Abschn. 3.2.3). Die Fülle der Göttinnen und Götter einer mythologischen Religion bezeugt, wie anspruchsvoll die Menschen einstmals lebten. Aber auch der Gott der abrahamitischen Religionen lässt sich mit Tillichs Definition als vollgültige Gottheit identifizieren, sofern er die Menschen durch seine Gebote und Interventionen unbedingt in Anspruch nahm. Man versteht nun auch die eigentliche Pointe von Nietzsches (1844–1900) Wort „Gott ist tot“, denn tatsächlich hört ein Gott auf, *als* ein Gott zu existieren, sobald die Menschen sich von ihm nicht mehr in unbedingt Anspruch nehmen lassen. Mit seiner Wirkung verliert er seine Wirklichkeit. Eben das ist das Schicksal der christlichen Religion: Als mit Beginn der europäischen Neuzeit der Anspruch ihres Gottes immer weniger Gehör fand und

[18] Tillich 1964, S.40.
[19] Tillich 1964, S. 46.

die Menschen seinen Weisungen nicht mehr folgten, entstand das von Nietzsche diagnostizierte religiöse Vakuum, in das die Ersatz-Religion des Konsumierens eindrang, die das Geld, das Eigentum und auch das Glück an die vakante Stelle Gottes setzte. Doch der Kult, den diese Ersatz-Religion etablierte, war von Anfang an nicht mehr als ein Notbehelf, ein flaches Surrogat, das den Verlust des unbedingt Anspruchsvollen nicht ersetzen konnte. Er begünstigte die Heraufkunft des *Homo Oeconomicus*, der den Menschen zwar *happiness* und Eigentum in Aussicht stellte (s. Abschn. 2.4.3), eine umfassende Sinnstiftung im Sinne der antiken *eudaimonía* (s. Abschn. 3.4.4) jedoch schuldig blieb. Deshalb bleibt der *Homo Oeconomicus* anfällig für neue ‚Religionen' wie den Dataismus und neue Heils- oder Sinnversprechen wie den *Homo Deus*. Und deshalb wird die mit dessen Heraufkunft zu erwartende Dystopie (s. Abschn. 4.1) nur ausbleiben, wenn das bestehende religiöse Vakuum anders gefüllt wird: durch eine geistige Disruption, in deren Folge das Sein dieser Welt so gelichtet wird, dass eine neue Wahrheit des Lebens und Wirtschaftens gewahrbar wird.

Voraussetzung dafür ist, dass die nach Maßgabe des *Homo Oeconomicus* programmierten Menschen der Gegenwart ihre Selbstbezüglich ablegen und nicht länger bei all ihrem Tun ihre eigenen Ansprüche gegen die Welt erheben, sondern sich neuerlich unter den Anspruch des Seins stellen. Eigentlich sollte das nicht schwierig sein, denn das Sein dieser Welt spricht auch in dieser Zeit auf eindringliche Weise. Es spricht durch die geschundene Natur, durch Klimawandel, Erderwärmung, Erosion und tauende Permafrostböden, ja selbst durch eine Pandemie. Es spricht von der Verletzlichkeit der Erde und davon, dass ihr gestörtes Gleichgewicht sich auf die Menschheit verheerend auswirken wird. Ebenso spricht es durch die Wissenschaften vom unsäglichen Wunder des Lebens. Das Sein dieser Welt kündet allenthalben von der unveräußerlichen Heiligkeit der Natur, deren Intelligenz den Menschen immer neu in Staunen versetzen kann, so er sich denn von ihr in Anspruch nehmen ließe. Wie in der Frühzeit der Menschheitsentwicklung ist es das lebendige Sein der Welt selbst, das uns so unbedingt angeht, dass wir ihm noch immer die Prädikate *göttlich* oder *heilig* zusprechen können – oder jedenfalls *könnten*, wenn es uns gelänge, ein geistiges Paradigma zu generieren, durch das wir das lebendige Sein in seiner ursprünglichen Wahrheit zu gewahren vermögen. Dann erschlösse sich die lebendige Natur oder die natürliche Lebendigkeit als der ‚Gott', der uns (frei nach Heidegger) zuletzt noch retten könnte. Diese neuerliche Rückbindung an das lebendige Sein der Welt wäre die *Religio*, die zur Sprache und zum Ausdruck brächte, was unser tiefstes Anliegen sein muss: die Wertschätzung und Huldigung der kosmischen Lebendigkeit. Ja, sie wäre zugleich das Gegengewicht oder besser noch Gegengift gegen das blasse religiöse Surrogat des Dataismus und seines Kultes der transhumanistischen Entmenschlichung. Stattdessen lichtete sie die Welt zu einer gänzlich anderen Wahrheit, deren Wesen nicht mehr das *Gestell* des selbsternannten *Herrn und Meisters der Natur* ist, sondern das endliche, verletzliche, filigrane, leibliche und sterbliche Leben, in dem Anwesen und Abwesen wesentlich verwoben sind. Gewahrt als „das, was uns unbedingt angeht", würde das natürliche Leben erneut, wie im antiken Griechenland (s. Abschn. 3.2.2), als Maß aller Dinge anerkannt werden – auch als Maß der Ökonomie. Und genau das tut Not. Denn nur eine Ökonomie, die dem Maß des lebendigen Seins genügt und die dem Leben angemessen ist, wird den Herausforderungen der Zukunft gewachsen sein. Nur eine Ökonomie, die sich als lebensdienlich bewährt und die Entfaltung des Lebens gewährt, wird der Wahrheit des Lebens genügen und ihr eigenes Wesen lebendig entfalten. Ihr wird dies gelingen, sofern sie dem Sein der Welt entspricht: in der Interaktion mit anderem Leben, in der Verbundenheit der Wesen, in ihrer Zugehörigkeit und Kooperation.

Solches lehrt die avancierte Lebenswissenschaft, die ein neues, klareres und plausibleres Bild des Lebens zeichnet als der konventionelle Mainstream-Darwinismus, der – wie wir sahen – seine gedanklichen Muster und Kategorien aus den Lehrbüchern der ökonomischen Klassik entlehnte und so dem *Homo Oeconomicus* in die Falle ging (s. Abschn. 2.3.5). Heute sind wir in der Lage, eine komplexere und plausiblere Deutung der biologischen Grundprinzipien des Menschenlebens zu wagen, die sich passgenau zu den Erkenntnissen der avancierten Physik fügt (s. Abschn. 4.2.1): Leben organisiert sich in hochdynamischen, interagierenden Systemen. Die Identität lebendiger Organismen ist das Produkt der Wechselbeziehungen, in denen sie interagieren; und evolutionäre Vorteile haben Lebewesen in erster Linie dann, wenn sie kooperations- und integrationsfähig sind. Vor allem die systemische Biologie im

Anschluss an die chilenischen Forscher Humberto Matura (1928–2021) und Francisco Varela (1946–2001) hat diesbezüglich bemerkenswerte Einsichten gewonnen. Zusammengefasst und weiterentwickelt findet man sie auch in den Arbeiten des bereits erwähnten Biologen Andreas Weber (*1967). In seinem Buch *Lebendigkeit* (2014) schreibt er: „Biologen begreifen, dass Leben ein Phänomen absoluter Gemeinschaftlichkeit ist.“[20] Und er führt dies aus, indem er betont:

> „Die Prinzipien, die sich aus den Forschungen der Biologen herausschälen, zeigen, dass Leben auf nahezu jeder Ebene eine kollektive Angelegenheit ist, eine gemeinsame Unternehmung verschiedenster Wesen, die nur, indem sie einander irgendwie ertragen und sich einigen, zu einem stabilen, funktionsfähigen und damit auch schönen Ökosystem kommen. Konkurrenz, Wettkampf und Auslese im Sinne Darwins spielen sehr wohl eine Rolle – aber nicht als unerbittliches letztes Wort, sondern als eine Kraft unter mehreren, mit denen lebende Systeme sich selbst aus einer Vielzahl von Mitspielern erschaffen und gestalten.“[21]

Diese Beobachtung führt Weber zu der Konsequenz:

> „Am Leben zu sein heißt, beständig an einer Gemeinschaft teilzuhaben und sich als Teil eines unabsehbaren Netzes von Beziehungen stets neu zu erfinden.“[22]

Damit ist das darwinistische Paradigma des Lebens als eines dauerhaften Kampfes ums Überleben korrigiert und dem Menschenbild des *Homo Oeconomicus* der naturwissenschaftliche Boden entzogen. Man mag dagegen einwenden, dass sich die darwinistische Sicht der Dinge durch das Verhalten der Menschheit bestätigt habe und dass der Siegeszug des *Homo Oeconomicus* den empirischen Nachweis für die Richtigkeit der darwinschen Evolutionsbiologie erbracht habe. Tatsächlich aber ist das nicht der Fall. Gewiss ist der darwinistisch agierende rationale Egoist eine *mögliche* Auslegung des Menschen, die in dem Maße an

---

[20] Weber 2014, S. 53.

[21] Weber 2014, S. 53.

[22] Weber 2014, S. 54–55.

Plausibilität gewinnt, in dem die globale Ökonomie und Politik nach ihrer Maßgabe organisiert werden. Doch *währt* diese Plausibilität nur so lange wie das Sein der Welt im Lichte des *Gestells gewahrt* wird. Sie schwindet, sobald erkennbar wird, dass die Wahrheit der heutigen Ökonomie das Sein der Welt nur unzureichend lichtet. Sobald wir erkennen, dass die Matrix des *Gestells* das Sein der Welt *verstellt* und damit ein unwesentliches Menschenbild und eine unwesentliche Ökonomie generiert hat, haben wir guten Grund, beide hinter uns zu lassen, und vor dem Horizont einer neuen Rückbindung an das als lebendiges Geschehen gelichtete Sein dieser Welt eine andere, der Komplexität des Lebens besser genügende Deutung des Menschseins vorzuschlagen, von der her eine andere, lebensdienlichere Ökonomie herleitbar ist.

Der *Homo Oeconomicus* hat lange genug auf Erden sein Unwesen getrieben; und er droht, es als *Homo Deus* auf die Spitze zu treiben. Deshalb braucht es eine Korrektur unseres menschlichen Selbstverständnisses, um wieder wesentlich Mensch sein zu können – wesentlich nach Maßgabe einer neuen Lichtung des Seins, das dieses – wie einst in der antiken griechischen Philosophie – als lebendiges Geschehen ge*wahrt* und be*wahrt*. Eine *Religio*, die das Sein der Welt als lebendiges Geschehen lichtet, stiftet eine Wahrheit, in deren Licht der Mensch wesentlich leben und wirtschaften kann.

4.2.3 Mensch: Homo Conversans – wir sind ein Gespräch

Die Disruption des Menschenbildes des *Homo Oeconomicus* und der ihm gemäßen (neo-)liberalen Ökonomie erfordert, die geistige *Reset*-Taste zu drücken und noch einmal von vorne zu beginnen: dort, wo die Reise des europäischen Geistes durch die Zeit begann – im antiken Delphi bei dem dort am Tempel des Apollon angebrachten Wort *Gnōthi sautón*, „Erkenne dich selbst". Denn tatsächlich geht es heute darum, dass der Mensch sich *als* Mensch neu ge*wahrt*: im Lichte einer neuen Wahrheit bzw. Lichtung des Seins, die dieses wie einst als lebendige, dynamische, systemische und komplexe Interaktion (*phýsis*, s. Abschn. 3.1) ge*wahr*bar macht. Auf der Lichtung dieses Seinsverständnisses bzw. dieser *Religio* erschiene der Mensch nicht mehr als *Homo Oeconomicus*, der sich im kompetitiven Gegenüber zu anderen um seinen eigenen Vorteil sorgt, sondern als ein interagierendes Wesen, das in der Wechselbeziehung zu anderen bzw. zur Welt im Ganzen schöpferisch seine Potenziale entfaltet und im Miteinander mit Anderen eine sinnvolle Identität ausbildet.

Wie aber lässt sich der Mensch im Lichte des zeitgenössischen Wissens um die dynamisch-interaktive Grammatik der Physio- (s. Abschn. 4.2.1) und der Biosphäre (s. Abschn. 4.2.2) denken? Eine einfache Antwort ist auch hier nicht möglich. Gleichwohl sei der Versuch unternommen, einige Signaturen des Menschseins zusammenzutragen, die sich aus den Erkenntnissen der Biologie, der Neurophysiologie, der Psychologie und der philosophischen Anthropologie der jüngeren Zeit zu einem kohärenten Bild zusammenfügen lassen: zu einem Bild, das fortan mit der Sigle *Homo Conversans* versehen sein soll – weil es den Menschen als eine unausgesetzte, schöpferische Konversation beschreibt: als ein Gespräch.

4.2.3.1 Möglichkeit. Wir können immer auch anders

Wir sprachen schon davon, dass der Mensch ein Wesen ist, das sich zu sich selbst verhalten kann, ja muss (s. Kap. 1). Mehr noch: Er ist ein Wesen, das sich immer schon zu sich selbst verhalten und deshalb ein Selbstbild von sich hat, gleichviel ob bewusst oder unbewusst. In seiner philosophischen Interpretation des menschlichen Daseins, hat Martin Heidegger diesen Umstand meisterhaft herausgearbeitet. In *Sein und Zeit* (1927) schreibt er:

> „Das Dasein [d.h. bei Heidegger: der Mensch] ist ein Seiendes, das nicht nur unter anderem Seienden vorkommt. Es ist vielmehr dadurch ontisch ausgezeichnet, dass es diesem Seienden in seinem Sein *um* dieses Sein selbst geht. Zu dieser Seinsverfassung des Daseins gehört aber dann, dass es in seinem Sein zu diesem Sein ein Seinsverhältnis hat. Und dies wiederum besagt: Dasein versteht sich in irgendeiner Weise und Ausdrücklichkeit in seinem Sein. Diesem Seienden eignet, dass mit und durch sein Sein dieses

ihm selbst erschlossen ist. Seinsverständnis ist selbst eine Seinsbestimmtheit des Daseins."[23]

Dieses *Seinsverständnis* hat einen einfachen Grund: unser Bewusstsein, das es uns erlaubt, „Ich" zu uns zu sagen oder uns *als* Mensch zu deuten. Der Bewusstseinsraum, der sich im Verhalten zu uns selbst öffnet, nötigt uns nachgerade dazu, ein Selbst- oder Menschenbild zu entwerfen, das höchst unterschiedlich ausfallen und von Zeit zu Zeit verändert werden kann. Deshalb ist das delphische „Erkenne dich selbst" eine unausweichliche, uns unbedingt angehende Lebensaufgabe: Wir können nicht anders, als immer wieder neu eine Antwort auf die Frage zu geben, wer wir sind: sowohl mit unserem individuellen Selbstsein als auch mit unseren kollektiven Selbstbildern.

Schon hier wird erkennbar, inwiefern Menschsein als ein Im-Gespräch-Sein beschrieben werden kann: Immer ist unser faktisches Sein die Antwort auf die uns gestellte Frage, wer wir sind. Charakteristisch für uns Menschen ist dabei, dass wir ein unerschöpfliches Potenzial an Antwortmöglichkeiten in uns tragen; ja, dass wir nicht nur wesentlich Gespräch, sondern ebenso auch wesentlich Potenzial *sind*. Auch das hat Heidegger in *Sein und Zeit* herausgearbeitet, wenn er schreibt:

> „Das Seiende, dem es in seinem Sein um dieses selbst geht, verhält sich zu seinem Sein als seiner eigensten Möglichkeit. Dasein *ist* je seine Möglichkeit und es ‚hat' sie nicht nur noch eigenschaftlich als ein Vorhandenes."[24]

Weil Dasein wesentlich Möglichkeit *ist*, steht es uns frei, uns über unser Selbstsein oder unser Menschsein zu täuschen. Es ist uns *möglich*, einem Selbst- und Menschenbild aufzusitzen, das uns von unserem Selbst- und unserem Menschsein entfernt, so wie es nach allem, was wir gesehen haben, beim *Homo Oeconomicus* der Fall ist. Es ist uns aber ebenso *möglich*, uns auf eine stimmige Weise zu uns selbst und unserem Selbst- und Menschsein angemessen zu verhalten. In Heideggers Worten:

---

[23] Heidegger 1984, S. 12.

[24] Heidegger 1984, S. 42.

„Und weil Dasein wesenhaft je seine Möglichkeit ist, kann dieses Seiende sich in seinem Sein selbst ‚wählen', gewinnen, es kann sich verlieren, bzw. nie und nur ‚scheinbar' gewinnen. Verloren haben kann es sich nur und noch nicht sich gewonnen haben kann es nur, sofern es seinem Wesen nach mögliches *eigentliches*, das heißt sich zueigen ist. Die beiden Seinsmodi der *Eigentlichkeit* und *Uneigentlichkeit* – diese Ausdrücke sind im strengen Wortsinn terminologisch gewählt – gründen darin, dass Dasein überhaupt durch Jemeinigkeit bestimmt ist."[25]

Das heißt: Es obliegt dem Menschen, das Verhältnis, das er ist, so zu deuten und zu gestalten, dass er es als seine eigenste „je meinige" Möglichkeit begreift. Wo das geschieht, handelt es sich in Heideggers Worten um das „eigentliche Dasein". Oder der Mensch übernimmt aus seinem Umfeld ein konventionelles Deutungsmuster seiner selbst und beraubt sich damit der Möglichkeit, sich zu sich selbst auf je eigene, individuelle Weise zu verhalten: „uneigentliches" Dasein. Weil wir wesentlich Möglichkeit sind, leben wir nach Heidegger immer dann wesentlich (im Modus der Eigentlichkeit), wenn wir uns für neue Möglichkeiten offenhalten. Deshalb kann er im Blick auf das Menschsein auch sagen: „Höher als die Wirklichkeit steht die Möglichkeit".[26] Eigentlich seiendes Menschsein ist demnach nicht die rational festgestellte oder willentlich vorgestellte subjektive Identität, sondern das interaktive Spiel – die Konversation mit der Welt, in deren Fluss sich so etwas wie Identität ereignet.

Dass Menschsein wesentlich durch Möglichsein charakterisiert ist, bestätigt auch die heutige Neurophysiologie, die dieses Thema unter der Überschrift „neuronale Plastizität" behandelt. Dahinter verbirgt sich die außergewöhnliche Formbarkeit bzw. Lernfähigkeit des menschlichen Gehirns, die sich anders als bei anderen Lebewesen über die gesamte Spanne des Lebens beobachten lässt. So schreibt der Neurophysiologe Gerald Hüther (*1951):

„Das menschliche Gehirn ist weitaus plastischer, als man sich das noch bis vor wenigen Jahren vorstellen konnte. Zu Beginn der Hirnentwicklung werden nicht nur viel mehr Nervenzellen bereitgestellt, sondern auch deut-

[25] Heidegger 1984, S. 42f.

[26] Heidegger 1984, S. 38.

> lich mehr Fortsätze, Kontakte und Verschaltungen zwischen diesen Nervenzellen aufgebaut als das, was davon nach der Pubertät noch übrigbleibt. Stabilisiert und als funktionale Netzwerke etabliert werden von diesen anfänglich bereitgestellten Überangeboten nur diejenigen neuronalen Verschaltungsmuster, die während der Hirnentwicklung immer wieder aktiviert, also regelmäßig genutzt werden. Was für ein Gehirn ein Kind ‚bekommt', hängt also davon ab, wie und wofür es sein Gehirn benutzt."[27]

Das bedeutet, dass Menschen aufgrund der Plastizität ihres Gehirns jederzeit in der Lage sind, durch eine Änderung ihrer Sichtweisen und ihres Verhaltens die neuronalen Verschaltungen ihres Gehirns zu modifizieren und sich zu verändern bzw. zu transformieren. *Wir können immer auch anders*, lautet die frohe Botschaft der Neurophysiologen, denn wir sind Wesen des Potenzials, Wesen der Möglichkeit, Wesen der Innovation. Und so kann Hüther dem in seiner Selbstdeutung stagnierten *Homo Oeconomicus* zu bedenken geben: „Statt Ressourcenausnutzer zu bleiben, könnten wir auch Potenzialentfalter werden."[28]

Wenn Hüther recht hat, dann legen die Ergebnisse der Neurophysiologie nahe, dass das Selbstkonzept des *Homo Oeconomicus* nicht nur aufgegeben werden kann, sondern auch aufgegeben werden sollte. Von unserer biologischen Ausstattung her sind wir wandlungsfähig. Und wir genügen diesem Aspekt unseres Wesen in dem Maße, in dem wir uns diese Wandlungsfähigkeit erhalten und uns nicht auf starre, algorithmisch berechenbare Verhaltensmuster festlegen lassen, wie es die Spieltheorie nahelegt. Nicht das wissenschaftlich-technische Feststellen ist die dem menschlichen Gehirn gemäße Weise, sich zur Welt zu verhalten, sondern das schöpferisch-kreative Mitfließen im Strom des Lebens.

Halten wir fest: Unsere biologische Ausstattung macht uns zu Wesen der Möglichkeit. Ein „eigentliches" oder wesentliches Leben erfüllt sich darin, aus dem unendlichen Meer der Möglichkeiten, das wir sind, immer neu zu schöpfen, ohne es jemals zu erschöpfen: schöpferisch zu sein, um die unendlichen Möglichkeiten immer neu in einmalige, individuelle Wirklichkeiten zu übersetzen. Oder anders gesagt: Weil wir unserem

[27] Hüther 2011, S. 45.

[28] Hüther 2011, S. 145.

Wesen nach unendliches Potenzial sind, leben wir dann wahr und wesentlich, wenn wir uns dieses Potenzial be*wahren* und es immer neu zu einer einmaligen Individualität entfalten. Dafür aber brauchen wir die Anderen. Wir können nur dann wahrhaft Wesen der Möglichkeit sein, wenn wir ernst damit machen, auch Wesen der Verbundenheit zu sein.

4.2.3.2 Verbundenheit. Wir sind Wesen der Zugehörigkeit

Dass der Menschen seinem Wesen nach ein soziales und auf Gemeinschaft angelegtes Wesen ist, hatte schon Aristoteles behauptet, als er in seiner Abhandlung über die *Politik* notierte: „Der Mensch ist seinem Wesen nach ein gemeinwesentliches Wesen“[29] – ein Wesen, dem es wesentlich ist, einem Gemeinwesen zuzugehören. Die Begründung, die Aristoteles dafür gibt, ist einfach: Der Mensch ist aufgrund seiner biologischen Verfassung angewiesen auf die Fürsorge anderer. Er kann sich nicht aus sich heraus erhalten und braucht deshalb die Unterstützung einer Gemeinschaft (s. Abschn. 3.3.2). Und was für das physische *Überleben* gilt, trifft in noch höherem Maße für das *gute Leben* zu: Auch die Entfaltung der Lebendigkeitspotenziale und das individuelle Erblühen des Menschen zu einem erfüllten Menschsein ist für Aristoteles nur möglich im gemeinschaftlichen Miteinander. Deshalb – und nicht aus moralischen Erwägungen – ist der Mensch aus seiner Sicht gut beraten, sozial und kooperativ, statt egoistisch und selbstsüchtig zu agieren.

Dass eigentliches, wesentliches und erfülltes Menschsein auf die Interaktion mit anderen angewiesen ist, haben auch einige bedeutende Vertreter der philosophischen Anthropologie des 20. Jahrhunderts betont. An erster Stelle wäre hier erneut Martin Heidegger zu erwähnen, der in Paragraf 26 von *Sein und Zeit* unter der Überschrift „Das Mitdasein der Anderen und das alltägliche Mitsein“ feststellte:

> „Zum Sein des Daseins [...gehört] das Mitsein mit Anderen. Als Mitsein ‚ist‘ das Dasein wesenhaft umwillen Anderer. Das muss als existenziale Wesensaussage verstanden werden. Auch wenn das jeweilige faktische Dasein sich an Andere nicht kehrt, ihrer unbedürftig zu sein vermeint, oder

[29] Aristoteles Pol. 1253b1. Im Orig.: ὁ ἄνθρωπος φύσει πολιτικὸν ζῷον.

aber sie entbehrt, ist es in der Weise des Mitseins. Im Mitsein als dem existenzialen Umwillen Anderer sind diese in ihrem Dasein schon erschlossen.“[30]

Und weiter:

„Die zum Mitsein gehörige Erschlossenheit des Mitdaseins Anderer besagt: im Seinsverständnis des Daseins liegt schon, weil sein Sein Mitsein ist, das Verständnis Anderer. Dieses Verstehen ist, wie Verstehen überhaupt, nicht eine aus Erkennen gewonnene Erkenntnis, sondern eine ursprüngliche Seinsart, die Erkennen und Kenntnis allererst möglich macht.“[31]

Heidegger nennt diese „Seinsart“ das „Sichkennen“. Sichkennen heißt, die anderen *als* „die Anderen“ zu gewahren und sich aus diesem Verständnis heraus zu ihnen zu verhalten. Das bedeute, mit den Anderen nicht wie mit Dingen umzugehen und sie zu gebrauchen, sondern sich auf sie einzulassen und für sie zu sorgen. Deshalb nennt Heidegger die Weise, in der sich das Mitsein mit Anderen vollzieht, die „Fürsorge“ – die ihrerseits „eigentlich“ oder „uneigentlich“ geübt werden könne. Er schreibt:

„Weil nun aber zunächst und zumeist die Fürsorge sich in den defizienten oder zum mindesten indifferenten Modi aufhält – in der Gleichgültigkeit des Aneinandervorbeigehens –, bedarf das nächste und wesenhafte Sichkennen eines Sichkennenlernens. Und wenn gar das Sichkennen sich verliert in die Weisen der Zurückhaltung, des Sichversteckens und Verstellens, bedarf das Miteinandersein besonderer Wege, um den Anderen nahe bzw. ‚hinter sie‘ zu kommen.“[32]

Wenn wir das in unseren Sprachgebrauch übersetzen, dann können wir sagen: Es gibt eine *wesentliche* Weise des Mitseins und es gibt eine *unwesentliche* Weise des Mitseins. Die unwesentliche Weise des Mitseins, so erfahren wir hier, lässt sich charakterisieren durch Verstellen, Verstecken, Zurückhaltung. An anderer Stelle erläutert Heidegger: „Dieses ‚rück-

[30] Heidegger 1984, S. 123.
[31] Heidegger 1984, S. 123.
[32] Heidegger 1984, S. 124.

sichtslose' Mitsein ,rechnet' mit den anderen, ohne dass es ernsthaft ,auf sie zählt' oder auch nur mit ihnen ,zu tun haben' möchte."[33] Damit wird das Ganze deutlicher: Uneigentliches oder unwesentliches Mitsein „rechnet" mit anderen, ohne auf sie Rücksicht zu nehmen. Die Anderen begegnen nur noch als gleichgültige Objekte, an denen man vorbeigeht und die einen nicht bzw. nichts angehen. Sie begegnen, in der Sprache Heideggers, nicht als anderes „Dasein", sondern als etwas „Zuhandendes" oder „Vorhandenes", als be- und verrechenbare Gebrauchsgegenstände – ganz so, wie wir es vom *Homo Oeconomicus* kennen. Eigentliches oder wesentliches Mitsein hingegen „zählt auf" die Anderen und möchte mit ihnen zu tun haben. Es begegnet den Anderen als Personen, denen die eigene „Fürsorge" gilt. Dieses wesentliche oder „eigentliche" Mitsein in der Fürsorge ist in Heideggers Verständnis die Weise, in der wir dem Umstand genügen, dass Menschen Wesen der Verbundenheit sind.

Die von Heidegger ermittelten Spielarten oder Modi des Mitseins findet man in anderer Sprache, in der Essenz aber ähnlich, in der dialogischen Philosophie Martin Bubers (1878–1965), die dieser schon vier Jahre vor dem Erscheinen von Heideggers *Sein und Zeit* in seinem Buch *Ich und Du* (1923) entwickelt hatte. Darin heißt es gleich am Anfang:

> „Die Welt ist dem Menschen zwiefältig nach seiner zwiefältigen Haltung. Die Haltung des Menschen ist zwiefältig nach der Zwiefalt der Grundworte, die er sprechen kann. Die Grundworte sind nicht Einzelworte, sondern Wortpaare. Das eine Grundwort ist das Wortpaar Ich-Du. Das andere Grundwort ist das Wortpaar Ich-Es; wobei ohne Änderung des Grundwortes für Es auch eines der Worte Er und Sie eintreten kann. Denn auch das Ich des Grundworts Ich-Du ist ein anderes als das des Grundworts Ich-Es. […] Das Grundwort Ich-Du kann nur mit dem ganzen Wesen gesprochen werden. Das Grundwort Ich-Es kann nie mit dem ganzen Wesen gesprochen werden."[34]

Folgt man diesen dichten Worten Bubers, dann ergibt sich, dass es grundsätzlich nur zwei Möglichkeiten gibt, wie wir Menschen uns zu uns selbst, zu Anderen und zur Welt verhalten können: Wir können uns zu

[33] Heidegger 1984, S. 125.

[34] Buber 1984b, S. 7.

uns und zu Anderen als zu einem *Es* verhalten. Das wäre *nicht* wesentlich. Oder wir können uns zu uns und Anderen als zu einem *Du* verhalten. Das wäre wesentlich. Bubers Pointe dabei ist: Je nachdem, ob ich mich zu Anderen als zu einem Es oder Du verhalte, *bin ich* je ein anderer: Das Ich des Ich-Es ist ein anderes Ich als das Ich des Ich-Du: Das Ich, das „Du" sagt, ist wesentlich. Das Ich, das „Es" sagt, bleibt unwesentlich. Was macht den Unterschied aus? Hören wir dazu Buber selbst:

> „Wer Du spricht, hat kein Etwas zum Gegenstand. Denn wo etwas ist, ist anderes Etwas, jedes Es grenzt an andere Es, Es ist nur dadurch, dass es an andere grenzt. Wo aber Du gesprochen wird, ist kein Etwas. Du grenzt nicht. Wer Du spricht, hat kein Etwas, hat nichts. Aber er steht in der Beziehung."[35]

Wo der Mensch einem anderen *als* einem Es begegnet, bleibt er ganz bei sich: bei seinem Ich oder seinem Ego. Er hat einen Gegenstand, mit dem er umgehen kann; mit dem er etwas anfangen, mit dem er rechnen kann. Dieses Etwas ist ein Etwas unter anderen. Es ist definiert dadurch, dass es von den Anderen unterschieden ist. Aber darin wird es gerade nicht in seinem einmaligen Sein oder Wesen gesehen, sondern nur in seiner Unterschiedenheit. So verhalten wir uns gemeinhin zur Welt – zumal als *Homo Oeconomicus*. Anders ist es aber, wo der Mensch einem Anderen *als* seinem Du begegnet. Dann ist er wesentlich – er ‚steht' nicht nur in Beziehung (bzw. er hat sich nicht nur in die Beziehung *gestellt*), sondern er ‚ist' in Beziehung. Und er ge*wahrt* den Anderen in dessen unverwechselbarem So-Sein als eine einmalige Person, die ihn etwas angeht.

> „Stehe ich einem Menschen als meinem Du gegenüber [...] ist er kein Ding unter Dingen und nicht aus Dingen bestehend. Nicht Er oder Sie ist er, von andern Er und Sie begrenzt, im Weltnetz von Raum und Zeit eingetragener Punkt [...] Sondern nachbarnlos und fugenlos ist er Du und füllt den Himmelskreis. Nicht als ob nichts andres wäre als er: aber alles andre lebt in seinem Licht."[36]

---

[35] Buber, 1984b, S. 8.

[36] Buber 1984b, S. 12.

Wo der Mensch einem Anderem *als* seinem Du begegnet, ist er ganz beim Anderen und nicht mehr nur bei sich selbst; denn jetzt sieht er sich und die Welt im Licht des Anderen. Darin *ist* er Person – ebenso wie der Andere darin Person *ist*. Der Andere ist nun kein *Gegenstand*, sondern ein *Gegenüber*. Alle Aufmerksamkeit gilt ihm. Und diese Aufmerksamkeit kommt aus dem eigenen Wesen und gilt dem anderen Wesen. Deshalb ist diese Beziehung *wesentlich*. In ihr erfüllt sich das Wesen des Menschen im Sinne des Mitseins, das sich in der Ich-Du-Begegnung mit dem Anderen ereignet. Dabei stellt sich das Ich unter den Anspruch des Anderen und sieht seine Verantwortung darin, ihm Antwort zu *sein*. Diese wesentliche und eigentliche Begegnung gerät zu einem wesentlichen *Gespräch*, von dem das Ich nicht unbetroffen bleiben kann. Denn indem es einem ihm verbindlichen Du – einem Anderen, mit dem das Ich in Verbindung *ist* – Antwort gibt, bildet es seine eigene Identität und erschließt die in ihm schlummernden Möglichkeiten. Das heißt: Indem ein Mensch dem Anderen Antwort ist, entfaltet sich sein eigenes Lebendigkeitspotenzial. Der Andere wird zum Entfaltungs- oder auch Entwicklungshelfer. Oder, um es in den Worten Bubers zu sagen: „Der Mensch wird am Du zu Ich".[37]

Diese Begegnung mit dem Anderen ruft den Menschen in die ihm eigene und wesentliche Lebendigkeit. Denn: „Alles wirkliche Leben ist Begegnung",[38] wie Buber sagt. Begegnung ist wirkliches Leben, weil wir in der Begegnung dem Umstand genügen, Wesen der Verbundenheit zu sein: Wesen der Verbundenheit, die in der Begegnung mit dem Anderen überhaupt erst ihre Individualität ausbilden. So wie die *observables* im subatomaren Quantenraum überhaupt erst „etwas" werden bzw. *als* etwas gewahrbar sind, wenn sie mit anderen interagieren (s. Abschn. 4.2.2).

Wo der Mensch hingegen einem anderen Menschen als einem *Es* begegnet, liegt es ihm nahe, als rationaler Egoist und *Homo Oeconomicus* zu agieren. Das ist dann kein wesentliches Mitsein, sondern der unwesentliche *Homo Oeconomicus* treibt mit dem Anderen sein *Unwesen* – was durchaus verständlich ist; denn Buber weiß: „Ohne Es kann der der Mensch nicht leben. Aber wer mit ihm allein lebt, ist nicht der Mensch."[39]

---

[37] Buber 1984b, S. 32.

[38] Buber, 1984b, S. 15.

[39] Buber, 1984b, S. 37.

Halten wir fest: Menschsein ist Mitsein. Mitsein ist wesentlich, wo wir den Anderen als ein Du gewahren und ihn nicht als einen Gegenstand benutzen. Die Ich-Du-Beziehung zeitigt eine Wahrheit, in der das wesentliche Sein des Menschen als Wesen der Verbundenheit gewahrbar wird. Dieses Wesen erfüllt sich im *Gespräch*.

4.2.3.3 Gespräch. Leben heißt angeredet werden

Die Begegnung von Mensch zu Mensch, die Verbindung von Ich und Du, das wesentliche Mitsein in der Fürsorge – all das geschieht im Gespräch. Gespräch ist dabei mehr als der Austausch von Worten. Es bedeutet, den Anderen als Gesprächspartner in seiner Andersheit als ein Du zu gewahren, sich unter den Anspruch des Anderen zustellen, ihm zuzuhören, auf ihn zu achten. Und es bedeutet: dem Anderen zu antworten, sich ihm gegenüber zu *verantworten*, ihm mit dem eigenen Wort und der eigenen Tat eine Antwort zu *sein*. Erst wo sich das *Gewahren* des Anderen in der eigenen Antwort *bewährt*, ereignet sich die *Wahrheit* des Gespräches – erst dann ist das Gespräch *wesentlich*. Und erst wenn der Mensch sich auf das *wesentliche* Gespräch einlässt, hört er auf, ein unwesentlicher *Homo Oeconomicus* zu sein und wird als *Homo Conversans* auf wesentliche Weise zum Menschen. Was heißt das? Hören wir dazu noch einmal Martin Buber. In seinem Essay *Zwiesprache* aus dem Jahr 1954 notierte er ein bedeutsames Wort: „Leben heißt angeredet werden“,[40] denn:

> „Was mir widerfährt ist Anrede an mich. Als das, was mir widerfährt, ist das Weltgeschehen Anrede an mich.“[41]

Und:

> „Jede konkrete Stunde mit ihrem Welt- und Schicksalsgehalt, die der Person zugeteilt wird, ist dem Aufmerkenden Sprache.“[42]

[40] Buber 1984c, S. 163.

[41] Buber 1984c, S. 164.

[42] Buber 1984c, S. 161.

Alles, was dem Menschen begegnet, so Bubers Grundgedanke, geht ihn etwas an. Es geht ihn etwas an, weil es ihm etwas zu sagen hat. Zumindest könnte es ihm etwas zu sagen haben, wenn er sich auf es einließe und für seinen Anspruch empfänglich wäre. Dann hörte er dem zu, was ihm begegnet, und darin bekundete er sein Wissen um seine Zugehörigkeit zum Anderen. Hörend ist er ihm verbunden, angesprochen kommt er mit dem, was ihn anspricht oder ihm zuspricht ins Gespräch. *Im* Gespräch ist er aber erst, wenn er seine Zugehörigkeit zum Ausdruck bringt, indem er dem Gehörten Antwort gibt – oder, in den Worten Bubers: indem er das Antworten „auf sich nimmt". Denn: „Immer ist mir ein Wort geschehen, das eine Antwort heischt."[43]

Eine Antwort zu geben bzw. eine Antwort zu *sein*, bedeutet, Verantwortung zu übernehmen: für sich selbst und für das Seiende, das einen in Anspruch nimmt. Buber schreibt: „Echte Verantwortung gibt es nur, wo es wirkliches Antworten gibt. Antworten worauf? Auf das, was einem widerfährt, was man zu sehen, zu hören, zu spüren bekommt".[44] Die Antwort muss dabei ebenso wenig wie der Anspruch in gesprochenen Worten ergehen. Sie ist existenziell:

> „Die Worte unserer Antwort sind in der wie die Anrede unübersetzbaren Sprachen des Tuns und Lassens gesprochen, – wobei das Tun sich wie ein Lassen und das Lassen wie ein Tun gebärden darf. Was wir so mit dem Wesen sagen, ist unser Eingehen auf die Situation, in die Situation, sie, die uns eben jetzt angetreten hat, deren Erscheinung wir nicht kannten und nicht kennen konnten, weil es ihresgleichen noch nicht gegeben hat."[45]

Mit einer solchen existenziell verantworteten Antwort ist der Weg frei für die Entfaltung der eigenen Lebendigkeitspotenziale zur unverwechselbaren Identität eines individuellen Menschen in Verbundenheit sowohl mit einer Gesellschaft als auch mit dem Großen und Ganzen. Das heißt: Indem wir den augenblicklichen Anspruch verantworten, werden wir zu denen, die wir sein können, leben in Verbundenheit aus Möglichkeit und genügen unserem eigentlichen Wesen. Im Gespräch öffnet sich der Spiel-

[43] Buber 1984c, S. 162.

[44] Buber 1984c, S. 161.

[45] Buber 1984c, S. 163.

raum, worin wir in Wahrheit wesen können – worin ans Licht kommt, wer wir sind oder doch sein können.

Doch der *Homo Oconomicus* tut genau das nicht. Er entzieht sich dem *Gespräch* und verharrt im Unwesentlichen. In den Worten Martin Bubers:

> „Als das, was mir widerfährt, ist das Weltgeschehen Anrede an mich. Nur indem ich es sterilisiere, es von Anrede entkeime, kann ich das, was mir widerfährt, als einen Teil des mich nicht meinenden Weltgeschehens fassen. Das zusammenhängende, sterilisierte System, in das sich all dies nur einzufügen braucht, ist das Titanenwerk der Menschheit."[46]

Was Buber hier das „Titanenwerk der Menschheit" nennt, ist nichts anderes als das total bzw. totalitär gewordene *Gestell.* Es ist die moderne Welt des *Homo Oeconomicus,* in der alles Gesagte nichts anderes ist als *bestellbare* Ware und Konsumartikel, bzw. die künftige Welt des *Homo Deus*, in der es nichts anderes mehr geben wird als bereit*gestellte* Information bzw. Datenbes*tand.* In einer titanischen Welt kann über alles geredet werden, ohne dass einen die Worte etwas angingen. In ihr ist alles berechenbar, ohne dass man auf irgendetwas zählen könnte. Der *Homo Oeconomicus* nutzt die Sprache als eine Ressource, aber er verantwortet sie nicht mehr in der eigenen, antwortenden und verantworteten Rede. Er verliert sich im Unwesentlichen. Statt im Gespräch zu wesen, verwesen seine Worte im „Gerede",[47] um eine Formulierung Heideggers zu verwenden.

In einem Entwurf zu seinem Hymnus *Friedensfeier* schreibt Friedrich Hölderlin (1770–1842):

> „Viel hat erfahren der Mensch,
> Der Himmlischen viele genannt,
> Seit ein Gespräch wir sind
> Und hören können voneinander."[48]

[46] Buber 1984c, S. 154.

[47] Heidegger 1984, S. 164–167.

[48] Hölderlin 1970, S. 1068.

Sofern der Mensch ein Gespräch ist, bedeutet wesentliches Dasein nichts anderes als anspruchsvoll und verantwortlich leben, d. h. dem an ihn ergehenden Anspruch des Seins mit dem eigenen Sein eine eigentliche, einmalige, individuelle Antwort zu sein. Darin ereignet sich wesentliches oder eigentliches Leben: Lebendigkeit. Und sie erblüht zu ihrer Schönheit, wo die Konversation mit der Welt ausgerichtet ist auf das, was jedem Gespräch maßgeblich und richtungsweisend ist: das Einander-Verstehen, bzw. die Verständigung.

Tatsächlich liegt es in der Logik der Konversation bzw. des Gesprächs, Übereinstimmung zu erzielen, einverstanden zu sein bzw. sich zu verständigen. Denn wer in einem wirklichen Gespräch ist, kann nicht anders, als sich um Verständigung zu mühen. Die an einem wesentlichen Gespräch Beteiligten ruhen deshalb nicht eher, als dass sie Übereinstimmung erzielt haben. Denn sie wissen, dass sich ein Gespräch erst dann vollendet, wenn das für alle Stimmige getroffen und Verständigung erzielt wurde. Damit ein Gespräch gelingt – *das* Gespräch, das unser Menschsein wesentlich *ist* –, bedarf es deshalb der Bereitschaft zur Verständigung mit den Anderen und mit der Welt; und es bedarf der Bereitschaft, sich der Führung des Gesprächs zu überlassen. So bemerkt der Philosoph Hans-Georg Gadamer (1900–2002) in einem Vortrag mit dem Titel *Behandlung und Gespräch* (1989), ein Gespräch gelinge erst dann, „wenn es fast genauso ist wie das, was wir auch sonst im Zusammenleben kennen, nämlich dass man in ein Gespräch gerät, das eigentlich keiner führt, sondern das uns alle führt."[49]

Ein Gespräch, das ist Gadamers Pointe, gelingt, wenn man sich der Führung des Gesprächs überlässt und sich der Logik der Verständigung anvertraut. Deshalb ist ein gutes Gespräch niemals ein Machwerk. Niemand kann für sich die Urheberschaft beanspruchen. Es ereignet sich vielmehr im Zwischenraum der Sprechenden: im Spielraum der Begegnung freier Individuen. Deshalb ist der Raum des Gesprächs ein Kulturraum, worin Menschen zum wesentlichen Menschsein erblühen und sich transformieren können. In seinem Hauptwerk *Wahrheit und Methode* (1960) bemerkt Gadamer:

[49] Gadamer 1993, S. 172.

> „Das Gespräch hat eine verwandelnde Kraft. Wo ein Gespräch gelungen ist, ist uns etwas geblieben und ist in uns etwas geblieben, das uns verändert hat."[50]

Verständigung, die wirklich Verständigung ist, ist so gesehen immer schöpferisch. Sie schöpft aus dem Meer der Möglichkeiten menschlicher Lebendigkeitspotenziale: Etwas Neues, nie Dagewesenes wird im Zwischenraum des Gesprächs geboren, sobald Verständigung erreicht ist. Und das gilt für alle Formen der Konversation. Immer geht es am Ende um gemeinsame Einheit und Stimmigkeit. Und immer ist der Weg dahin der Weg der Konversation. Wo sie in Verständigung und Stimmigkeit mündet, erfüllt sich das Sein des *Homo Conversans* als Im-Gespräch-Sein.

4.2.3.4 Endlichkeit. Die beste Idee des Lebens ist der Tod

Die Frage nach dem Sinn des Lebens stellt sich, weil wir Menschen sterblich sind. Auch diese Signatur kommt in den Blick, wenn wir den Menschen auf der Lichtung einer Wahrheit bedenken, die das Sein als komplexes, lebendiges Geschehen erschließt, das Anwesen *und* Abwesen, Wirklichkeit *und* Möglichkeit umfasst. Die lebendige Natur impliziert auch den Tod, wie der Schweizer Theologe Georg Christoph Tobler (1757–1812) in seinem von Johann Wolfgang von Goethe (1749–1832) veröffentlichten Essay *Natur* von 1782 unvergleichlich sagte: „Leben ist ihre [der Natur] schönste Erfindung, und der Tod ist ihr Kunstgriff, viel Leben zu haben."[51] Und ganz in dem Sinne sagte der Apple-Gründer in seiner denkwürdigen Stanford Commancement Speech im Jahr 2005: „Death is very likely the single best invention of life. It's life's change agent. It clears out the old to make way for the new."[52]

Dass Endlichkeit und Sterblichkeit im Menschenbild der griechischen Antike eine Selbstverständlichkeit waren, haben wir uns bereits vor Augen geführt (s. Abschn. 3.3.1). Auch die philosophische Anthropologie des 20. Jahrhunderts hat die Endlichkeit des Menschen als wichtige

---

[50] Gadamer 1986a, S. 211.

[51] Tobler 1988, S. 46.

[52] Jobs 2005.

Signatur seines Wesens neuerlich zur Geltung gebracht. Bei Martin Heidegger taucht sie auf in der Formel vom „Sein zum Tode" als zentralem „Existenzial" des Menschen, das ihn befähige, im „Vorlaufen zum Tode" als der „Möglichkeit der Unmöglichkeit aller Möglichkeiten" zur Eigentlichkeit des Daseins befreit zu werden.[53] Dem widersprach entschieden Emanuel Levinas (1906–1995), indem er darauf verwies, dass wir den Tod nicht als die Möglichkeit der Unmöglichkeit *eigener* Möglichkeiten erfahren, sondern als die Unmöglichkeit der Möglichkeiten *anderer*: „Ich bin für den anderen verantwortlich, da er sterblich ist. Der Tod des anderen ist der primäre Tod",[54] hielt er Heidegger entgegen. Bei aller Unterschiedlichkeit aber kommt bei Heidegger ebenso wie bei Levinas der Tod als wesentliche Signatur des Menschseins in den Blick – oder genauer: das Bewusstsein des Todes und die Akzeptanz der Sterblichkeit erscheinen als *conditio sine qua* non eines sinnerfüllten Lebens.

Auch die Biologie legt diesen Gedanken nahe. So schreibt Andreas Weber vor dem Hintergrund der Erkenntnisse der systemischen Biologie in seinem Buch *Lebendigkeit*:

> „Die Spielregeln des Lebens besagen, dass wir versuchen sollten, so lebendig wie möglich zu sein – und gerade darin anerkennen sollten, dass wir vollkommen sterblich sind. Ja, dass wir, um weiter lebendig zu werden, immer wieder sterben müssen."[55]

Hier zeigt sich in aller Klarheit: Das dataistische bzw. transhumanistische Projekt der Überwindung des Todes und *Herstellung* eines unsterblichen *Homo Deus* erscheint im Lichte einer Wahrheit, deren Wesen Lebendigkeit ist, als gefährliche Verblendung, denn sie verstellt, was wesentliches Menschsein ist: eine *endliche* Konversation – eine Konversation, deren Endlichkeit aber gerade ihre Würde bzw. ihren intrinsischen Wert verbürgt. Weil Menschen endlich sind und sterben werden, fragen sie nach Sinn und bemühen sich darum, auf immer neue Weise Sinn zu stiften. Weil sie sterblich sind, sind Menschen kreativ und

---

[53] Heidegger 1984, S. 235–267.

[54] Levinas 1993, S. 54.

[55] Weber 2014, S. 105.

schöpferisch. Weil der Tod und mit ihm das ultimative *Abwesen* dem Menschen vor Augen stehen, drängt das Leben ihn dazu, so *anzuwesen*, dass er sich bejahen kann. Das in der Endlichkeit des Lebens verwobenen Zusammenspiel von Anwesen und Abwesen verbürgt auf eigentümliche Weise dessen Sinnhaftigkeit, die zugleich die tiefste Sehnsucht des Menschen befeuert.

Nicht die Gier nach dem beständigen *Bestand* und einer dauerhaften *Feststellung* des als Eigentum missverstandenen Lebens (s. Abschn. 2.5.3) ist auf *der Lichtung der Lebendigkeit* der Antrieb des menschlichen Lebens, sondern – wie das altgriechische Denken nahelegt – die Sehnsucht nach Sinn bzw. der *Eros* der Lebendigkeit (s. Abschn. 3.5.1). Er ist es, der Menschen dazu motiviert, ihre Potenziale zur vollen Blüte zu entfalten, reiche Frucht zu tragen und zuletzt mit einem großen „Ja" auf ihren Lippen das Leben hinter sich zu lassen. Oder, um nochmals Weber zu zitieren: „Den Eros des Lebendigen zu begrüßen, heißt nichts anderes als das: sterben können, die Unvermeidlichkeit des Scheiterns hinnehmen."[56] Wenn es uns darum zu tun, Wirtschaften im Lichte einer Wahrheit neu zu denken, die als Wesen allen Seins Lebendigkeit *gewahrbar* macht, rückt neuerlich die erotische Energie in den Blick. Eine künftige, lebensdienliche Ökonomie, wird diese Kraftquelle erschließen müssen. Als Wirtschaft im Dienst des Lebens kann sie nur eine *erotische Ökonomie* sein. Was heißt das?

4.2.4 Dynamik: Erotische Ökonomie – die Sehnsucht nach Sinn

Leben ist Konversation, der Mensch ist ein Gespräch. Gespräche folgen einer inneren Dynamik, die das Ziel des Einvernehmens, der Übereinstimmung oder auch Verständigung verfolgt. Nur wenn sich zwischen den im Gespräch Verbundenen Einverständnis einstellt, kommt es an sein Ende, hat es sich erfüllt, ist es vollendet. Nur, wenn die am Gespräch Beteiligten wissen, dass sie einander verstehen – auch wenn sie womöglich dabei anderer Meinung sind –, können sie in dem Bewusstsein aus-

---

[56] Weber 2014, S. 99.

einandergehen, dass ihr Gespräch sinnvoll war. Sie können es, bzw. die anderen Beteiligten und sich selbst *gut*heißen und bejahen. Sie sind einverstanden. In dem Einverständnis mit sich selbst, mit dem Gespräch und den Gesprächspartnern erfüllt sich das Gespräch.

Ebenso erfüllt sich das Menschsein in der Übereinstimmung mit dem, was uns betrifft und angeht. Wenn wir mit der Welt und mit uns selbst im Einklang sind und Ja zu uns und dem, was uns begegnet, sagen können, erschließt sich uns der Sinn des Lebens.[57] Dann fragen wir nicht mehr „Warum?", sondern sind von dem erfüllt, was *ist*. Wo wir Sinn erfahren, ist es gut. Wir sind am Ziel. Die Unrast kommt zur Ruhe und Erfüllung stellt sich ein. In diesem Zustand ist der Mensch mit sich und mit der Welt im Reinen. Als *Homo Conversans* entspricht er seinem Wesen und ist wahrhaft Mensch.

Doch die Erfüllung bleibt oft aus. Meistens hadern wir mit uns und mit der Welt. Oft sind wir weit davon entfernt, im Einklang mit ihr zu sein. Dann drückt uns der Mangel, dann sind wir getrieben von unseren Bedürfnissen und von unserer Gier. Dann bewegen wir uns in den Gleisen des *Homo Oeconomicus* und versprechen uns von seiner Ökonomie der Bedürfnisbefriedigung das kleine Glück des Konsumierens. Auf diese Weise liefern wir der großen Maschine der Ökonomie den Treibstoff, den sie braucht – entziehen uns selbst und der Welt jedoch die Lebendigkeit.

Der *Homo Conversans* folgt einer anderen Logik als der *Homo Oeconomicus*. Seinen Antrieb zieht er nicht aus der Aussicht auf Bedürfnisbefriedigung, sondern aus dem, was die Griechen ‚Eros' nannten: die Leidenschaft und Begeisterung für das lebendige Sein. Der Eros des Lebens speist sich nicht aus Mangel und Bedürfnis, sondern aus der Fülle und Schönheit einer Welt, die zu ihm spricht und ihn in Anspruch nimmt. Er nährt sich von dem, was *ist*, indem er sich mit ihm verbindet. Er lässt sich von dem, was *ist*, berühren und bewegen. Und er lässt sich auf es ein, gibt ihm Antwort und strebt dabei nach Verstehen und Verständigung. Der Eros, das wussten die Hellenen, wird nicht von den Wünschen und dem Willen des Subjekts bewegt, sondern von dem Ansprechenden und Ansehnlichen, das ihm begegnet (s. Abschn. 3.5.2) – dem Sein der Phänomene, die uns ansprechen und angehen. Eros ist nie

[57] Dazu: Quarch 2019.

der gierige Drang des subjektiven Ichs, sondern der Sog, der von dem Anderen ausgeht, mit dem man verbunden ist. Und er findet seine Erfüllung nicht darin, des Anderen als eines Begehrten habhaft zu werden, sondern mit dem ansprechenden und zuweilen ‚anmachenden' Anderen einverstanden, im Einklang, einig und innig verbunden zu sein.

Der Eros der Lebendigkeit ist die Energie, die jeder gelingenden Konversation bzw. Interaktion mit und in der lebendigen Welt zugrunde liegt. Mehr noch: Er ist die Energie, die alles Leben dazu veranlasst, sich systemisch zu organisieren und in komplexen Ökosystemen zu interagieren. Und er ist die Energie, die uns Menschen dazu bewegt, nach Einklang, Verstehen und Sinn zu streben. Als solcher ist der Eros der Lebendigkeit der Treib- und Brennstoff einer sinnvollen, d. h. mit dem Sein und Leben der Welt übereinstimmenden Ökonomie: einer erotischen Ökonomie, die nicht den *purpose* der maximalen Steigerung von Ertrag und Eigentum verfolgt, sondern den *Sinn* des Mehrens und Wachsens blühender Lebendigkeit. Sie zieht ihre Kraft daraus, dass Menschen – wo immer sie im Einklang mit sich selbst und den Grundprinzipien der lebendigen Natur wirken – durchaus nicht von Bedürfnissen und Mangel bewegt sind, sondern von der Begeisterung für deren Sinnfülle. Nicht die Gier nach Gütern also, sondern die Liebe zum Leben ist der Nährstoff einer sinnvollen und sinnstiftenden erotischen Ökonomie im Dienst des Lebens; weil der Mensch sich im Lichte einer Wahrheit, deren Wesen die Lebendigkeit und nicht das *Gestell* ist, als *Homo Conversans* versteht, der nach Sinn und nicht wie *Homo Oeconomicus* nach seinem eigenen Vorteil strebt.

Einer, der die Bedeutung der Sinnsuche für das menschlichen Leben betonte, war der Wiener Psychiater und Psychologe Viktor E Frankl (1905–1997). Ihm verdanken wir einige zentrale Einsichten in die Grunddynamiken des menschlichen Daseins. Deren wichtigste nannte er den „Willen zum Sinn" bzw. die „bedingungslose Sinnträchtigkeit des Lebens".[58] Der Wille zum Sinn ist in Frankls Augen die menschliche „Motivation *sui generis*".[59] Was er darunter versteht, verrät eine Passage

[58] Frankl 2005, S. 191.
[59] Frankl 1985, S. 147.

aus seinem Essay *Der Mensch vor der Frage nach dem Sinn*, worin er darauf aufmerksam macht,

> „dass Menschsein allemal über sich selbst hinausweist auf etwas, das nicht wieder es selbst ist – auf etwas oder auf jemanden: auf einen Sinn, den zu erfüllen es gilt, oder auf anderes menschliches Sein, dem wir liebend begegnen. Im Dienst an einer Sache oder in der Liebe zu einer Person erfüllt der Mensch sich selbst. Je mehr er aufgeht in einer Aufgabe, je mehr er hingegeben ist an seinen Partner, um so mehr wird er er selbst. Sich selbst verwirklichen kann er also eigentlich nur in dem Maße, in dem er sich selbst vergisst, in dem er sich selbst übersieht[60]..."

... hingegeben an einen Gesprächspartner, der sich ihm zuspricht und mit dem er gemeinsam Sinn erschließt. Sinn ist dabei

> „jeweils der konkrete Sinn einer konkreten Situation. Er ist jeweils ‚die Forderung der Stunde'. [...] Jeder Tag, jede Stunde wartet also mit einem neuen Sinn auf, und auf jeden Menschen wartet ein anderer Sinn. So gibt es einen Sinn für einen jeden, und für einen jeden gibt es einen besonderen Sinn."[61]

Sinn erschließt sich jederzeit, sobald wir bereit sind zu hören, was das Sein uns zu sagen hat und uns so von ihm in Anspruch nehmen zu lassen, dass wir nicht umhinkönnen, mit unserem Sein Antwort zu geben, d. h. uns auf die Konversation mit der Welt einzulassen. Viktor Frankl weiter:

> „Es gibt keine Situation, in der das Leben aufhören würde, uns eine Sinnmöglichkeit anzubieten, und es gibt keine Person, für die das Leben nicht eine Aufgabe bereithielte. Die Möglichkeit, einen Sinn zu erfüllen, ist jeweils einmalig, und die Persönlichkeit, die sie verwirklichen kann, ist jeweils einzigartig."[62]

---

[60] Frankl 1985, S. 147.
[61] Frankl 1985, S. 157.
[62] Frankl 1985, S. 157.

Immer verlangt es die Konversation, die wir sind, dass ein konkretes Individuum in einer konkreten Situation auf den Zu- und Anspruch des Lebens eine konkrete Antwort gibt: eine existenzielle Antwort, die von einem existenziellen Verstehen durchdrungen ist. Existenzielles Verstehen ist eines, in dem in der Antwort ein unbedingtes „Ja" mitklingt. Denn in der Übereinstimmung mit dem Sein – und nur dort – vermag der Mensch „Ja" zum Leben zu sagen; oder ggf. auch „trotzdem Ja" zum Leben zu sagen, wie Frankl es in einem Selbstzeugnis bekundet, das er unter dem Titel *Trotzdem Ja zum Leben sagen* über seine Zeit im Konzentrationslager verfasst hat.[63]

In der verstehenden Verständigung mit der Welt und den Anderen kommt der erotische „Wille zum Sinn" an sein Ziel. Der Mensch als *Homo Conversans* findet darin seine Erfüllung. Das Wesen des Menschen erfüllt sich in einem aus Hören und Antworten gezeugten Einander-Verstehen. Wesentlich Mensch sind wir, wo wir existenziell im stimmigen Einklang mit der Welt an den Anderen sind. Oder mit Frankls vor dem Hintergrund der Erfahrung seiner Zeit im Konzentrationslager geschriebenen Worten:

> „Im Erfüllen von Sinn verwirklicht der Mensch sich selbst. Erfüllen wir nun [sogar] den Sinn von Leiden, so verwirklichen wir das Menschlichste im Menschen, wir reifen, wir wachsen, wir wachsen über uns hinaus."[64]

Und wo wir über uns hinauswachsen, sind wir lebendige Menschen, deren Würde darin liegt, gezeigt zu haben, dass wir aus der Begegnung und der Verbundenheit mit der Welt und dem Leben immer auch anders sein und anders handeln können: dass wir unseren Sinn und unsere wesentliche Wahrheit darin finden, kooperativ unsere Potenziale zu entfalten, Sinn zu *gewahren* und Lebendigkeit zu *bewahren*. Wo lebendige Menschen auf diese Weise in lebendiger Konversation mit der Welt wirtschaften, entfaltet sich die erotis*che* Ökonomie.

Die erotische Ökonomie ist eine Ökonomie, die aus der Fülle der Welterfahrung Sinn zu stiften trachtet. Weder ist sie von Gier noch von

[63] Frankl 1982.

[64] Frankl 1985, S. 160.

Bedürfnis und Mangel bewegt. Vielmehr lässt sie sich bewegen vom Sein dieser Welt, für das sie empfänglich ist und dem sie genügen möchte, weil sie sich an ihm begeistert. Immer ist sie getrieben von der Leidenschaft zum Leben in einer lebendigen Welt, die sie bewahren möchte. Denn das Licht, in dem sie diese Welt gewahrt, erschließt ihr ein ‚heiliges' Sein, zu dessen Wachsen und Walten sie beizutragen wünscht – ohne von dem Wunsch nach Beherrschung oder Nutzbarmachung der Natur getrieben zu sein. Dem Eros des Lebens und der Leidenschaft für Sinn und Einverständnis genügt es, im großen Spiel des Lebens mitzuspielen – nicht als einem Wettspiel, bei dem es zu gewinnen gilt, wie der *Homo Oeconomicus* mit seiner *Game Theory* irrtümlich glaubt (s. Abschn. 2.6.3), sondern als einem schöpferischen *Liebesspiel*, das immer neue Erscheinungsformen sinnvoller Lebendigkeit erzeugt und dadurch dazu beiträgt, dass es mehr und immer mehr blühendes Leben auf einer unversehrten Erde gibt (s. Abschn. 3.5.3).

Als Praxis der erotischen Ökonomie wird künftiges Wirtschaften sein wahres Wesen darin erkennen, spielerisch den Reichtum und die Qualität des Lebens zu mehren: dem Wachstum der Lebendigkeit zu dienen und Menschen darin zu unterstützen, durch Arbeit und Handel ihre und ihrer Unternehmen Potenziale sinnvoll zu entfalten. Wo sie Leben mehrt, da ist eine künftige Ökonomie ganz bei sich – da ist sie ganz im Einklang mit dem Leben, das sie liebt.

4.2.5 Ethik. Die Tugenden des Homo Conversans und der erotischen Ökonomie

Wo der Eros der Lebendigkeit als „Wille zum Sinn" zur Entfaltung kommt, gelingt die Konversation, die das Leben ist. Dann glückt das Menschsein, sofern der Mensch ein Gespräch ist. Damit der Eros der Lebendigkeit zur Entfaltung kommt, bedarf es allerdings einiger Qualitäten, die zu kultivieren des Menschen – sofern wir ihn als *Homo Conversans* verstehen – Aufgabe ist. Diese Qualitäten sind dasjenige, was man unter Rückgriff auf die antike Tugendethik als *Tugenden der Konversation* beschreiben kann (s. Abschn. 3.4.1): Qualitäten, deren Verwirklichung dazu führt, dass Gespräche und Konversationen das ihnen eigene Potenzial zur Sinnstiftung entfalten können. Sie zu üben und ihnen gemäß zu handeln, ist die Voraussetzung für das Gelingen einer jeden Konversation, eines jeden Gespräches und einer jeden Ökonomie, sofern wir denn im Sinne der erotischen Ökonomie auch das Wirtschaften als eine Form der Konversation begreifen.

Die Tugenden der Konversation in einem Unternehmen zu kultivieren und in der Praxis des Wirtschaftens zu implementieren, ist die zentrale Aufgabe zukunftsfähiger und lebensdienlicher Unternehmensführung. Sie im eigenen Leben zu kultivieren, ist die Aufgabe der Lebensführung eines und einer jeden Einzelnen. Immer aber sind sie Tugenden der Führung, denn die Tugenden der Konversation weisen den Weg, auf dem Individuen ebenso wie Unternehmen zur Entfaltung bringen können, was sie ihrem Wesen nach sind: mit lebendigen Systemen interagierende lebendige Systeme, die in Verbundenheit ihre Potenziale entfalten, um Sinn zu gewahren und Lebendigkeit zu mehren.

Sofern sich die Ethik einer erotischen Ökonomie auf der Lichtung der Wahrheit der Lebendigkeit hält und den Dienst am Leben als ihren Sinn und ihr Wesen gewahrt, kann sie in der Tradition der griechischen Antike nur eine Tugendethik sein. Nicht das, was die wirtschaftenden Subjekte, die rationalen Agenten der Wirtschaft *wollen* und *bedürfen*, ist einer erotischen Ökonomie maßgeblich. Sie nimmt nicht Maß am *Willen* des *Homo Oeconomicus* und den von ihm gesetzten bzw. durchgesetzten *Werten* (s. Abschn. 2.4.2). Sie nimmt Maß am *Sein* des *Homo Conversans* und an den Qualitäten bzw. Tugenden, die ihm wesentlich sind: den Tugenden des Gesprächs, die zugleich die Tugenden von menschlichen Individuen und lebensdienlichen Unternehmen sind – Unternehmen, die nicht länger Maschinen der Profitmaximierung sind, sondern lebendige Organismen der sinnvollen und sinnstiftenden Entfaltung von Lebendigkeit im dialogischen Wechselspiel mit der Welt (s. Abschn. 3.6.2 und 4.2.6).

4.2.5.1 Vertrauen und Treue

Wir sahen bereits (s. Abschn. 2.7.2): Die Währung hinter jeder Währung ist das Vertrauen. Vertrauen ist das eigentliche, meist jedoch verkannte,

Fundament des Wirtschaftens – auch wenn die herrschende ökonomische Matrix des *Gestells* diese Tatsache *verstellt* und das Vertrauen nicht als wesentlich erkennt, sodass es im ökonomischen Mindset der Gegenwart meist abwesend ist und hinter einem allgegenwärtigen Controlling verschwindet. Im Lichte der Wahrheit einer lebensdienlichen, erotischen Ökonomie jedoch tritt das Vertrauen als Grund und Boden allen Wirtschaftens und jeder lebendigen Interaktion erneut auf die Lichtung des Bewusstseins: als Fundament einer jeden Konversation und Interaktion, mit der ein Gesprächspartner seinem Gegenüber begegnet. Das kann bei der Konversation des Menschen mit sich selbst das Selbstvertrauen sein; bei der Konversation mit dem, was ihn unbedingt angeht, das Gottvertrauen; bei der Konversation mit der Natur, das Naturvertrauen; und bei der Konversation mit anderen Menschen eben einfach nur *das* Vertrauen. Immer ist mit dem Vertrauen das Fundament gelegt, auf dem Begegnung, Interaktion und folglich auch Ökonomie möglich sind.

Schon das Wort *Vertrauen* bezeugt dies. Es leitet sich her von dem indoeuropäischen Urwort *drū* oder *dry*, das auch in den englischen Worten *dryland* (Festland), *tree* (Baum) oder *trust* (Vertrauen) steckt. Ebenso klingt es an im altgriechischen *dryas* (Eiche). Im Deutschen leiten sich von ihm die Worte *Treue, Trost* und *Truhe* her. Das klingt überraschend, tatsächlich aber wird die Semantik dieses Wortes dadurch deutlich: Es benennt etwas Solides, Verlässliches – etwas, das einem Halt und festen Boden gibt. Wo Menschen einander vertrauen, wo sie sich trauen, oder einander angetraut sind, wo sie einander treu sind und sich Trost spenden, da teilen sie ein baumstarkes und solides Fundament ihres gemeinsamen Lebens und Arbeitens.

Solch ein Fundament ist unverzichtbar. Ohne vertrauensvoll auf die Welt zu blicken, wäre das Menschenleben nicht möglich. Ohne in die Währung des Vertrauens zu investieren, ist keine Investition sinnvoll. Nicht nur, weil Vertrauen die Unsicherheit im Umgang mit den Anderen reduziert, wie der Soziologe Niklas Luhmann (1927–1998) in einem prominenten Essay zum Thema dargestellt hat, sondern auch, weil Vertrauen hilft, mit der Komplexität der Welt zurechtzukommen. Luhmann schreibt:

> „Auf dem Boden der alltäglichen Weltvertrautheit ist Vertrauen zunächst personales (und damit begrenztes) Vertrauen. Es dient der Überbrückung eines Unsicherheitsmomentes im Verhalten anderer Menschen, das wie die Unvorhersehbarkeit der Änderungen eines Gegenstandes erlebt wird. In dem Maße, als der Bedarf für Komplexität wächst und der andere Mensch als *alter ego*, als Mitverursacher dieser Komplexität und ihrer Reduktion in den Blick kommt, muss das Vertrauen erweitert werden und jene ursprünglich-fraglose Weltvertrautheit zurückdrängen, ohne sie doch je ganz ersetzen zu können.“[65]

Kurz: Wir brauchen Vertrauen, um uns das Leben leichter zu machen. Doch das ist nur die halbe Wahrheit. Denn tatsächlich ist Vertrauen nichts, was der Mensch *brauchen* oder *nutzen* könnte wie ein Werkzeug oder Instrument. Das ist schon deshalb nicht möglich, weil wir unser Vertrauen gemeinhin gar nicht thematisieren, sondern es in unserem Weltverhältnis stillschweigend voraussetzen. So vertrauen wir darauf, dass unsere Nachbarn uns nichts Arges wollen, dass Straßenverkehrsteilnehmer die Regeln befolgen, dass Medikamente heilen und dass ein Flugzeug, in das wir steigen, gut gewartet ist. „Ohne jegliches Vertrauen“, schreibt Luhmann, könnte der Mensch „morgens sein Bett nicht verlassen. Unbestimmte Angst, lähmendes Entsetzen befielen ihn.“[66]

Tatsächlich ist Vertrauen so allgegenwärtig, dass wir ihm normalerweise keine Beachtung schenken. Zum Thema wird es immer erst dann, wenn es verloren geht oder verletzt wird. Es gibt mithin eine dem Vertrauen eigentümliche *Verborgenheit des Vertrauens.* Darin gleicht es der physischen Gesundheit. Auch sie thematisieren wir so lange nicht, wie wir uns körperlich wohlfühlen. Erst im Krankheitsfall wird sie zum Thema. So gesehen liegt es nahe, im Vertrauen so etwas wie die natürliche *Gesundheit des menschlichen Miteinanders* zu erkennen. Vertrauen gewährt die Reibungslosigkeit des Welt- und Selbstverhältnisses und kann deshalb als die grundlegende soziale Tugend der Konversation geltend gemacht werden.

Nun gilt aber: So wie die Voraussetzungen für die *physische* Gesundheit schon im Mutterleib gelegt werden, so auch die Voraussetzungen für die

[65] Luhmann 2014, S. 27.

[66] Luhmann 2014, S. 1.

seelische Gesundheit des Vertrauens. In diesem Zusammenhang kommt der Begriff des „Urvertrauens" ins Spiel, der in der Psychologie, vor allem bei Erik. H. Erikson (1902–1994) eine große Rolle spielt. Urvertrauen, so der herrschende Konsens, entsteht durch die Erfahrung reibungsloser mütterlicher Versorgung mit Nahrung, Kontakt, Nähe, Zuwendung etc. Fehlt im Kindesalter ein Klima des Vertrauens, erkranken Menschen seelisch und sozial. Mangelndes Vertrauen oder chronisches Misstrauen sind deshalb keineswegs – wie der *Homo Oeconomicus* unter dem Einfluss von Thomas Hobbes und Charles Darwin behauptet – die natürliche und gesunde Grundausstattung des Menschen, sondern ganz im Gegenteil eine seelische Pathologie. Umgekehrt wird ein Schuh daraus: Je mehr wir vertrauen, desto gesunder ist unser Verhalten zur Welt. Und je gesunder unser Verhalten zur Welt, desto weniger ist Vertrauen ein Thema.

Der *Homo Oeconomicus* mag das nicht glauben. Er setzt – frei nach (ausgerechnet) Vladimir Iljitsch Lenins Diktum „Vertrauen ist gut, Kontrolle ist besser" – auf Kontrolle und flutet die Maschinen seiner Unternehmen mit Controllern, die über die Funktionalität, Effizienz, Produktivität und Profitabilität des Apparates wachen sollen. Und er baut auf eine Haltung des Misstrauens, weil er glaubt, dadurch dem ihm wesentlichen Konkurrenzgebaren zu genügen und den Wettbewerb im eigenen Unternehmen anzuheizen. In der Logik der Maschinenmatrix gibt es nur Wartung und Kontrolle, aber keinen Sinn für das Vertrauen. So wird Vertrauen in ihr auch nicht als die Währung hinter aller Währung gewahrt, sondern man gewährt allein dem Geld die Rolle der Währung, ohne zu gewahren, dass sich Geld nur da bewährt, wo Menschen ihm ihr Vertrauen gewähren.

Daran, dass der *Homo Oeconomicus* die Wahrheit des Vertrauens verkennt, verrät sich, wie sehr er in Unwahrheit verstrickt ist. Der *Homo Conversans* hingegen weiß, dass Wirtschaften nur da wahr und wesentlich geschieht, wo es fest im Boden des Vertrauens verwurzelt ist – wo eine Kultur des Vertrauens gepflegt wird, bei der Kontrolle allenfalls gebraucht wird, um schon vorhandenes Vertrauen zu bestätigen. Denn nur in einem vertrauensvollen Kulturraum sind lebendiges Wachstum bzw. Wachstum an Lebendigkeit möglich. Nur in einem Klima des Vertrauens können Menschen und Unternehmen in verbundener Interaktion ihre Potenziale entfalten und zur Lebendigkeit erblühen. Nur in einem Klima des Vertrauens west der Eros der Lebendigkeit auf der Lichtung der erotischen Ökonomie.

Wie die physische Gesundheit, so bedarf auch die soziale Gesundheit des Vertrauens der Hege und Pflege bzw. einer Kultur, die sie erhält und fördert. Wichtig dabei ist, dass man Vertrauen nicht her*stellen* oder gar erzwingen kann. Im Unternehmen kann man allenfalls ein Ambiente schaffen, in dem Vertrauen gedeiht: Gestärkt und bewahrt wird es immer da, wo Menschen einander aufrichtig, ehrlich und wahrhaftig begegnen, wo sie sich aufeinander verlassen können und wo sie einander die Treue halten.

Die Währung des Vertrauens lebt in der Wahrheit und von der Wahrhaftigkeit. Wo Menschen einander ehrlich, offen, aufrichtig und authentisch begegnen, erhalten und vertiefen sie das ursprüngliche und grundlegende Vertrauen. Misstrauen hingegen keimt in der Unwahrheit und Unaufrichtigkeit. Deshalb sind Transparenz und Offenheit nicht nur für die Interaktion einzelner Menschen wichtige Tugenden des *Homo Conversans*, sondern auch für die Interaktion der nach seiner Maßgabe gebauten Unternehmen. Nicht Konkurrenz, Verschlagenheit und Strategie, nicht der Krieg aller gegen alle ist das Mindset einer erotischen Ökonomie, die dem Leben dient. Vielmehr nimmt sie Maß am Sein des *Homo Conversans* und pflegt eine Kultur ehrlichen und transparenten Miteinanders. Nicht der Triumph über den Wettbewerber ist ihr höchstes Ziel, sondern die gelungene Interaktion im ökonomischen System.

Vertrauen lebt von der Verlässlichkeit derer, die miteinander interagieren. Deshalb ist auch die Verlässlichkeit eine wichtige Sekundärtugend des Vertrauens. Denn wenn man sich nicht auf den anderen verlassen kann, nimmt das Vertrauen Schaden. Jede nicht eingehaltene Verabredung ist ein Vertrauensbruch; ebenso jede nicht umgesetzte Entscheidung; jeder Mangel an Konsequenz und Beharrlichkeit beim Abschluss oder der Entwicklung eines Projektes. Für die Ausbildung einer Kultur des Vertrauens sind Beharrlichkeit und Konsequenz daher von zentraler Bedeutung. Genau genommen handelt es sich bei diesen Qualitäten um Erscheinungsformen derjenigen Tugend, die nicht nur semantisch und phonetisch aufs Engste mit dem Vertrauen verwandt ist, sondern auch als dessen Praxis beschrieben werden kann: die Treue.

Treue hat immer eine leibliche Dimension. Wo Menschen einander die Treue halten, sind sie immer auch leibhaftig verbunden: physisch gegenwärtig. Das physische In-Treue-verbunden-Sein ist ein Bei-Leiben = *Bleiben.* Treue geschieht, wo man beieinanderbleibt. Wer treu ist, wirft nicht vorschnell die Flinte ins Korn und macht sich nicht beim ersten Anflug einer Krise aus dem Staub; vielmehr beißt er die Zähne zusammen, hält in Krisensituationen durch und stellt ggf. die Beziehung zum anderen über die eigenen Privatinteressen. Tatsächlich erweist sich die Treue gerade dann als Schlüssel menschlicher Interaktion und unternehmerischen Erfolgs, wenn eine Krise den üblichen Betrieb außer Kraft setzt. Dann nämlich ist es gut, wenn Menschen und Unternehmen in einem Geist des Vertrauens verbunden sind und einander die Treue halten. Denn nur so werden sie dauerhaft interagieren und in besseren Zeiten wieder gemeinsam wachsen können.

Treue, Verlässlichkeit, Wahrhaftigkeit, Vertrauen. Das sind diejenigen Tugenden des *Homo Conversans* und der von ihm betriebenen *erotischen Ökonomie*, durch die er seinen Unternehmungen ein solides Fundament gibt: ein Fundament, das seine bzw. ihre Interaktion und Konversation trägt. Damit diese glückt, bedarf es weiterer Tugenden: der Tugenden des Hörens (Achtsamkeit und Respekt), der Tugenden des Antwortens (Mut und Verantwortungsbereitschaft) und der Tugenden der Verständigung.

4.2.5.2 Achtsamkeit und Respekt

Das Online-Wörterbuch *Wiktionary* definiert *Achtsamkeit* als die „innere Einstellung und Bereitschaft, das wahrzunehmen, was einem begegnet".[67] Das trifft die Sache gut, denn tatsächlich ist Achtsamkeit zunächst nichts anderes als eine Haltung, die sich darin zeigt, dass man darauf achtet, was um einen herum geschieht: dass man sich der gegenwärtigen Situation bewusst ist und empfänglich ist für dasjenige, was *ist.* Achtsamkeit ist so gesehen nichts anderes als das aufmerksame, empfängliche Gewahren des faktischen Seins und damit die Grundvoraussetzung dafür, in stimmige Interaktion zu treten bzw. eine Konversation zu beginnen. Achtsamkeit

[67] Eintrag „Achtsamkeit" auf Wiktionary, https://de.wiktionary.org/wiki/Achtsamkeit (01.09.2025).

ist die Tugend des *Homo Conversans*, die ihm allererst den Raum öffnet, in dem er wesentlich sein kann: in dem er etwas oder jemandem begegnet. Das setzt voraus, dass man den Anderen *vergegenwärtigt* – was aber alles andere als selbstverständlich ist. Martin Buber stellt diesbezüglich fest: „Im Allgemeinen sprechen die Leute nicht wirklich zueinander, sondern jeder ist zwar dem anderen zugewandt, redet aber in Wahrheit zu einer fiktiven Instanz, deren Dasein sich darin erschöpft, ihn anzuhören."[68] Zu einer echten Begegnung der Gesprächsteilnehmer komme es hingegen dann, wenn

> „jeder seinen Partner als diesen, als eben diesen Menschen meint. Ich werde seiner inne, werden dessen inne, dass er anders, wesenhaft anders ist als ich, in dieser bestimmten ihm eigentümlichen einmaligen Weise wesenhaft anders ist als ich."[69]

Die von Buber durch Wiederholung deutlich gemachte Pointe dabei ist, dass sich der andere Mensch dem achtsamen Blick tatsächlich in seiner faktischen Andersheit offenbart und nicht bloß als Projektion der eigenen Erwartungen, Wünsche oder auch Ängste und Befürchtungen, die im alltäglich-oberflächlichen Verkehr die Wahrnehmung verzerren und dazu führen, dass wir den anderen Menschen mit dem Bild verwechseln, das wir uns unbewusst schon längst von ihm gemacht hatten. Echte Achtsamkeit hingegen achtet Andere in ihrer Andersheit. Der oder das Andere erscheint nicht als Ressource der eigenen Nutzbarmachung oder als zu *bestellender Bestand*, sondern als ein Gegenüber, das mir etwas zu sagen hat, das ich noch nicht wusste und mir in meinem Wachstum förderlich sein kann. Das gilt auch dann, wenn mir das, was der Andere mir zu sagen hat *anstößig* erscheint. Gerade das Anstößige vermag Innovation und Veränderung *anzustoßen*, weil es neue Perspektiven öffnet oder Potenziale weckt, die unbemerkt in uns schlummerten. In diesem Sinne schreibt Hans-Georg Gadamer in seinem Essay *Die Unfähigkeit zum Gespräch*:

---

[68] Buber 1984a, S. 282.

[69] Buber 1984a, S. 283.

> „Nicht dies, dass wir da etwas Neues erfahren haben, machte das Gespräch zu einem Gespräch, sondern dass uns im anderen etwas begegnet ist, was uns in unserer eigenen Welterfahrung so noch nicht begegnet war."[70]

Damit gibt er zu verstehen, dass in einem echten Gespräch gerade das achtsame Aufmerken auf das, was anders ist am Anderen, die kreative Kraft der Begegnung entfesselt – und die Begegnung zu einem Raum für Innovation, Wachstum und Potenzialentfaltung werden lässt. Das setzt voraus, dass in der Achtsamkeit für den Anderen nicht nur enthalten ist, dass man ihn *beachtet*, sondern auch, dass man ihn *achtet*. So sagt Gadamer kurz und bündig: „Wir müssen den Anderen und das Andere achten lernen".[71]

Diese Achtung vor dem Anderen ist dasjenige, was man gemeinhin ‚Respekt' nennt. Nur eine Haltung, die den Anderen in seiner Andersheit respektiert, taugt als Tugend des *Homo Conversans*. Damit stellt sich die Frage, was genau gemeint ist, wenn hier von *Respekt* die Rede ist. Das Wort ‚Respekt' leitet sich her vom Lateinischen *respectio*, was so viel bedeutet wie ‚Rückschau'. Das verrät etwas über das Wesen des Respekts: Wer Anderen mit Respekt begegnet, schaut zweimal hin. Er oder sie begnügt sich nicht mit einer flüchtigen Wahrnehmung, sondern sieht im Anderen dessen individuelle Persönlichkeit. Wer Andere respektiert, verliert sich nicht an das Bild, das er von ihnen hat, sondern schaut genauer hin, um zu erkennen, was hinter ihm steht: die Persönlichkeit. Respekt ist immer Respekt vor der individuellen Person eines Gegenübers. Das heißt: Ein respektvoller Umgang scheut nicht die Begegnung mit dem Anderen oder Fremden. Er lässt sich nicht dadurch beirren, in welchem Ruf jemand steht oder was andere von ihm denken, sondern macht sich die Mühe, selbst hinzuschauen und sich ein eigenes Urteil zu bilden. Andersheit und Fremdheit stehen einem respektvollen Umgang nicht im Wege. Sie spornen im Gegenteil an, tiefer zu blicken, um den Anderen in seiner Individualität zu würdigen.

Das heißt nicht, dass ein respektvoller Umgang zu allem „Ja und Amen" sagt. Im Gegenteil: Lobhudeleien oder Schmeicheleien haben

---

[70] Gadamer 1986b. S. 211.

[71] Gadamer 1989, S. 30.

mit Respekt nichts zu tun. Vielmehr ist es ein Ausweis von Respekt, anderen offen und ehrlich zu begegnen und sie – wo es geboten ist – in die ehrliche Kritik zu nehmen. Auch dazu hat Martin Buber die passenden Worte gefunden. In seinem Verständnis bedeutet Respekt: „Ich nehme den Menschen an, den ich wahrgenommen habe, so dass ich mein Wort in allem Ernst an ihn, eben als ihn, richten kann.“[72] Und das kann durchaus heißen, dass man einen Konflikt mit ihm auszutragen hat. Buber weiter:

> „Ich sage Ja zu der Person, die ich bekämpfe, partnerisch bekämpfe ich sie, ich bestätige sie als Kreatur und als Kreation, ich bestätige auch das mir entgegen Stehende als das mir gegenüber Stehende.“[73]

Respekt und Achtung schließen also die *Bejahung* eines Gegenübers ein. Das unterscheidet den *Homo Conversans*, der diese Tugenden verinnerlicht hat, vom *Homo Oeconomicus.* Als wirtschaftendes Subjekt erscheint ihm der Mitbewerber nicht als Konkurrent, der bezwungen, und der Beschäftigte nicht als humaner *Bestand*, der *bestellt* werden müsste. Überhaupt kennt er keine nutzbaren Ressourcen, sondern nur entfaltbare Potenziale, denen er sich zuwendet, um sie zu fördern. Eben das verheißt ihm Wachstum an Lebendigkeit und ökonomischen Erfolg.

Wo der Geist des *Homo Conversans* in einem Unternehmen waltet, wird er sich in einem wachen Realismus zeigen – nicht in dem zynischen Schein-Realismus des *Homo Oeconomicus*, der nur das für real hält, was mit seinem Wollen übereinstimmt. Der Realismus des *Homo Conversans* ist ein erotischer Realismus, der die Phänomene bejaht und in ihrem Sosein an- und ernstnimmt. Genaues Hinschauen und Hinhören, Achtgeben auf die Entwicklungen des Marktes und der Gesellschaft, Respekt vor den natürlichen Ressourcen und ihren Grenzen – all das sind Tugenden der Unternehmensführung, die sich daraus herleiten, dass Unternehmen lebendige Organismen sind, die nur dann zu ihrer Wahrheit finden, wenn sie ihrem Wesen genügen: interaktive, systemisch verbundene Konversationen zu sein.

---

[72] Buber 1984a, S. 283.

[73] Buber 1984a, S. 283.

4.2.5.3 Verantwortung und Mut

Dass Mut und Courage in der griechischen Antike unter dem Namen *andreía* als zentrale Tugend galten, haben wir bereits vernommen (s. Abschn. 3.4.3). Dabei ist bemerkenswert, dass Platon in seinem Dialog *Symposium* an zentraler Stelle seinen Sokrates sagen lässt, er preise die Courage (*andreía*) des Eros[74] – ganz so, als sei es ein Wesensmerkmal des Eros, mutig und beherzt zu sein. Und in der Tat: Man versteht das Wesen von Mut und Courage eigentlich erst dann, wenn man sie als Früchte der erotischen Leidenschaft, die immer da gedeihen, wo der Mensch sich als *Homo Conversans* vertrauensvoll auf die Begegnung mit der Welt einlässt, ihr achtsam und respektvoll begegnet, ihren Anspruch vernimmt, um sodann beherzt auf das Gewahrte zu antworten. Aus diesem Mut erwächst eine existenzielle Verantwortung, die mehr ist als eine abstrakte Kompetenzzuweisung oder Rechenschaftspflicht – wie der *Homo Oeconomicus* Verantwortung meist missversteht.

Verantwortung, die ihren Namen verdient, hat immer etwas mit *antworten* zu tun. Menschen, die Verantwortung übernehmen, sind nicht primär Vorgesetzten oder Eigentümern, sondern immer denen gegenüber verantwortlich, auf die sie zu antworten haben. Antworten ist dabei mehr als bloßes Reagieren, mehr als Erwidern oder Entgegnen; ganz so wie auch im Englischen *to response* mehr und anderes bedeutet als *to reply.* Eine Antwort ist immer gebunden an das, was den Antwortgebenden in Anspruch nimmt – und sie bringt ihn immer mit ins Spiel bzw. ins Gespräch. Diese persönliche Betroffenheit des verantwortlich Antwortenden suggeriert das deutsche Präfix *ver-,* das hier semantisch ähnlich verwendet wird wie bei ‚verarbeiten' oder ‚vernehmen': Es indiziert einen Prozess der Aneignung oder Anverwandlung. Wer etwas verantwortet, reagiert nicht nur, sondern er antwortet unter Einsatz seiner Person. „Verantwortlich sein" heißt dann: existenziell Antwort geben oder mehr noch, Antwort *sein.* Verantwortung tragen kann mithin nur, wer sich von anderen etwas sagen bzw. in Anspruch nehmen lässt und mit seiner ganzen Person darauf zu antworten bereit ist. So sagt auch Martin Buber:

[74] Platon, Sym. 212b. Im Orig.: καὶ νῦν τε καὶ ἀεὶ ἐγκωμιάζω τὴν δύναμιν καὶ ἀνδρείαν τοῦ Ἔρωτος καθ' ὅσον οἷός τ' εἰμί.

„Echte Verantwortung gibt es nur, wo es wirkliches Antworten gibt. Antworten worauf? Auf das, was einem widerfährt, was man zu sehen, zu hören, zu spüren bekommt.“[75]

Und er fährt fort:

> „Die Worte unserer Antwort sind in der wie die Anrede unübersetzbaren Sprache des Tuns und Lassens gesprochen, – wobei das Tun sich wie ein Lassen und das Lassen wie ein Tun gebärden darf. Was wir so mit dem Wesen sagen, ist unser Eingehen auf die Situation, in die Situation, sie, die uns eben jetzt angetreten hat, deren Erscheinung wir nicht kannten und nicht kennen konnten, weil es ihresgleichen noch nicht gegeben hat. [...] Dem Augenblick antworten wir, aber wir antworten zugleich für ihn, wie verantworten ihn. Ein neuerschaffenes Weltkonkretum ist uns in die Arme gelegt worden; wir verantworten es.“[76]

Das ist eine Definition der Verantwortung, die keinen Zweifel daran lässt, dass Verantwortlichkeit und Verantwortungsbewusstsein immer etwas mit dialogischer Kompetenz zu tun haben – dass sie nur dort echt sind, wo sie in der achtsamen und respektvollen Zuwendung zum Anderem gründen und von ihm im Herzen bewegt, angeregt und stimuliert wurden. Verantwortlich weiß sich der *Homo Conversans* deshalb anders als der *Homo Oeconomicus* nicht primär demjenigen, der ihm eine „verantwortungsvolle“ Funktion übertrug, sondern der Situation oder den Menschen, denen er mit seinem Tun und Lassen Antwort *ist*.

Und eben hier kommen Mut und Beherztheit ins Spiel. Denn hier geht es ums *Handeln*: darum, sich als Person in der Welt zu zeigen und das heißt immer auch, sich angreifbar zu machen und die eigene Verletzlichkeit einzugestehen. Die Philosophin Hannah Arendt (1906–1975) schreibt in ihrem Buch *Vita Activa*:

> „Handelnd und sprechend offenbaren die Menschen jeweils, wer sie sind, zeigen aktiv die personale Einzigartigkeit ihres Wesens, treten gleichsam auf die Bühne der Welt, auf der sie vorher so nicht sichtbar waren, solange sie nämlich ohne ihr eigenes Zutun nur als die einmalige Gestalt ihres Kör-

[75] Buber 1984c, S. 161.

[76] Buber 1984c, S. 163.

pers und der nicht weniger einmalige Klang der Stimme in Erscheinung traten."[77]

Die Courage des verantwortlichen *Homo Conversans* ist die Tugend, die ihn befähigt, im verantwortlichen Gegenüber zu Mensch und Welt seine eigene, persönliche Identität auszubilden. Erst als couragiert Antwortender vollendet der Mensch in Arendts Verständnis seine Geburt: denn erst durch sein verantwortungsvolles Handeln wird er zu einem einmaligen und unverwechselbaren menschlichen Individuum: „Handeln als Neuanfangen entspricht der Geburt des Jemand, es realisiert in jedem Einzelnen die Tatsache des Geborenseins",[78] sagt sie und weist darauf hin, dass verantwortliches Handeln immer auch ein schöpferischer, kreativer Akt ist, mit dem der Mensch als *Homo Conversans* in der dialogischen Begegnung mit der Welt überraschend Neues zu erzeugen vermag. Antwortgebend erfüllt der handelnde Mensch sein Wesen, sofern er in der dialogischen Verbundenheit mit anderen sich in seiner Kreativität bekunden kann; wobei „er sich aller Absehbarkeit und Berechenbarkeit entzieht [...] und das, was ‚rational', d. h. im Sinne des Berechenbaren, schlechterdings nicht zu erwarten steht, doch erhofft werden darf".[79]

Homo Oeconomicus, der alles gern berechnen und den Algorithmen seiner Strategien oder Kalkulationen unterwerfen möchte, tut sich schwer mit Menschen, die im eigentlichen Sinne des Wortes verantwortlich sind. Kein Wunder, so gesehen, dass er nur solche Personen als verantwortungsvoll bezeichnet, die sich rollenkonform, funktional und berechenbar zeigen. Kreativität, Innovation, Individualität und Potenzialentfaltung bleiben ihm fremd oder befremdlich – im Blick auf den Einzelnen ebenso wie im Blick auf Unternehmen. Couragiertes, beherztes Handeln, das bewegt vom Eros neue Wege einzuschlagen wagt, wird man in den vom *Homo Oeconomicus* nach Maßgabe der Maschinenmatrix designten Unternehmen vergeblich suchen.

Der *Homo Conversans* hingegen wird als Unternehmer oder Führungskraft eine Kultur pflegen, in der Nonkonformismus, Kreativität und dia-

[77] Arendt 1981, S. 169.
[78] Arendt 1981, S. 167.
[79] Arendt 1981, S. 167.

logische Kooperation bzw. Interaktion jederzeit gewünscht sind. Denn er weiß, dass die erotische Energie, von der sich sein Unternehmen nährt, nur da fließt, wo Menschen wahr- und tugendhaft interagieren: wo sie vertrauensvoll miteinander umgehen, aufeinander achtgeben und beherzt zu handeln vermögen.

4.2.5.4 Einstimmung und Verständigungsbereitschaft

Als *Homo Conversans* ist der Mensch das Wesen, das nach Sinn strebt und das seine Lebensenergie aus Sinnerfahrungen schöpft. Wo ihm Sinn zuteilwird, ist er begeistert; und wo er begeistert ist, wird er in der Begegnung mit dem Begeisternden seine Potenziale zur Blüte entfalten.[80] Sinn erfährt der *Homo Conversans* immer und überall da, wo sein Gespräch mit Mensch und Welt im Einverständnis mündet. Diesem Einklang mit sich selbst und mit dem anderen gilt der Eros seiner Seele, der nicht eher ruht, als dass er verstanden hat, was ihm gesagt ist – ja, idealerweise sogar einverstanden ist mit dem, was ihm gesagt ist. Die Bereitschaft zur Verständigung, zur Übereinstimmung oder zum Konsens ist für den *Homo Conversans* deshalb eine zentrale Tugend. Anders als dem *Homo Oeconomicus* geht es ihm nicht primär um den eigenen Vorteil, sondern um Win-Win-Situationen, zu denen alle Beteiligten „Ja" sagen können und bei denen nicht nur er, sondern das Ganze des Systems, dem er angehört, im Einklang mit sich ist. Denn das Einverständnis mit der Welt und dem Menschen ist ihm wichtiger als der Triumph über Gegner oder Kontrahenten. So kommt im Ethos des Homo *Conversans* die *harmonía* der hellenischen Weisheit (s. Abschn. 3.1.4 und 3.4.2) als Inbegriff des guten Lebens und der Tugendhaftigkeit zu neuen Ehren, denn Einklang und Stimmigkeit der systemischen Interaktion bzw. einer jeden Konversation lassen sich präzise als Harmonie im antiken Sinne des Wortes beschreiben: als stimmiges Miteinander, Gleichgewicht, Balance einer Organisation. Als Wesen des Gesprächs agiert der Mensch nur wesentlich, wo er dem Eros seiner Seele folgt und Harmonie zu seinem Ziel macht: als Gerechtigkeit und Frieden im Verkehr mit anderen Menschen, als ökologische

[80] Dazu: Quarch 2021.

Nachhaltigkeit in seinem Umgang mit der Welt, als Schönheit bei der Ausgestaltung seiner Kultur, als Integration des Fremden und Unbekannten, als vertrauensvolle, ko-kreative Interaktion.

Diesen dem *Homo Conversans* wesentlichen Zug zum Einverständnis darf man nicht mit harmonistischer *Appeasement Policy* verwechseln. Einverständnis setzt voraus, dass man Konflikte annimmt und kontrovers austrägt. Vorschnelle Schulterschlüsse sind eher ein Symptom mangelnder Achtsamkeit und fehlenden Mutes als der Ausweis echter Verständigungsbereitschaft. Ebenso wenig dienen Anbiederung oder Speichelleckerei der echten Konsensfindung. Vielmehr braucht es dafür ein hohes Maß an Ehrlichkeit, Aufrichtigkeit, Wahrhaftigkeit und Geduld. Wer Verständigung sucht, hält den Gesprächsraum offen, bleibt bei sich und seinem Gegenüber – um idealerweise seinen Horizont mit dem des Anderen zu „verschmelzen", wie Hans-Georg Gadamer sagte: „Verstehen ist immer der Vorgang der Verschmelzung [...] vermeintlich für sich seiender Horizonte."[81]

Wo der *Homo Conversans* wirtschaftet, denkt er, anders als der *Homo Oeconomicus,* folglich nicht in hostilen oder bellizistischen Kategorien. Er sieht sich nicht als Krieger auf dem Schlachtfeld eines gnadenlosen Marktgeschehens, sondern als Spieler auf dem Tanzboden eines lebendigen Miteinander-Wirtschaftens. Sein Erfolg ist nicht das Ausschalten des Rivalen, sondern das stimmige gemeinsame Spiel: innerhalb des Unternehmens, in der Interaktion mit Stake- und Shareholdern, in der Konversation mit der Gesellschaft, in einem fairen Wettbewerb mit anderen Marktteilnehmern und bei der nachhaltigen Integration in die natürliche Umwelt. Wo ihm solches gelingt, erlebt er sein Handeln und Wirtschaften als sinnvoll in sich selbst; gänzlich ungeachtet der Frage, ob es nach Maßgabe der Werte und Parameter des *Homo Oeconomicus* zugleich auch nützlich ist, d. h. effizient, funktional, produktiv und profitabel. Denn nicht das, was er *will* oder Shareholder wünschen, ist dem wirtschaftenden *Homo Conversans* maßgeblich, sondern das, was *ist*: was er ist und was um ihn ist und wie er eingebunden ist ins große Ganze der Gesellschaft und der natürlichen Umwelt.

---

[81] Gadamer 1986a, S. 311.

So zeichnet sich ab, dass der Mensch als *Homo Conversans* ein gänzlich anderes Handeln und Wirtschaften an den Tag legen wird als der *Homo Oeconomicus*. Seine Ethik ist nicht eine Wertethik, sondern eine Tugendethik, die sich von einem anders gearteten Menschenbild herleitet. In mancherlei Hinsicht erinnert es an die antike griechische Selbstdeutung, doch ist es in einer sehr viel moderneren Sicht der Welt (s. Abschn. 4.2.1) und einer deutlich zeitgemäßeren Religiosität (s. Abschn. 4.2.2) verwurzelt. Mit dem antiken Ökonomen teilt der wirtschaftenden *Homo Conversans*, dass sein Handeln am Sein und Leben der Welt Maß nimmt und nicht am eigenen Willen zu Profit und Macht – dass sein Handeln motiviert ist aus dem Eros der Lebendigkeit, der sich von der Schönheit und dem Sinn des Kosmos nährt und aus der Fülle der Natur schöpft, anstatt sich an den Bedürfnissen des *Homo Oeconomicus* abzuarbeiten. Folglich ist das Ziel des wirtschaftenden *Homo Conversans* nicht das grenzenzlose Wachstum zur Befriedigung grenzenloser Bedürfnisse, sondern ein nachhaltiges Wachstum im stimmigen Gleichgewicht mit den faktischen Gegebenheiten der Natur und der Gesellschaft.

4.2.6 Unternehmen: Gärten der Prosperität

Eine erotische Ökonomie im Dienst des Lebens ist mehr als eine bloße Utopie, denn die Ontologie und die Anthropologie des vom Eros der Lebendigkeit bewegten *Homo Conversans* sind bestens fundiert – nach heutigem Erkenntnisstand der Wissenschaften sogar deutlich besser als diejenigen des *Homo Oeconomicus*, dessen Maschinenmatrix dem 17. und 18. Jahrhundert entstammt. Das wird nicht besser dadurch, dass die Maschinenmatrix nun in die digitale, virtuelle Ökonomie des *Homo Deus* übertragen wird. Auf diese Weise wird keine Zukunft zu gewinnen sein. Für das Wirtschaften der Zukunft braucht es eine geistige Disruption, die dort manifest wird, wo die Maschine als Leitmetapher bzw. Matrix des Wirtschaftens durch ein besseres Paradigma ersetzt wird: ein Paradigma, das der lebendigen, natürlichen Welt entlehnt ist und gleichzeitig dem Menschsein nach Maßgabe des ihm wesentlichen Im-Gespräch-Seins Rechnung trägt: durch die Metapher nicht eines maschinellen, technischen Apparates, sondern eines organischen, lebendigen Systems – eines Organismus bzw. eines Gartens.

4.2.6.1 Organismen. Organisationen sind lebendige Systeme

Es gibt Worte, die mehr verbergen als enthüllen. ‚Organisation' ist so ein Begriff. Man hört ihn und glaubt sogleich zu verstehen, was damit gemeint ist. Meistens liegt man damit auch nicht falsch, nur überhört man oft, was in dem Begriff mitklingt oder mitschwingt. Man lässt es bei einem oberflächlichen Verständnis bewenden und meint, eine ‚Organisation' sei ein Gebilde oder eine Einrichtung, in der viele Menschen, Abteilungen, Bereiche etc. auf irgendeine zielgerichtete Weise miteinander interagieren. In diesem Sinne taugt ‚Organisation' als Dachbegriff für Unternehmen, Gesellschaften, Stiftungen, Vereine, Administrationen und dergleichen. Oder man verwendet das Wort nicht für das *Was*, sondern für das *Wie* einer Einrichtung: für die innere Ordnung der Hierarchie, der Verfahren, Abläufe, Kommunikationswege, Prozesse. Dann redet man von der Organisation einer Organisation, d. h. von der Art und Weise, wie eine Organisation organisiert ist.

Beide Verwendungsweisen von ‚Organisation' sind geläufig. Und beide sind nach aktuellem Sprachgebrauch korrekt. Doch beide verbergen, was eine Organisation ihrem Wesen nach ist. Das aber sollte wissen, wer in der Verantwortung für eine Organisation steht. Wer lediglich ein oberflächliches Verständnis davon hat, was Organisationen sind, wird auch nur auf oberflächliche Weise seiner Verantwortung gerecht werden können. Was ist eine Organisation? Hier hilft die Sprachgeschichte – die im Falle des Wortes ‚Organisation' allerdings höchst verschlungen ist. Seinen Ursprung hat das Wort im alten Griechisch. Es leitet sich her vom Substantiv *órganon* (ὄργανον), was so viel heißt wie ‚Werkzeug'. Dieses Wort wurde später als *organum* ins Lateinische übernommen und im 17. und 18. Jahrhundert weiterentwickelt zu Begriffen wie ‚Organ', ‚Organismus' oder ‚Organisation'. Im Zuge dessen kam es allerdings zu einer Bedeutungsverschiebung. Sie verdankt sich dem Mediziner und Botaniker Georg Ernst Stahl (1659–1734), der das Wort ‚Organismus' als wissenschaftliche Bezeichnung für die Beschreibung eines lebenden Körpers etablierte. Als ‚Organe' galten fortan die einzelnen Teile des Leibes: Herz, Leber, Nieren … – und als ‚Organisation' entweder die „Tätigkeit, durch die ein Organismus gebildet wird" oder „die durch organische Tätigkeit hervorgebrachte Bildung, Einrichtung und Beschaffenheit eines organischen Wesens".[82]

Bemerkenswert daran ist, dass sich das Wortfeld von ‚Organ', ‚Organismus', ‚organisch', ‚Organisation', ‚organisieren' usw. nunmehr weitgehend von dem ursprünglichen Kontext des Handwerks löste und ausschließlich auf die Beschreibung lebendiger Systeme verlagerte. Das hat damit zu tun, dass Stahl seinen Begriff des ‚Organismus' ausdrücklich gegen René Descartes positionierte, der den menschlichen Leib als Mechanismus beschrieben hatte (s. Abschn. 2.6.2) und, wie wir sahen, damit zum Vordenker einer vorwiegend mechanistisch bzw. technisch orientierten Humanmedizin wurde. Stahl ging es darum, mit Hilfe seines neu geprägten Begriffs deutlich zu machen, dass sich Lebewesen mit einem mechanischen Denken nur höchst unzureichend beschreiben lassen. Sie sind, so die Pointe seiner Wortneuschöpfung, eben keine technischen Apparate, sondern komplexe, dynamische und fragile Systeme, die einer vollkommen anderen Logik und Architektur folgen als mechanische Maschinen: einer Logik, die seither mit dem Wort ‚Organisation' versprachlicht wurde, das nunmehr – entgegen seiner ursprünglichen altgriechischen Bedeutung – die gewachsene Ordnung eines lebendigen Organismus bezeichnete: Die Organisation der Organe eines Organismus galt als natürliches Geschehen, das von Menschen zwar studiert und bestaunt, nicht aber wie ein Mechanismus reproduziert oder gar konstruiert werden konnte.

Erst zum Ende des 18. Jahrhunderts verfiel man auf diese Idee und sprach nicht mehr nur von der ‚Organisation' der Pflanzen und Tiere, sondern auch von der ‚Organisation' des Staates oder eines Unternehmens. Aber – und das ist das Entscheidende – wenn man so sprach, tat man es, um damit auszudrücken, dass die Einrichtung eines Staates oder eines Unternehmens gerade *nicht* maschinell-technisch, sondern

[82] Artikel „Organisation", in: Grimms Wörterbuch der Deutschen Sprache (Der digitale Grimm), http://woerterbuchnetz.de/cgi-bin/WBNetz/wbgui_py?sigle=DWB&mode=Vernetzung&lemid=GO02211#XGO02211 (01.09.2025).

organisch-lebendig erfolgen sollte; dass gerade *nicht* an der Ingenieurskunst, sondern an der organisch-lebendigen Natur Maß nehmen müsse, wer in politischer oder unternehmerischer Verantwortung steht. Eben darin lag ein Wissen, das zu Beginn des 21. Jahrhunderts weitgehend vergessen ist; was sich daran zeigt, dass die Bedeutung von ‚Organisation' heute wieder ausgerechnet mit dem zur Deckung gekommen ist, wovon sich das Wort ursprünglich unterscheiden sollte: mit Apparat oder Maschine. Und das ist nicht gut.[83]

Wer als Unternehmer oder Führungskraft in der Verantwortung für eine Organisation steht, ist daher gut beraten, sich den ursprünglichen Bedeutungskontext des Wortes ins Bewusstsein zu rufen und seine Aufgabe in der Hege und Pflege eines dynamischen, lebendigen Systems zu erkennen. Primär geht es bei der Organisationsentwicklung eines Unternehmens nicht um die Optimierung seiner funktionalen Prozesse und Abläufe, sondern um die Entfaltung der in ihm angelegten Potenziale zu einer blühenden und prosperierenden Lebendigkeit. Dieser Aufgabe werden aber nur solche Verantwortungsträger und Führungskräfte genügen, die ein klares Verständnis davon haben, wo genau die Grenzlinie zwischen Mechanismus und Organismus verläuft – und warum Unternehmen tatsächlich wesentlich Organismen und nicht Maschinen sind.

Einen wichtigen Hinweis dazu verdanken wir dem Philosophen Immanuel Kant (1724–1804). Er notierte einmal, „ein organisiertes Produkt der Natur" sei das, „in welchem alles Zweck und wechselseitig auch Mittel ist".[84] Was soll das heißen? Am einfachsten versteht man diese Formulierung im Gegenüber zum Apparat. Bei einem Apparat ist alles Mittel, denn er verdankt seine Existenz dem Umstand, dass er einen klar definierten Zweck erfüllt: Ein Auto soll fahren, ein Flugzeug soll fliegen, eine Rechenmaschine soll rechnen. Das ist bei einem Organismus anders:

---

[83] Man könnte dagegen einwenden, dass ein an den Gesetzmäßigkeiten der Natur maßnehmendes organisches Denken sozialdarwinistische Gedankenmodelle generiert und damit dem hier problematisierten neo-liberalistischen Denken auf den Weg geholfen hat. Tatsächlich ist es im 20. Jahrhundert an unterschiedlichen Stellen zu einer unheilvollen Verquickung von Biologie und Politik bzw. Wirtschaft gekommen, die deshalb verhängnisvoll wurde, weil sie – nach heutigem Kenntnisstand – auf einer unzureichenden Theorie der Evolution des Lebens aufbaute, die sich (wie in Abschn. 1.5.1 dargestellt) unbemerkt einer ökonomischen Matrix bediente, um biologische Prozesse zu beschreiben. Dazu: Weber 2013.

[84] Kant 1974, S. 324.

Die Organisation des Organismus verdankt sich nicht dem Ziel der Verwirklichung eines bestimmten Zweckes außerhalb seiner, sondern sie trägt ihren Sinn in sich selbst. Ein Organismus ist so organisiert, wie er organisiert ist, weil er sich auf diese Weise entfalten und erhalten kann. Er genügt sich selbst. Zwar fungieren die Organe innerhalb der Organisation als Mittel zum Zweck der Selbstentfaltung und Selbsterhaltung, aber sie sind dabei keinen äußeren Zielen unterworfen: keinen Quartalsergebnissen, KPIs, Renditeerwartungen etc.

Der Sinn der Organisation eines Organismus liegt mithin darin, die Lebendigkeit des Organismus zu erhalten, zu steigern und zu fördern. Der Sinn der Organisation eines Unternehmens liegt darin, die Lebendigkeit des Unternehmens zu erhalten, zu steigern und zu Sinn und Schönheit zu entfalten – das Erhalten war bereits das Anliegen des aristotelischen Ökonomen, das Steigern das des neuzeitlichen Entrepreneurs. Beides zur Entfaltung von Sinn und Schönheit zusammengeführt, ist das Anliegen einer zukünftigen erotischen Ökonomie. Das muss verstehen, wer es in der in ihrem Geist geübten Kunst der Organisation zur Meisterschaft bringen will. Sie gründet in der Einsicht, dass eine Organisation nur dann gesund ist, wenn sie dem Eros der Lebendigkeit in sich Raum gibt und ihren Sinn verwirklicht: das Leben darin zu unterstützen, dass es wächst, gedeiht und prosperiert – nicht nur in rein monetären, sondern auch in menschlichen Belangen.

Nun kann und wird man aber fragen, ob ein Unternehmen tatsächlich ein Organismus *ist*: ein lebendes System und eben nicht ein Apparat wie der *Homo Oeconomicus* beharrlich behauptet. So wird man vor allem dann fragen, wenn man in einer nach Maßgabe der Maschinenmatrix des *Homo Oeconomicus* eingerichteten Wirtschaftswelt zuhause und dabei – wie so viele Unternehmer – für die ursprüngliche Semantik des Wortes *Organisation* taub geworden ist, sodass man bei dem Wort nicht mehr an organisches Wachstum und natürliches Leben denkt. Dann ist man leicht versucht, ein Unternehmen ausschließlich als Nutzenmaximierungs- oder Wertschöpfungsoptimierungsmaschine misszuverstehen und dessen Organisation als optimierbares technisches *Gestell*.

Wäre ein Unternehmen tatsächlich eine Maschine, dann könnte man seinen Erfolg ausschließlich daran bemessen, ob es seinem Zweck genügt bzw. den Renditeerwartungen der Eigentümer und Analysten beikommt.

Die Menschen, die dort miteinander arbeiten, spielten keine Rolle. Und wer weiß: Es könnte sein, dass schon bald mit Hilfe von Robotik und Künstlicher Intelligenz optimierte Unternehmen tatsächlich ohne menschliche Arbeitskraft auskommen werden und lediglich nach Maßgabe monetärer Kennzahlen evaluiert werden. Es könnte sogar sein, dass sie auf diese Weise außerordentlich effizient und ertragreich arbeiten. Nur werden sie leblos sein: Totträume, die um sich Totträume erzeugen – Räume ohne Menschen, Räume ohne Leben. Die Frage ist, ob wir das wollen. Und wenn nein, ob es womöglich an der Zeit ist, sich von der Fokussierung auf das eigene *Wollen* zu lösen. Der Eros der Lebendigkeit hat andere Prioritäten.

Der Eros der Lebendigkeit gilt den Menschen, die in Unternehmen interagieren. Deshalb sind Unternehmen für ihn lebende Systeme. Und lebende Systeme lassen sich als Organismen beschreiben, die einer angemessenen Organisation bedürfen – einer Organisation, die dem Erhalt, Wachstum und Gedeihen des Organismus verpflichtet ist. Die erotische Ökonomie bemisst ihren Erfolg deshalb nicht allein an ihren Erträgen, sondern an dem Grad ihrer Lebendigkeit, die immer auch die Lebendigkeit der Beschäftigten ist; und an dem Grad ihrer Kreativität, die immer auch die Kreativität der Mitarbeiter und Mitarbeiterinnen ist. Wer die Idee der Organisation ernst nimmt, wird nicht umhinkommen, seine Erfolgskriterien zu ändern. Er wird begreifen, dass Gesundheit und Lebendigkeit eines Unternehmens wichtiger sind als seine monetären Erträge.

Ineins damit wird sich beim Umbau zu einer erotischen Ökonomie das Selbstverständnis der Unternehmensführung ändern müssen. In einer Organisation, die ihres Namens würdig ist, wird man nicht mehr alle Abläufe und Prozesse auf den gewollten bzw. gewünschten Ertrag ausrichten und den *Wert* des Unternehmens allein nach seiner Produktivität bemessen. Stattdessen wird man ein systemisches Denken kultivieren, das für eine stimmige Interaktion innerhalb des Unternehmens Sorge trägt, um so der *Würde* des Unternehmens dienlich zu sein. Denn was seinen Sinn in sich trägt bzw. seine Erfüllung in der Erhaltung und Entfaltung der eigenen Lebendigkeit sieht, unterscheidet sich von allen Instrumenten, Maschinen und Apparaten dadurch, dass es über *Würde* verfügt, die völlig unabhängig ist von dem schwankenden *Wert* des Unternehmens bzw. von den schwankenden *Wert*schätzungen und *Wert*setzungen des Marktes.

In der erotischen Ökonomie ist die Kunst der Organisation eine Tugend und keine bloße Technik. Ihre Meisterschaft liegt darin, das Ganze eines lebenden Systems so zu kultivieren, arrangieren oder komponieren, dass sich die in ihm gebündelte Energie frei entfalten und kraftvoll fließen kann. Das setzt voraus, einen Geist des Vertrauens, der Achtsamkeit, der Verantwortungs- und Verständigungsbereitschaft zu kultivieren. Es setzt voraus, das Unternehmen in einen Kulturraum zu verwandeln, in dem der Eros der Lebendigkeit gepflegt und genährt wird – einen Kulturraum, der gerade nicht allein von der zweckrationalen Logik bzw. der ausschließlich instrumentellen Vernunft des *Homo Oeconomicus* beherrscht wird, sondern der ko-kreativen Interaktion des *Homo Conversans* Raum lässt. Naturgemäßes menschliches Wachstum, das der Fruchtbarkeit des Ganzen dient, statt der privaten Macht- und Geldakkumulation zu Lasten des Ganzen: Das ist die Devise einer erotischen Ökonomie und eines vom Eros der Lebendigkeit beseelten Unternehmertums, das es zur Meisterschaft des Organisierens gebracht hat: eines Unternehmertums, das primär an der kultivierenden Kunst des Gärtners Maß nimmt und nicht am mechanisch-technischen Handwerk des Ingenieurs.

4.2.6.2 Gärten. Unternehmen sind Orte von Schönheit und Prosperität

Für ein Wirtschaften im Dienst des Lebens tut es Not, Organisationen und Unternehmen neu zu denken.[85] In der erotischen Ökonomie wird die Leitmetapher der Maschine durch die Leitmetapher des lebendigen Systems eines Gartens ersetzt und der *Zweck* der Profitsteigerung bzw. Effizienzoptimierung durch den *Sinn* der Lebendigkeitsentfaltung überwölbt. Am Leitbild des Gartens wird sinnenfällig, wie sehr sich ein organisch-lebendiger Wirtschaftsraum von einer mechanisch-technischen Apparatur unterscheidet: sinnvolle, kreative, lebendige Interaktion individueller Lebewesen statt zweckgebundener, artifizieller Funktionalität

[85] Dazu: Quarch 2023.

gleichgeschalteter Zahnräder einer Maschine – oder der Algorithmen eines noch so perfekten Computers.

Die Maschinenmatrix der Ökonomie durch eine Gartenmatrix zu ersetzen bzw. das technisch-funktionale Denken durch ein organisch-lebendiges Denken zu überwölben: Das ist die mentale Disruption, die ansteht, um den Aporien des konventionellen, neo-liberalen Wirtschaftens zu entkommen und einer erotischen Ökonomie im Dienst des Lebens den Weg zu bereiten. Nur durch die Hinwendung zu einem organischen, an der Leitmetapher des Gartens orientierten ökonomischen Mindset wird man verhindern können, dass Unternehmen zunehmend zu Toträumen werden, deren vermeintlicher Erfolg durch kranke Seelen und eine tote Natur erkauft ist. Nur so wird man einer wirklich neuen und avancierten Organisationskultur den Weg bereiten, die Unternehmen erblühen lässt und die Lebendigkeit der Menschen steigert.

Unternehmen nach Maßgabe von Gärten zu denken, ist auf den ersten Blick überraschend und mutet dem landläufigen ökonomischen Mindset wie eine romantische Verirrung an. Doch beim zweiten Blick mag deutlich werden, dass dasjenige, was vorderhand wie eine rückwärtsgewandte Idylle aussieht, im Zeitalter von Klimawandel und Erderwärmung eine höchst realistische und zukunftsfähige Vision künftiger Unternehmen ist: Ein Garten ist ein Ort des Wachstums und der Konversation, des schöpferischen Miteinanders und der kreativen Arbeit. Ein Garten ist ein Ort, an dem Ökonomie und Ökologie zur Deckung kommen. Deshalb ist der Garten das geeignete Bild für eine erotische Ökonomie im 21. Jahrhundert: eine Metapher, die ein Unternehmertum vor Augen führt, das hochdynamisch und zukunftsorientiert auf Wachstum und Prosperität ausgerichtet ist, dabei aber doch rückgebunden bleibt an die Grundlagen des natürlichen Lebens.

Was ein Garten ist, versteht man am besten erst, wenn man sich seine Lage in der Topografie des Lebens vor Augen führt. Er ist verortet an der Schwelle zwischen der urbanen Lebenswelt des Menschen und der ungebändigten, natürlichen Wildnis. Man könnte auch sagen: Er ist die Schnittmenge von Kultur und Natur – ein Ort des natürlichen Lebens, der jedoch von Menschenhand angelegt, gehütet, bewahrt und kultiviert wird. Ein solcher Ort bleibt eingebunden in die großen Zyklen des Lebens und ist doch zugleich ein Betätigungsfeld und Ergebnis menschlichen Handelns, menschlicher Fertigkeit und Technik: gestaltete Natur. Auf diese Weise überwölbt die Metapher des Gartens die beiden in der europäischen Kultur bislang erprobten früheren Leitbilder des Unternehmertums und führt sie zu einem komplexen Verständnis des Wirtschaftens zusammen: das antike griechische Paradigma des Hauses (s. Abschn. 3.6) und das neuzeitliche Paradigma des Schiffs bzw. der Maschine (s. Abschn. 2.6).

Die Grundidee und die Tugenden der alten Ökonomik leben in der Leitmetapher des Gartens weiter. Denn ganz wie der *oíkos* der Griechen bleibt auch der Garten rückgebunden an das Maß des Lebens und die Grundprinzipien der lebendigen Natur, deren Ressourcen zwar erneuerbar, zugleich aber auch limitiert sind. Ein Gärtner arbeitet immer mit dem, was da ist: mit den ihm verfügbaren natürlichen Ressourcen und mit regenerativer, natürlicher Energie. Er wird dieses Maß achten und nicht an dem Ast sägen, auf dem er sitzt. Denn der Bestand des Gartens bzw. die Autarkie des Unternehmens sind sein zentrales Anliegen. Dabei weiß er, dass ein Garten, anders als ein Haus, einem permanenten Wandlungsprozess unterliegt. Es mag sein, dass sich das Erscheinungsbild des Gartens innerhalb weniger Jahre vollständig wandelt: dass veränderte klimatische Bedingungen, Dynamiken des Marktes oder die Erfordernisse des Bodens dazu nötigen, andere Pflanzen zu kultivieren, andere Anbaumethoden zu erproben oder andere Menschen zu beschäftigen. Der Garten ist immer rückgebunden an die sich ständige verändernde *gegenwärtige* Natur und zugleich offen für die *Zukunft*. Die Kunst des Gärtnerns vereint auf bemerkenswerte Weise das lineare Zeitverständnis des neuzeitlichen Denkens mit dem zyklischen Zeitverständnis der griechischen Antike – die Fokussierung des Entrepreneurs auf den zukünftigen Ertrag mit der Ausrichtung des antiken Ökonomen auf die Bestandswahrung des Übernommenen und Gegenwärtigen.

Das Bindeglied beider Dynamiken ist der Eros der Lebendigkeit, der als die konstante Sehnsucht nach Sinn und Einverständnis die treibende Kraft des *Homo Conversans* und seiner erotischen Ökonomie ist. Mit dem neuzeitlichen Entrepreneur und *Venturer* teilt der ökonomische Eros des sich als „Unternehmensgärtner" deutenden *Homo Conversans* die Begeisterung für Wachstum und Ertrag, denn er drängt mit großer Energie auf reiche Potenzialentfaltung: Wachsen, Gedeihen, Blühen, Fruchttragen und üppige Ernten. Wie dem Entrepreneur geht es auch dem Gärtner darum, zukünftigen Reichtum zu erzeugen, der in der Gegenwart noch reine Möglichkeit ist. Beide investieren in die Zukunft. Wie der Entrepreneur wird auch er sich als Macher und Manager künftiger Erträge präsentieren. Auch er wird sich nicht scheuen, dafür Prozesse und Verfahren der Produktion zu optimieren und auf geeignete Techniken zugreifen. Auch er wird Zeit, Kraft, Energie und Geld in eine ungewisse Zukunft investieren. Doch unterscheidet sich der Gärtner-Ökonom vom neuzeitlichen Entrepreneur wesentlich darin, dass er ganz wie der aristotelische Ökonom an den Raum gebunden bleibt und bei allem das Maß des natürlichen Lebens und die Grenzen des natürlichen Wachstums achtet. Der Eros der Lebendigkeit sucht Sinn und Stimmigkeit als seine Ziele: Wachstum im maßvollen Einklang mit den natürlichen Ressourcen und nicht durch deren maßlose Ausbeutung. Seine Energie speist sich nicht aus *Ermangelung des Gewollten*, sondern aus der *Fülle des Seins*.

Die Stärke der ökonomischen Garten-Matrix liegt darin, das Gute der räumlichen Orientierung der antiken Ökonomik mit dem Guten der zeitlichen Orientierung des neuzeitlichen Entrepreneurship zu verbinden: der Gegenwart und dem Bestehenden verpflichtet zu sein und gleichzeitig der Zukunft und dem Möglichen. Dadurch verbindet die erotische Ökonomie als eine „Kunst des Gärtners“ die zentralen Aspekte der früheren ökonomischen Paradigmen: die Tugend der Autarkie und den Wert des Wachstum, die Neigung zur Bewahrung des Bestehenden und den Zug zu künftigem Profit, das „Haus“ und das „Schiff“ zu einer umfassenderen und lebensdienlichen Form des Wirtschaftens. Das Ergebnis wäre ein erotisches Wirtschaften, das seinen Sinn weder allein in der Autarkie noch allein im Profit erkennt, sondern in einem nachhaltigen und ganzheitlichen Wachstum, einem Wachstum an Lebendigkeit und Menschlichkeit, in dessen Dienst das monetäre oder materielle Wachstum genommen ist. Ein Unternehmen im Sinne eines organischen Systems bzw. nach Maßgabe eines Gartens ist weder ein reines Instrument (wie eine Maschine) noch ein Ort der unveränderlichen Bleibe (wie ein Haus). Er ist vielmehr ein in den lebendigen Kosmos eingebundener Ort der Mehrung des *natürlichen* Reichtums und der Lebendigkeit des Lebens – umspült vom Ozean der Zeit und ihrem steten Wandel ausgesetzt, dabei aber doch verwurzelt in der Erde und in der Natur.

Mit diesem Bild vor Augen lässt sich skizzieren, wie ein avanciertes, zukunftsfähiges erotisches Wirtschaften aussehen kann und wie es sich von dem unterscheidet, was heute in der Businesswelt praktiziert und gelehrt wird. Das zentrale Thema dabei ist der Dienst am Leben: Der *Sinn* eines nach Maßgabe der Gartenmatrix entworfenen Unternehmens ist die Mehrung von Lebendigkeit bzw. die Wertschöpfung nicht nur materieller, sondern auch humaner Werte: Blüte und Frucht, Wachstum und Nachhaltigkeit, reiche Ernten und reiches Leben, Fülle an Gütern und Fülle an Schönheit. Unternehmen, die ihren Sinn so oder ähnlich beschreiben, werden im Zeitalter des Klimawandels reüssieren – denn sie sind auf maßvolles Wachstum angelegt, bleiben an das Große und Ganze rückgebunden und stellen sich in den Dienst der Entfaltung menschlicher Lebendigkeit. Darin liegt die Stärke des neuen Paradigmas der erotischen Ökonomie und ihres Leitbildes des Gartens: Es macht Unternehmen als komplexe lebendige Organismen denkbar, die darauf angelegt sind, im Fluss der Zeit Lebendigkeitspotenziale zu entfalten, zu wachsen, zu reifen, zu blühen, Frucht zu tragen, zu welken – um im nächsten Zyklus denselben Prozess neuerlich zu durchlaufen: Kontinuität des Lebens im Raum bei permanentem Wandel durch die Zeit.

Das geschieht nicht von allein. Es braucht einen neuen Typus von Unternehmern und Unternehmerinnen. Nicht mehr den Hausherren der alten Ökonomik, nicht mehr den *Homo Oeconomicus* der Neuzeit; sondern einen dialogischen und vom Eros des Lebens beseelten *Horticultural Entrepreneur*, der Maß nimmt an dem Archetyp des Gärtners und mit Vertrauen, Achtsamkeit, Courage und Weitblick sein Unternehmen entwickelt und hegt, um die in ihm schlummernden Potenziale zur vollen Lebendigkeit zu entfalten und Prosperität durch maßvolles Wachstum zu erwirtschaften; und all das, ohne den Bestand des Unternehmens und seine Autarkie zu gefährden. Die eigentliche Arbeit dieser neuen Unternehmerinnen oder Unternehmer ist die Kultivierung bzw. Potenzialentfaltung eines lebendigen Organismus: Kultivierung, die nimmt, was ist, um es darin zu unterstützen, zu dem zu werden, was es sein kann. Das ist die Formel eines humanen, nachhaltigen, lebensdienlichen, erotischen Unternehmertums bzw. Wirtschaftens im 21. Jahrhundert. Oder, um es mit den Schlussworten des Romans *Candide* vom Aufklärer Voltaire

(1694–1778) zu sagen: „Il faut cultiver notre jardin.“[86] – Wir haben unseren Garten zu bestellen. Wie das?

4.2.6.3 Gärtnern. Führung heißt ein Unternehmen kultivieren

Die Kunst des *Horticultural Entrepreneurship* ist die Kunst des Kultivierens. In ihr genügt das Wirtschaften der Wahrheit, die das Wesen des Menschen als ein Wesen des Gesprächs lichtet und den Menschen als *Homo Conversans* gewahrbar macht: als ein Wesen, das Erfüllung darin findet, vertrauensvoll und achtsam mit dem Sein der Welt umzugehen, um sich in ihr mutig als verantwortungsvolles Individuum zu bewähren, das immer neue sinnvolle Systeme schafft und kultiviert. Will man diese Kunst erlernen, ist man gut beraten, beim Gärtner in die Schule zu gehen. Hier wird erkennbar, wie der Ökonom der Zukunft als *Homo Cultivator* dialogisch bzw. interaktiv handeln wird – und darin der Wahrheit des Menschseins wirtschaftend Genüge leistet. Eine mögliche Adresse könnte dabei der tschechische Schriftsteller Karel Čapek (1890–1938) sein. In seinem Büchlein *Das Jahr des Gärtners* von 1932 definiert er den Gärtner als einen Menschen, „der den Boden pflegt“. Das heißt:

> „Er ist eine Kreatur, die in der Erde herumwühlt und all das, was über dieser Erde liegt, uns nichtsnutzigen Gaffern überlässt. Er lebt wie in die Erde versunken. Er baut sein Denkmal in einem Düngerhaufen. Und käme er in den Garten des Paradieses, würde er berauscht den Atem einziehen und flüstern: ‚Herrgott, ist das ein Humus!‘“[87]

Tatsächlich gründet die Kunst des Gärtnerns in der Erde, im Humus, denn der Humus ist das Potenzial des Gartens. Alles, was ein Garten hervorbringt, ist ihm entwachsen. Ein guter Gärtner hat dafür den Blick. Seine Tugend ist zum einen das Vertrauen auf den Boden und die in ihm angelegten Potenziale; zum anderen ist es die Achtsamkeit für das Verborgene, noch Unsichtbare, Abwesende. Ihn interessiert das Potenzial,

[86] Voltaire 2012, S. 85.

[87] Čapek 2015, S. 27.

das er durch seine kultivierende Konversation mit dem Boden zur vollen Blüte und Fruchtbarkeit des Lebens entfalten wird. Mit seiner Achtsamkeit und seinem Vertrauen geht deshalb eine dritte Tugend einher, die den Humus gar in ihrem Namen trägt: die ‚Humilitas', d. h. die Demut. Jeder gute Gärtner geht vor seinem Humus auf die Kniee. Er scheut sich nicht, sich die Hände schmutzig zu machen, wenn es darum geht, dem Potenzial zu dienen. Demut heißt ursprünglich ‚Dienmut', denn sie ist der Mut zum Dienst – und zwar zum mutigen und verantwortungsvollen Dienst an dem, was noch nicht ist, sondern erst wird bzw. werden kann. Vertrauen, Achtung und Demut vor dem Potenzial sind wesentliche Qualitäten des Menschseins, die der *Horticultural Entrepreneur* vom Gärtner alter Schule lernen kann.

Ein Zweites kommt hinzu: Die Gartenkunst ist eine Kunst des Arrangements bzw. der organisierten, organischen Interaktion. Der kluge Gärtner achtet genau darauf, wo und wie er seine Pflanzen platziert oder lokalisiert. Und ebenso der kluge Unternehmer. Einer der das wusste, war dm-Gründer Götz Werner (1944–2022). In einem Gespräch mit der Wochenzeitschrift *Die Zeit* sagte er einmal: „Für mich ist ein Chef wie ein Gärtner, der für sein Saatgut optimale Bedingungen schafft."[88] Der *Horticultural Entrepreneur* legt deshalb Kulturen an, d. h. er achtet darauf, dass seine Pflanzen in ihrem Wachstum einander nicht im Wege stehen, sondern sich gegenseitig unterstützen. Besonders die Gartenkunst der Permakultur legt darauf großen Wert.

Gilles Clément (*1943), Professor für Gartenbau und Landschaftsarchitektur in Versailles, hat in seinem Büchlein *Gärten, Landschaft und das Genie der Natur* (2015) ein wesentliches Prinzip der Gartenkunst auf eine einfache Formel gebracht: „so viel wie möglich mit (*faire avec*), so wenig wie möglich gegen (*faire contre*)".[89] Dieses Prinzip könnte man auch das Prinzip der maßvollen und sinnvollen Intervention nennen, das für den *Horticultural Entrepreneur* kennzeichnend ist. Ganz wie ein erfahrener Gärtner interveniert er nur dann, wenn es für das lebendige Gesamtsystem des Gartens Not tut. Als Meister der Konversationskunst verfügt er über eine Art doppelter Wahrnehmung: Er sieht sowohl das

---

[88] Werner 2010.

[89] Clément 2015, S. 27.

Ganze des Gartens als auch den Teil, d. h. die einzelne Pflanze. Und sein Ehrgeiz ist es, jeder Pflanze die optimalen Wachstumsbedingungen zu gewähren, ohne dabei die Wachstumsbedingungen anderer Pflanzen zu verringern. Darin gleicht er einem Chorleiter, der die Diversität der in seinem Chor versammelten Stimmen nicht durch Uniformität gleichschaltet, sondern durch ein kluges Arrangement so zueinander fügt, dass etwas Ganzes, Sinnvolles und Schönes daraus entsteht. Nach dem Prinzip des „So viel wie möglich mit, so wenig wie möglich gegen" wird der kundige Gärtner deshalb seine Pflanzen in ihrem individuellen Wachstum unterstützen und nur dann zur Schere greifen, wenn ein Pflänzchen dabei gar zu sehr ins Kraut schießen und sich damit selbst schwächen sollte; oder wenn es ihre Nachbargewächse zu sehr in den Schatten zu stellen drohte. Seine Meisterschaft jedenfalls besteht in der Sorgfalt der Intervention, die auf die je konkrete Situation verantwortungsvoll und couragiert reagiert und nach Möglichkeit davon absieht, abstrakte Regeln, Techniken oder Methoden anzuwenden.

Neben der stimmigen Organisation des Raumes ist das Gärtnern immer auch eine Kunst des Zeitmanagements. Wer weise gärtnert, lässt den Pflanzen die Zeit, die sie benötigen, um ihrer Natur gemäß zu wachsen – und weiß, dass man das organische Wachstum von Pflanzen nicht beschleunigt, indem man an ihnen zieht. Ebenfalls weiß er, dass in einem Garten nichts von Dauer ist: dass immer Altes weichen muss, damit neues Leben wachsen kann – dass der Tod die Grundvoraussetzung des Lebens ist und *Abwesen* und *Anwesen* im Wesen des Gartens unlösbar verschlungen sind.

Wie ein Garten lässt sich auch ein Unternehmen nicht *verwalten*, sondern nur achtsam *kultivieren* – und das heißt: nach Maßgabe der gegebenen Realitäten gestalten, ordnen und arrangieren, was etwas ganz anderes ist als machen, beherrschen und konstruieren. Neben Vertrauen, Achtsamkeit und Demut sind deshalb die Kunst des sinnvollen, harmonischen Komponierens, das verantwortungsvolle, situative Handeln und die Geduld weitere wichtige Qualitäten des *Horticultural Entrepreneurs* bzw. des wirtschaftenden *Homo Conversans*. Zumal dann, wenn sie von einem Eros der Lebendigkeit befeuert sind, mit dem er seinen Garten düngt bzw. dauerhaft begeistert.

Ein Unternehmen wird ganz wie ein Garten nur dann erblühen oder prosperieren, wenn seine Pflanzen gut mit dem versorgt sind, was sie benötigen, um zu wachsen, zu reifen und zu gedeihen. Pflanzen brauchen etwas, das sie nährt und kräftigt. Nicht viel anders steht es um die Menschen, die im lebendigen Organismus eines Unternehmens interagieren – ganz im Sinne eines Richard Branson (*1950), der in einem Interview sagte: „People are no different from flowers. If you water them, they flourish. If you are not nice to them, they shrivel up."[90] Und tatsächlich: Menschen sind komplexe, mehrdimensionale Wesen, die an Geist und Seele Nahrung brauchen. Menschen brauchen Dünger und Nährstoffe, um das in ihnen schlummernde Potenzial zur vollen Schönheit, Lebendigkeit und Kraft zu entfalten. Dafür reicht es nicht, sie nur physisch zu versorgen. Auch der monetäre Dünger in Gestalt von Gehältern und gelegentlichen Boni reicht dafür nicht wirklich. Wer darauf bedacht ist, seine Leute darin zu unterstützen, ihr Bestes aus sich herauszuholen, muss ihnen vielmehr seelische und geistige Nahrung bieten: muss sie begeistern und beseelen. Begeisterung und Beseelung sind die Mastertools des *Horticultural Entrepreneurs,* mit denen er den Eros seines Unternehmens stärkt und kräftigt. Sie dienen der Implementierung einer ganzheitlichen Unternehmenskultur, die durchdrungen ist von dem spezifischen Geist oder Spirit eines Unternehmens. Den Geist des Unternehmens zu ermitteln und zu versprachlichen, ist so gesehen die Bereitstellung des Düngers für den Unternehmensgarten bzw. die Meisterschaft der Entwicklung lebensdienlicher Unternehmenskulturen.

4.2.7 Geld. Die Vision einer naturgemäßen Währung

Hat die Utopie eines erotischen Wirtschaftens im Dienst des Lebens irgendeine Aussicht auf Erfolg? Wird der *Homo Conversans* den *Homo Oeconomicus* beerben und die Heraufkunft des *Homo Deus* abwenden können? Werden künftige Ökonomen die Maschinenmatrix ihres Denkens gegen eine Gartenmatrix eintauschen? Wird der Unternehmer, wird die Unternehmerin der Zukunft ein *Horticultural Entrepreneur* sein? Nie-

[90] Branson 2014.

mand wird verlässliche Antworten darauf geben können, denn trotz Wirtschaftskrisen und Pandemien scheint der *Homo Oeconomicus* mit seinem neoliberalen Mindset weiterhin fest im Sattel der Weltwirtschaft zu sitzen. Feine Friktionen des von ihm geschaffenen globalen sozioökonomischen Systems – der großen Maschine – bedrohen das bestehende Paradigma nicht wirklich; und der Eros der Lebendigkeit scheint vielerorts erlahmt oder in Agonie versunken zu sein, wie der deutsch-koreanische Philosoph Byung-Chul Han dargelegt hat.[91]

Das hat viel damit zu tun, dass das Fluidum der heutigen Ökonomie nicht nur ungebrochen in Geltung steht, sondern zugleich auch eine subtile Macht über die Menschen ausübt: Geld regiert die Welt und generiert als allseits anerkannte *Währung* (s. Abschn. 2.7) einen eigenen, unhinterfragten Raum der *Wahrheit*. In ihm gilt nur das als *wahr*, was als *Ware* gegen Geld gehandelt werden kann. Solange das Geld als raffinierter Treibstoff das globale Wirtschaften befeuert und in Gang hält, wird dessen Motor vielleicht zu stottern, nicht aber zu versagen beginnen. Geld *bewährt* sich nicht nur tadellos als Medium der modernen Wirtschaft, es *bewahrt* diese zugleich trotz aller Wirtschafts- oder Währungskrisen. Ohne eine disruptive Änderung des Geldes, wird der *Homo Oeconomicus* seine neoliberale Herrschaft über die globale Wirtschaft nicht preisgeben. Um das Wirtschaften zu ändern, braucht es eine Neubesinnung oder Neubestimmung des Geldes.

Kaum jemand hat das so klar erkannt wie Margrit Kennedy (1939–2013) und Bernhard Lietaer (1942–2019). Beide Autoren warben unter Bezugnahme auf den deutsch-argentinischen Ökonomen Silvio Gesell (1862–1930) in den frühen 2000er-Jahren gemeinsam für die Implementierung von Komplementärwährungen. Von ihnen versprechen sie sich, die unheilvollen Folgeerscheinungen des landläufigen Geldparadigmas eindämmen zu können,[92] die sie in dem erkannten, was Margrit Kennedy als „pathologischen Wachstumszwang"[93] bezeichnete: die exponentielle Vermehrung von Vermögen und Schulden infolge der schon von Aristoteles (s. Abschn. 3.7.3) als widernatürlich und problematisch

[91] Han 2021.

[92] Kennedy u. Lietaer 2004.

[93] Kennedy 2011, S. 19.

wahrgenommenen Geldschöpfungsdynamik durch Zins- und Zinseszins. In ihrem Buch *Occupy Money* (2011) moniert Kennedy:

> „Unser Geldsystem basiert auf dem exponentiellen Wachstumsmuster des Zinseszinses; ein Muster, das in der Natur bei ausgewachsenen Organismen nur in krankhaften Zellen, zum Beispiel in Krebszellen, zu finden ist. […] Solange die Wirtschaft dem pathologischen Wachstumszwang folgen muss, um das Geld in Umlauf zu halten, brauchen wir Wachstum um jeden Preis, auch wenn unsere Umwelt dabei zugrunde geht. Es bleibt uns im gegenwärtigen Geldsystem nur die Wahl zwischen sozialem und ökologischem Kollaps.“[94]

„Wachstum um jeden Preis“, so Kennedy, ist für die Volkswirtschaft im Rahmen des in Geltung stehenden ökonomischen Paradigmas deshalb notwendig, weil die zinsbedingte exponentielle Zunahme der Schuldenstände sich wesentlich dynamischer entwickelt als die Wachstumsraten der Realwirtschaft. Die Folge sei eine Entkoppelung von Finanzwirtschaft und Realwirtschaft zu Lasten letzterer, da Unternehmen der Realwirtschaft eine kontinuierlich wachsende Schuldenlast verkraften müssen. Die Dynamik steigender Schuldenstände führe ferner zu einer kontinuierlichen Umverteilung der Vermögen, infolge derer sich die Schere zwischen Arm und Reich immer weiter öffne. Es sei ein blanker Euphemismus zu behaupten, dass Kapitaleigner ihr Geld „für sich arbeiten lassen“ könnten: „Arbeiten können nur Menschen und Maschinen, während Geld nicht arbeitet, sondern lediglich umverteilt wird.“[95] Das aber führe mittelfristig zur Erosion des Mittelstandes und langfristig zu schweren sozialen Verwerfungen, wie sie in vielen Ländern Südamerikas und in den USA zu beobachten seien. Damit einher gehe zudem eine innerhalb des bestehenden Paradigmas unausweichlich Geldentwertung, die ebenso den sozialen und politischen Frieden destabilisiere. Angesichts der Vielzahl der diagnostizierten Mängel des herrschenden Geldsystems, gelangt Kennedy letzthin zu der Überzeugung: „Könnten wir

[94] Kennedy 2011, S. 21.

[95] Kennedy 2011, S. 30.

den Zins abschaffen, ließe sich endlich ein auf Dauer stabiles Geldsystem schaffen."[96]

Aber was wäre die Alternative? Für die Beantwortung dieser Frage greift Kennedy auf die Arbeiten des bereits erwähnten Silvio Gesell zurück. Wie Gesell – und die angesprochenen Geldtheoretiker der Vergangenheit (s. Abschn. 2.7 und 3.7) – vertritt sie den Standpunkt, die wichtigste Aufgabe des Geldes sei es, als Tauschmittel zu dienen. Diese Funktion könne es am besten ausführen, wenn sichergestellt ist, dass es möglichst viel und möglichst lange im Umlauf ist. Das Geld, so könnte man diesen Gedanken bildhaft variieren, muss fließen, um seinem Wesen zu genügen. Wo es hingegen als Kapital gespart, geparkt, gehortet und solcherart dem Wirtschaftskreislauf entzogen wird, ist es bald abgestanden und beginnt zu faulen.

Gleichwohl aber sei der Mensch auf die Idee verfallen, Geld könne neben seiner Primärfunktion als Tauschmittel auch zur handelbaren Ware fest*gestellt* und in gegen Zins und Zinseszins vermarktbares Kapital verwandelt werden – womit die genannte Problematik der exponentiellen Dynamik des Finanzmarktes unausweichlich werde. Um diese zu blockieren, helfe es nicht, Zins und Zinseszins bzw. ähnliche finanzwirtschaftliche Instrumente zu verbieten, wie einiger der großen Weltreligionen vorgeschlagen haben (s. Abschn. 2.7.1). Alle bisherigen Versuche in diese Richtung seien fehlgeschlagen. Vielversprechender sei es, Anreize zu schaffen, das Geld gerade nicht zu horten und auf diese Weise stillzustellen, sondern es im Umlauf zu halten. Dies könne durch Komplementärwährungen erreicht werden, die entgegengesetzt zum landläufigen Geldsystem gerade *keine* Anreize zum Geldbesitz setzen, sondern eine Logik aufweisen, die dazu stimuliert, das Geld möglichst rasch in Umlauf zu bringen.

Die Konvertierung des Geldes vom Tauschmittel zur Ware ist einerseits der Dreh- und Angelpunkt des Kapitalismus und andererseits der Grund seiner Fragwürdigkeit. Denn mit ihr verliert das Geld seinen fluiden Aggregatzustand und wird – wie alle anderen Güter auch – *gestellt*: *gestellt* und der Maschinenmatrix unterworfen. Das Geld wird in die Anwesenheit gezwungen und dadurch seines ursprünglichen Wesens ent-

[96] Kennedy 2011, S. 32.

fremdet. Dieses Verfallen ins Wesensfremde ist der kardinale Baufehler einer nach der Maschinenmatrix des *Gestells* konstruierten Weltwirtschaft. Wie Margrit Kennedy richtig sah: Entweder wird sie in sich kollabieren oder sie wird um sich so lange Toträume generieren, bis sie selbst darin *verwest*. Vor dem Hintergrund seiner Diagnose dieses kardinalen Baufehlers warf Silvio Gesell in seinem Hauptwerk *Die natürliche Wirtschaftsordnung durch Freiland und Freigeld* (1916) einige denkwürdige Fragen auf:

> „Muss das Geld so sein, wie es ist? Muss das Geld als Ware besser sein als die Waren, denen es als Tauschmittel dienen soll? Muss bei einer Feuersbrunst im Warenhaus, bei einer Überschwemmung, bei einer Krise, einem Modenwechsel, einem Krieg usw. das Geld allein vor Schaden bewahrt bleiben? Warum muss das Geld besser sein als die Waren, denen es als Tauschmittel dienen soll? Und ist dieses ‚Bessersein' nicht eben das Vorrecht, dessen Bestehen wir als die Ursache des Mehrwertes erklären?"[97]

Gesell antwortet auf diese Fragen mit einem entschiedenen *Nein*. Er schreibt:

> „Also weg mit den Vorrechten des Geldes! Das Geld soll als Ware für niemand, auch für den Sparer, Spekulanten und Kapitalisten nicht besser sein als der Inhalt der Märkte, Läden, Eisenbahnschuppen. Das Geld soll also, wenn es den Waren gegenüber keine Vorrechte haben darf, wie die Waren verrosten, verschimmeln, verfaulen; es soll zerfressen werden, erkranken, davonlaufen, und wenn es verendet, soll der Besitzer noch den Lohn des Abdeckers bezahlen. Dann erst werden wir sagen können, Geld und Ware ständen auf gleicher Rangstufe und wären vollkommen gleichwertige Dinge."[98]

In der Summe lief Gesells Forderung darauf hinaus, Geld müsse in seinem Wesen der Natur und den natürlichen Dingen nachgebildet werden und wie diese altern, um die unheilvollen Folgen des Kapitalismus abzuwenden und den Wirtschaftskreislauf zu beleben. Denn alterndes Geld

[97] Gesell 1919, S. 6.

[98] Gesell 1919, S. 6.

bzw. „Freigeld", wie Gesell es nannte, wäre unabdingbar dem Druck unterworfen, möglichst rasch und konsequent seiner wesentlichen Funktion als Tauschmittel für Waren oder Dienstleistungen zugeführt zu werden. Den Anreiz dazu schaffe eine dem „Freigeld" eigene permanente Geldentwertung, der zu entkommen das Anliegen eines jeden ökonomischen Agenten sein müsse. Durch diese Umlaufsicherung könne das Geld in den Dienst des Menschen genommen werden und eine reale Wertschöpfung ermöglichen, anstatt Menschen durch Schuldenlast in Unfreiheit zu halten.

Das klingt wie eine kühne und realitätsferne Utopie, ist es aber nicht. Schon vor knapp neunzig Jahren wurde Gesells Freigeld-Theorie an verschiedenen Orten Deutschlands,[99] vor allem aber im Österreichischen Wörgl einem überaus erfolgreichen Praxistest unterzogen. Der dortige Bürgermeister Michael Unterguggenberger hatte Gesells *Natürliche Wirtschaftsordnung* studiert und beschlossen, sie in einem Feldversuch anzuwenden: Er führte Arbeitswertscheine ein, die durch hinterlegte österreichische Schillinge gedeckt waren und monatlich an Wert verloren. Ziel war es, den Geldumlauf zu beschleunigen und die lokale Wirtschaft zu beleben. Mit diesem Schwundgeld bezahlte die Gemeinde Arbeitslose für kommunale Projekte wie Straßenbau und Brückensanierung. Das Ergebnis war beeindruckend. Tatsächlich gelang es der Gemeinde Wörgl, entgegen dem Trend der damaligen Zeit die Arbeitslosenquote um 25 % zu senken. Die von der Kommune eingenommene Gebühr von 12 % im Jahr wurden für öffentliche Bauvorhaben eingesetzt. Sogar neue Häuser, eine Skischanze und eine Brücke konnten gebaut werden. Silvio Gesells „Anti-Hortungs-Strategie" ging also auf. Jeder „Freigeld-Schilling" schuf 12- bis 14-mal so viele Arbeitsplätze wie die reguläre Währung. So groß war der Erfolg, dass verschiedene Nachbargemeinden dem Wörgler Beispiel folgten.

Der Ruf des „Wunders von Wörgl" reichte weit über Tirol hinaus, sodass sogar der französische Ministerpräsident Édouard Daladier (1884–1970) die weite Reise nach Wörgl unternahm, um sich vor Ort vom Erfolg des Freigeld-Experimentes zu überzeugen. In den USA schlug der Volkswirtschaftler Irving Fisher (1867–1947) – wenn auch vergeb-

[99] Vgl. Artikel „Wära" auf Wikipedia, https://de.wikipedia.org/wiki/W%C3%A4ra (01.09.2025).

lich – der amerikanischen Regierung vor, ein dem Wörgler Vorbild ähnliches Geld mit Namen „Stamp Scrip“ einzuführen.[100] Und der britische Ökonom John Maynard Keynes (1883–1946) widmete in seinem 1936 erschienenen Buch *Allgemeine Theorie der Beschäftigung, des Zinses und des Geldes* Gesells Freiwirtschaftslehre ein ganzes Kapitel,[101] worin er Gesell als „seltsamen“, aber „zu Unrecht übersehenen Propheten“ vorstellte und behauptete, „dass die Zukunft mehr vom Geiste Gesells als von jenem von Marx lernen“ sollte.

Das Wörgler Experiment blieb trotz seines unbestreitbaren Erfolgs nicht unwidersprochen. Als sich bei einer Konferenz im Juni 1933 rund 200 österreichischen Kommunen trafen, um das Wörgler Modell zu übernehmen, intervenierte die Österreichische Zentralbank, um ihr Währungsmonopol zu wahren. Man setzte ein Verbot des Freigelds bzw. des Notgelds, wie man es auch nannte, durch. In Wörgl sah man sich gezwungen, zum traditionellen System zurückzukehren – und die Arbeitslosigkeit stieg wieder auf 30 %. Danach wurde es lange still um Silvio Gesell und seine „Freigeld“-Theorie. Vermutlich auch, weil nach seinem Tod einige seiner Schüler mit großer Verve und zwischenzeitlichem Erfolg Gesells Gedankengut in den Kreisen der NSDAP zu verbreiten versuchten. Seither ist der Vorwurf nie mehr ganz verstummt, Gesells Wirtschaftstheorie sei latent faschistisch oder doch wenigstens an nationalsozialistische Konzepte anschlussfähig gewesen. Einer näheren Prüfung halten diese Vorwürfe allerdings kaum Stand, auch wenn manche Äußerungen Gesells durch *political correctness* sensibilisierten Ohren heute anstößig klingen.

Dessen ungeachtet fand Gesells Geldtheorie zu Beginn der 2000er-Jahre neue Resonanz in den erwähnten Arbeiten von Margrit Kennedy und Bernard Lietaer, schien sie doch den Ausweg aus dem Dilemma der exponentiellen Dynamiken des etablierten Geldsystems zu weisen. Zwar verzichtete man auf den Begriff „Freigeld“ und ersetzte die Forderung einer grundlegenden Disruption des Geldsystems bzw. seiner Ablösung durch eine „Freiwirtschaft“, wie Gesell sie entworfen hatte, doch wurde

[100] Vgl. Artikel „Silvio Gesell“ auf Wikipedia, https://de.wikipedia.org/wiki/Silvio_Gesell (01.09.2025).

[101] Keynes 1994, S. 298–302.

die Idee des alternden, umlaufgesicherten Geldes als Prinzip neuer regionaler Komplementärwährungen in einer Vielzahl von Experimenten umgesetzt – teils sehr erfolgreich, wie im Falle des „Chiemgauers",[102] an dessen Einführung Kennedy und Lietaer tatkräftig mitwirkten. Auch andere Ansätze alternativer Geld- oder Währungsmodelle wurden von diesen und anderen Initiativen erprobt, über die man sich auf den Webseiten *futuremoney*[103] oder *monneta*[104] informieren kann.

Für unseren Zusammenhang bedeutsam ist, dass Silvio Gesell und viele der Autoren, die seine Impulse weiterverfolgt haben, eine echte Disruption des bisherigen Geldsystems erwogen haben – eine Disruption, die ein grundlegend neues ökonomisches Denken provoziert, das sich zur Gartenmatrix des *Horticultural Entrepreneurship* bzw. der erotischen Ökonomie fügt, die wir zuvor (s. Abschn. 4.2.6) skizzierten. Ein naturgemäßes Geld, das nicht nach Maßgabe der Maschinenmatrix bzw. der Ontologie des *Gestells* konzipiert ist, dürfte das passende Medium einer naturgemäßen Ökonomie im Dienst des Lebens sein. Denn Gesells alterndes und umlaufgesichertes „Freigeld" verspricht eine ökonomische Dynamik, die ein maßvolles, organisches, nachhaltiges und begrenztes Wachstum fördert und eine stimmige Rückbindung an die lebendige Natur begünstigt.

Wenn ein naturgemäßes Wirtschaften nach Maßgabe der Gartenmatrix das Gebot des 21. Jahrhunderts ist und wenn der ökonomische Agent nicht länger als rationaler Egoist namens *Homo Oeconomicus* beschrieben werden sollte, sondern als der vom Eros der Lebendigkeit beseelte *Homo Conversans* – dann dürfte das natürlich alternde Geld, zumindest als Komplementärwährung, das dazu passende Medium sein; ja, vielleicht sogar der Hebel, über den die allfällige Transformation der globalen neoliberalistischen Wirtschaft zu einer erotischen Ökonomie initiiert werden könnte. Denn das naturgemäße, alternde Geld, das nicht wie unsere landläufige Valuta selbst zur handelbaren Ware formatiert werden kann, würde der *Wahrheit der Währung* weit besser entsprechen und die

---

[102] Vgl. Artikel „Chiemgauer" auf Wikipedia, https://de.wikipedia.org/wiki/Chiemgauer; (01.09.2025).

[103] https://web.archive.org/web/20050308025807/http://www.futuremoney.de/index2.html.

[104] https://monneta.org/.

menschliche Kerntugend des Vertrauens als Währung hinter aller Währung angemessen materialisieren (s. Abschn. 4.2.5).

So könnte das alternde Geld einer erotischen Ökonomie den Weg bereiten, die sich vom hostilen Gestus des *Homo Oeconomicus* frei gemacht hat und ihre Wahrheit darin findet, dem Wesen des Menschen als einem *Homo Conversans* zu genügen: einem Wesen, das bewegt vom Eros die schöpferische Interaktion mit anderen liebt und für die es ein fließendes, lebendiges, nicht fest*stell*bares Medium wie das „Freigeld" benötigt. Wahrscheinlich würde es fürs erste genügen, couragiert und mutig Komplementärwährungen in Europa zu implementieren, die als regionale Währungen regionale Wirtschaftsräume beleben und die Begeisterungsfähigkeit des Menschen für sein heimatliches Umfeld als ökonomischen Stimulanz nutzbar machen.

So fügt sich das Bild zum Ganzen einer *erotischen Ökonomie* im Dienst des Lebens, die den Menschen als ein Wesen der Verbundenheit in seiner Sehnsucht nach sinnvoller, individueller Potenzialentfaltung ernst nimmt und alles Wirtschaften als sinnstiftende Kulturtätigkeit des Menschen an das lebendige Sein dieser Welt rückbindet.

Alles Wirtschaften ist Menschenwerk. Es als solches neuerlich zu würdigen, ist das Gebot der Stunde. Das aber heißt: Als Werk des Menschen und als Werk für Menschen muss das Wirtschaften von Grund auf neu entworfen werden – als eine Konversation von Mensch und Welt, die das natürliche Leben achtet und aus Leidenschaft für das Leben zu mehren trachtet.

Literatur

Arendt, Hannah: Vita Activa oder Vom tätigen Leben, München 1981.

Aristoteles: Politik. Übers. v. Olof Gigon, München [6]1986.

Branson, Richard: My best tips for entrepreneurs. Auf: Buiz News, 16. Dezember 2014. www.biznews.com/interviews/richard-branson-lends-his-best-advice-for-entrepreneurs. (01.09.2025)

Buber, Martin: Elemente des Zwischenmenschlichen. In: Ders: Das Dialogische Prinzip, Heidelberg 1984a, 269–298.

Buber, Martin: Ich und Du [1923]. In: Ders.: Das Dialogische Prinzip, Heidelberg 1984b, 7–136.

Buber, Martin: Zwiesprache [1954], in: Ders.: Das Dialogische Prinzip, Heidelberg 1984c, 137–196.

Čapek, Karel: Das Jahr des Gärtners [1932], Berlin 2015.

Clément, Gilles: Gärten, Landschaften und das Genie der Natur, Berlin 2015.

Dürr, Hans-Peter: Warum es ums Ganze geht – Neues Denken für eine Welt im Umbruch, Frankfurt/M 2011

Frankl, Viktor E.: ...trotzdem Ja zum Leben sagen, München 1982.

Frankl, Viktor E.: Der Mensch vor der Frage nach dem Sinn, München 1985.

Frankl, Viktor E.: Der Wille zum Sinn, Bern 2005.

Gadamer, Hans-Georg: Behandlung und Gespräch, in: Ders., Die Verborgenheit der Gesundheit, Frankfurt/M 1993, 159–175.

Gadamer, Hans-Georg: Das Erbe Europas, Frankfurt/M 1989.

Gadamer, Hans-Georg: Wahrheit und Methode. Grundzüge einer philosophischen Hermeneutik, Tübingen [5]1986a.

Gadamer, Hans-Georg: Die Unfähigkeit zum Gespräch. In: Ders.: Wahrheit und Methode, Gesammelte Werke Bd. II, Tübingen 1986b, 207–215.

Gesell, Silvio: Die natürliche Wirtschaftsordnung durch Freiland und Freigeld, Leipzig 1919.

Han, Byung Chul: Agonie des Eros, Berlin [2]2021.

Harari, Yuval Noah: Homo Deus. Eine Geschichte von Morgen, München 2017.

Heidegger, Martin: Sein und Zeit [1927], Tübingen [15]1984.

Hölderlin, Friedrich: Sämtliche Werke und Briefe, Bd. 1. München 1970.

Hüther, Gerald: Was wir sind und was wir sein könnten, Frankfurt/M 2011.

Kant Immanuel: in: Werkausgabe Bd. X. Hg. v. Wilhelm Weischedel, Frankfurt am Main 1974.

Jobs, Steve: Stanford Commancement Speech 2005. www.rev.com/transcripts/steve-jobs-stanford-commencement-speech-transcript-2005 (01.09.2025)

Kennedy, Margrit/Lietaer, Bernhard: Regionalwährungen, München 2004.

Kennedy, Margrit: Occupy Money, Bielefeld 2011.

Kenner, Hugh: Von Pope zu Pop, Hamburg 1995.

Klein, Stefan: Das Sein und das Nichts. Von der Schönheit des Universums. Frankfurt/M 2017.

Keynes, John Maynard: Allgemeine Theorie der Beschäftigung, des Zinses und des Geldes [1936]. Übers. v. Fritz Waeger, Berlin 1994.

Kurzweil, Ray: The Age of Spiritual Machines: When Computers Exceed Human Intelligence, New York 1999.

Kurzweil, Ray: The Evolution of Mind in the Twenty-First Century, in: Jay W. Richards (Hg.): Are We Spiritual Machines. Ray Kurzweil vs. the Critics of Strong AI, Seattle 2002.

Levinas, Emanuel: Dieu, la mort et le temps, Paris 1993.

Luhmann, Niklas: Vertrauen, München u. Konstanz [5]2014.

Nietzsche, Friedrich: Die fröhliche Wissenschaft [1882]. In: Kritische Studienausgabe. Bd. 3 (KSA 3). Hg. von Giorgio Colli und Mazzino Montinari, München 1988, 434–638.

Quarch, Christoph: Das große Ja. Ein philosophischer Wegweiser zum Sinn des Lebens, Daun [3]2019.

Quarch, Christoph: Begeistern! Wie Unternehmen über sich hinauswachsen, Stuttgart 2021.

Quarch, Christoph: Computer oder Garten? Welche Leitmetapher braucht das Wirtschaften der Zukunft. In: Susanne Hensel-Börner (Hg.): Ökonomie neu denken. Impulse für eine zukunftsfähige Wirtschaft, Daun 2023, 12–33.

Schirrmacher, Frank: Ego: Das Spiel des Lebens, München 2013.

Tillich Paul: Religion als eine Funktion des menschlichen Geistes? In: Ders: Ges. Werke, Bd. 5, Stuttgart 1964.

Tobler, Georg Christoph: Die Natur. In: Johann Wolfgang v. Goethe: Werke. Hamburger Ausgabe, Bd. 13, München 1988, 45–47.

Voltaire: Candide Ou L'Optimisme, Paris 2012.

Weber, Andreas: Enlivement. Towards a fundamental shift in the concepts of nature, culture and politics. Heinrich Böll Stiftung Publication Series Ecology, Vol. 31, Berlin 2013. http://autor-andreas-weber.de/downloads/Enlivenment_web.pdf (01.09.2025).

Weber, Andreas: Lebendigkeit. Eine erotische Ökologie, München 2014.

Werner, Götz: Ein guter Chef ist wie ein Gärtner. Zitiert nach: Portal der Wirtschaft, 21. Dezember 2010. www.portalderwirtschaft.de/handel-wirtschaft-finanzen-banken-versicherungen/117172/goetz-werner-im-zeit-interview-ein-guter-chef-ist-wie-ein-gaertner.html (01.09.2025)